Politik entdecken

Band 2

Sozialkunde Thüringen

mit Beiträgen von

Dr. Thomas Berger-v. d. Heide
Prof. Dr. Wilhelm Bernert
Claudia Bernert (MA)
Christian M. Ernst
Mechthild Freifrau von Gillhaußen
Karl-Heinz Holstein
Dr. Elisabeth Köster
Tanja Laspe
Christel Löscher
Prof. Dr. Udo Margedant
Uta Möhlenkamp
Bärbel Oelmann
Susanne Patzelt
Dr. Michael Piazolo
Tanja Rüchardt
Ellen Rudyk
Dr. Gabriele Schreder
Thomas Zimmermann
Reinhard Zinner

in Zusammenarbeit
mit der Verlagsredaktion

Cornelsen

Redaktion David Harvie

Bildassistenz Dagmar Schmidt, Svea Schade

Umschlaggestaltung Klein & Halm Grafikdesign, Berlin

Layout Buchgestaltung+, Berlin

Technische Umsetzung Klein & Halm Grafikdesign, Berlin

www.cornelsen.de

Die Links zu externen Webseiten Dritter, die in diesem Lehrwerk angegeben sind, wurden vor Drucklegung sorgfältig auf ihre Aktualität geprüft. Der Verlag übernimmt keine Gewähr für die Aktualität und den Inhalt dieser Seiten oder solcher, die mit ihnen verlinkt sind.

1. Auflage, 1. Druck 2013

Alle Drucke dieser Auflage sind inhaltlich unverändert und können im Unterricht nebeneinander verwendet werden.

Druck Mohn Media Mohndruck, Gütersloh

ISBN 978-3-06-064358-5

Inhalt gedruckt auf säurefreiem Papier aus nachhaltiger Forstwirtschaft.

Inhalt

Anhang

Liebe Schülerin, lieber Schüler,

diese Doppelseite soll dir einen Einstieg zur Arbeit mit dem Buch geben.

Methode

Hier geht es um die Methoden des Faches Sozialkunde. Anhand eines Beispiels lernst du kennen, wie das Wissen für dieses Fach zustande kommt. Außerdem bekommst du Hilfestellungen, sodass du die Methoden auch praktisch anwenden kannst. Die Methoden des Faches Sozialkunde sind z. B. Umfragen, Erkundungen oder Auswerten von Daten und Texten.

METHODE Arbeitsergebnisse präsentieren

Präsentation vorbereiten

Wenn die verschiedenen Arbeitsgruppen eurer Klasse die einzelnen Themen zu Europa erarbeitet haben, steht die Präsentation der Arbeitsergebnisse auf der Tagesordnung. Nichts ist langweiliger als ein langweiliges Referat! Also müsst ihr die Präsentation eurer Arbeitsergebnisse gut vorbereiten.

Wenn ihr dabei einige Regeln beachtet, gelingt euch sicher ein spannender Vortrag, dessen wichtigste Ergebnisse auch nicht gleich wieder vergessen werden.

und beschreibt, welche Frage ihr untersucht und klären wollt. Ein Bild, eine Karikatur oder eine kleine Geschichte hilft das Interesse zu wecken. Am Ende der Einleitung informiert ihr eure Zuhörer auch darüber, auf welche Materialien und Quellen ihr eure Präsentation stützt.

Im **Hauptteil**, der wiederum gut gegliedert sein muss, informiert ihr anhand von Materialien (Schaubildern, Grafiken, Tabellen, Textauszügen) schrittweise über euer Thema, indem ihr die Frage aus der

3 Die politische Ordnung der Bundesrepublik

44

Auftakt

Die blauen Auftaktseiten markieren jeweils den Beginn eines Kapitels. Auf diesen Seiten findest du erste Anregungen, dich mit einem Thema zu beschäftigen. Unter dem Button „Am Ende dieses Kapitels kannst du" findest du einen Überblick über die Kompetenzen, die du auf den Folgeseiten erwerben kannst.

Der Thüringer Landtag

M1 Der Thüringer Landtag

Der Landtag

Der Landtag ist die gewählte Vertretung des Volkes und somit das oberste Verfassungsorgan des Landes. Der Landtag verabschiedet die Landesgesetze, beschließt den Landeshaushalt und wählt die Ministerpräsidentin oder den Ministerpräsidenten. Außerdem wirkt der Landtag an Regierungsbildung mit und kontroll die Landesregierung.

Grundlage der Arbeit des Landtags ist Verfassung vom 25.10.1993.

Die Landesregierung

Die Landesregierung besteht in Thürin aus dem der Ministerpräsidentin Liel knecht und derzeit zehn Ministerin und Ministern, die gemeinsam das K nett bilden. Das Kabinett bestimmt Leitlinien der Landespolitik, verteilt Aufgaben zwischen den verschiedenen nisterien und beschließt Gesetzesentwü die dann dem Thüringer Landtag zur stimmung vorgelegt werden müssen. Auf die Bundesgesetzgebung nimmt Landesregierung Einfluss über den B desrat. Das Kabinett legt jeweils fest, die Vertreter des Landes im Bundesrat stimmen sollen.

M2 Landesdienstflagge Thüringens mit Landeswappen

Verfassung des Freistaats Thüringen vom 25.10.1993

Artikel 44

Der Freistaat Thüringen ist ein Land der Bundesrepublik Deutschland. Er ist ein demokratischer, sozialer und dem Schutz der natürlichen Lebensgrundlagen des Menschen verpflichteter Rechtsstaat.

M3 Die Verfassung des Landes Thüringen

68 3 Die politische Ordnung der Bundesrepu

KOMPETENZ-Trainer

In jedem der acht Kapitel kannst du dein Wissen und deine Kompetenzen in unterschiedlichen Themengebieten erweitern und vertiefen. Am Ende jedes Kapitels kannst du deine neu erworbenen Kompetenzen überprüfen und trainieren.

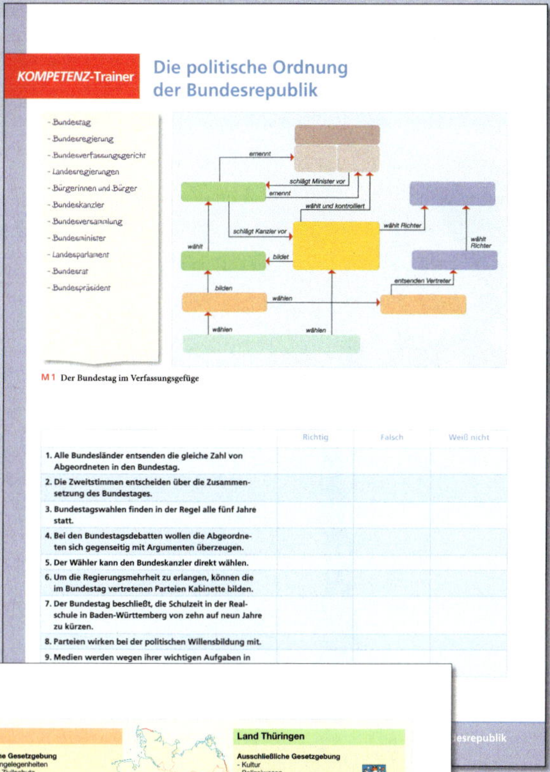

Anhang

Innerhalb der Kapitel dieses Buches wirst du immer wieder auf die unten aufgeführten Symbole stoßen. Wie ein Link im Internet sollen sie dich auf Seiten im Anhang dieses Buches führen. Dabei unterscheiden wir drei Anhangteile: Lexikon, Arbeitstechniken, und Arbeitsformen.

In den ersten drei Teilen findest du jeweils alphabetisch sortiert nähere Angaben zu den gekennzeichneten Begriffen. Zusätzlich findest du im Anhang Auszüge aus dem Grundgesetz der Bundesrepublik Deutschland.

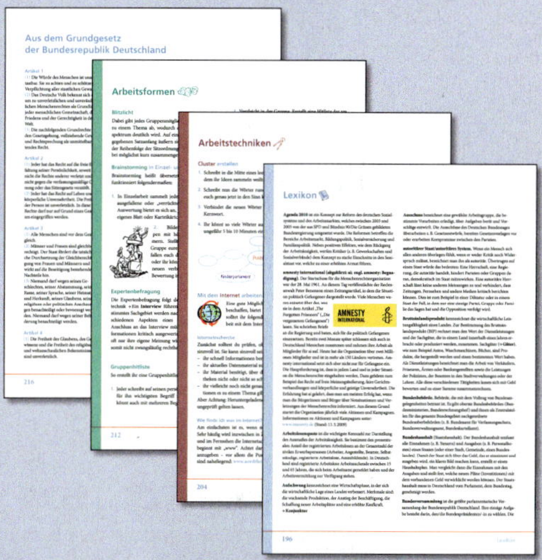

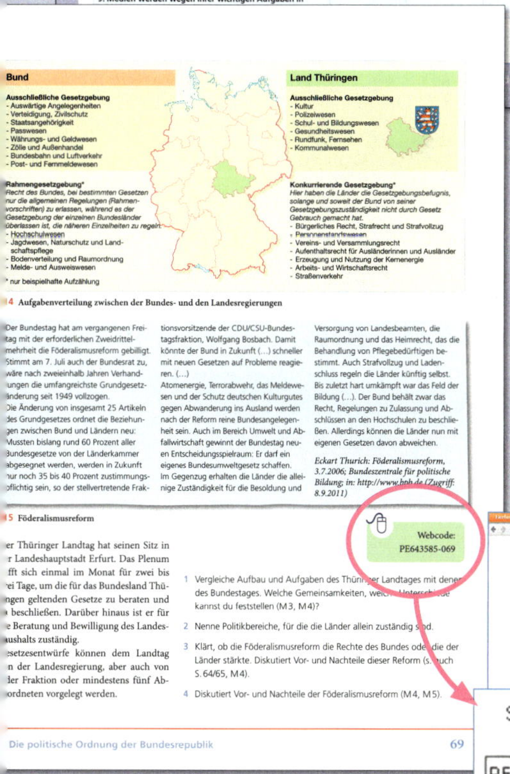

Themenseite

Die Themenseiten beleuchten jeweils einen zentralen Aspekt innerhalb des Kapitels. Einleitungstexte geben dir eine kurze Einführung in das Thema. Anschließend kannst du alleine oder in Gruppen das Thema mithilfe der Materialien und Arbeitsaufträge selbstständig erschließen. Die Webcodes weisen dich auf Internetseiten hin, auf denen du aktuelle und weitere interessante Informationen findest. Gib den Webcode auf der Internetseite www.cornelsen.de im Fenster oben rechts ein und klicke auf den Pfeil rechts.

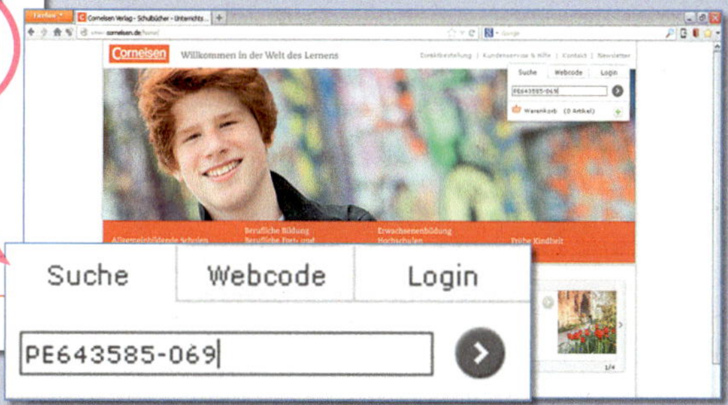

1 Grundgesetz und Rechtsstaat

Am Ende dieses Kapitels kannst du

- den historischen Entstehungskontext des Grundgesetzes darlegen.
- die Bedeutung der Grundrechte für das Zusammenleben in unserer Gesellschaft erschließen.
- strukturiert die Grundzüge unseres Rechtssystems erklären.
- die rechtliche Sonderstellung von Jugendlichen beschreiben.

Außerdem kannst du unterschiedliche Sanktionsmaßnahmen benennen und begründet beurteilen.

1 Diskutiert anhand der Bilder, welche Themen im Grundgesetz nicht explizit erwähnt sind. Warum gibt es immer wieder Forderungen, bestimmte Sachverhalte ins Grundgesetz aufzunehmen? Wäre es sinnvoll, das Grundgesetz regelmäßig anzupassen?

Wer erfand das Grundgesetz?

M 1 Verkündung des Grundgesetzes durch den Parlamentarischen Rat (23. Mai 1949)

Im Bewußtsein seiner Verantwortung vor Gott und den Menschen,
von dem Willen beseelt, als gleichberechtigtes Glied in einem vereinten Europa dem Frieden der Welt zu dienen, hat sich das Deutsche Volk kraft seiner verfassungsgebenden Gewalt dieses Grundgesetz gegeben.

Die Deutschen in den Ländern Baden-Württemberg, Bayern, Berlin, Brandenburg, Bremen, Hamburg, Hessen, Mecklenburg-Vorpommern, Niedersachsen, Nordrhein-Westfalen, Rheinland-Pfalz, Saarland, Sachsen, Sachsen-Anhalt, Schleswig-Holstein und Thüringen haben in freier Selbstbestimmung die Einheit und Freiheit Deutschlands vollendet. Damit gilt dieses Grundgesetz für das gesamte Deutsche Volk.

Aktuelle Präambel des Grundgesetzes der Bundesrepublik Deutschland

Entstehung des Grundgesetzes

Drei Jahre nach dem Ende des Zweiten Weltkrieges und dem Beginn der Besatzung Deutschlands waren die politischen Differenzen zwischen den drei westlichen Siegermächten USA, Großbritannien, Frankreich und der Sowjetunion so tief greifend geworden, dass ein Konsens über die zukünftige Entwicklung Deutschlands ausgeschlossen war.
Die westlichen Alliierten legten entsprechend ihrer gemeinsamen Deutschlandpolitik fest, dass auf dem Gebiet der drei westlichen Besatzungszonen ein föderaler, freiheitlich-demokratischer Rechtsstaat entstehen sollte. Es wurde eine Verfassung ausgearbeitet – in den Grundzügen durch einen Sachverständigenausschuss, in der Endfassung durch den **Parlamentarischen Rat**.
Vor dem Hintergrund der deutschen Teilung wurde die Verfassung als Zwischenlösung bis zur Wiedervereinigung mit dem östlichen Teil aufgefasst. Um den provisorischen Charakter zu verdeutlichen, wurde statt des staatsrechtlichen Begriffs „Verfassung" die Bezeichnung „Grundgesetz" gewählt. Am 23. Mai 1949 wurde das Grundgesetz als Verfassung verkündet und damit die Bundesrepublik Deutschland gegründet.

Basiswissen Schule – Politik/Wirtschaft (3., neu bearb. Aufl.), hrsg. v. Rytlewski/Wuttke, 2012, S. 100.

Präambel des Grundgesetzes

Das Grundgesetz der Bundesrepublik ist in 14 Abschnitte gegliedert, denen eine Präambel (Vorspruch) vorangestellt ist. Die ursprüngliche Präambel unterstrich ausdrücklich den Übergangscharakter des Grundgesetzes bis zur angestrebten Wiedervereinigung Deutschlands.
Mit der Deutschen Einheit am 3. Oktober 1990 die ehemalige DDR dem Geltungsbereich des Grundgesetzes bei. Der Wortlaut der Präambel wurde entsprechend geändert – der Begriff „Übergangszeit" entfiel und die neuen Bundesländer wurden ergänzt.

Verfassungskern

Das Grundgesetz beinhaltet mit Art. 79 Abs. 3 eine „Ewigkeitsklausel“, die Veränderungen der grundlegenden Werte und Prinzipien der freiheitlich-demokratischen Grundordnung ausschließt. Damit sollen die Selbstabschaffung der Demokratie sowie die Verletzung von Menschen- und Freiheitsrechten verhindert werden. Zum unveränderlichen Verfassungskern gehören:

- die Unantastbarkeit der Menschenwürde (Art. 1) und die daraus abgeleiteten Grundrechte,
- die Prinzipien von Republik und Demokratie, Rechts-, Bundes- und Sozialstaat (Art. 20).

Grundrechtskatalog

Das Grundgesetz enthält eine weitreichende Garantie von Grundrechten. Hinsichtlich ihrer Geltung werden Grundrechte in Menschen- und Bürgerrechte unterschieden.

Menschenrechte sind allgemeine Rechte, die jedem Menschen ungeachtet seiner Staatsangehörigkeit zukommen, z. B. Menschenwürde, allgemeine Persönlichkeitsrechte, Meinungs-, Bekenntnis-, Glaubens- und Gewissensfreiheit.

Bürgerrechte sind Rechte der Angehörigen des deutschen Staates, z. B. Berufsfreiheit, Freizügigkeit, Vereinigungs- und Versammlungsfreiheit, Wahlrecht.

Basiswissen Schule – Politik/Wirtschaft (3., neu bearb. Aufl.), hrsg. v. Rytlewski/Wuttke, 2012, S. 103, 106.

M 2 Glastafeln mit Artikeln des Grundgesetzes vor dem Jakob-Kaiser-Haus in Berlin. In diesem größten deutschen Parlamentsgebäude befinden sich mehr als 1700 Büros.

> Das Grundgesetz kann nur durch ein Gesetz geändert werden, das den Wortlaut des Grundgesetzes ausdrücklich ändert oder ergänzt. Bei völkerrechtlichen Verträgen, die eine Friedensregelung, die Vorbereitung einer Friedensregelung oder den Abbau einer besatzungsrechtlichen Ordnung zum Gegenstand haben oder der Verteidigung der Bundesrepublik zu dienen bestimmt sind, genügt zur Klarstellung, daß die Bestimmungen des Grundgesetzes dem Abschluß und dem Inkraftsetzen der Verträge nicht entgegenstehen, eine Ergänzung des Wortlautes des Grundgesetzes, die sich auf diese Klarstellung beschränkt.

M 3 Artikel 79 des GG (Abs. 1)

1 Skizziere die Entstehung des Grundgesetzes vor dem Hintergrund der historischen Bedingungen.

2 Was ist mit der sogenannten Offenheit des Grundgesetzes gemeint?

3 Recherchiere im INTERNET den 2. und 3. Absatz des Grundgesetzartikels 79. Nenne Unterschiede zwischen Verfassungsänderung und einfacher Gesetzgebung.

4 Warum gibt es diese Unterscheidung? Überlege, welche Risiken eine häufige Verfassungsänderung beinhaltet.

Wir leben in einem Rechtsstaat

1

Es darf kein Gesetz gemacht werden, wonach Menschen mit blauen Augen weniger Steuern zahlen müssen als Menschen mit grauen.

2

Wenn der neue Bürgermeister feststellt, dass für Hunde in der Gemeinde noch keine Steuern bezahlt werden, kann er nicht einfach den „Struppi"- und „Flocki"-Besitzern Hundesteuerbescheide ins Haus schicken. Erst muss der Gemeinderat dieses durch eine Satzung – das ist so eine Art Gemeindegesetz – beschließen. Und die Bürger müssen diese Satzung im Gemeindeblatt oder am „Schwarzen Brett" im Gemeinderathaus lesen können.

3

„Wenn Polizisten nicht einfach rumballern dürfen, sondern ein Verfahren an den Hals kriegen, wenn sie die Vorschriften verletzen."

4

Auf Verlangen des Rektors müssen Polizisten einen Schüler, der dauernd schwänzt, zu Hause abholen und zur Schule bringen. Aber – das dürfen sie nicht mit gezogener Pistole. Und sie dürfen ihm auch nicht Handschellen anlegen. [...] Da muss es der Staat sogar hinnehmen, wenn so ein wendiges Kerlchen seinen Abholern entwischt.

5

Manche Gesetze passen nicht präzise auf den Fall, den es zu entscheiden gilt. Aber dann darf der Richter nicht einfach sagen: „Das Gesetz führt hier zu ungerechten Ergebnissen, deshalb wende ich es nicht an."

M 1 „So ist das im Rechtsstaat". *PZ, Nr. 15. Hg.: Bundeszentrale für politische Bildung. Bonn, S. 7 ff.*

Grundgesetz Art. 103 Abs. 2:

„Eine Tat kann nur bestraft werden, wenn die Strafbarkeit gesetzlich bestimmt war, bevor die Tat begangen wurde." Der § 1 des Strafgesetzbuches hat genau den gleichen Wortlaut.

M 2 Grundsätze des Rechtsstaats

A. Rechtsverbindlichkeit: Jeder Bürger, aber auch jede staatliche Einrichtung muss sich dem Recht unterordnen und die Gesetze beachten.

B. Rechtsgleichheit: „Alle Menschen sind vor dem Gesetz gleich" (Grundgesetz Artikel 3 Abs. 1). Niemand darf bevorzugt oder benachteiligt werden.

C. Rechtssicherheit: Jeder Bürger muss sich auf die Gültigkeit des Rechts verlassen können und wissen, was erlaubt und verboten ist. Gesetze sollen möglichst klar und widerspruchslos formuliert sein. Jeder darf nur auf der Grundlage eines Gesetzes bestraft werden.

D. Gebot der Verhältnismäßigkeit: Bei der Rechtsprechung müssen die Lebensumstände des Einzelnen berücksichtigt werden, z. B. die Einkommensverhältnisse bei der Festsetzung der Höhe von Geldstrafen. Ein leichtes Vergehen darf nicht so schwer bestraft werden wie ein schweres.

E. Rechtswegegarantie: Jeder Bürger, der sich in seinen Rechten verletzt sieht, kann ein Gericht anrufen.

F. Unabhängigkeit der Richter: Richterinnen und Richter sind in ihren Entscheidungen nur an das Gesetz gebunden. Kein Politiker, keine Behörde darf ihnen Weisungen erteilen oder versuchen, Einfluss auf den Ausgang eines Prozesses zu nehmen.

G. Bindung der Gesetzgebung an das Grundgesetz: Die Abgeordneten des Bundestages machen die Gesetze, aber sie müssen sich dabei an das Grundgesetz halten. Sie können also z. B. nicht die Todesstrafe per Gesetz einführen. Das wäre nicht mit dem Grundgesetz vereinbar.

Recht im Rechtsstaat

Das Rechtsstaatsprinzip soll den Einzelnen vor staatlicher Willkür schützen. In einem Rechtsstaat beschließen gewählte Vertreter des Volkes die Gesetze. Staatliche Institutionen sorgen dafür, dass dem Recht Geltung verschafft wird. Dabei ist der Staat selbst an Gesetze gebunden. Ein Polizist, ein Richter oder ein Verwaltungsbeamter darf nur solche Maßnahmen anordnen, die ihm die Gesetze erlauben. Diese rechtsstaatlichen Grundsätze sind bei uns in der Verfassung, dem **Grundgesetz**, festgelegt.

Für alle Einwohner eines Landes, sogar für Touristen aus anderen Ländern gelten verbindliche und, wenn nötig, erzwingbare Regeln, die man als **Recht** bezeichnet. Aus der Gesamtheit der rechtsverbindlichen Regeln, Verordnungen und Gesetze ergibt sich die **Rechtsordnung** eines Staates.
Das Recht sorgt dafür, dass Konflikte nach bestimmten Regeln ausgetragen werden müssen. Dazu gehört vor allem das Verbot privater Gewaltanwendung. Außer im Falle von Notwehr ist der Gebrauch von Gewalt allein dem Staat erlaubt (**Gewaltmonopol des Staates**). Keiner darf sich sein Recht selbst verschaffen, er muss sich immer an die dafür vorgesehenen staatlichen Instanzen wenden.

Grenzenlose Freiheit?

Die **Grundrechte** garantieren die Freiheiten des Bürgers, aber sie schränken diese auch ein, damit die Menschen in der staatlichen Gemeinschaft zusammenleben können. So ist die Handlungsfreiheit des Einzelnen (Art. 2 Abs. 1) dadurch beschränkt, dass der Einzelne nicht das Recht anderer verletzen oder gegen die verfassungsmäßige Ordnung verstoßen darf. In der **Straßenverkehrsordnung** gilt z. B. die Grundregel, dass die Teilnahme am Straßenverkehr ständige Vorsicht und gegenseitige Rücksichtnahme erfordert.

M 3 Justitia, die Göttin der Gerechtigkeit

So ist auch das Recht auf freie Meinungsäußerung eingeschränkt, soweit dadurch Persönlichkeitsrechte anderer Menschen verletzt werden (wenn z. B. die Würde einer anderen Person durch Beleidigung oder durch üble Nachrede verletzt wird). Die Freiheit des Einzelnen endet also immer dort, wo das Recht des anderen beginnt. Jedoch kann jeder, der sich durch ein Gesetz in seinen Grundrechten verletzt sieht, vor dem Bundesverfassungsgericht Klage erheben. Das **Bundesverfassungsgericht** legt das Grundgesetz für alle verbindlich aus.

Webcode: PE643585-013

Staatliche Gewalt

Befugnis des Staates, Anordnungen zu erlassen und ihre Befolgung notfalls mit Zwangsmitteln durchzusetzen.

1 Stelle fest, welche der in M 1 genannten Beispiele welchen Grundsätzen des Rechtsstaates (M 2) zuzuordnen sind.

2 Erkläre, warum die römische Göttin der Gerechtigkeit mit einer Waage, einem Schwert und oft mit verbundenen Augen dargestellt wird (M 3).

3 „Das staatliche Gewaltmonopol verhindert eine Herrschaft der Stärkeren und sichert so den Frieden." Erkläre diese Aussage mit eigenen Worten.

4 Das Gegenteil von einem Rechtsstaat ist ein Unrechtsstaat. Schreibe einen Lexikonbeitrag zum Thema „Unrechtsstaat". Nenne dabei auch Beispiele für Unrechtsstaaten aus der Geschichte und der Gegenwart.

2 x Recht: Öffentliches Recht und Zivilrecht

M 1 Ein Jugendlicher hat eine Cola gekauft. Der Kaufvertrag liegt im Bereich des Zivilrechts.

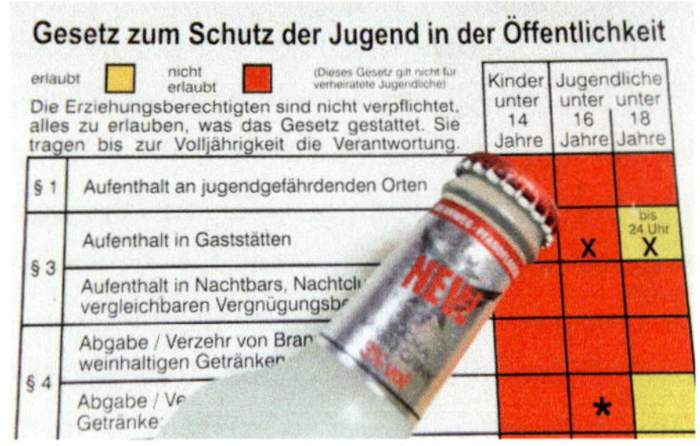

M 3 In jeder Gastwirtschaft muss ein Schild hängen, das auf das Jugendschutzgesetz hinweist: Das Verbot, Alkohol an Jugendliche unter 16 Jahren auszuschenken, ist Teil des öffentlichen Rechts.

Das Recht lässt sich in zwei große Bereiche einteilen: das öffentliche Recht und das Zivilrecht (auch Privatrecht genannt).

Im **öffentlichen Recht** stehen sich als Streitpartner meist Staat und Bürger gegenüber. Auch staatliche Behörden müssen sich an bestehende Gesetze halten und können vom Bürger verklagt werden. Es geht dabei um den Ausgleich zwischen den Interessen des Einzelnen und dem Interesse der Gemeinschaft (Gemeinwohl).

Im Strafrecht, das zum öffentlichen Recht gehört, droht der Staat jedem Strafe an, der sich mit schädlichen Handlungen am Leben, an der Gesundheit oder am Besitz anderer vergeht. Bei jeder Straftat, die angezeigt wird, muss die Polizei Ermittlungen aufnehmen. Tatverdächtige werden von der Staatsanwaltschaft vor Gericht angeklagt. Das **Strafgesetzbuch (StGB)** enthält dazu wichtige Regelungen.

Im **Zivilrecht** geht es um Streitfragen zwischen Privatpersonen (z.B. um Mietfragen). Privatpersonen sind vor Gericht gleichberechtigt. Ein unabhängiges Gericht entscheidet, wer von wem geschädigt wurde und wer welchen Schadensersatz zu leisten hat. Anzeige wird im Zivilrecht nicht vom Staat, sondern von privater Seite erstattet. Die bestehenden Gesetze im Bürgerlichen Gesetzbuch (BGB) sollen besonders die schwächeren Vertragspartner schützen.

Öffentliches Recht	Zivilrecht
Straftaten	Scheidung
Jugendschutz	Erbschaft
Straßenverkehr	Schulden
Baugenehmigung	Erfindungen
Steuer und Rente	Handel
…	…

M 2 Öffentliches Recht und Zivilrecht

Fall 1: Mietstreit

Wenn das Baby weiter schreit, kann es passieren, dass der Vermieter der Familie Meier die Wohnung kündigt. Falls Familie Meier die Kündigung nicht für gerechtfertigt hält, kann sie der Kündigung widersprechen. Wenn der Vermieter die Kündigung dann doch noch durchsetzen will, muss er vor dem Amtsgericht klagen.

(Wichtige Gesetze bei Mietstreitigkeiten:
Bürgerliches Gesetzbuch [BGB] Paragraf 535 und folgende, besonders Paragraf 565)

Fall 2: Einbruch

Der ertappte Einbrecher wird vor dem Strafrichter landen. Je nach der Schwere der Tat urteilt am Amtsgericht ein Einzelrichter oder ein Schöffengericht (ein oder zwei Berufsrichter mit zwei Laienrichtern).

(Wichtige Gesetze im Strafrecht: Strafgesetzbuch [StGB], Strafprozessordnung [StPO])

Fall 3: Autokauf

Wenn sich Käufer und Verkäufer im Streitfall nicht einig werden, kann der Autokäufer vor dem Gericht den Autohändler auf Herausgabe des Kaufpreises und Rücknahme des Autos verklagen.

(Wichtige Gesetze bei Kauf und Verkauf:
BGB Paragraf 433 und folgende und Paragraf 459 und folgende)

M4 Öffentliches Recht oder Zivilrecht?

Mit Tempo 120 durch die Innenstadt

Überfall auf Kreissparkasse

Bauherr verklagt Architekt

Immer mehr Schüler schwänzen den Unterricht

Umgehungsstraße in Ammersbek: Bürgerinitiative zieht vor Gericht

Scheidung des Topstürmers von Schalke: Die Ex erhält zwei Millionen

M5 Zeitungsschlagzeilen

1 Gib mithilfe des Textes an, wie sich Zivilrecht und öffentliches Recht unterscheiden.

2 Nenne anhand der Übersicht M2 wichtige Bereiche des öffentlichen Rechts und des Zivilrechts. Ergänze weitere Beispiele.

3 Entscheide, zu welchem Rechtsbereich die dargestellten Fälle gehören (M4).

4 Diskutiert, wie ein Gericht vermutlich die Fälle in M4 entscheiden würde. Wenn ihr einen Gerichtsbesuch plant, dann könnt ihr auch den Richter nach seiner Einschätzung fragen.

5 Sammelt Artikel oder Schlagzeilen aus Zeitungen über Streitfälle vor Gericht und ordnet diese ebenfalls den jeweiligen Bereichen zu.

Rechtsstellung nach Altersstufen

Ein Graffitisprayer

Hannes ist vor vier Wochen vierzehn Jahre alt geworden. Zum Geburtstag hatte ihm sein Lieblingsonkel heimlich zusätzlich 30 Euro in die Hand gedrückt und gesagt: „Du hast sicher einen Extrawunsch, den nicht alle zu erfahren brauchen. Hier, kauf dir was!"
Hannes hatte tatsächlich einen Extrawunsch. Seit drei Monaten ist er unter die Graffitisprayer gegangen. Ihm gefallen die herrlich bunten Bilder auf den öden Hauswänden und den einfallslosen Vorortzügen. Die 30 Euro kann er gut für neue Spraydosen gebrauchen.
Heute will er seiner Freundin Gabi seine Kunst vorführen. Die allerdings scheint nicht sehr begeistert zu sein. „Das ist doch verboten. Und was passiert, wenn uns jemand erwischt?", fragt sie. „Keine Sorge", erwidert Hannes, „bis jetzt hat mich noch keiner gesehen. Außerdem, was kann schon groß passieren? Bestrafen kann mich keiner. Ich bin doch noch nicht volljährig. Ich bin erst vierzehn!"

M 1 „Was kann schon groß passieren?"

Die Rechtsfähigkeit

Rechtsfähigkeit beinhaltet die Fähigkeit zur Übernahme von Rechten und Pflichten. Diese Fähigkeit ist abhängig vom Entwicklungsprozess der Heranwachsenden. Deshalb werden im Recht bestimmte Altersphasen unterschieden. Solange die jeweiligen Altersstufen nicht erreicht sind, sind die Sorgeberechtigten für ihre Kinder verantwortlich.
Grundsätzlich beginnt die Rechtsfähigkeit des Menschen mit der Geburt. Säuglinge genießen bereits den Schutz der Grundrechte. Sie haben das Recht auf Entfaltung ihrer Persönlichkeit. Sie können auch bereits Besitz oder Eigentum erwerben – obwohl sie noch gar nicht wissen, was das ist. In der Regel üben die Eltern die Rechte der Kinder in deren Interesse aus. Wo Eltern gegen Kindesrechte verstoßen, kann bzw. muss der Staat eingreifen. So verstößt Gewaltausübung in der Erziehung gegen die Menschenwürde und wurde gesetzlich ausdrücklich verboten.

Die Geschäftsfähigkeit von Kindern und Jugendlichen

Der Kauf ist im Deutsch der Juristen ein Rechtsgeschäft. Beim Kauf einer Ware wechselt das Eigentumsrecht – vom Verkäufer zum Kunden.
Die **Geschäftsfähigkeit** ist das erste Recht, das Kinder aktiv ausüben können. Allerdings wird die Geschäftsfähigkeit zwischen dem 7. und 18. Lebensjahr beschränkt.
Die meisten solcher Rechtsgeschäfte bedürfen der Einwilligung des gesetzlichen Vertreters, normalerweise also der Eltern. Die wichtigste Ausnahme ist der so genannte Taschengeldparagraf, der Kindern und Jugendlichen eine gewisse „Kauffreiheit" gewährt.

Deliktfähigkeit und Strafmündigkeit

Mit der Zunahme der Rechte nimmt auch die Verantwortlichkeit zu.
Wenn ein Kleinkind durch eine Unachtsamkeit einen Unfall „verschuldet", besteht keine Haftungspflicht. Bis zum 7. Lebensjahr sind Kinder nämlich nicht **deliktfähig**, d. h., sie können wegen ihres Alters rechtlich für ihre Handlungen nicht verantwortlich gemacht werden. „Bestraft" werden kann ein Kind zwischen 7 und 14 Jahren noch nicht. Bei der **Strafmündigkeit** geht es um die strafrechtliche

Überblick über Rechte und Pflichten eines Bürgers in Deutschland		
Lebensalter	**Rechtsstellung**	**Gesetz**
Geburt		
6 Jahre	Schulpflicht	Schulgesetz
7 Jahre	beschränkte Deliktfähigkeit	BGB
	beschränkte Geschäftsfähigkeit	BGB
14 Jahre	beschränkte Strafmündigkeit	Jugendgerichtsgesetz (JGG)
	Religionsmündigkeit	Gesetz über religiöse Kindererziehung
	Ende des Beschäftigungsverbots	Jugendarbeitsschutzgesetz
16 Jahre	Ehefähigkeit	Ehegesetz
	Eidesfähigkeit	Zivilprozessordnung (ZPO) Strafprozessordnung (StPO)
	Besuch von Gaststätten	Jugendschutzgesetz
18 Jahre	Volljährigkeit	BGB
	volle Deliktfähigkeit	BGB
	volle Geschäftsfähigkeit	BGB
	Strafmündigkeit	JGG
	Ehemündigkeit	Ehegesetz
	aktives und passives Wahlrecht	Grundgesetz
	Beginn der Wehrpflicht	Wehrpflichtgesetz (seit Juli 2011 ausgesetzt)
	Pkw-Führerschein	Straßenverkehrszulassungsordnung (StVZO)
21 Jahre	volle Strafmündigkeit	JGG
25 Jahre	Befähigung zum Schöffen	Gerichtsverfassungsgesetz
40 Jahre	Wahl zur/zum Bundespräsidentin/ Bundespräsidenten möglich	Grundgesetz

M 2 Rechtsstellung nach Altersstufen

Rechtstipps

- Piercen und tätowieren unter 18 Jahren nur mit der Erlaubnis der Eltern.
- Ab 16 Jahren ist es erlaubt, bis 24 Uhr in Gaststätten oder Discos zu gehen. Unter 16 Jahren läuft ohne Eltern nichts. Die ältere Schwester oder der ältere Bruder sind okay, wenn die Eltern eine schriftliche Genehmigung mitgeben. Die Eltern können in jedem Fall bestimmen, ob und wohin du ausgehen darfst, weil sie die Aufsichtspflicht haben.

Reiner Wanielik: Let's talk about … Familienleben. Seelze, 2001

Verantwortlichkeit, das Einstehen des Täters für eine Straftat vor der Öffentlichkeit, vor der Gesellschaft.

Die Strafmündigkeit tritt erst mit 14 Jahren ein. Jugendliche zwischen 14 und 18 Jahren gelten als beschränkt strafmündig.

Bei Straftaten zwischen 18 und 21 Jahren muss das Jugendgericht entscheiden, ob der Täter oder die Täterin als beschränkt strafmündig oder bereits als voll strafmündig anzusehen ist, was sich dann auf das Strafmaß auswirkt.

1 Lies M 1. Welcher „Tatbestand" liegt hier vor?

2 Hat Hannes Recht? Begründe.

3 Beurteile mithilfe der Übersicht M 2 folgende Fälle:
- Meike, 17 Jahre, kauft sich ein Fahrrad für 1000 Euro. Mit dem Händler vereinbart sie Ratenzahlung (80 Euro pro Monat).
- Anne, 17 Jahre, interessiert sich für die Arbeit des Gemeinderates. Darf sie sich wählen lassen?
- Lea, 13 Jahre, nimmt in den Sommerferien einen Ferienjob an.
- Jan, 5 Jahre, verkauft ohne Wissen seiner Eltern seinen wertvollen Steiff-Teddy an Markus.

4 Erkläre folgende Begriffe mit eigenen Worten: Rechtsfähigkeit, Geschäftsfähigkeit, Deliktfähigkeit, Strafmündigkeit.

5 Warum werden im Recht bestimmte Altersphasen unterschieden? Überlegt gemeinsam.

Jugendkriminalität – ein Dauerbrenner?

Delikt	Merkmale der Tat
§ 230 StGB Fahrlässige Körperverletzung	Durch mangelnde Vorsicht und Aufmerksamkeit die Verletzung eines anderen verschulden.
§ 223 StGB Körperverletzung	Eine andere Person körperlich misshandeln oder gesundheitlich schädigen.
§ 242 StGB Diebstahl	Jemandem etwas wegnehmen, um es selbst zu besitzen.
§ 303 StGB Sachbeschädigung	Eine fremde Sache beschädigen oder ganz zerstören.
§ 240 StGB Nötigung	Jemanden gegen seinen Willen durch Gewalt oder Androhung von Gewalt zu etwas zwingen.
§ 316 StGB Trunkenheit	Fahren eines Fahrzeuges, obwohl man wegen des Genusses alkoholischer Getränke nicht mehr zu einem sicheren Fahren in der Lage ist. (Dazu gibt es in der Straßenverkehrsordnung nähere Bestimmungen, z. B. Promillegrenzen.)

M 1 Bestimmungen des Strafgesetzbuches (StGB)

Webcode: PE643585-018

Fallbeispiele

A. Nach einer Fete fährt der 15-jährige Gerd mit seinem Mofa nach Hause. Auf dem Fest hat er mit seinem Freund im Verlauf von zwei Stunden eine Flasche Wein geleert.

B. Caro möchte ein neues Fahrrad. Ihre Eltern finden jedoch, ihr altes sei noch gut genug. Deshalb meldet Caro ihr Fahrrad im Rektorat als gestohlen. Sie schädigt ihrer Meinung nach niemanden persönlich – die Versicherung der Schule hat ja genügend Geld.

C. Der 15-jährige Patrick raucht gerne. Leider reicht sein Taschengeld schon lange nicht mehr für seinen Zigarettenkonsum. Er hat nun eine ganz einfache Masche gefunden, an Geld zu kommen: Er droht Grundschülern mit Prügel, wenn sie nicht Geld bei ihm abliefern.

D. Kevin und seine Bande fühlen sich durch eine Äußerung des 12-jährigen Peter beleidigt. Sie lauern ihm im Park auf, um ihm „Anstand beizubringen". Dabei verprügeln sie Peter und lassen ihn verletzt liegen.

E. Katrin hat Mandy verpetzt. Diese hat daraufhin Rache geschworen. Alle haben es eilig und im letzten Moment, als Katrin nicht mehr bremsen kann, lässt Mandy ihr absichtlich die Tür vor der Nase zufallen. Katrin rennt gegen die Tür und hat starkes Nasenbluten.

F. Mirko empfindet im Nachmittagsunterricht Langeweile. Das ärgert ihn. Auf dem Nachhauseweg kommt ihm ein nagelneues Auto gerade recht. Er zückt seinen Hausschlüssel und zerkratzt damit im Vorübergehen eine Seite des Wagens.

G. 9. Januar 2008, Heilbronn. Ein 73-jähriger Rentner wollte einen 19-jährigen Bosnier, einen 16-jährigen Türken und einen 22-jährigen Deutschen von der Schändung einer Gedenktafel für eine ermordete Polizistin abhalten und wurde krankenhausreif geschlagen.

M 2 Was ist Jugendkriminalität?

Jugendkriminalität ist die Gesamtheit der Verstöße gegen das **Jugendstrafrecht**.
Unter das Jugendstrafrecht fallen Jugendliche im engeren Sinne (14 bis einschließlich 17 Jahre) sowie teilweise die so genannten Heranwachsenden (18 bis einschließlich 20 Jahre). Kinder unter 14 Jahren sind strafunmündig und strafrechtlich nicht verantwortlich.
Nach Deliktarten hat der Diebstahl in allen Varianten den größten Anteil an der Kinder- und Jugendkriminalität. Zwei Drittel aller **Delikte**, die Kinder begehen, sind Diebstahlsdelikte. Zweithäufigste Straftat ist in der Statistik die Sachbeschädigung. Delikte, die mit Gewalt und Zerstörung ausgeführt werden, sind fast ausschließlich von Jungen begangen worden.

nach: www.wissen.de/wde

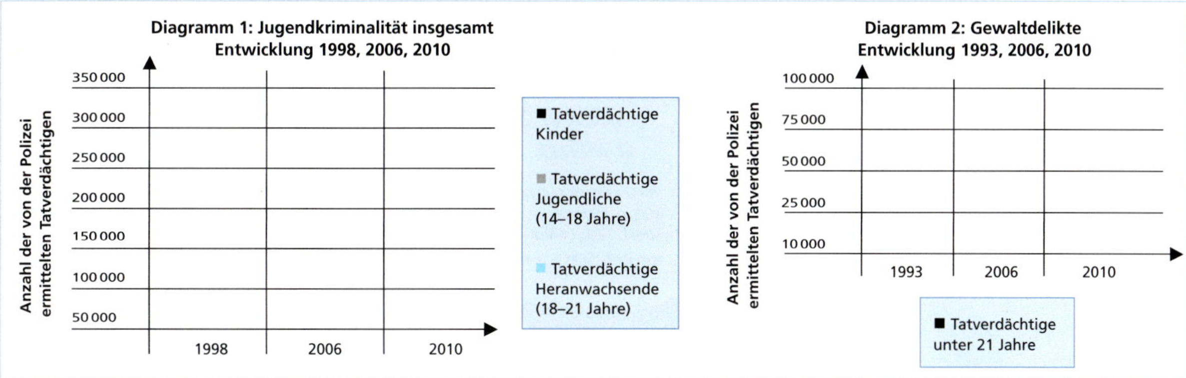

M 3 Jugendkriminalität – Statistik

M 4 Interview mit einer Diplom-Pädagogin

Frage: Warum differenziert man zwischen Jugendkriminalität und Kriminalität im Allgemeinen?

Antwort: Gerade bei der Jugendkriminalität gibt es neben der allen Straftaten vorausgehenden kriminellen Energie des Täters einen viel größeren Anteil von Straftaten, die aus pubertärem Leichtsinn und Übermut begangen werden.

Wann treten die Straftaten aus jugendlichem Leichtsinn gehäuft auf?

In einem Alter von 16 bis18 Jahren.

Begehen mehr Jungen oder mehr Mädchen Straftaten?

Ungefähr drei Viertel der Straftaten werden von Jungen begangen, aber die Straftaten der Mädchen steigen geringfügig.

Begehen mehr Deutsche oder mehr Ausländer Straftaten?

(...) Tatsächlich sind drei Viertel der Tatverdächtigen Deutsche unabhängig von ihrem Migrationshintergrund. (...) Intensivtäter haben zu rund 80 Prozent einen Migrationshintergrund.

Was sind typische Jugendstraftaten?

25 Prozent der Straftaten sind Körperverletzungen (...). 25 Prozent der Straftaten sind Ladendiebstähle. Weitere 25 Prozent der Straftaten sind Sachbeschädigungen. (...) Weitere 25 Prozent der Straftaten sind Schwarzfahren, Raub und Drogenhandel.

Deutlich mehr Jungen als Mädchen begehen Straftaten, 8.6.2009; in: Berliner Morgenpost v. 8.6.2009; in: http://www.morgenpost.de (Zugriff: 6.9.2011)

Statistische Angaben zur Jugendkriminalität

Wie die Polizeiliche Kriminalstatistik des Bundeskriminalamtes ausweist, ist die Zahl tatverdächtiger Jugendlicher insgesamt noch bis 1998 angestiegen auf rund 150 000 Kinder, 300 000 zwischen 14- und 18-Jährige und 240 000 Heranwachsende zwischen 18 und 21 Jahren. Bei den Kindern sind es bis Ende 2006 100 000, bei den Jugendlichen 280 000. Bei den Heranwachsenden gab es 2006 kaum Veränderungen gegenüber 1998. Für 2010 sahen die Zahlen so aus: Bei den Kindern waren es 92 000 Tatverdächtige, bei den Jugendlichen 231 000 und bei den Heranwachsenden 217 000. Analyse der Gewalttaten: 2006 zählte die Polizei fast 90 000 Tatverdächtige unter 21. Vor 15 Jahren, 1993, waren es rund 44 000 (2010: 39 000).

Quellen (bearbeitet): netzeitung, 9.1.2008; in: www.netzeitung.de/deutschland/873670.html, und Polizeiliche Kriminalstatistik 2010; in: www.bmi.bund.de (Zugriff: 31.1.2012)

M 5 Jugendkriminalität – Statistik

1 Ordne die Fallbeispiele den angegebenen Paragrafen im Strafgesetzbuch zu (M 1/Text).

2 Erfahrung mit Kriminalität: Erzählt im Plenum, ob – und in welcher Form – ihr Erfahrungen mit Kriminalität gemacht habt. Wer ist bereits Zeuge von Kriminalität geworden, wer Opfer? Vergleicht mit M 4.

3 a Übertrage die vorbereiteten Tabellen (M 3) in dein Heft.
  b Trage die Daten aus der Kriminalitätsstatistik (M 5) in die Tabellen ein und erstelle ein Säulendiagramm.

4 Aussagen anhand von Fakten überprüfen: „Immer mehr Jugendliche werden kriminell". Überprüfe diese Behauptung (M 1, M 2, M 5).

Warum werden Jugendliche kriminell?

M1 *Karikatur: Mester*

M3 *Karikatur: Schwarwel*

M2 *Karikatur: Plaßmann*

M4 *Karikatur: Plaßmann*

1 Warum werden Jugendliche kriminell? Werte die **Karikaturen** M1–M4 aus und nimm Stellung zu den Aussagen der Karikaturen.

2 Warum werden Jugendliche kriminell? Werte den Sachtext M5 aus. Gehe dabei wie folgt vor:
   - a Erstelle von dem Text eine Fotokopie.
   - b Lies den Text einmal rasch durch, um dir einen Überblick zu verschaffen.
   - c Lies den Text noch einmal, aber sehr aufmerksam durch und unterstreiche dabei wichtige (wenige) Stellen mit Buntstift oder Textmarker.
   - d Notiere auf einem Blatt oder einer Karteikarte deine markierten Wörter.
   - e Schreibe hinter diese Begriffe stichwortartig die weiteren Informationen aus deinem Text.
   - f Vergleicht die Aussagen des Textes mit den Karikaturen.

M 5 Ursachen von Jugendkriminalität

In den meisten Fällen sind Straftaten eine episodenhafte Erscheinung, die in der Jugend gehäuft auftritt und mit zunehmendem Alter abnimmt. Dahinter stecken charakteristische Eigenschaften von Jugendlichen wie Neugier, Spiel und Spaß, Übermut, Abenteuerlust, Bewegungsdrang, das Ausprobieren von Grenzen. (...) Durch die begangenen Taten wird auch eine Steigerung des Ansehens bei den Altersgenossen angestrebt. Jugendliche suchen in kriminellem Verhalten oftmals Abwechslung von der Langeweile und „Nervenkitzel". Sie experimentieren mit ihrem Körper und probieren die Wirkung von Rauschmitteln aus. Bei den meisten Straftaten sind jugendliche Täter durch Alkoholeinfluss enthemmt, was ein aggressives Verhalten fördert (...).

Gesamtgesellschaftliche Einflüsse haben unbestritten Auswirkungen auf Kinder und Jugendliche. So sind beispielsweise **Jugendarbeitslosigkeit**, mangelnde Freizeitmöglichkeiten, Konsumorientierung oder der fehlende Halt im Elternhaus Gründe für die zunehmende Jugendkriminalität. Auch Gewalt in den Medien (Fernsehen, Computerspiele, Internet), mangelnde Sprachkenntnisse bei ausländischen Jugendlichen und sogar Langeweile kommen als Auslöser infrage.

Viele Jugendliche, die dauerhaft kriminell sind, kommen aus schwierigen Elternhäusern: Familien, in denen es oft Streit gibt, Familien, die keine Zeit für ihre Kinder haben oder in denen Kinder keine Zuwendung, oft sogar Ablehnung durch die Eltern erfahren. In der Sozialarbeit kursiert seit einiger Zeit ein neuer Begriff, die „Verwöhn-Verwahrlosung". Kinder werden materiell mit allem abgespeist, von dem die Eltern glauben, die Kinder könnten es haben wollen. Echte Zuwendung hingegen fehlt, die Kinder werden sich selbst überlassen. Das Ergebnis ist eine seelische Mangelernährung, die sich nicht in Magenknurren, sondern in „Seelenknurren", in Aggressivität und Bindungsunfähigkeit äußert.

Wie die Erwachsenen Konflikte austragen, prägt direkt die Fähigkeit oder Unfähigkeit der Kinder und Jugendlichen, Konflikte friedlich zu bewältigen. Jugendliche, die Gewalt anwenden, kommen meist aus Familien, in denen sie selbst Gewalt über einen längeren Zeitraum erlebt haben.

Problematisch ist, dass viele Taten bestraft werden, die von der Gesellschaft als „Kavaliersdelikte" toleriert werden, z. B. zu schnelles Fahren im Straßenverkehr oder Schwarzfahren in öffentlichen Verkehrsmitteln, Steuerhinterziehung oder bestimmte Arten von Diebstahl.

Zusammengestellt nach: www.wissen.de/ Stichwort: Kinder- und Jugendkriminalität. Stand: August 2004 sowie Justizministerium Baden-Württemberg ONLINE www.jum.land-bw.de/ Stichwort: Jugendkriminalität Stand: September 2004

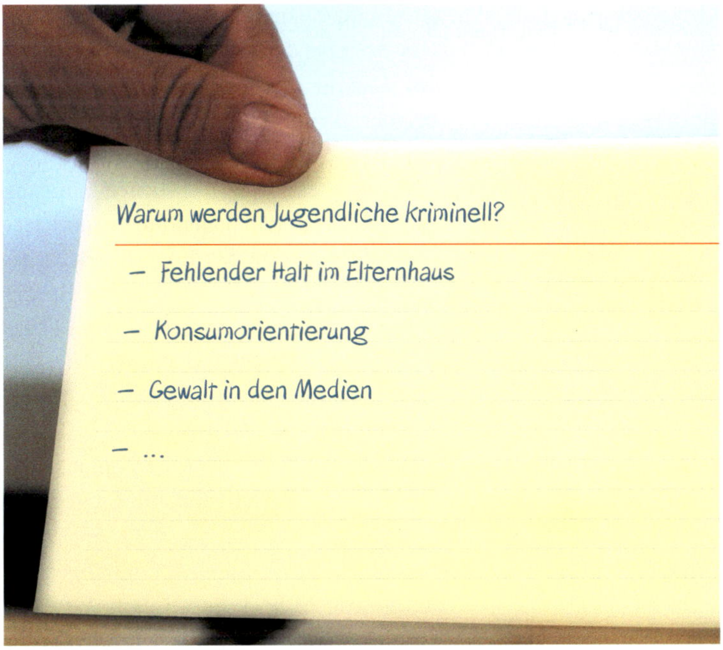

M 6 Karteikarte mit Stichpunkten zur Textauswertung

Die Jugendgerichtsbarkeit

Maßnahmen, die ein Urteil gegen jugendliche Täter enthalten kann
Erziehungsmaßregeln – Weisungen wie die Verpflichtung zu Arbeitsstunden, zur Teilnahme an einem sozialen Trainingskurs – Anordnung eines Erziehungsbeistandes oder einer Fürsorgeerziehung – Weisungen für die Lebensführung, z. B. Annahme einer Arbeitsstelle, Verbot, bestimmte Gaststätten zu besuchen
Zuchtmittel – Verwarnungen – Auflagen, z. B. Wiedergutmachung des Schadens durch gemeinnützige Arbeit – Jugendarrest (Freizeitarrest) von maximal vier Wochen
Jugendstrafen – Freiheitsentzug von sechs Monaten bis zu fünf Jahren – Geht es um ein Verbrechen, bei dem nach allgemeinem Strafrecht mehr als zehn Jahre Freiheitsstrafe angedroht sind, beträgt das Höchstmaß für einen Jugendlichen zehn Jahre.

M 1 Erziehungsmaßregeln – Zuchtmittel – Jugendstrafen

Rechtsgrundsätze, gültig seit 2000 Jahren, von den Römern übernommen:

Man soll auch die jeweils andere Seite anhören (Audiatur et altera pars)

Man soll nie jemand doppelt für dasselbe bestrafen (Ne bis in idem)

Man soll im Zweifelsfall für den Angeklagten entscheiden (In dubio pro reo)

Niemand darf verurteilt werden, wenn es zum Zeitpunkt der Tat kein gültiges Gesetz dafür gab (Nulla poena sine lege)

Die Sonderbehandlung jugendlicher Straftäter

Der Grundsatz „Gleiches Recht für alle" gilt auch für die Rechtsstellung von Jugendlichen und Erwachsenen. Was nach dem Strafgesetzbuch als Straftat festgelegt ist, gilt unabhängig von der Person des Täters. Aber bei der Durchsetzung des Rechts vor Gericht werden große Unterschiede bei der Behandlung jugendlicher gegenüber erwachsenen Straftätern gemacht.
Grundlage für den rechtlichen Umgang mit den Straftaten Jugendlicher und Heranwachsender ist das **Jugendgerichtsgesetz** (JGG). Dessen Leitgedanke ist das Prinzip „Erziehung vor Strafe". „An erster Stelle steht das Ziel der Besserung des Täters", denn es müsse berücksichtigt werden, „dass Jugendliche und Heranwachsende noch keine fertigen Persönlichkeiten sind", heißt es in den Erläuterungen zum JGG.
Um eine positive Entwicklung junger Täter günstig zu beeinflussen, gilt das Prinzip der Subsidiarität: Harte Sanktionen sollen nicht verhängt werden, wenn „geringere Eingriffe" ausreichen. Das Instrumentarium des Richters reicht von Erziehungsmaßregeln über Zuchtmittel bis zur Jugendstrafe.

Endstation Jugendstrafanstalt

Reichen z. B. wegen der Schwere der begangenen Tat Erziehungsmaßregeln oder Zuchtmittel zur Erziehung eines straffällig gewordenen Jugendlichen nicht mehr aus, hat das Jugendgericht eine Jugendstrafe zu verhängen. Auch die Jugendstrafe hat die Erziehung des Jugendlichen zum Ziel. Sie wird regelmäßig in Jugendanstalten vollstreckt und dauert zwischen sechs Monaten und fünf Jahren (bei Heranwachsenden bis zu zehn Jahren). Dort haben die jugendlichen Straftäter die Chance, einen Beruf zu erlernen oder ihre Schulbildung abzuschließen, um die Eingliederung in den Alltag nach der Haft zu erleichtern.

M 2 Angriff auf die Schläger

Mit einem Lied fängt alles an. Zu Beginn jeder Trainingseinheit müssen die sieben Gewalttäter singen. Die Gesangseinlagen sind für die jungen Männer der unerfreuliche Auftakt einer Maßnahme, die sie über Wochen mit sich selbst und ihren Defiziten konfrontieren wird. Sie, die Musik als Rap oder Rock vom MP3-Player kennen, für die das Mitwippen in der Disko das höchste der musikalischen Gefühle ist, sollen jetzt „Kinderkram" vortragen und sich lächerlich machen. Verklemmt stehen sie da und ihr Krächzen füllt die Luft. Dabei geht es nicht um Demütigung, sie sollen lernen, sich zu überwinden, einzeln aufzutreten und peinliche Lagen souverän zu meistern. Über sich selbst lachen können gehört zum Erwachsenwerden und auch das Zeigen von Gefühlen. Dass sie sich selbst nicht mit Humor nehmen können und jede sentimentale Regung in

sich ersticken, ist Teil ihres Gewaltproblems.
Die sieben Teilnehmer sind von einem Jugendgericht zu Bewährungsstrafen verurteilt worden. Das Antiaggressionstraining ist ihre Bewährungsauflage. Für die meisten gilt: Wer nicht ordentlich mitmacht, muss in den Knast.

Sabine Rückert, Die Zeit, 16.6.2005, gekürzt

Geschlossener Vollzug	Offener Vollzug
Anstalten sind besonders gesichert, um die Flucht von Gefangenen zu verhindern.	Anstalten sind nicht oder weniger gesichert und die Insassen haben mehr Bewegungsfreiheit und größere Eigenverantwortung.
Bewegungsfreiheit der Gefangenen innerhalb der Anstalt ist eingeschränkt (Arbeit nur innerhalb der Anstalt, die Freizeit wird in der Zelle oder im Gemeinschaftsraum verbracht).	Einige Gefangene arbeiten tagsüber als Freigänger in einem Betrieb außerhalb der Anstalt und kehren abends in die Vollzugsanstalt zurück.
Besuchs- und Schriftverkehr wird überwacht.	

M4 Offener und geschlossener Vollzug

Tagesablauf in der JVA Hannover – aus der Sicht eines Gefangenen

Wecken: 06.45 Uhr
Um 06.45 Uhr geht ein ganz normaler Tag in der JVA Hannover los, und zwar, wie draußen auch, mit Aufstehen – Kaffee kochen – Zähne putzen – Waschen – Radio hören. Um 07.00 Uhr wird die Tür aufgeschlossen und das Frühstück wird ausgeteilt.

Arbeitsbeginn: 07.30 Uhr
07.30 Uhr ist Arbeitsbeginn. Die Ausnahmen sind Küchen- und Kammerarbeiter, die fangen schon um 06.00 Uhr an. Haben die Arbeiter die einzelnen Häuser verlassen, ihre Arbeitsplätze erreicht, dann ist für so genannte Nichtarbeiter Einschluss. Das heißt, die Türen sind wieder verschlossen.

Mittagessen: 11.20 Uhr
11.20 Uhr ist die Zeit, wo das Mittagessen verteilt wird. Immer ein Thema in jeder JVA: Man kann ja leider nicht selbst bestimmen, was man essen will, man bekommt es einfach vorgesetzt.

Arbeiterfreistunde: 15.15 Uhr
In der Regel ist um 15.15 Uhr Feierabend. Um 15.45 Uhr findet schon die so genannte Arbeiterfreistunde statt – eine Stunde hinaus an die frische Luft. Nach genau einer Stunde ist diese tägliche Freude aber auch schon wieder vorbei.

Abendbrot: 17.00 Uhr
Um 17.00 Uhr gibt es Abendbrot. In der Zeit von 15.15 Uhr bis 19.00 Uhr muss man alle seine zu erledigenden Dinge geschafft bekommen, d.h. Duschen, Sport, Freizeitgruppen, soziales Training, eventuell Essen kochen usw. … Auch vollzugsinterne Dinge gehören dazu, wie: Gespräche mit dem Sozialen Dienst, Termine mit der Suchtberatung. Und ganz wichtig: Man muss in der Zeit von 15.30–18.30 Uhr auch seine sozialen Bindungen aufrechterhalten, mit dem Telefon. Denn nur zu dieser Zeit darf man telefonieren.

M3 Alltag in der JVA

Webcode:
PE643585-023

1 Erläutere den Grundgedanken der Jugendgerichtsbarkeit.

2 Werte M2 aus: Wo würdest du die getroffene Maßnahme einordnen (M4)? Wird sie dem Grundanliegen des Jugendgerichtsgesetzes gerecht?

3 Erklärt mithilfe der Materialien die Zielsetzung und die Methoden im Jugendstrafvollzug.

4 Knüpft Kontakte zu Jugendstrafanstalten in eurer Nähe. Wie wird dort gearbeitet? Welche Erfahrungen werden gemacht?

Jugendstrafvollzug – so oder anders?

M 1 Militärischer Drill als Mittel der Wiedereingliederung. Jugendliche in einem Boot Camp in den USA

M 2 Boot Camps in den USA

Sie werden angebrüllt, in Uniformen gesteckt und über Hindernisstrecken gejagt. Redeverbot, Isolationshaft oder Fußketten sollen dafür sorgen, dass aus widerborstigen Teenagern mit Hang zu Drogen und Schulschwänzen fügsame Jugendliche mit den richtigen Idealen werden.

„Sir, yes Sir", lautet die devote *(unterwürfige)* Standardantwort der Kids auf Befehle ihrer „Instruktoren". Verbale Ausfälle, Beleidigungen und animalisches Gebrüll im Soldatenjargon sind in amerikanischen Boot Camps an der Tagesordnung. Die jugendlichen Normabweichler lernen, Ordnung zu halten, ihr Bett zu machen und brav den Rücken durchzudrücken. Weil die trägen Stadtkinder nicht an Bewegung gewöhnt sind, erleiden einige Kreislaufzusammenbrüche und Schwächeanfälle. Hysterische Ausbrüche ob des plötzlichen Freiheitsentzuges und der rüden Umgangsformen sind keine Seltenheit.

Befehlsverweigerung, Regelverletzungen und Fehlverhalten werden umgehend bestraft: In gepolsterten Einzelzellen, so genannten Get-right-rooms, sollen renitente *(widerspenstige)* Minderjährige in kompletter Isolation von der Außenwelt zur Vernunft kommen. Mit dem Paddle, einem in Amerika benutzten Schlagholz, versuchen sadistisch veranlagte Camp-Mitarbeiter, den Willen der Kinder zu brechen.

Die Minderjährigen werden mit Einverständnis ihrer Eltern in die so genannten Teen-Help-Programme gebracht. Üblicherweise unterschreiben die Erziehungsberechtigten vor Eintritt ihrer Kinder ins Camp einen Vertrag mit den Organisatoren, der das Personal autorisiert, für den verabredeten Zeitraum als Agenten der Eltern zu agieren. Ein Freibrief für die Wächter.

Dass diese in den Camps tobenden „Experten" häufig weder eine pädagogische noch eine therapeutische Ausbildung besitzen, scheint für die meisten Eltern nicht von Bedeutung zu sein.

In Deutschland steht man den amerikanischen Erziehungslagern von jeher skeptisch gegenüber. Nicht nur die mögliche Verletzung von Menschen- und Persönlichkeitsrechten steht hier im Vordergrund, sondern auch die Ineffizienz *(Unwirksamkeit)* der angewandten Methoden. Viele Experten und ehemalige Befürworter der staatlichen Boot Camps haben sich völlig von der Idee solcher Erziehungslager abgewandt. Der militärische Drill erhöht zwar die Anpassungsbereitschaft der Jugendlichen, aber die Persönlichkeit könne man damit im Kern nicht verändern.

Spiegel ONLINE. Verurteilt! Leben hinter Gittern. Von Annette Langer. 23. 9. 2001

M 3 Die Knast-Kommune in der JVA

Die Justizvollzugsanstalt Adelsheim ist Baden-Württembergs Zentralgefängnis für männliche Jugendliche zwischen 14 und 23 Jahren, die zu Freiheitsstrafen ohne Bewährung verurteilt wurden. In der für 400 Häftlinge konzipierten Anstalt arbeitet man mit dem Projekt „Just Community" schon seit sieben Jahren an einer Erziehung der Insassen zu mehr Selbstständigkeit und moralischer Verantwortung. 15 Jugendliche können an dem Selbstverwaltungsmodell teilnehmen, das die demokratische Alltagsbewältigung zum Ziel erklärt hat.

„Wir müssen die Verhältnisse in der Haft normalisieren, und zwar im Sinne einer Anpassung an das normale Leben jenseits der Gefängnismauern", betont der Leiter der JVA, Joachim Walter. Weil Lernen üblicherweise am Modell und am Beispiel erfolge, stünden die Verhältnisse im geschlossenen Vollzug einer moralischen Entwicklung des Einzelnen eher entgegen. Aus diesem Grund leben die Teilnehmer des „Just Community"-Projekts mit fünf Betreuern in einer Art Wohngemeinschaft zusammen. Je drei Gefangene teilen sich ein gitterfreies Zimmer in dem Fertighaus auf dem Anstaltsgelände. Die Türen sind bis Einbruch der Dunkelheit geöffnet, es gibt einen Fernseher und einmal im Monat eine Einkaufsfahrt in die Stadt. Sämtliche Entscheidungen werden gemeinsam getroffen: Die Jugendlichen stellen eigene Regelkataloge auf, schreiben Satzungen und verabschieden Entschlüsse per Zweidrittelmehrheit. Ein aus zwei gewählten Vertretern bestehendes „Leitungskomitee" führt die wöchentlichen Sitzungen. „Sowohl die Bediensteten als auch die Gefangenen schätzen diese Form des Zusammenlebens sehr", berichtet Walter. Auch würden die zahlenmäßig unterlegenen Betreuer bei Entscheidungsfindung in der Regel nie überstimmt, weil es bei den Abstimmungen eben um ganz konkrete alltägliche Belange ginge. „Ihre eigene Entlassung", ergänzt der Anstaltsleiter schmunzelnd, „können sie allerdings noch nicht beschließen."

Spiegel ONLINE. Gruppendynamische Knast-WG. Von Annette Langer. 23. 9. 2001

M 4 Häftlingswerkstatt der JVA Adelsheim

JVA Adelsheim	kaum	etwas	mittel	stark	sehr stark
Soll abschreckend wirken					
Disziplin					
Drill					
Soziales Miteinander					
Geordneter Tagesablauf					
Eigenverantwortung					
Hartes körperliches Training					
Unterwerfung					
Pädagogische Führung					
Teamgeist					
Menschlichkeit					
Einsicht in das eigene Verhalten					
Resozialisierung					

M 5 Auswertungstabelle

1 a Welche Prinzipien stehen bei den verschiedenen Strafvollzugsmaßnahmen (M1–M4) im Vordergrund?
b Erstelle je eine Tabelle nach Vorlage M5 für Boot Camps und für die JVA Adelsheim. Kreuze deine Einschätzung in den Tabellen an.
c Vergleiche die Erziehungs- bzw. Strafvollzugsmethoden miteinander.

2 Diskutiert die Vor- und Nachteile der Maßnahmen im Plenum.

Der Täter-Opfer-Ausgleich

Jugendgerichtsgesetz
§ 5
(1) Aus Anlass der Straftat eines Jugendlichen können Erziehungsmaßregeln angeordnet werden.
(2) Die Straftat eines Jugendlichen wird mit Zuchtmitteln oder mit Jugendstrafe geahndet, wenn Erziehungsmaßregeln nicht ausreichen.

Der Täter-Opfer-Ausgleich – eine Erziehungsmaßregel

Der **Täter-Opfer-Ausgleich** ist eine der im Jugendgerichtsgesetz genannten möglichen Erziehungsmaßregeln.

Nach der Zielvorstellung des Täter-Opfer-Ausgleichs soll der Täter über die persönliche Begegnung mit dem Opfer erkennen, was er mit seiner Tat angerichtet hat. Aber auch für das Opfer kann diese Begegnung eine positive Funktion haben. Viele Menschen, die z. B. Opfer einer Gewalttat wurden, leiden an Angst- und Ohnmachtsgefühlen. Die Auseinandersetzung mit den Tätern kann ihnen helfen, das Geschehene besser zu verarbeiten.

Die Teilnahme an einem Täter-Opfer-Ausgleich muss freiwillig sein. Zudem werden die Täter daraufhin überprüft, ob sie bereit sind, sich ernsthaft auf einen Dialog mit dem Opfer einzulassen.

M 2 Ablauf eines Täter-Opfer-Ausgleichs (TOA)

1. Eine Strafanzeige ist erfolgt. Die Staatsanwaltschaft beauftragt die Jugendgerichtshilfe (JGH), einen TOA abzuklären. Die JGH überträgt die Durchführung des TOA an eine Konfliktschlichtungsstelle.
2. Ist der Fall für einen TOA geeignet, wird der Beschuldigte zuerst zum Vorgespräch eingeladen. Nach ausführlichen Informationen zum TOA, den Alternativen und der rechtlichen Einordnung wird die Meinung des Beschuldigten zum TOA nachgefragt. Erklärt sich der Beschuldigte zum TOA bereit, dient das weitere Gespräch der Vorbereitung.
3. Ist der Beschuldigte zu einem TOA bereit, wird der Geschädigte zum Vorgespräch eingeladen. Es dient ebenfalls der Information über den TOA, der Abklärung der Bereitschaft und der Sicht auf den Konflikt. Somit sind sowohl Geschädigter als auch Beschuldigter vorbereitet, um sich fair begegnen zu können.
4. Im Ausgleichsgespräch treffen sich Opfer und Täter, um mit Unterstützung des Vermittlers über den Vorfall zu sprechen und den Konflikt aufzuarbeiten. Jeder kann nun dem anderen direkt sagen, wie er den Vorfall erlebt hat. Wiedergutmachungsleistungen werden ausgehandelt.
5. Sind alle Beteiligten mit dem Ergebnis einverstanden, wird eine Vereinbarung über die Leistungen abgeschlossen. Die Einhaltung wird von der Konfliktschlichtungsstelle kontrolliert.
6. Die Konfliktschlichtungsstelle informiert den Staatsanwalt über das Ergebnis des Täter-Opfer-Ausgleichs.

www.jgh-dresden.de (24. 3. 2006)

Täter-Opfer-Ausgleich bei Bagatelldelikten
Bei leichteren Straftaten wie Sachbeschädigung, Beleidigung oder leichter Körperverletzung kann die Staatsanwaltschaft das Strafverfahren bei einer erfolgreichen Konfliktschlichtung einstellen oder dies bei Gericht anregen. In diesen Fällen kann die „Wiedergutmachung" eine echte Alternative zur traditionellen Strafrechtspraxis sein. Kommt eine Einstellung etwa bei Wiederholungstätern oder wegen der Schwere der Straftat nicht in Betracht, kann ein erfolgreicher Täter-Opfer-Ausgleich zumindest strafmildernd in der gerichtlichen Hauptverhandlung berücksichtigt werden.

http://www.justiz.nrw.de/Presse/PresseJM/archiv/2008_01Archiv/17_05_08/index.php 17.05.2008

M 1 Wiedergutmachung als Alternative

1 Beschreibe das Verhältnis von Erziehungsmaßregeln, Zuchtmitteln und Jugendstrafe nach dem Jugendgerichtsgesetz.

2 Erläutere, warum die Erziehungsmaßregel des Täter-Opfer-Ausgleichs in der Regel nur bei Bagatelldelikten (s. M 1) angewendet wird (Straftat von geringer Bedeutung).

3 Erarbeite mithilfe von M 2 und des Autorentextes die wesentlichen Elemente des Täter-Opfer-Ausgleichs.

4 Werte M 3 aus: Bewerte anhand der Äußerungen des Opfers in einem Täter-Opfer-Ausgleich diese Erziehungsmaßregel.

„Die Sache ist gegessen“

Sara Schmidt traf den Mann, der ihr Nasenbein brach

An einem Frühlingsabend hatten die 17-jährige Sara Schmidt und ihre Freundin im Nordend eine heftige Begegnung mit drei angetrunkenen jungen Männern. Ein 21-Jähriger wollte auf einem Skateboard der Freundinnen fahren. Als Sara Schmidt sich weigerte, das Brett herauszugeben, brach ihr der Mann mit einem Kopfstoß das Nasenbein. Beim Täter-Opfer-Ausgleich traf die Schülerin den Schläger wieder. Über die Begegnung sprach sie mit FR-Redakteur Volker Mazassek.

FR: Hattest du damals im Nordend Angst vor dem Täter?
Sara Schmidt: Nein, gar nicht. Die Jungs haben uns zwar schnell beschimpft – wir hatten weite Hosen an, da hieß es gleich Mannsweiber –, aber dass der eine ein Schläger ist, hat man ihm nicht angesehen. Der war ein bisschen kleiner als ich. Ich denke, das war auch ein Problem von ihm. Er hat sich vor mich gestellt, mit dem Kopf ausgeholt, einmal direkt auf die Nase geknockt und es hat „krach“ gemacht.

Warum hast du dem Täter-Opfer-Ausgleich zugestimmt?
Es war wohl eine einmalige Sache bei dem Täter. Ich habe mir gedacht: Warum soll ich für irgendeinen Eintrag in seine Akte sorgen? Ich wollte ihn auch mal sehen, ich hatte keine Angst vor dem Gespräch.

Aber wütend warst du schon?
Ja, natürlich. Am Anfang habe ich gesagt: Dem würge ich was rein, der kriegt jetzt richtig Strafe. Aber das Gespräch kam ja erst Monate später. Da ist das etwas abgeebbt. Irgendwann war ich es auch leid, das Thema immer wieder aufzugreifen.

Wie lief das Gespräch ab?
Ich habe gedacht, dass ich schon Wut im Bauch habe, wenn ich ihm gegenübersitze. Aber die Atmosphäre war relativ ruhig. Wir haben uns nicht angeschrien und konnten uns ganz sachlich unterhalten. Er hat die meiste Zeit geredet, weil es ihm so leidtat. Er hat sich geschämt, weil er sich anscheinend wegen seines Rausches an gar nichts mehr erinnerte. Er wusste nicht mal, wie ich aussah und dass ich ein Mädchen bin.

Wie hat er seine Aggressivität begründet?
Dieses „Nein“, was ich gesagt habe, hat ihn wohl so gereizt, dass er gleich zugeschlagen hat.

Tolle Begründung. Gab's eine Entschuldigung?
Ja. Er wollte sogar noch einen Kaffee mit mir trinken gehen, weil es ihm so unendlich leidtut. Er zahlt auch 1200 Euro Schmerzensgeld in Raten. Also, er hat alles probiert, um es wiedergutzumachen. Bei dem Gespräch hat er mir seine Telefonnummer gegeben, damit wir uns treffen. Aber das war mir dann doch zu viel. Ich habe mich nicht gemeldet.

Warum?
Die Sache ist gegessen. Da muss man sich nicht extra noch mal treffen.

Hast du die Sache verarbeitet?
Direkt danach wurde mir immer relativ mulmig, wenn ich abends Jugendlichen begegnet bin. Und meine Eltern fanden das nicht so schön, dass ich gleich wieder abends weggehen wollte. Aber das hat sich dann auch alles gelegt.

Bist du vorsichtiger geworden?
Demnächst gebe ich meine Sachen einfach ab, wenn jemand mich bedroht. Da sage ich nicht mehr Nein. Dann kriegt der halt das, was er will.

Frankfurter Rundschau 20. 4. 1999, S. 23

M3 Zeitungsbericht zum Täter-Opfer-Ausgleich

KOMPETENZ-Trainer Grundgesetz und Rechtsstaat

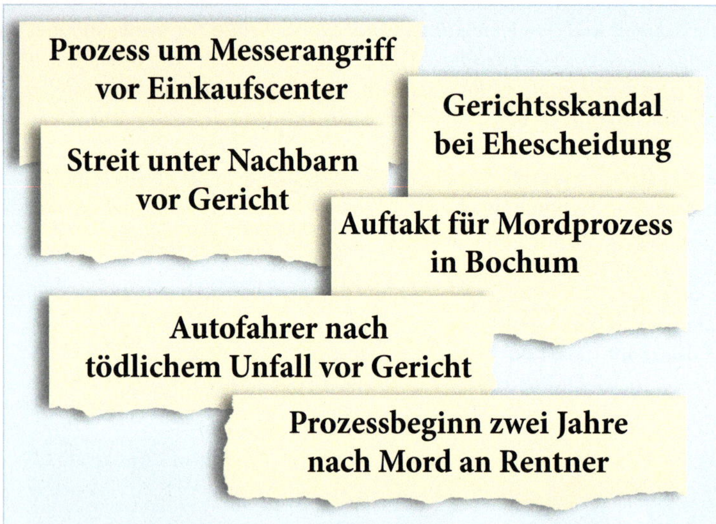

M 1 Streitfälle vor Gericht

M 2 Screenshot und Urkunde aus dem Spiel Grundrechte-Jogging

M 4 Was ist rechtsstaatlich?

1. Alle Leute werden vom Gesetz gleich behandelt.
2. Die Bürgerinnen und Bürger können sich gerichtlich gegen staatliche Entscheidungen wehren.
3. Männer haben mehr Rechte als Frauen.
4. Ein Minister gibt einem Richter eine Weisung.
5. Die Verwaltung hält sich an die Gesetze.
6. Der Bundeskanzler muss sich nicht an alle Gesetze halten.
7. Wer mehr Steuern zahlt, hat auch mehr Rechte.
8. Gleiches muss gleich, Ungleiches ungleich behandelt werden.
9. Die Grundrechte werden außer Kraft gesetzt.
10. Der Bundestag überträgt die Gesetzgebung auf die Regierung.
11. Es gibt Ausnahmegerichte.
12. Wegen ein und derselben Tat kann man zweimal bestraft werden.

Politik und Unterricht. Heft 1, 1998

6 Jahre | Anhörung bzw. Mitentscheidungsrecht in familienrechtlichen Angelegenheiten | 21 Jahre | 16 Jahre | Volljährigkeit

beschränkte Geschäftsfähigkeit | Ausweispflicht | 7 Jahre | 12 Jahre | Ende der Schulpflicht

Wahlrecht | Ende des Beschäftigungsverbots | Zustimmung bei einem Religionswechsel | 14 Jahre | Beginn der Schulpflicht

15 Jahre | volle Strafmündigkeit | 18 Jahre

M 3 Wann gilt was? Rechte und Pflichten als Kind und als Jugendlicher (Auswahl). Ordne richtig zu.

Sie ist 15. Sie hat geklaut. Erst eine bunte Stofftasche. Dann noch ein paar Lippenstifte, Mascara, Kajal – alles zusammen Waren im Wert von rund 40 Euro. Dann kam der Kaufhausdetektiv. Auf der Polizeistation fühlte sich die Gymnasiastin bereits „wie eine Schwerverbrecherin". Und jetzt warten ihre Richter.
Chris, 17, Lara und Alex, beide 18, die Recht sprechen sollen, sind kaum älter als die Delinquentin. Nach 45 Minuten Verhandlung erweist sich die Angst des Mädchens, es könne womöglich zu „einer ganz schlimmen Strafe" verurteilt werden, als unbegründet. Statt des befürchteten „Ausgangsverbots für einen Monat" soll es lediglich eine Internetrecherche zu Jugend- und Erwachsenenkriminalität machen und aus dem Ergebnis eine Collage gestalten. Das Mädchen habe, befinden die drei Schülerrichter, echte Reue gezeigt.

(http://www.spiegel.de)

M5 Strafe: Recherche zur Jugendkriminalität

Schülergerichte sind auf dem Vormarsch

Ein Schülergericht soll dem Täter sein Verhalten und das damit einhergehende Unrecht bewusst machen, sodass dadurch die Jugendkriminalität schon in einem frühen Stadium effektiver bekämpft werden kann. Selbstverständlich kommt dieser Ansatz bei Intensivtätern oder Gewalttaten nicht infrage. (…)
Dass die Schülergerichte immer mehr akzeptiert werden, zeigt die Einsetzung in den letzten Jahren. In Bayern sind solche Teen-Courts zuerst erprobt worden. Mittlerweile gibt es sie auch in Hessen, Nordrhein-Westfalen, Baden-Württemberg, Sachsen-Anhalt und Sachsen (…). Lediglich Hamburg hat die Schülergerichte nach eineinhalb Jahren wieder eingestellt, da zu wenig Fälle von der Staatsanwaltschaft an die Schülergerichte übertragen worden sind.

Schülergericht, „Rechtslupe" v. 16.8.2010; in: http://www.rechtslupe.de/strafrecht/schuelergericht-320901 (Zugriff: 31.1.2012)

M7 Schülerrichter: Anne (17), Olga (16), Sarah (17) und Martin (16)

Felix Tegeler (15):
„Die Idee finde ich nicht gut. Bei mir würde das nichts bringen."

Saskia Holpert (16):
„Ich befürworte dieses Projekt, denn die ganze Verhandlung wird sicherlich fairer, wenn sie von Gleichaltrigen geführt wird. Die Jugendlichen sehen dann eher ein, warum sie etwas falsch gemacht haben, weil die Mitglieder des Gremiums ihnen aufgrund des Alters näherstehen."

Christina Rauber (17):
„Ich glaube nicht, dass Jugendliche ein solches Maß an Eindruck auf Gleichaltrige machen, dass sie ihnen zu Einsicht verhelfen können. Die konventionellen Verfahren, die von Erwachsenen geführt werden, strahlen mehr Autorität aus und werden die Jugendlichen sicherlich mehr beeindrucken."

„Gießener Anzeiger", 14. 10. 2005

M6 Umfrage unter Jugendlichen zu Schülergerichten

Sachwissen und Analysekompetenz

1 Was entspricht rechtsstaatlichen Grundsätzen, was nicht? (M4)

2 Ordne die Rechte und Pflichten in M3 den passenden Altersstufen zu und übertrage M3 als Übersicht in dein Heft.

3 Ordne die Schlagzeilen in M1 den Bereichen öffentliches und ziviles Recht zu.

4 Überprüft eure Kenntnisse zu den Grundrechten, indem ihr das Grundrechte-Jogging (M2) spielt. (http://www.lpb-bw.de/online-spiele/grundrechtejogging/spiel/spiel.html)

Urteils- und Handlungskompetenz

5 a Bewertet die Argumente in M7 für die Errichtung von Teen-Courts kritisch.
b Schülergerichte basieren auf dem Grundgedanken der Jugendgerichtsbarkeit (s. M7). Erkläre.
c Beurteilt die Möglichkeiten eines Schülergerichtes. Berücksichtigt M5 und M6.
d Schreibt einen Leserbrief an den Gießener Anzeiger, in dem ihr zu den Aussagen in M6 Stellung nehmt.

2 Demokratie entdecken

1

2

3

M1

4

Am Ende dieses Kapitels kannst du

- an Beispielen aufzeigen, was eine demokratische Gesellschaft ausmacht.
- verschiedene Formen von Demokratie unterscheiden. Außerdem kannst du Vor- und Nachteile der verschiedenen Demokratieformen benennen und bist in der Lage, dir begründet ein Urteil darüber zu bilden.
- an Beispielen zeigen, warum eine Einschränkung der Mehrheitsregel in Demokratien sinnvoll ist.
- erklären, welchen Bedrohungen eine Demokratie ausgesetzt ist und wie die Verteidigung der Demokratie in unserem Staat möglich ist.

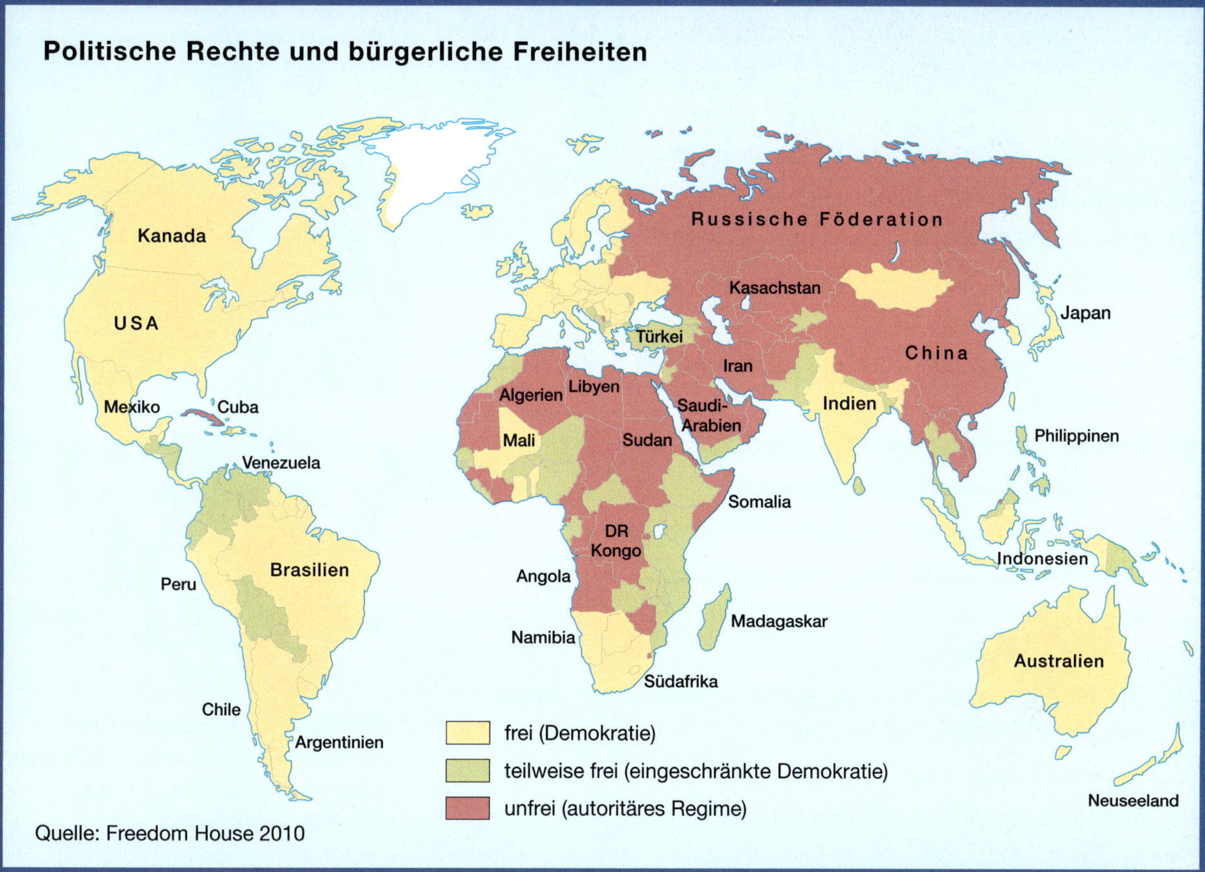

M2 Verwirklichung politischer Rechte und bürgerlicher Freiheiten in der Welt, Quelle: Freedom House, 2010

demokratisch	undemokratisch

M3

1 Was bedeutet für euch **demokratisch**? Ordnet die Bilder aus M 1 einer der beiden Tabellenspalten (M 3) zu und begründet eure Entscheidung jeweils.

2 Demokratie selbstverständlich? Wertet Schaubild M 2 aus.

3 Nennt mögliche Probleme im alltäglichen Leben, die sich für die Menschen in Ländern mit einem autoritären Regime ergeben können.

Was bedeutet Demokratie?

A. Jeder muss ein ausreichendes Einkommen haben.
B. Der Beruf muss frei wählbar sein.
C. Jeder muss seine Meinung frei äußern können.
D. Jeder darf an Demonstrationen teilnehmen oder sich Bürgerinitiativen anschließen.
E. Die Einkommensunterschiede in der Gesellschaft dürfen nicht zu groß sein.
F. Jeder muss reisen dürfen, wohin er möchte.
G. Die Gesetze müssen für alle gleich gelten.
H. Es darf keine Vorrechte für bestimmte Gruppen geben.
I. Die Richter sind von der Regierung unabhängig.
J. Es muss eine starke Opposition geben, um die Regierung zu kontrollieren.
K. Die staatliche Macht muss auf mehrere Institutionen verteilt sein, die sich gegenseitig kontrollieren.
L. Es muss ein Recht auf Arbeit geben.
M. Jeder muss eine Wohnung haben können.
N. Es muss unabhängige kritische Medien geben.
O. Es muss einen starken Staat geben.
P. Die Bürger müssen politisch gut informiert werden.
Q. Es muss auch in den Bundesländern Parlamente und in den Kommunen Gemeinderäte geben.
R. Die Bürger sollen über wichtige Fragen in **Volksabstimmungen** entscheiden können.
S. Das Privatleben muss absolut geschützt sein.
T. Es muss ein Recht auf freies Unternehmertum geben.
U. Es darf keine Verfolgung von Kritikern der Regierung oder politische Gefangene geben.
V. Staat und Kirche müssen getrennt sein.
W. Durch die Garantie der Menschenrechte werden Minderheiten geschützt.
X. Man muss bei Wahlen zwischen mehreren Parteien mit unterschiedlichen Parteiprogrammen wählen können.
Y. Es müssen regelmäßige Wahlen stattfinden.
Z. Durch Wahlen kann es zu einem Regierungswechsel kommen.

M 1 Forderungen an eine demokratische Gesellschaft

M 2 „Democracy is government of the people, by the people and for the people“ *(Abraham Lincoln, 1863, ehemaliger amerikanischer Präsident)*

Wo viele Menschen zusammenleben, müssen sie Regeln für ihr Zusammenleben festlegen. Dabei kann das Zusammenleben in einem Staat ganz unterschiedlich geregelt werden und wir sprechen hier von verschiedenen Staatsformen. Weltweit behaupten heute nahezu alle Staaten, Demokratien zu sein. Eine Staatsform muss, um den Namen „moderne Demokratie“ zu verdienen, jedoch einige grundlegende Anforderungen erfüllen, die nicht nur in der Verfassung niedergeschrieben, sondern auch im politischen Alltag von Politikern und Behörden umgesetzt werden müssen. Der Begriff Demokratie steht aber für mehr als eine Staatsform und seine Ordnung. Er ist auch Teil unserer Gesellschaft und beginnt schon in unserem Alltag, z. B. im Beruf, in der Schule oder in der Familie.

M 3 Demokratie

Der Begriff kommt aus dem Griechischen und bedeutet „Herrschaft des Volkes“. In Deutschland gibt es diese Staatsform seit 1949, zuvor gab es sie bereits einmal von 1918 bis 1933. Demokratie heißt: Alle Bürger und Bürgerinnen haben die gleichen Rechte und Pflichten. Über sie herrscht kein Kaiser, auch kein König und kein General. Alle Menschen dürfen frei ihre Meinung sagen, sich versammeln, sich informieren. Es gibt unterschiedliche Parteien, die ihre Vorstellungen in so genannten Parteiprogrammen kundtun. Die Bürger wählen Personen und Parteien, von denen sie eine bestimmte Zeit lang regiert werden wollen. Und wenn die Regierung ihre Arbeit schlecht macht, kann das Volk bei der nächsten Wahl eine andere Regierung wählen.

In einer Demokratie muss alles, was der Staat tut, nach den Regeln der Verfassung und den geltenden Gesetzen erfolgen. In Deutschland stehen diese Regeln im Grundgesetz. Der demokratische Staat ist also immer auch ein Rechtsstaat.

www.hanisauland.de, abgerufen am 5.5.2008

M 4 Demokratie in der Clique

Dazu verpflichte ich mich:

Ich bin bereit, mich einem Beschluss der Mehrheit in meiner Clique anzuschließen. Ich tue dies aber nur, wenn:

- zuerst ausführlich diskutiert worden ist;
- wenn alle zu Wort gekommen sind;
- wenn alle Argumente bedacht worden sind;
- wenn andere nicht durch diese Entscheidung beleidigt, verletzt, diskriminiert oder ausgestoßen werden;
- wenn die Entscheidung nicht gegen meine prinzipiellen Vorstellungen von Freundschaft und Zusammenleben verstößt;
- …

M 5

M 6

1 In M 1 findet ihr 26 Forderungen an eine demokratische Gesellschaft.
  a Welche sind für euch die wichtigsten? Arbeitet in Gruppen und streicht zehn Forderungen heraus, die ihr für weniger wichtig haltet. Begründet dies.
  b Bringt die verbleibenden Forderungen in eine Rangliste von 1–16.
  c Stellt eure Ergebnisse der Klasse vor und begründet sie. Wenn ihr euch nicht einig seid, formuliert abweichende Meinungen.
  d Formuliert eine Definition von Demokratie.

2 Vergleicht eure Gruppenergebnisse mit der Definition in M 3. Stellt Gemeinsamkeiten und Unterschiede fest.

3 Seht euch das Foto M 5 an. Informiert euch im Internet über Jugendparlamente. Wie kommen sie zustande? Ermittelt die Themen, mit denen sie sich beschäftigen (s. auch M 6).

4 Sucht ein Jugendparlament in eurer Nähe. Nehmt Kontakt auf und besucht es. Besprecht, ob diese Einrichtungen geeignet sind, die Interessen von Jugendlichen zu vertreten.

5 Bearbeite M 4 und vergleiche anschließend dein Ergebnis mit dem deines Tischnachbarn.

Demokratie – aber wie?

M 1 **Sitzungssaal des Deutschen Bundestages**

M 2 **Versammlung der Bürgerinnen und Bürger in Glarus (Schweiz)**

Webcode: PE643585-034

M 3 **Wahlabstimmung über das Internet** *(Friedrich-Schiller-Universität Jena, 2012)*

Pro:

Die Bürgerinnen und Bürger nehmen durch Volksabstimmung direkt Einfluss auf politische Entscheidungen. Bei Fragen, von denen sie direkt betroffen sind, sollten sie mitentscheiden können. Die „Macht" des Volkes darf sich nicht auf das Kreuz bei der Wahl alle vier Jahre beschränken.

Kontra:

Entscheidungen in der Demokratie können nicht nur nach Ja oder Nein abgestimmt werden. Viele Probleme können am besten von Fachleuten oder Politikern beschlossen werden, die etwas von der Sache verstehen. Den Bürgerinnen und Bürgern fehlt oft das nötige Fachwissen. Auch besteht die Gefahr, dass aus augenblicklichen Stimmungen heraus entschieden wird.

M 4 Direkte Demokratie – Pro und Kontra

M 5 Aussagen zum Thema Demokratie

1. Die Einführung von „E-Voting" bringt es mit sich, dass mehr/weniger/vor allem junge/vor allem ältere Wähler als sonst sich an Wahlen nicht beteiligen/beteiligen werden.
2. Die Gefahr, dass E-Votings durch Viren/schlechte Datenverbindungen/mangelnde Kenntnisse … verfälscht werden, ist nicht sehr groß.
3. E-Voting ist ein/kein zusätzliches Angebot und kann normale Wahlen in der Zukunft ersetzen/nicht ersetzen.
4. E-Voting ist wegen/trotz der notwendigen Sicherheitsvorkehrungen nicht aufwändiger oder nicht teurer als herkömmliche Wahlen.
5. E-Voting ist keine/eine Spielerei für Computer-Freaks.
6. Über E-Voting kann auch nicht mehr Bürgerbeteiligung erreicht werden. Es wird nicht das Wahlverfahren der Zukunft sein.
7. Die Akzeptanz von Wahlen per Internet ist bei der Bevölkerung nicht groß.

M 6 Abstimmung per Internet?

1 a Beschreibt M 1. Haltet fest, auf welche Weise das Volk durch den Bundestag seine Macht ausübt (s. auch S. 56/57 und 60/61).
b Erörtert, welche Schwierigkeiten sich bei diesem „Modell" der Demokratie (M 1) ergeben könnten.

2 a Beschreibt M 2. Haltet fest, auf welche Weise das Volk in Glarus seine Macht ausübt.
b Erörtert, welche Schwierigkeiten sich bei diesem „Modell" der Demokratie (M 2) ergeben könnten.

3 Ordnet die Aussagen in M 5 den Standpunkten aus M 4 zu.

4 a Beschreibt M 3. Welcher Demokratieform kommt M 3 entgegen?
b Wie lauten die Sätze für dich richtig? (M 6)
c Besprecht eure Ergebnisse aus M 6 mit eurem Tischnachbarn.

5 Findet weitere Beispiele für direkte Demokratie (S. 45). Stellt in einer Tabelle Vor- und Nachteile gegenüber.

Die Mehrheit entscheidet – und die Minderheit?

M 1 **„Tut mir leid, aber wir haben darüber abgestimmt."**
Zeichnung: Markus

A) Die Klasse muss sich entscheiden, wohin die nächste Klassenfahrt gehen soll.

B) Ab wie vielen Punkten erhält ein Schüler/eine Schülerin eine 1, 2, 3 usw. in der Klassenarbeit in Mathematik?

C) Vier Schüler in einer Klasse können nicht schwimmen. Die restlichen 28 Schüler würden den Ausflug gerne ins Schwimmbad machen.

D) Auf der Klassenfahrt muss entschieden werden, ob vom restlichen Geld der Klassenkasse Eis gekauft wird oder ob alle zusammen in den Zoo gehen können.

...

M 2 **Entscheidungssituationen**

Haben Mehrheiten immer Recht?

In einer Demokratie gilt der Grundsatz, dass bei Wahlen und Abstimmungen die Mehrheit entscheidet und dass die **Minderheit** diese Entscheidung anerkennt (Mehrheitsregel). Sie hat dafür die Chance, bei den nächsten Wahlen und Abstimmungen ihrerseits die Mehrheit zu erringen, und kann erwarten, dass dann ihre Entscheidungen respektiert werden. Das **Mehrheitsprinzip** ist eine Kompromisslösung. Die Mehrheitsentscheidung muss nicht richtig sein. Das Mehrheitsprinzip gewährleistet aber, dass Konflikte friedlich ausgetragen werden.
Wenn jedoch die Interessen einer Minderheit immer wieder missachtet werden, können Demokratien Schaden nehmen. Aus diesem Grund gibt es einen Schutz für Minderheiten und es werden vielfach bei Entscheidungsverfahren Kompromisslösungen angestrebt.

Akzeptanz von Mehrheitsentscheidungen

Unter demokratischen Gesichtspunkten können Mehrheitsentscheidungen nur dann akzeptiert werden, wenn sie vom Prinzip her wieder rückgängig gemacht werden können. Selbst große Mehrheiten dürfen für sich nicht in Anspruch nehmen, auf alle Zeit unumstößliche und in ihren Auswirkungen nicht absehbare Entscheidungen zu treffen. In der Bundesrepublik sind Mehrheitsentscheidungen des Parlaments zudem immer den Grundprinzipien der Rechtsstaatlichkeit und dem Prinzip der Verfassungsmäßigkeit unterworfen. So dürfen Grundprinzipien der Demokratie selbst laut Verfassung nicht geändert werden und unterstehen auch nicht dem Mehrheitsprinzip.

M3 Grundsätzliche Interessen

Eine Mehrheitsentscheidung ist brüchig und haltlos, wenn die betroffene Minderheit sich in grundsätzlichen Interessen betroffen fühlt; wenn es zum Beispiel um Überleben, Sicherheit, Freiheit, Glück, Menschenwürde und lebenswerte Umweltbedingungen geht. Mehrheitsentscheidungen dürfen nur über solche Sachfragen getroffen werden, die im Prinzip rückgängig zu machen oder korrigierbar sind.

Bernd Guggenberger/Claus Offe: Politik an der Basis. In: Politik u. Zeitgeschichte B 47, 1983, S. 6, 9

M4 **Bewohner betroffener Gemeinden protestieren am 20.09.2007 vor dem Thüringer Landtag gegen den geplanten Bau der Hochspannungstrasse durch den Thüringer Wald.**

Die für das Vorhaben sprechenden Gesichtspunkte überwiegen aber auch die vorhandenen negativen Auswirkungen auf öffentliche und private Belange in ihrer Gesamtheit. Die Maßnahme ist auch unter Berücksichtigung dieser Gesamtauswirkungen gerechtfertigt und zuzulassen.Die Realisierung des Vorhabens liegt im öffentlichen Interesse. (...)
Im Verfahren sind keine unüberwindbaren gegenläufigen Belange geltend gemacht worden bzw. erkennbar geworden, die in der Abwägung zu dem Ergebnis nötigten, vom geplanten Vorhaben insgesamt Abstand zu nehmen. Das Vorhaben ist nach Einschätzung der Planfeststellungsbehörde auf das unvermeidliche Mindestmaß dimensioniert. Die Auswahl der Trasse ist objektiv sinnvoll und angemessen. (...)

Durch die vorübergehende Inanspruchnahme privater Grundstücke während der Bauzeit sowie die Maststandorte und die Nutzungseinschränkungen innerhalb der Schutzstreifen ist vor allem das Eigentum an Grundstücken betroffen. Vor dem Hintergrund der Planrechtfertigung sind diese Eingriffe in das Privateigentum notwendig, verhältnismäßig und für die Betroffenen zumutbar. Sie sind mit den Vorgaben des Artikels 14 des Grundgesetzes vereinbar. Für die Inanspruchnahme sind die Betroffenen zu entschädigen. (...)
Das Konzept des landschaftspflegerischen Begleitplans ist mit der Oberen Naturschutzbehörde abgestimmt worden und hat – nach Vorlage der Unterlagen zur ersten Planänderung – deren Zustimmung gefunden.

M5 **Auszüge aus dem Planfeststellungsbericht vom 2. Februar 2012**

Umstrittene Hochspannungstrasse

Der Bau einer 380-Kilovolt-Hochspannungsleitung durch den Thüringer Wald sorgt derzeit für heftige Diskussionen. Auf der einen Seite steht die CDU-geführte Landesregierung Thüringens, die den Plan des Strombetreibers Vattenfall aus energiewirtschaftlichen Gründen befürwortet. Auf der anderen Seite protestieren betroffene Kommunen und Naturschützer gegen den Bau der Trasse. Die Gegner des Projekts fürchten einerseits die Beeinträchtigung der Lebensqualität durch den Elektrosmog und andererseits die Verunstaltung der Landschaft durch die gewaltige Strommasten.

1 Beschreibt die Karikatur M 1 und überlegt, was der Zeichner damit aussagen wollte.

2 Überlegt, bei welchem der Beispiele aus M 2 eine Mehrheitsentscheidung sinnvoll erscheint und wo nicht. Begründet und findet weitere Beispiele.

3 Erarbeitet anhand des Autorentextes und M 3, welche Probleme sich beim Mehrheitsprinzip ergeben.

4 Legt eine Tabelle mit folgenden Spalten an: Autoren/Was spricht für das Mehrheitsprinzip?/Was spricht gegen das Mehrheitsprinzip? Tragt eure Überlegungen ein und vergleicht.

Demokratie verteidigen

Artikel 79 GG

(3) Eine Änderung dieses Grundgesetzes, durch welche die Gliederung des Bundes in Länder, die grundsätzliche Mitwirkung der Länder bei der Gesetzgebung oder die in den Artikeln 1 und 20 niedergelegten Grundsätze berührt werden, ist unzulässig.

Artikel 21 GG

(2) Parteien, die nach ihren Zielen oder nach dem Verhalten ihrer Anhänger darauf ausgehen, die freiheitliche demokratische Grundordnung zu beeinträchtigen oder zu beseitigen oder den Bestand der Bundesrepublik Deutschland zu gefährden, sind verfassungswidrig. Über die Frage der Verfassungswidrigkeit entscheidet das Bundesverfassungsgericht.

M 1 **Bürgerprotest gegen eine NPD-Veranstaltung im thüringischen Meiningen am 9.6.2012**

Abwehr von Verfassungsfeinden

Als nach dem Zweiten Weltkrieg eine neue Verfassung – das Grundgesetz – für die Bundesrepublik Deutschland erarbeitet wurde, wollte man auf jeden Fall verhindern, dass die Grundrechte von verfassungsfeindlichen Gruppen außer Kraft gesetzt werden konnten:

- Bestimmte Grundsätze der Verfassung unterstehen der Ewigkeitsgarantie (Art. 79 Abs. 3 GG). Das bedeutet, dass sie niemals verändert oder gar abgeschafft werden dürfen. Dazu gehören u. a. die Menschenwürde und das Prinzip des sozialen Rechtsstaates.
- Die Grundrechte bilden die Leitschnur für die gesamte Gesetzgebung und sind beim Bundesverfassungsgericht einklagbar.

Unsere heutige Verfassung kann durch diese Schutzmaßnahmen in ihrem Kern durch keinen Rechtsakt beeinträchtigt oder gar beseitigt werden.

Parteienverbot

Damit sich der Staat vor erklärten Feinden der Verfassung schützen kann, sieht das Grundgesetz ausdrücklich die Möglichkeit eines Verbots von verfassungsfeindlichen Parteien und Gruppierungen vor (Art. 21 Abs. 2 GG). Über ein mögliches Parteienverbot kann jedoch nur das Bundesverfassungsgericht entscheiden. Es muss mit mindestens einer Zweidrittelmehrheit feststellen, dass eine Partei verfassungsfeindlich ist, wenn sie verboten werden soll. Andere verfassungswidrige Organisationen können vom Bundesinnenminister bzw. den Innenministern der Länder verboten werden. So wurde z. B. im Januar 2004 die Skinhead-Gruppierung „Fränkische Aktionsfront" durch das Bayerische Innenministerium verboten.

In Deutschland hat es bisher zwei Parteiverbote gegeben: 1952 wurde die rechtsextreme Sozialistische Reichspartei (SRP) verboten, 1956 die linksextreme Kommunistische Partei Deutschlands (KPD).

M 2 **Wappen des Bundesamts für Verfassungsschutz**

Rechtsextremismus
Der Rechtsextremismus in Deutschland stellt kein einheitliches ideologisches Gefüge dar, sondern weist unterschiedliche Begründungen und Zielsetzungen auf. Die rechtsextremistische Ideenwelt ist von nationalistischen und rassistischen Anschauungen geprägt. Dabei ist die Überzeugung vorherrschend, die Zugehörigkeit zu einer Nation oder Rasse entscheide über den Wert eines Menschen.

Linksextremismus
Linksextremisten sind Gegner der Staats- und Gesellschaftsordnung der Bundesrepublik Deutschland. Je nach ideologisch-politischer Orientierung wollen sie ein sozialistisches/kommunistisches System oder eine „herrschaftsfreie Gesellschaft" (Anarchie) etablieren.

Islamismus
Der Islamismus fordert unter Berufung auf den Urislam des 7. Jahrhunderts die Wiederherstellung einer „islamischen Ordnung".
Militante Islamisten denken, sie seien dazu bestimmt, die „islamische Ordnung" mit Gewalt durchzusetzen. Diese Ansicht widerspricht grundlegenden Prinzipien der freiheitlichen demokratischen Grundordnung.

(Extremismus in Deutschland. Ein Kurzlagebild. www.verfassungsschutz.de)

M3 Formen des Extremismus

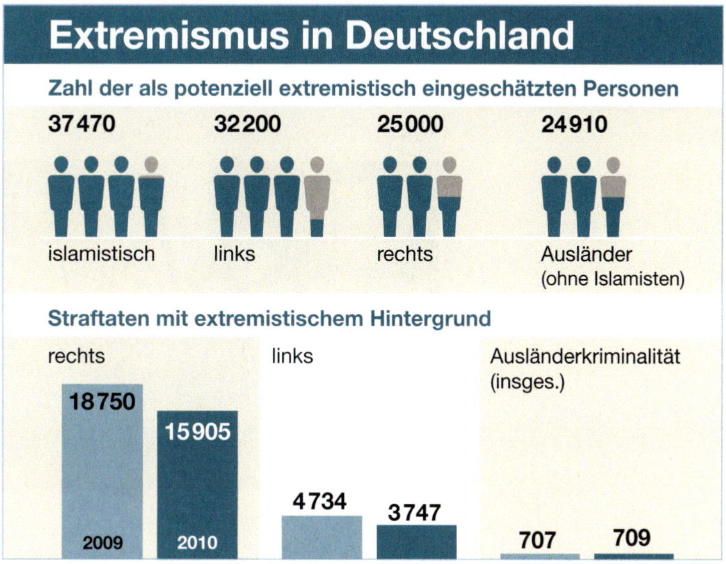

M4 Extremismus in Deutschland. *Quelle: Verfassungsschutzbericht 2011*

Kampf gegen den Extremismus

Zu den staatlichen Instrumenten zur Verteidigung der Demokratie gegen Extremisten zählen der Verfassungsschutz und spezielle Abteilungen innerhalb der Polizei. Aufgabe des Verfassungsschutzes ist die systematische Beobachtung aller extremistischen Aktivitäten. Jährlich werden die Erkenntnisse im Verfassungsschutzbericht zusammengefasst. Er dient dazu, die Bevölkerung zu informieren, welche Bestrebungen und Tätigkeiten im jeweiligen Beobachtungsjahr aufgedeckt wurden, die sich gegen die demokratische Grundordnung des Staates richten.

Der Verfassungsschutz liefert nur Informationen und Analysen. Er hat aber keine polizeilichen Befugnisse, darf z.B. keine Verhaftungen vornehmen. Deshalb gibt es innerhalb der Polizei besondere Abteilungen, die für **Staatsschutzdelikte** zuständig sind. Damit sind alle Straftaten gemeint, die sich gegen den demokratischen Rechtsstaat richten, wie Landesverrat, Terrorismus, aber auch Delikte wie Wahlfälschung und Abgeordnetenbestechung.

Webcode: PE643585-039

1 Schreibe einen Artikel für die Schülerzeitung, in dem du erklärst, welchen Schutz unsere Verfassung vor verfassungsfeindlichen Gruppen bietet (Text, GG-Artikel in der Randspalte auf S. 46).

2 „Die Wiedereinführung der Monarchie ist in Deutschland ausgeschlossen." Nimm begründet Stellung zu dieser Behauptung.

3 Erläutere, welche extremistischen Gefahren in Deutschland drohen (M3, M4).

4 Sind Verbote verfassungsfeindlicher Parteien undemokratisch? Führt in der Klasse ein Streitgespräch pro und kontra Parteienverbote (s. auch S. 279).

5 Informiere dich über aktuelle Entwicklungen im Kampf gegen den Extremismus in Deutschland. Verfasse dazu einen kurzen Zeitungsartikel.

METHODE

Fallstudie: Rechtsextremismus

M 1 **Aufmarsch von Neonazis**

Kleidungsstücke, Aufnäher und Schriftzüge

sind Kennzeichen der Zusammengehörigkeit der rechtsextremistischen Szene. Beliebt sind z. B. T-Shirts der Marke „CONSDAPLE" (womit man die Buchstabenfolge NSDAP zeigen kann).
Symbole mit dem Schriftzug „White Power" und der geballten weißen Faust dienen Rechtsextremisten dazu, ihre rassistischen Überzeugungen zu zeigen.

M 2 Was Rechtsextremisten wollen und wie sie denken

Rechtsextremisten
- denken übersteigert national und sind fremdenfeindlich.
- sind rassistisch, halten bestimmte Völker für minderwertig und sind antijüdisch eingestellt.
- sind intolerant gegenüber Minderheiten.
- wollen eine Diktatur.
- suchen die Auseinandersetzung in brutaler körperlicher Gewalt bis hin zum Mord.
- orientieren sich am Gedankengut aus der Hitlerzeit und verwenden deren Symbole und Gesten.
- sind über ein internationales Netzwerk gut organisiert.
- nutzen Unzufriedenheit bei Jugendlichen, sie für ihre Ziele einzuspannen.

H.-J. van der Gieth/W. Kneip: Werkstatt Politik. Gewalt stoppen. Berlin, 2000, S. 60

M 3 Der extreme Osten

Besonders hoch ist das rechtsextreme Potenzial in Ostdeutschland. (…) Experten nennen als wichtigste Ursache den radikalen Wandel der Orientierung in Ostdeutschland seit der Wende. Aus Autoritäten wurden über Nacht Feinde, der „Klassenfeind" wurde plötzlich zum Freund. Für die Jugendlichen hat sich nach der Wende viel verändert. Gab es vor der Wende allein in Dresden rund hundert Treffpunkte für Jugendliche, sind es jetzt weniger als zwanzig. Mit dem Zusammenbruch vieler Betriebe schlossen deren Jugendclubs. Wichtige soziale Verbindungen gingen verloren. Hohe Arbeitslosigkeit, wenig Geld – und alles in Zeiten des rasenden Videoclips und der allgegenwärtigen Werbung. Viele, die an der schönen schnellen Welt nicht teilhaben konnten, suchten Halt bei rechtsextremen Gruppen. Das LKA (Landeskriminalamt) Sachsen nennt denn auch Orientierungslosigkeit, Alkohol und Gruppenzwänge als Hauptgründe für einen drastischen Anstieg der Fremdenfeindlichkeit in Sachsen.

H.-J. van der Gieth/W. Kneip: Werkstatt Politik. Gewalt stoppen. Berlin, 2000, S. 60

M 4 Was suchen Jugendliche in der rechtsextremen Szene?

- Geborgenheit, Zusammengehörigkeitsgefühl, soziale Wärme
- „Ich will da sein, wo meine Freunde sind"
- Selbstwertgefühl und Anerkennung
- Erkennbare Strukturen
- Deutung gesellschaftlicher Widersprüche (…)
- Mal richtig Dampf ablassen und die „Sau rauslassen"
- Orientierung und Halt auch in schwierigen Lebenssituationen
- Risiko- und Abenteuererfahrungen
- „Ich brauche jemanden, dem ich nicht gleichgültig bin"
- „Ich brauche jemanden, an dem ich mich mal festhalten kann"

Arbeitsgruppe SOS-Rassismus NRW

M5 Der Staat ist nicht wehrlos – Auszüge aus dem Strafgesetzbuch

§ 86 a Verwendung von Kennzeichen verfassungswidriger Organisationen.

(1) Mit Freiheitsstrafe bis zu drei Jahren oder mit Geldstrafe wird bestraft, wer (…) Kennzeichen einer der (…) bezeichneten Parteien und Vereinigungen verbreitet oder öffentlich in einer Versammlung (…) verwendet. (…) Kennzeichen im Sinne des Absatzes 1 sind namentlich Fahnen, Abzeichen, Uniformstücke, Parolen und Grußformen. (…)

§ 130 Volksverhetzung

Wer in einer Weise, die geeignet ist, den öffentlichen Frieden zu stören, die Menschenwürde anderer dadurch angreift, dass er 1. zum Hass gegen Teile der Bevölkerung aufstachelt, 2. zu Gewalt- oder Willkürmaßnahmen gegen sie auffordert oder 3. sie beschimpft, böswillig verächtlich macht oder verleumdet, wird mit Freiheitsstrafe von drei Monaten bis zu fünf Jahren bestraft. (…)

§ 131 Gewaltdarstellung, Aufstachelung zum Rassenhass.

(1) Wer Schriften (…), die zum Rassenhass aufstacheln oder die grausame oder sonst unmenschliche Gewalttätigkeiten gegen Menschen in einer Art schildern, die eine Verherrlichung solcher Gewalttätigkeiten ausdrückt (…), 1. verbreitet, 2. öffentlich ausstellt, anschlägt, vorführt oder sonst zugänglich macht oder 3. herstellt, bezieht, liefert, vorrätig hält, anbietet, ankündigt, anpreist, (…) wird mit Freiheitsstrafe bis zu einem Jahr oder mit Geldstrafe bestraft. (…)

Zusammengestellt aus: T. Berger-v.d. Heide (Hg.): Menschen – Zeiten – Räume. Berlin 2002, S. 69

Rassismus beim Namen nennen, Opfern helfen, Mittel gegen Rechtsextremismus erhöhen

Das gravierende Versagen der Ermittlungsbehörden bei der Aufklärung der nun bekannt gewordenen rechtsterroristischen Mordserie *(s. S. 278/279)* belegt: Der Staat ist auf das Knowhow zivilgesellschaftlicher Initiativen gegen Rechtsextremismus dringend angewiesen. (…)

Mittel für Prävention deutlich aufstocken!

Wir müssen viel mehr Prävention *(Vorbeugung)* ermöglichen, um zu vermeiden, dass überhaupt ein Nährboden für rechtsextreme Gewalt entstehen kann. Deshalb fordern wir die Bundesregierung auf, die Mittel gegen Rechtsextremismus deutlich zu erhöhen. (…)

50 Millionen nachhaltig und unbürokratisch einsetzen!

Wir brauchen eine unbürokratische und nachhaltige Förderstruktur. Gute lokale Aktionspläne, mobile Beratungsteams und Opferberatungsstellen müssen langfristig gesichert und weiter ausgebaut werden. Jede Vermischung mit anderen „Extremismusformen“ ist dabei inhaltlich nicht begründbar und verkennt die Gefahren von Rechts. (…)

Weg mit der erpresserischen Extremismusklausel!

Initiativen müssen inhaltlich weitgehend unabhängig von staatlichem Einfluss wirken können. Ministerin Schröder muss endlich aufhören, zivilgesellschaftliche Träger mit der „Extremismusklausel“ zu gängeln. (…)

Demokratieförderung aus einem Guss!

Wer Rechtsextremismus erfolgreich zurückdrängen will, muss jeder Form von Diskriminierung entgegentreten. Die Antidiskriminierungsstelle des Bundes trägt dazu bei, Menschen hierzu zu befähigen. Dafür braucht sie mehr Mittel. Wir (…) fordern eine solide Finanzausstattung von 5,6 Millionen Euro jährlich. (…) Die politische Bildungsarbeit muss gesichert und verstärkt werden, wir fordern daher 3,5 Millionen mehr.

Bundestagsfraktion von Bündnis 90/Die Grünen: Maßnahmen gegen rechts, 23.11.2011; in: http://www.gruene-bundestag.de (Zugriff: 3.2.2012)

M6 Maßnahmen gegen Rechtsextremismus

1 Recherchiert mithilfe der angegebenen Links im Internet über Aktivitäten von Rechtsextremisten. Welche besondere Rolle kommt hier dem Internet zu?

2 Diskutiert, ob die vorgeschlagenen Gegenmaßnahmen angemessen sind (M6).

Zahlen und Zahlenkombinationen

Verwenden Rechtsextremisten, um ihre Einstellung zu zeigen. In der Zahl 88 stehen die Ziffern für entsprechende Buchstaben des Alphabets: „H“ ist der achte Buchstabe, „88“ ergibt damit „Heil Hitler“.

Webcode: PE643585-041

Extremismusklausel:

Schriftliche Einverständniserklärung, die unabhängige Initiativen gegenüber dem Bundesministerium für Familie, Senioren, Frauen und Jugend (BMFSFJ) seit 2011 als Voraussetzung für den Erhalt von Bundesfördermitteln abgeben sollen. Die Erklärung beinhaltet ein schriftliches Bekenntnis zur „freiheitlich demokratischen Grundordnung“ und eine Verpflichtung, nur mit solchen Partner zusammenzuarbeiten, die die „Ziele des Grundgesetzes“ teilen.

KOMPETENZ-Trainer Demokratie entdecken

Demokratie	Opposition	Unsere Verfassung	Sind bei uns dem Prinzip der Verfassungsmäßigkeit unterworfen
Grundgesetz	Mehrheitsentscheidungen	Kontrolliert die Regierung	Staatliches Instrument zur Verteidigung der Demokratie gegen Extremismus
Regierung	Extremisten	Lehnen die Regeln in unserem demokratischen Staat ab	Wird in der Demokratie von den Bürgern gewählt
Verfassungsschutz	Volksverhetzung	Durch Volksabstimmungen werden politische Entscheidungen getroffen.	Wird mit Freiheitsstrafe (drei Monate bis 5 Jahre) bestraft
Rechtsstaat	Direkte Demokratie	Der Staat muss sich an die geltenden Gesetze halten.	In Deutschland Herrschaftsform seit 1949

M 1 **Begriffe-Memory**

M 2 **Demokratie lernen** *(Karikaturen: Mester)*

M3 **Auszug aus dem Comic „Andi". Comic für Demokratie und gegen Extremismus 1** *(www.andi.nrw.de)*

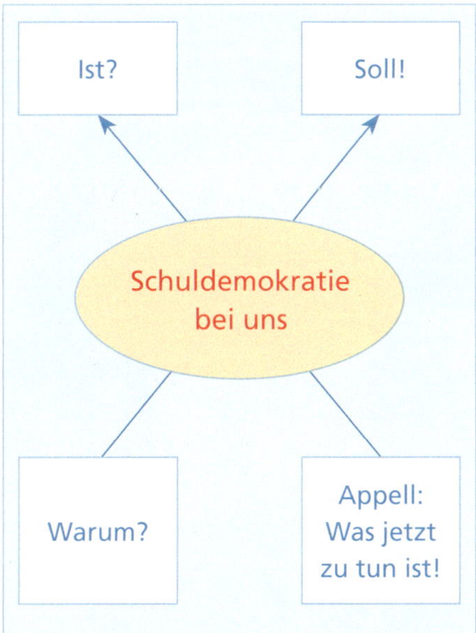

M4 **Argumentationsposter** *Grundgesetz für Einsteiger und Fortgeschrittene, Bundeszentrale für politische Bildung, S. 12*

Sachwissen und Analysekompetenz

1 Findet die zusammengehörigen Begriffskarten in M 1.

2 **a** Beschreibt die Karikaturen in M 2.
b Zeigt auf, welche Kritik am Demokratielernen jeweils geäußert wird.

Methoden- und Urteilskompetenz

3 **a** Sammelt Stichpunkte zur Frage: Kann Demokratie gelernt werden?
b Diskutiert die Frage in der Klasse.
c Bearbeitet das Argumentationsposter M 4.

4 **a** Fasse kurz die Handlung in M 3 zusammen.
b Worauf genau beruft sich die Schülerin in M 3?
c Wie wird die Lehrerin argumentieren? Notiert Antworten und vergleicht in der Klasse.

Handlungskompetenz

5 Angenommen, die Geschichte aus M 3 wäre an eurer Schule geschehen. Wie hättet ihr als Einzelner, als Klasse oder Schule reagieren können? Erstellt eine Liste mit Handlungsmöglichkeiten.

3 Die politische Ordnung der Bundesrepublik

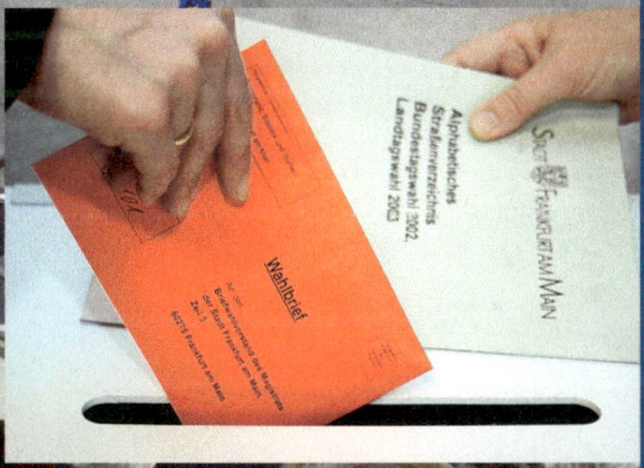

Am Ende dieses Kapitels kannst du

- erklären, was der Begriff „Gewaltenteilung" bedeutet. Außerdem kannst du begründen, warum es sich hierbei um ein wichtiges Prinzip in Demokratien handelt.
- die wichtigsten Institutionen, Beteiligten und Prozesse benennen und erläutern, die in unserem Staat an der Machtausübung beteiligt sind.
- die Rolle der Medien in der Demokratie beschreiben.
- mithilfe des Modells „Politikzyklus" beispielhaft politische Konflikte strukturiert beschreiben.
- erklären, welche Bedeutung die einzelnen Bundesländer in unserem Bundesstaat haben. Außerdem kannst du am Beispiel Thüringen zeigen, wie sich ein Landtag zusammensetzt und welche Aufgaben von der Landesregierung übernommen werden.

1 Versucht in der Klasse zu klären, welche Rolle die abgebildeten Personen, Gebäude oder Situationen in der politischen Ordnung unseres Landes spielen.

Wer hat die Macht im Staat?

Gesetzgebende Gewalt
Legislative
Bundestag – Bundesrat

Bundestag wählt Bundeskanzler.
Bundestag und Bundesrat beschließen Gesetze.
Bundestag und Bundesrat wählen Bundesrichter.

Vollziehende Gewalt
Exekutive
Bundesregierung

Bundeskanzler bestimmt die Richtlinien der Politik. Bundesregierung schlägt Gesetze vor.
Verwaltung (z. B. Polizei, Finanzbehörden) führt die Gesetze aus.

Rechtsprechende Gewalt
Judikative
Bundesverfassungsgericht

Bundesverfassungsgericht überprüft Gesetze, Urteile und Entscheidungen auf ihre Übereinstimmung mit Verfassung und Gesetzen.
Es entscheidet endgültig.

Verbände

DGB

BUND
FRIENDS OF THE EARTH GERMANY

Vereinigungen, die versuchen, die besonderen Interessen ihrer Mitglieder in den politischen Entscheidungsprozess einzubringen (Lobbyisten).

Parteien

Die Linke | Bündnis 90/ Die Grünen | SPD | CDU/CSU | FDP

In den Parteien finden sich Menschen mit gemeinsamen Interessen und gleichen politischen Zielen zusammen.
Sie werben bei den Wählerinnen und Wählern um die Wahlstimmen.
Im Allgemeinen werden Mitglieder der Parteien als Abgeordnete in den Bundestag gewählt.

Medien

Als „vierte Gewalt" in der demokratischen Gesellschaft informieren Medien die Bürger und kontrollieren Politiker.

Das Volk

Die Wählerinnen und Wähler bestimmen alle vier Jahre, wer die Macht im Staat ausüben soll.
Dazu wählen sie die Abgeordneten des Bundestages.

Über die Wahlen zu den Länderparlamenten nimmt das Volk indirekt Einfluss auf die Mitglieder des Bundesrates; das sind Mitglieder der Regierungen der Bundesländer.

M 1 Das politische System der Bundesrepublik Deutschland

Die drei Staatsgewalten

Gewaltenteilung ist heute ein Erkennungszeichen einer Demokratie: Nur die Teilung staatlicher Macht sichert die Demokratie vor Machtmissbrauch. Nicht eine Person, Partei oder Gruppe alleine kann bestimmen, sondern die Macht des Staates teilen sich verschiedene Organe. Damit soll verhindert werden, dass die, die politische Macht haben, ihre Macht missbrauchen. Die **Legislative** ist die gesetzgebende Gewalt. Das Parlament ist die „gesetzgebende Versammlung" und entscheidet darüber, ob ein Gesetzesvorschlag angenommen und zum Gesetz wird. In Deutschland entscheiden auf Bundesebene über Gesetze der Bundestag und der Bundesrat (Ländervertretung).

Die **Exekutive** ist die ausführende Gewalt. Die kennt jeder, z. B. in Gestalt eines (uniformierten) Polizisten oder eines Mitarbeiters der Stadtverwaltung. Auf der Ebene des Bundes ist das die Regierung, also der Bundeskanzler und die Regierung. Die **Judikative** ist die rechtsprechende Gewalt. Das höchste Gericht in Deutschland ist das Bundesverfassungsgericht. Es entscheidet z. B., ob ein Gesetz dem Grundgesetz entspricht oder dagegen verstößt. Die Richter müssen die Gesetze beachten, sind ansonsten aber unabhängig. Weder die Regierung noch das Parlament noch eine andere Einrichtung kann sie dazu zwingen, ein bestimmtes Urteil zu fällen.

Neben der so genannten **horizontalen** Gewaltenteilung innerhalb einer Ebene (z. B. innerhalb der Länderebene: Landtag, Landesregierung, Gerichte des Landes) wird die Macht auch noch **vertikal** auf Einrichtungen verschiedener Ebenen (Bund und Länder) aufgeteilt. Das Schaubild M3 zeigt die Länderebene (teilweise mit Gemeinde- und Landkreisebene) und die Bundesebene. Nicht berücksichtigt ist darin z. B. die europäische Ebene (s. S. 192).

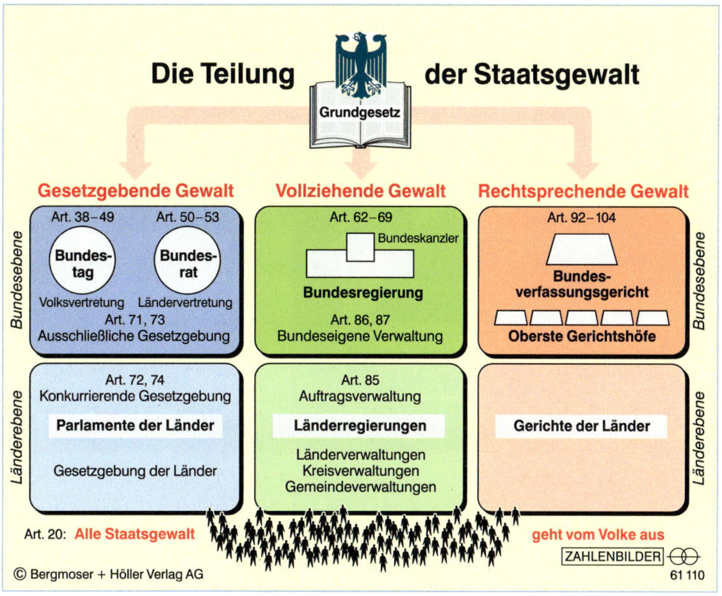

M2 Die Gewaltenteilung in Bund und Ländern

M 3 Charles de Montesquieu (1689–1755), Begründer der Gewaltenteilung

1 Beschreibe M 1. Kläre mithilfe der Erläuterungen die Beziehungen zwischen den Gruppen. Notiere offene Fragen.

2 Erkläre den Sinn der Gewaltenteilung. Welchen Gefahren soll damit vorgebeugt werden (Text)?

3 Überlege: Warum ist die Existenz der Bundesländer auch Machtteilung?

4 Erkläre den Begriff „vertikale Gewaltenteilung" mithilfe der Abbildung M 2.

5 Bearbeitet die folgenden neun Doppelseiten als Lernzirkel.

Station 1: Wahlen und Wahlkampf

M 1 **Formen des Wahlkampfs zur Bundestagswahl 2009: Wahlplakate, öffentliche Kundgebung und TV-Duell**

Webcode: PE643585-048

Im Bundestag sitzen mehr als 600 Abgeordnete aus verschiedenen Parteien. Sie haben das Recht, den Bundeskanzler zu wählen, über die Einnahmen und Ausgaben des Staates zu entscheiden und Gesetze zu beschließen. Gewählt wird der Bundestag alle vier Jahre. Schon Wochen vor dem Wahltag werben die Politiker und Parteien im Wahlkampf um die Stimmen der wahlberechtigten Bürgerinnen und Bürger. Wer das 18. Lebensjahr vollendet hat, ist wahlberechtigt und erhält eine schriftliche Wahlbenachrichtigung. Bei der Bundestagswahl kann der Wähler eine Stimme für eine bestimmte Person und eine Stimme für eine Partei durch Ankreuzen auf dem Stimmzettel abgeben. Dieser Stimmzettel wird in eine Wahlurne eingeworfen. An vielen Orten können die Wähler ihre Stimme elektronisch abgeben.

Mehrheitswahl

Nach der Schließung der Wahllokale beginnt die Auszählung der Erst- und Zweitstimmen. Aber nach welchen Grundsätzen wird entschieden, wie viele Sitze die Parteien im Bundestag bekommen? Die Bundesrepublik Deutschland ist in 299 Wahlkreise eingeteilt. In einem Wahlkreis ist derjenige Kandidat gewählt, der die meisten Erststimmen bekommt. Beispiel: Kandidat/-in A bekommt 45 Prozent, Kandidat/-in B 35 Prozent, Kandidat/-in C 10 Prozent, der Rest verteilt sich auf verschiedene Personen. Nur die Stimmen von Kandidat/-in A werden berücksichtigt. Dieses Wahlverfahren wird Mehrheitswahlrecht genannt.

Verhältniswahl

Weitere 299 Sitze des Bundestages werden über die Zweitstimmen ermittelt. Jede Partei erhält entsprechend ihrem Anteil an Zweitstimmen Abgeordnetensitze, wobei die bereits mit der Erststimme errungenen Sitze abgezogen werden. Welche Abgeordneten in den Bundestag einziehen, richtet sich nach der Reihenfolge auf einer von der Partei vor der Wahl auf Landesebene festgelegten Liste. Dieses Wahlverfahren wird Verhältniswahlrecht genannt. Werden in einem Bundesland mit der Erststimme mehr Kandidaten gewählt, als einer Partei nach der Zweitstimme zustehen, bleiben diese überschüssigen Abgeordnetensitze (Mandate) bestehen. Man spricht dann von Überhangmandaten. Deshalb gibt es im Bundestag von 2009 auch 622 Abgeordnete. Noch eine Besonderheit: Eine Partei muss mindestens 5 Prozent aller Zweitstimmen bekommen oder in drei Wahlkreisen Direktmandate über die Erststimmen gewinnen, um Abgeordnete ins Parlament entsenden zu können.

M2 Bilderfolge zur Wahl
Fotos, 1983–2009

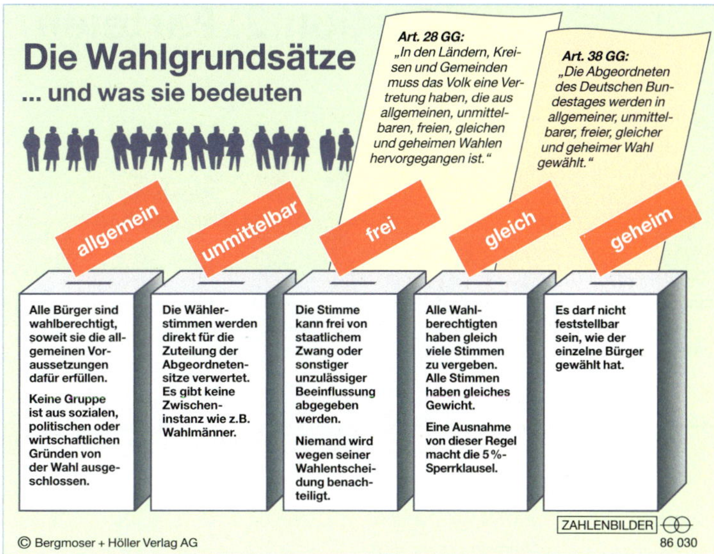

M3 Die Wahlgrundsätze

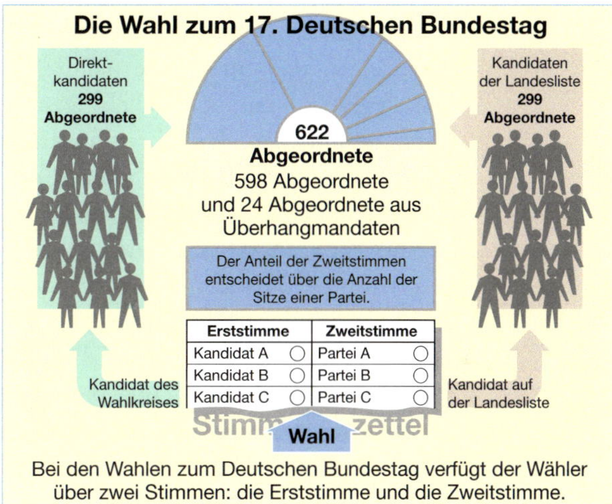

M4 Grundsätze der Stimmenauszählung bei der Bundestagswahl 2009. *Schaubild* (Die tatsächliche Zahl der Abgeordneten ist um die Überhangmandate erhöht worden.)

1 Nennt die in M 1 dargestellten Wahlkampfmethoden. Welche ist nach eurer Meinung besonders erfolgversprechend? Begründet.

2 Beschreibe den Wahlvorgang mithilfe von M 2 und M 4.

3 Erkläre den Sinn der Wahlgrundsätze an Beispielen (M 3).

4 Nennt die Vor- und Nachteile des Mehrheitswahlrechts.

5 Nennt die Vor- und Nachteile des Verhältniswahlrechts.

6 Erklärt, welchen Sinn die Fünfprozentklausel hat.

Station 2: Parteien

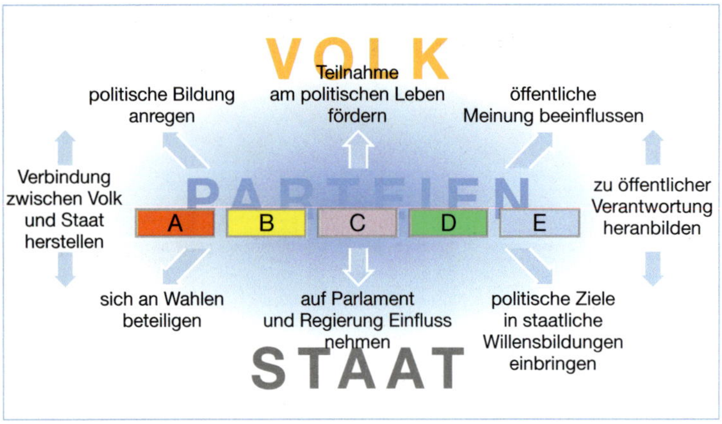

M 1 Aufgaben der Parteien. *Schaubild*

Webcode: PE643585-050

Was sind Parteien?

In einer Massendemokratie können die Bürgerinnen und Bürger die politischen Entscheidungen auf sich allein gestellt kaum beeinflussen. Um ihre Interessen durchsetzen zu können, schließen sich Menschen mit gleichen politischen Zielen zu einer Partei zusammen. Eine Partei will politischen Einfluss nehmen. Sie versucht dies, indem sie regelmäßig Kandidatinnen und Kandidaten für die Parlamentswahlen aufstellt. Jede Partei verfügt über eine eigene Parteiorganisation, sie braucht eine Mindestanzahl von Mitgliedern und muss sich öffentlich betätigen.

Was heißt Mitwirkung an der politischen Willensbildung?

Das Grundgesetz legt in Artikel 21 fest, dass die Parteien an der Willensbildung mitwirken. Es sind die Parteien, die die unterschiedlichen politischen Vorstellungen und Interessen in der Gesellschaft in politischen Konzepten und Programmen bündeln. Die Konkurrenz der verschiedenen Parteien um die Wählerstimmen zwingt sie dazu, wichtige Fragen der Gesellschaft aufzugreifen und attraktive – aber auch glaubwürdige – Lösungsvorschläge für bestehende Probleme anzubieten. Daran entzünden sich öffentliche Auseinandersetzungen. Interessengruppen nehmen Stellung, die Medien berichten und kommentieren. So vollzieht sich ein öffentlicher Willensbildungsprozess, der seinen Niederschlag in der Wahlentscheidung jedes einzelnen Wahlberechtigten findet.

Als Parlamentsmehrheit bilden sie dann die Regierung, als Opposition kontrollieren sie die Regierung und bieten politische Alternativen an. Die Rechte und Pflichten der Parteien sind durch ein **Parteiengesetz** geregelt. Bei Verstößen dagegen ist die normale Gerichtsbarkeit zuständig.

M 2 Aus dem Grundgesetz für die Bundesrepublik Deutschland:

Artikel 21

(1) Die Parteien wirken bei der politischen Willensbildung des Volkes mit. Ihre Gründung ist frei. Ihre innere Ordnung muss demokratischen Grundsätzen entsprechen. Sie müssen über die Herkunft und Verwendung ihrer Mittel sowie über ihr Vermögen öffentlich Rechenschaft geben.

(2) Parteien, die nach ihren Zielen oder nach dem Verhalten ihrer Anhänger darauf ausgehen, die freiheitliche demokratische Grundordnung zu beeinträchtigen oder zu beseitigen oder den Bestand der Bundesrepublik Deutschland zu gefährden, sind verfassungswidrig. Über die Frage der Verfassungswidrigkeit entscheidet das Bundesverfassungsgericht.

Organisation der Parteien

Wie andere Vereinigungen auch haben die Parteien eine Satzung, einen Vorstand und verschiedene Gremien, die nach demokratischen Prinzipien organisiert sein müssen. Die wichtigsten Entscheidungen sind von den Parteimitgliedern oder durch Delegierte in Wahlen und Abstimmungen zu treffen. Parteiämter müssen in geheimer Wahl besetzt werden, wobei alle Mitglieder gleiches Stimmrecht haben.

Parteien brauchen Geld

Parteien brauchen für ihre Organisation von der Gemeinde bis zum Bund hauptamtliche Mitarbeiter. Diese führen Veranstaltungen durch, stellen Informations- und Werbematerial her und beteiligen sich an Wahlkämpfen. Das alles kostet viel Geld. Die Einnahmen der Parteien setzen sich vor allem aus Mitgliedsbeiträgen, Spenden und öffentlichen Zuschüssen zusammen. So erhalten Parteien beispielsweise Wahlkampfkostenerstattung aus dem Bundeshaushalt. Die Höhe der Summe richtet sich nach dem Erfolg der Partei bei der Wahl.

1 Arbeite heraus, was nach dem Grundgesetz die Aufgabe einer politischen Partei ist.

2 Nenne die wichtigsten Regelungen des Parteiengesetzes (Text).

3 Stelle fest, über welche Geldquellen die Parteien verfügen (M3).

4 Besprecht,
   a wer als Geldspender hauptsächlich infrage kommt,
   b welche Absichten vor allem die Großspender mit ihrer Geldspende verbinden,
   c welche Probleme mit diesen Spenden verbunden sein könnten.

5 a Ordnet die Äußerungen über Parteien (M4) nach positiven und negativen Meinungen.
   b Erstellt mithilfe von M4 eine Zielscheibe und erstellt damit ein Meinungsbild der Klasse.
   c Untersuche die aktuelle Parteientwicklung nach dem Muster von M5.

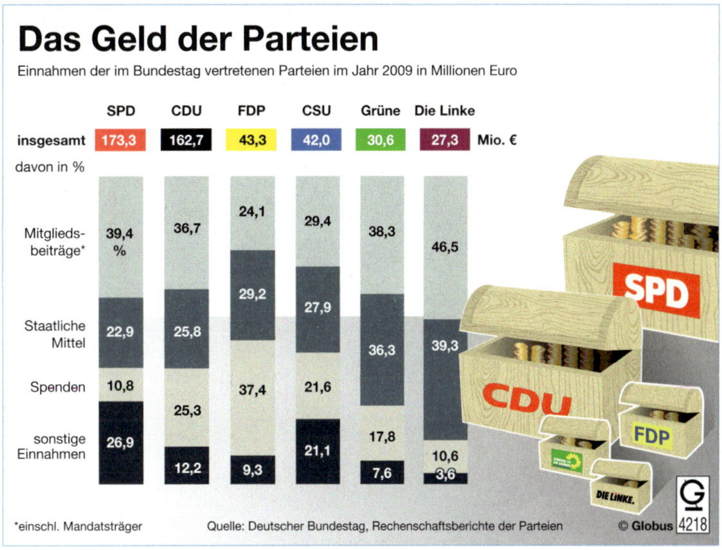

M3 Einnahmen der Parteien

Ohne Parteien gibt es keine Wahlen und keine Demokratie. Deshalb müssen sie auch aus der Staatskasse finanziert werden.	Die Politiker in den Parteien denken nur an Geld und Macht. Bei einem Skandal versuchen sie sich herauszureden.
Die Parteien besetzen Stellen im Staatsapparat mit ihren Mitgliedern. Oft entscheidet nicht die Qualifikation, sondern nur das Parteibuch.	Wer ist noch bereit, sich zu engagieren, wenn Parteimitglieder immer nur im Verdacht stehen, Karriere machen zu wollen?
Die Medien behandeln die Parteipolitiker nicht fair und bauschen kleine Verfehlungen zu Skandalen auf.	Parteien stehen allen offen. Die Mehrheit der Bevölkerung und der Parteimitglieder ist aber nicht zur Übernahme von Ämtern und Funktionen bereit.

M4 Aussagen über Parteien

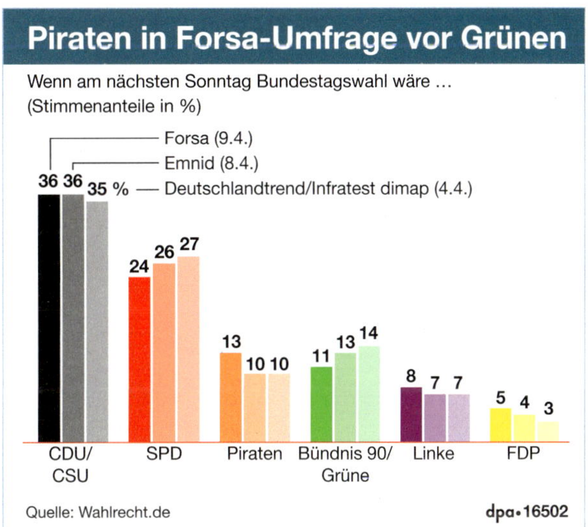

M5 Ergebnis von Parteienumfragen im April 2012

Station 3: Deutscher Bundestag – das Parlament der Bundesrepublik

M 1 Sitzverteilung im Deutschen Bundestag

Donnerstag, 11.01.2007 **14**

7.00 Radiointerview: Morgen-Magazin
8.00
9.00 Plenarsitzung
10.00 Besuchergruppe
11.00 Bürotermin mit IHK-Vertretern
12.00 namentliche Abstimmung; Plenum
13.00 Ältestenrat
14.00 Fragestunde. Frage zum Haushaltsplan stellen!
15.00 Aktuelle Stunde (staatliche Kreditaufnahme)
16.00
17.00 Abstimmungsgespräch mit Fraktionskollegen
18.00
19.00
20.00 namentliche Abstimmung; Plenum!
21.00 Gespräch mit Botschaftern der ASEAN-Länder
22.00

Nicht vergessen: Informationsmaterial für Besuchergruppe mitnehmen!

M 2 Terminplan einer Bundestagsabgeordneten

Aufgaben des Bundestags

Der Deutsche Bundestag hat seinen Sitz seit 1999 in der Bundeshauptstadt Berlin. Zuvor tagte er in Bonn. Er besteht aus 622 gewählten Abgeordneten. Seine wichtigsten Aufgaben sind:

- die Wahl des Bundeskanzlers;
- die Kontrolle der Regierung;
- die Beratung und Abstimmung über Gesetze und über den Staatshaushalt;
- die Diskussion wichtiger politischer Themen.

Aus der Arbeit des Bundestages

Wenn das Fernsehen eine Debatte im Bundestag überträgt, sieht der Zuschauer oft, dass nur 30 oder 40 Abgeordnete anwesend sind, von denen ein Teil auch noch Akten studiert oder Zeitung liest. Sind die Abgeordneten zu uninteressiert oder zu bequem, um an den Sitzungen teilzunehmen? Die Hauptarbeit des Bundestages findet nicht im Plenum statt, sondern wird in Ausschüssen oder Arbeitsgruppen geleistet. Wenn die Mitglieder der Bundestagsausschüsse in monatelangen Beratungen Argumente ausgetauscht haben, Interessenverbände und Medien zu Wort gekommen sind, dann kann im Plenum über Gesetzesvorschläge oft schon nach kurzer Debatte entschieden werden.

Fraktionsdisziplin

Bei den Abstimmungen halten sich die meisten Abgeordneten an die von ihrer Fraktion beschlossene Meinung. Dieses Verhalten wird als Fraktionsdisziplin bezeichnet. Das geschlossene Abstimmungsverhalten soll dem Wähler zeigen, dass die Fraktion handlungsfähig ist. Öffentliche Auseinandersetzungen könnten dagegen als politische Schwäche ausgelegt werden. Grundsätzlich aber sind die Abgeordneten nur ihrem Gewissen unterworfen.

M3 Überforderte Abgeordnete?

Nach gründlicher Beratung in den Ausschüssen beschließen die einzelnen Fraktionen ihr – in der Regel einheitliches – Abstimmungsverhalten bei der Schlussabstimmung im Plenum. Dabei haben natürlich die Empfehlungen ihrer jeweiligen Experten besonderes Gewicht, die die Fraktion ja auch im Ausschuss vertreten haben. Der einzelne Abgeordnete ist heute angesichts der immer weiter fortschreitenden Spezialisierung außerstande, alle Details eines Gesetzes zu übersehen, für das er im Plenum die Hand heben soll. (...) Dies bestätigt der langjährige Bundestagsabgeordnete und Bundesminister Apel: „Sie (die Nichtexperten, die stets die Fraktionsmehrheit bilden) sind froh, wenn ihnen gesagt wird, wie sie im Plenum abzustimmen haben."

E. Thurich: Themenblätter im Unterricht. Herausgegeben von der Bundeszentrale für politische Bildung. Bonn, 2000, Nr. 3

M4 Fraktionszwang. *Karikatur: Mester*

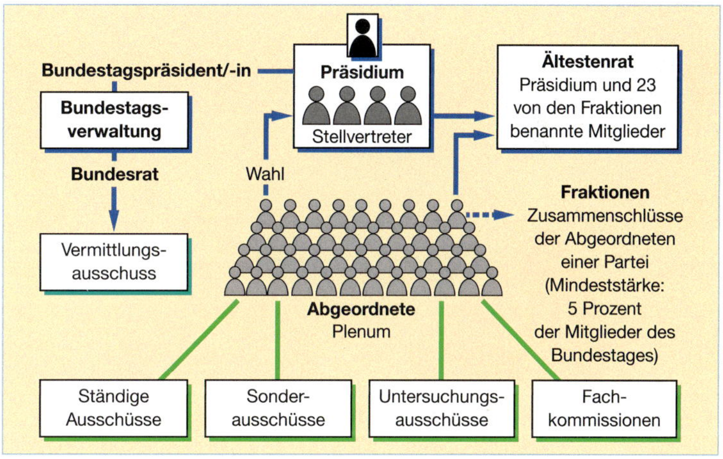

M5 Schaubild: Die Organisation des Deutschen Bundestages

1 Beschreibt M1 und tragt zusammen, was ihr über die dargestellten Personen/Gruppen und über den Ablauf einer Sitzung wisst.

2 Erläutert M5 und versucht zu erklären, warum oft nur so wenige Abgeordnete im Plenum des Bundestages sitzen.

3 Ermittelt nach M2, wie viele Stunden die Bundestagsabgeordnete an diesem Tag etwa zu arbeiten hat.

4 Überlegt, welches Problem sich dadurch ergibt, dass die Plenarsitzung des Bundestages von 9.00 Uhr bis 22.00 Uhr dauern soll.

5 a Beschreibt M4 und versucht eine Deutung.
b Stellt Argumente für und gegen die Fraktionsdisziplin gegenüber.

6 Nimm Stellung zu M3.

Station 4: Die Bundesregierung (Kabinett)

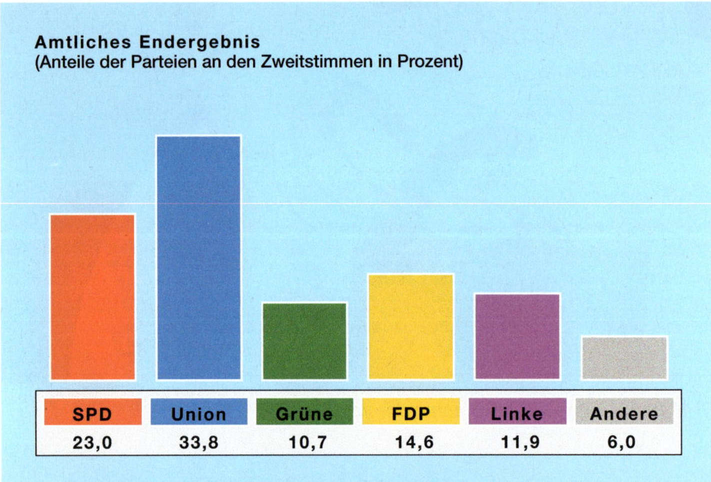

M 1 Ergebnis der Bundestagswahl 2009 (Union = CDU und CSU)

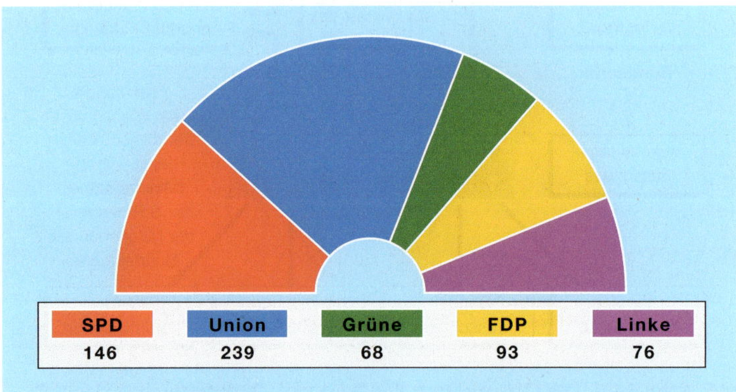

M 2 Sitzverteilung im Bundestag 2009

M 3 Regierungsbank im Bundestag, *Januar 2012*

Die Regierungsbildung

Nur einmal in der Geschichte der Bundesrepublik Deutschland gelang es einer Partei allein, die Regierungsmehrheit zu erlangen (CDU/CSU, 1957). Sonst mussten stets Koalitionen gebildet werden. Eine Regierung besteht aus dem **Bundeskanzler** und den Ministern. Wenn eine Regierung etwas durchsetzen will – z. B. neue Gesetze –, braucht sie eine stabile Mehrheit im Bundestag, also mindestens 50 Prozent der Stimmen. Man spricht von der absoluten Mehrheit.

Nach dem Wahlergebnis von 2009 besaß keine Partei im Bundestag die absolute Mehrheit. Die aus CDU und CSU bestehende Union meldete als stärkste Fraktion den Anspruch an, den Bundeskanzler zu stellen, und nahm deshalb Gespräche mit anderen Parteien auf, um eine Koalition zu bilden. Nach längeren Verhandlungen einigten sich die CDU/CSU und die FDP darauf, eine Regierung zu bilden. In einem Koalitionsvertrag wurden die Ziele der neuen Regierung für die nächsten vier Jahre festgelegt. Daraufhin wählte der Bundestag Angela Merkel (CDU) zur Bundeskanzlerin. Ihrer Regierung gehören zehn Minister der CDU/CSU und fünf Minister der FDP an. Die übrigen Parteien bilden die Opposition („Gegen-Parteien", die nicht in der Regierung sind).

Das Kanzleramt

Die Bundeskanzlerin/der Bundeskanzler bestimmt nach Artikel 65 GG die **Richtlinien** der Politik. Sie/er entscheidet, welche Minister vom Bundespräsidenten ernannt und entlassen werden. Da nur die Kanzlerin/der Kanzler vom Bundestag gewählt wird, steht sie/er allein gegenüber dem Parlament in direkter Verantwortung.

Die Amtszeit ist in der Regel identisch mit der Legislaturperiode des Bundestages; die Kanzlerin/der Kanzler kann nicht abgewählt werden. Eine **vorzeitige Beendigung** der Amtszeit ist durch einen freiwilligen Rücktritt oder durch das vom Bundestag ausgesprochene konstruktive Misstrauensvotum möglich. Die Bundeskanzlerin/der Kanzler kann aber auch die Vertrauensfrage an die Abgeordneten richten. Verweigert der Bundestag das Vertrauen, so kann sie/er zurücktreten. Der Bundestag wählt dann einen neuen Bundeskanzler. Möglich ist aber auch die **Auflösung des Bundestages** durch den Bundespräsidenten. Als Folge muss der Bundestag neu gewählt werden.

Mit dem **Bundeskanzleramt** verfügt die Kanzlerin über einen Apparat, der die Regierungsarbeit aufeinander abstimmt. Der Kanzlerin untersteht außerdem das Bundespresseamt, das die Öffentlichkeit über die Politik der Bundesregierung unterrichtet. Wegen der herausragenden Stellung des Bundeskanzleramtes spricht man auch von einer **Kanzlerdemokratie**.

Funktionsweise und Aufgaben der Bundesregierung

Die Kanzlerin/der Kanzler bestimmt die Richtlinien, aber jede einzelne Ministerin/jeder Minister ist für ihren/seinen Aufgabenbereich allein verantwortlich. Minister und Kanzler bilden zusammen das so genannte **Kabinett**, das gemeinschaftlich über die von der Bürokratie erarbeiteten Vorlagen entscheidet.

Den einzelnen Ministerien sind die obersten Bundesbehörden unterstellt, z.B. die Bundesagentur für Arbeit, die Bundesfinanzverwaltung, das Bundeskriminalamt oder die Bundespolizei.

Eine wichtige Aufgabe der Ministerien ist die Vorbereitung von Gesetzen. Die meisten **Gesetzesvorlagen** gehen von hier aus in Bundestag und Bundesrat. Auch wenn der Bundestag die Gesetzesinitiative ergreift, werden die fachlichen Aspekte weitgehend in den Ministerien erarbeitet.

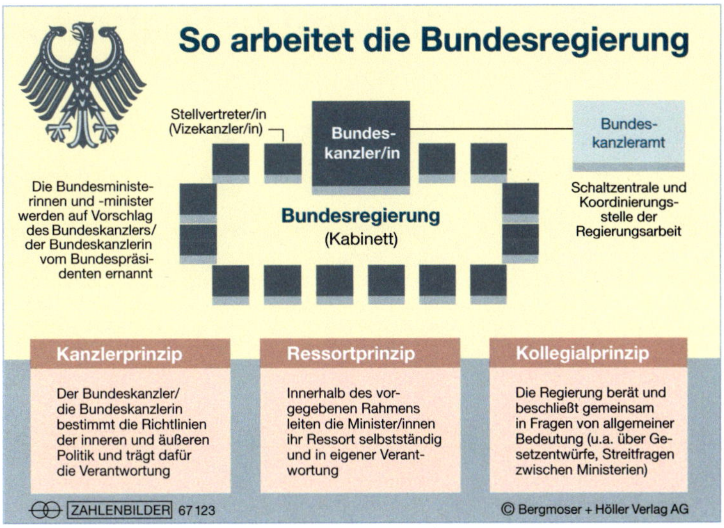

M4 So arbeitet die Bundesregierung

Bundeskanzler ...	Bundesregierung ...	Opposition ...
bestimmt die grundsätzlichen Richtlinien der Regierungspolitik,	arbeitet Gesetzesvorlagen aus und bringt diese in den Bundestag zur Abstimmung ein,	gestaltet in Teilbereichen die Politik konstruktiv mit,
schlägt die Bundesminister dem Bundespräsidenten zur Ernennung bzw. Entlassung vor,	nimmt Stellung zu Gesetzesvorlagen des Bundesrates,	kritisiert und kontrolliert die Regierungstätigkeit,
übernimmt im Verteidigungsfall die Befehlsgewalt über die Bundeswehr,	erlässt Rechtsverordnungen und Verwaltungsvorschriften zur Umsetzung von Bundesgesetzen,	versucht eigene politische Ziele bei der Gesetzgebung durchzusetzen,
kann über den Bundestagspräsidenten eine Bundestagssitzung anberaumen.	kontrolliert die Ausführung der Bundesgesetze durch die Bundesländer.	hält sich für die Übernahme der Regierungsverantwortung bereit.

M5 Beispielhafte Aufgabenverteilung innerhalb der Bundesregierung

1 Wertet das Ergebnis der Bundestagswahl 2009 (M 1) aus.

2 Beschreibe, welches Problem sich aus der Sitzverteilung (M 2) für die Regierungsbildung ergibt, wenn man davon ausgeht, dass eine Regierung die absolute Mehrheit (mindestens 50 Prozent) benötigt.

3 Klärt, welche Koalitionen möglich gewesen wären, um eine Regierung zu bilden.

4 Fertigt eine Mindmap zur Bundesregierung und zur Bundeskanzlerin/dem Bundeskanzler an.

5 Erkläre, was man unter Kanzlerdemokratie versteht. Welche Vor- und Nachteile hat sie? Begründe.

Station 5: Deutschland – ein Bundesstaat

M 1 **Das ehemalige Preußische Herrenhaus in Berlin – Sitz des Bundesrates**

Bund und Länder

Deutschland ist ein **Bundesstaat**. So bezeichnet man den Zusammenschluss mehrerer Staaten – der Bundesländer – zu einem übergeordneten Gesamtstaat. Die politische Macht und die staatlichen Aufgaben werden aufgeteilt zwischen der Zentralregierung in Berlin, dem Bund und den Regierungen der einzelnen Bundesländer. Diese Form der Machtverteilung zwischen Bund und Bundesländern nennt man Föderalismus.

Entstanden ist die Bundesrepublik Deutschland nach dem Zweiten Weltkrieg aus den Ländern der westlichen Besatzungszonen, die sich 1949 zur Bundesrepublik zusammenschlossen. Nach dem Ende der Deutschen Demokratischen Republik (DDR) traten am 3. Oktober 1990 fünf weitere Länder der Bundesrepublik bei.

Jedes Bundesland hat ein eigenes Parlament, eine eigene Regierung und einen Staats- und Verfassungsgerichtshof.

Deutschland ist seit 1990 in 16 Bundesländer gegliedert, die selbstständige Staaten mit eigenen Verfassungen und Staatsorgane sind. Drei der Bundesländer sind Stadtstaaten: Bremen, Hamburg sowie Berlin.

Webcode: PE643585-056

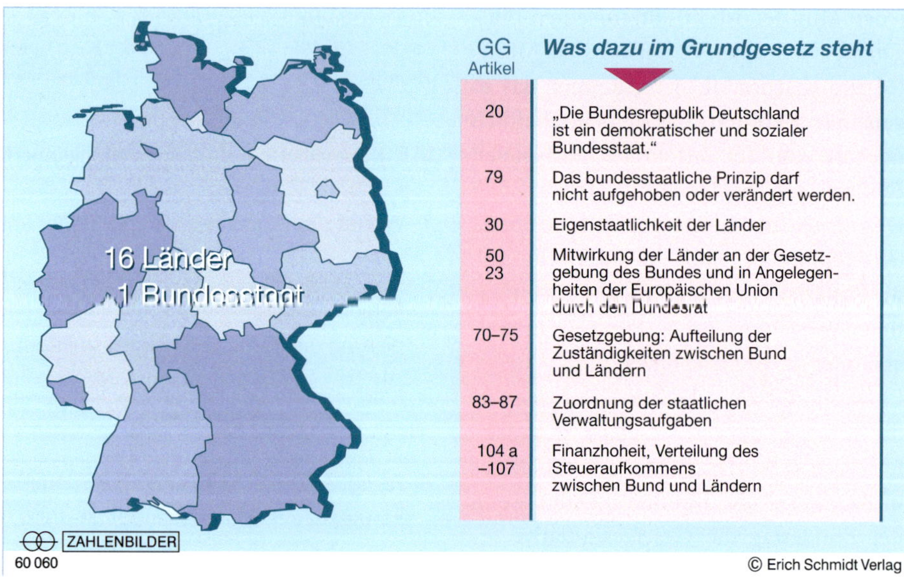

M 2 **Die bundesstaatliche Ordnung**

Aufgabenteilung

In einem Bundesstaat sind die staatlichen Aufgaben zwischen der Bundesregierung und den Länderregierungen aufgeteilt. Wer wofür zuständig ist, wird durch das Grundgesetz geregelt. Danach gilt, dass für bestimmte Bereiche nur der Bund zuständig ist (z. B. Außenpolitik), für andere Bereiche nur die Länder. Das gilt insbesondere für Kultur und Bildung, also auch für das Schulwesen. Die meisten Aufgaben werden von Bund und Ländern gemeinsam behandelt.

Der Bundesrat

Der Bundesrat vertritt die Interessen der **Landesregierungen** gegenüber der Bundesregierung. In den Bundesrat – die Vertretung der Bundesländer auf Bundesebene – entsenden die Landesregierungen je nach der Einwohnerzahl des Bundeslandes zwischen drei und sechs Mitglieder ihrer Landesregierung (zum Beispiel den Ministerpräsidenten oder Minister). Sie dürfen nur einheitlich für ihr Land abstimmen.

In der Verfassung ist festgelegt, dass der Bundesrat bei allen Gesetzen mindestens angehört werden muss. Gesetze, welche die Länder besonders betreffen, bedürfen der Zustimmung des Bundesrates. So werden die Interessen der Länder gegenüber der Bundesebene geschützt.

M3 Bund und Länder. *Karikatur: Mester*

Aufgabenverteilung zwischen Bund und Ländern (Auswahl)
Bundesangelegenheiten: Außenpolitik, Passwesen, Staatsangehörigkeitsrecht, Zoll, Währungswesen, Verkehrsrecht, Bundeskriminalamt, Bundeswehr
Länderangelegenheiten: Schul- und Kulturpolitik, Universitätswesen, Länderfinanzpolitik, Wirtschaftspolitik, Gemeinderecht, Kommunalpolitik
Angelegenheiten von Bund und Ländern: Rechtswesen, Vereins- und Versammlungsrecht, Flüchtlinge und Vertriebene, Fürsorge, Kernenergie, Arbeitsrecht, Förderung der Landwirtschaft, Straßen- und Schienenverkehr, Energiepolitik, Umweltschutz, Besoldungsrecht

M4 Aufgabenverteilung zwischen Bund und Ländern (Auswahl)

M5 Die Vertretung der Bundesländer im Bundesrat

1 Erstelle eine Liste der 16 Bundesländer mit ihren Hauptstädten (Atlas, M5).

2 Nenne die charakteristischen Merkmale eines Bundesstaates. Beachte dabei auch die entsprechenden Artikel des Grundgesetzes (M2, Text).

3 Erläutere, über welche Angelegenheiten die Landesregierungen der Bundesländer alleine entscheiden dürfen (M4).

4 Erläutere die Aufgaben der Vertreter Thüringens im Bundesrat. Welches Gewicht haben sie (Text, M5)?

5 Werte die Karikatur M3 aus: Wie ist die „Aufgabenverteilung" zwischen Bund und Ländern dargestellt?

6 Diskutiert in der Klasse die Vor- und Nachteile des Föderalismus.

Station 6: Verfahren der Gesetzgebung

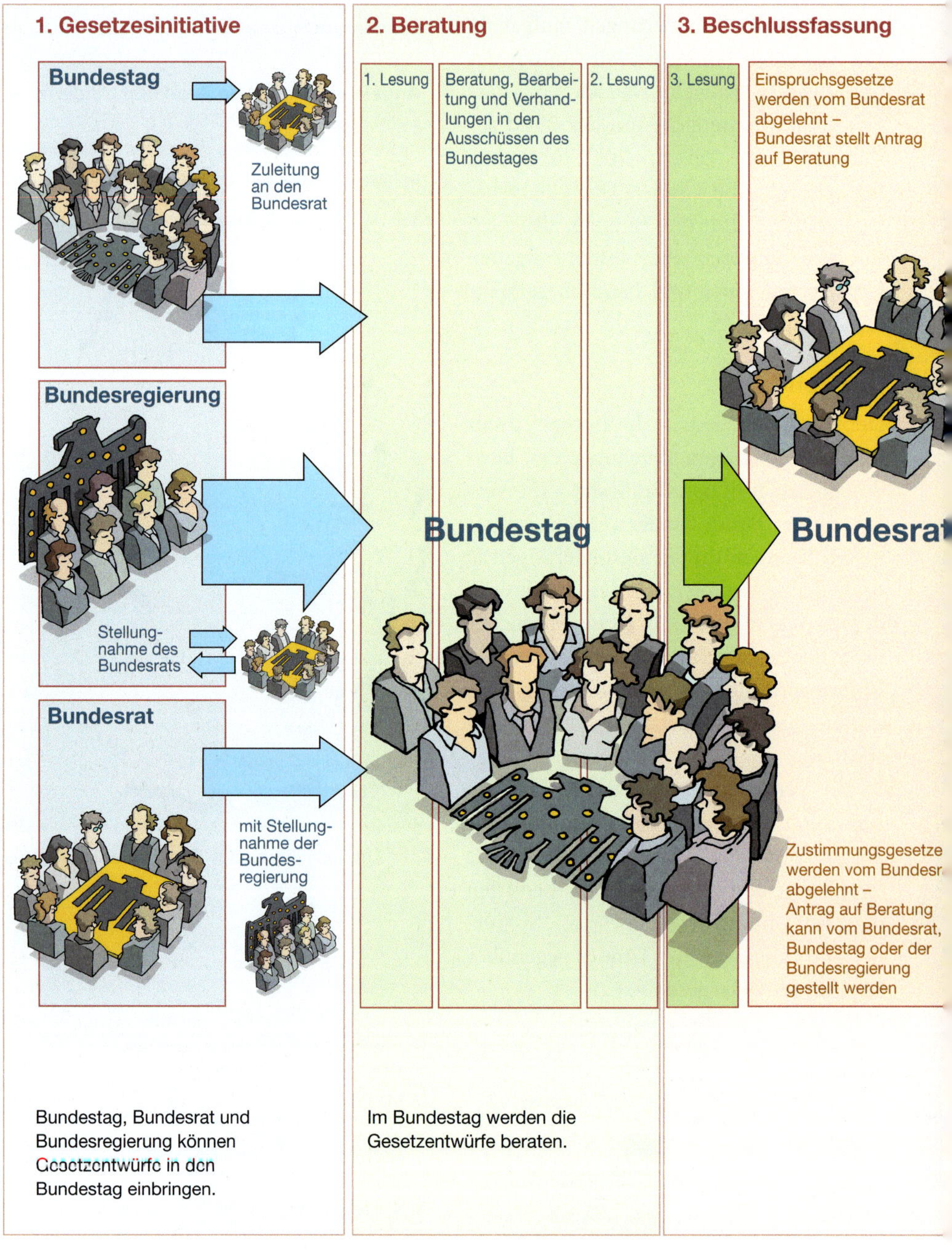

Konkurrierende Gesetzgebung

Webcode: PE643585-058

In einem Bundesstaat ist die Gesetzgebung sehr kompliziert. Nach dem Grundgesetz sind die Länder überall dort für die Gesetzgebung zuständig, wo der Bund nicht ausdrücklich verantwortlich ist. In vielen Bereichen der Bundesgesetzgebung sind die Länder zur Gesetzgebung befugt, solange und soweit der Bund von seinem Gesetzgebungsrecht nicht Gebrauch macht. Diese so genannte konkurrierende

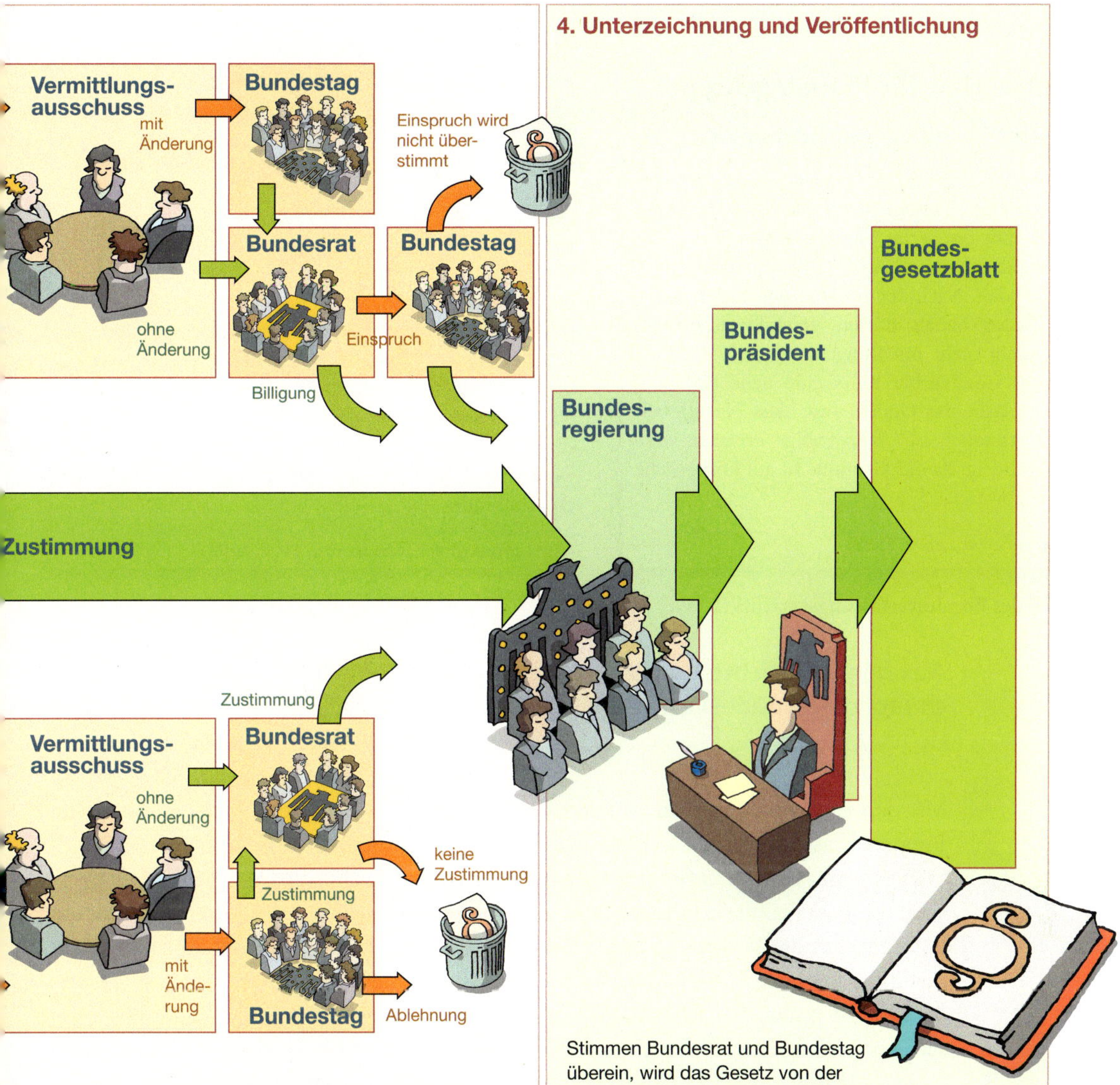

Zu den Gesetzentwürfen finden im Bundestag drei Lesungen statt. Der Beschluss wird dem Bundesrat mitgeteilt. Stimmen Bundesrat und Bundestag überein, kommt das Gesetz zustande. Stimmen Bundesrat und Bundestag nicht überein, kann der Vermittlungsausschuss angerufen werden. Dabei gibt es zwei Möglichkeiten.

Stimmen Bundesrat und Bundestag überein, wird das Gesetz von der Bundesregierung gegengezeichnet, vom Bundespräsidenten unterschrieben und im Bundesgesetzblatt verkündet. Im Gesetz steht, ab wann es gilt.

Gesetzgebung macht es erforderlich, dass die Länder über den Bundesrat maßgeblich an der Gesetzgebung des Bundes mitwirken. Außerdem erlässt der Bund in einigen Fällen Rahmengesetze, die von den Ländern auszufüllen sind.

1 Erklärt euch in Partnerarbeit die wesentlichen Schritte im Gesetzgebungsprozess. Unterscheidet dabei zwischen einfachen und zustimmungspflichtigen Gesetzen.

Station 7: Bundesverfassungsgericht und Bundespräsident

Nachtarbeitsverbot für Frauen gekippt

Karlsruhe sieht Verstoß gegen Grundgesetz

KARLSRUHE, 28. Januar. Das Nachtarbeitsverbot für Arbeiterinnen verstößt nach einem Urteil des Bundesverfassungsgerichts (BVG) in Karlsruhe gegen das Grundgesetz, weil es Männer und Frauen, Arbeiterinnen und Angestellte ohne sachlichen Grund ungleich behandelt. Nach der am Dienstag verkündeten Entscheidung des Ersten Senats dürfen Verstöße gegen das Nachtarbeitsverbot nicht mehr mit Bußgeldern geahndet werden, und der Bonner Gesetzgeber muss eine neue Regelung schaffen. Gleichzeitig stellt das Gericht fest, dass Nachtarbeit „für alle Menschen schädlich ist". Eine völlige Freigabe wäre ebenfalls verfassungswidrig, da das Grundrecht auf körperliche Unversehrtheit verletzt wäre.

(Aus: Frankfurter Rundschau, 28. 1. 1992)

Gleiche Kündigungsfristen angeordnet

Karlsruhe hebt unterschiedliche Behandlung von Angestellten und Arbeitern auf

KARLSRUHE, 19. Juli. Die unterschiedlichen Kündigungsfristen für Arbeiter und Angestellte verstoßen nach einer Entscheidung des Bundesverfassungsgerichts (BVG) in Karlsruhe gegen das Grundgesetz. In dem am Donnerstag veröffentlichten Beschluss heißt es, es sei mit dem Gleichheitsgrundsatz unvereinbar, dass Arbeiter kürzere Kündigungsfristen hätten als Angestellte. Bisher konnte Arbeitern binnen 14 Tagen gekündigt werden, Angestellten dagegen nur sechs Wochen vor Quartalsende.

(Aus: Frankfurter Rundschau, 19. 7. 1992)

M 1 **Entscheidungen des Bundesverfassungsgerichts (BVG)**

Webcode: PE643585-060

Aus der Geschichte der Rechtsprechung des Bundesverfassungsgerichts

Mit den Entscheidungen in M 1 hat das Bundesverfassungsgericht (BVG) 1992 zwei geltende Gesetze außer Kraft gesetzt. Grundlage der Entscheidungen war das Grundgesetz, die Verfassung der Bundesrepublik. Das Gericht stellte fest, dass beide Gesetze gegen den Gleichheitsgrundsatz des Grundgesetzes verstoßen.

M 2 **Artikel 3 des Grundgesetzes**

1) Alle Menschen sind vor dem Gesetz gleich. Männer und Frauen sind gleichberechtigt.

3) Niemand darf wegen seines Geschlechtes, seiner Abstammung, seiner Rasse, seiner Sprache, seiner Heimat und Herkunft, seines Glaubens, seiner religiösen oder politischen Anschauungen benachteiligt oder bevorzugt werden. Niemand darf wegen seiner Behinderung benachteiligt werden.

Das Bundesverfassungsgericht – Hüter der Verfassung

Das Grundgesetz hat bei der Gesetzgebung besonderen Wert auf Kontrollen und Gegengewichte gelegt. Eine zentrale Rolle kommt hier dem Bundesverfassungsgericht zu, das für die Überprüfung der Verfassungsmäßigkeit der Gesetze zuständig ist. Das Gericht prüft auf Antrag, ob ein Gesetz mit den Normen des Grundgesetzes übereinstimmt (Normenkontrollverfahren). Solche **Verfassungsklagen** können die Bundesländer, die Bundesregierung oder eine politische Partei einreichen. 1992 haben mehrere Gerichte das Verfassungsgericht angerufen, weil sie es für verfassungswidrig hielten, Besitz und Handel bestimmter Drogen unter Strafe zu stellen. Hier entschied das Gericht, dass das einschlägige Gesetz über Betäubungsmittel verfassungsmäßig sei.

Auch jeder Bürger kann sich an das Gericht wenden, wenn er sich durch ein Gesetz, eine Behörde oder ein Gericht in seinen Grundrechten verletzt sieht

(Verfassungsbeschwerden). Die Entscheidungen des Gerichts sind für alle Verfassungsorgane, die Gerichte und Behörden bindend. Das Bundesverfassungsgericht kann auch angerufen werden, wenn zwischen den Verfassungsorganen des Bundes oder zwischen den Ländern Meinungsverschiedenheiten über die Auslegung des Grundgesetzes bestehen (Organstreitigkeiten). So klagten zwei Bundestagsfraktionen gegen den Einsatz der Bundeswehr in Somalia (1992–1994). Das Verfassungsgericht lehnte die Klage ab, weil sich der Bundeswehreinsatz aus einer vertraglichen Verpflichtung begründete. Doch jeder Einsatz muss vom Parlament genehmigt werden.

Neben den drei wichtigsten Verfahrensarten – Normenkontrollverfahren, Verfassungsbeschwerden, Organstreitigkeiten – ist das Gericht für Parteiverbote und Wahlprüfungsbeschwerden zuständig.

Seinen Sitz hat das Bundesverfassungsgericht in Karlsruhe. Es besteht aus zwei Senaten mit fest umrissenen Zuständigkeiten. Die sechzehn Richterinnen und Richter werden je zur Hälfte vom Bundesrat und vom Bundestag gewählt und bleiben fünf Jahre im Amt.

In der politischen Auseinandersetzung zwischen den Parteien im Bundestag wird das Bundesverfassungsgericht immer häufiger als Schiedsrichter von der jeweils unterlegenen Partei angerufen. Dabei gerät das Gericht in Gefahr, ein **Ersatzgesetzgeber** zu werden, da es Aufgaben übernimmt, die Sache des Bundestages sind.

Die Rolle des Bundespräsidenten

Gesetze werden nach der Verabschiedung durch den Bundestag und den Bundesrat durch den zuständigen Minister, den Bundeskanzler und schließlich den Bundespräsidenten unterzeichnet. Obwohl der Bundespräsident keine direkte politische Macht hat – diese liegt beim Bundeskanzler und den Mehrheitsparteien des Bundestages –, übt er ein wichtiges politisches Amt aus. Er vertritt die Bundesrepublik nach außen, er schließt Verträge mit anderen Staaten und ernennt und entlässt den Bundeskanzler und die Minister und die Beamten. Der Bundespräsident vertritt unser Land auf Staatsbesuchen in anderen Ländern und wirkt nach innen und außen vor allem durch seine Reden zu wichtigen Themen.

In politischen Krisenzeiten, wenn der Bundeskanzler nicht mehr das Vertrauen der Mehrheit des Parlaments besitzt, entscheidet der Bundespräsident, ob er den Bundestag auflöst und Neuwahlen herbeiführt oder ob er dem Bundestag vorschlägt, einen anderen Politiker zum Bundeskanzler zu wählen.

M 3 Richter des Bundesverfassungsgerichts

M 4 Bundespräsident Joachim Gauck. Der Bundespräsident wird durch die Bundesversammlung **gewählt. Sie besteht aus den Mitgliedern des Bundestages und einer gleichen Anzahl von Mitgliedern, die von den Länderparlamenten gewählt werden. Die Amtszeit des Bundespräsidenten beträgt fünf Jahre, wobei eine Wiederwahl möglich ist.**

1. Erläutert, worum es in den beiden Fällen in M 1 geht.
2. Beurteilt die beiden Entscheidungen des BVG (M 1) auf der Grundlage von Artikel 3 des Grundgesetzes (M 2).
3. Erkläre die Begriffe: Normenkontrollverfahren, Verfassungsbeschwerden, Organstreitigkeiten. Findet aktuelle Beispiele.
4. Überlegt, warum das BVG Gesetze aufheben darf, die das Parlament beschlossen hat (Text).
5. Diskutiert, ob eine häufige Anrufung des BVG als „Schiedsrichter" zwischen Regierung und Opposition dem Ansehen der Politik schaden kann.

Station 8: Macht der Verbände und Initiativen

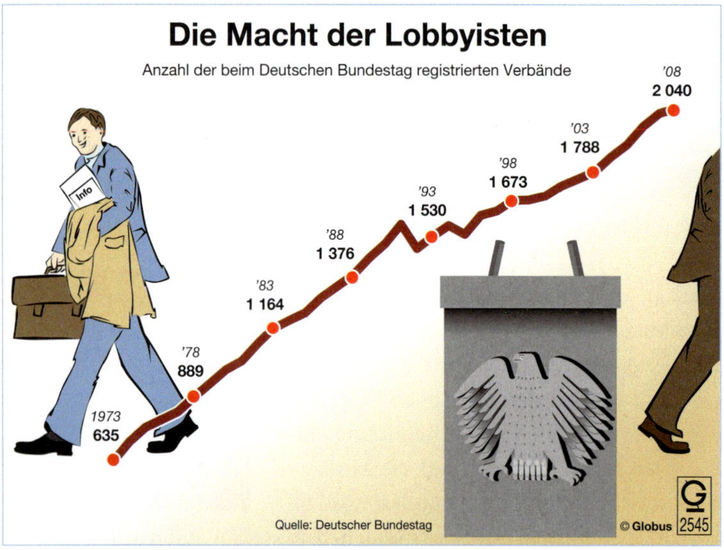

M 1 **Lobbyisten beim Bundestag**

Art. 9 GG

(1) Alle Deutschen haben das Recht, Vereine und Gesellschaften zu bilden.

Verband

Zusammenschluss mit einheitlicher Organisation zur Verfolgung gemeinsamer Ziele der Mitglieder

Lobby

v. engl. lobby = Vorhalle des Parlaments. Die in der Lobby vertretenen Verbände versuchen direkten Einfluss auf die Gesetzgebung zu nehmen.

Bürgerinitiative

Zusammenschluss zur Durchsetzung eines bestimmten Zieles, in der Regel lokal organisiert, parteiunabhängig und zeitlich begrenzt.

Interessenverbände

Wir leben in einer organisierten Gesellschaft mit vielfältigen Vereinen, Vereinigungen und **Verbänden**, die Interessen vertreten. Das eröffnet uns große Möglichkeiten, unsere eigenen Interessen zu verwirklichen, indem wir uns mit Gleichgesinnten zusammenschließen. In Deutschland gibt es über 240 000 Vereine mit insgesamt 72 Millionen Mitgliedern. 58 Millionen der über vierzehnjährigen Deutschen gehören einem oder mehreren Vereinen an. Als eigentliche Interessenverbände werden die über 5000 Verbände angesehen, die politische Interessen verfolgen. Interessenverbände versuchen politische Entscheidungen in Gemeinden, Ländern und im Bund zu beeinflussen. Man bezeichnet die Einflussnahme auf Politiker und hohe Beamte in den Ministerien auch als Lobby. Die Interessenverbände versuchen auf diesem Wege – aber auch durch direkte Mitarbeit in den Parteien sowie durch Veröffentlichung von Stellungnahmen und intensive Medienarbeit – politische Mehrheiten für ihre Interessen zu gewinnen. Über 1700 von ihnen sind bundesweit tätig und haben sich in eine offizielle Liste eintragen lassen, die beim Bundestag geführt wird. Diese Verbände werden auch offiziell als Lobby bezeichnet und können zu Anhörungen der Ausschüsse eingeladen werden.

M 2 **Lobbyisten.** *Karikatur: Günther Kellner*

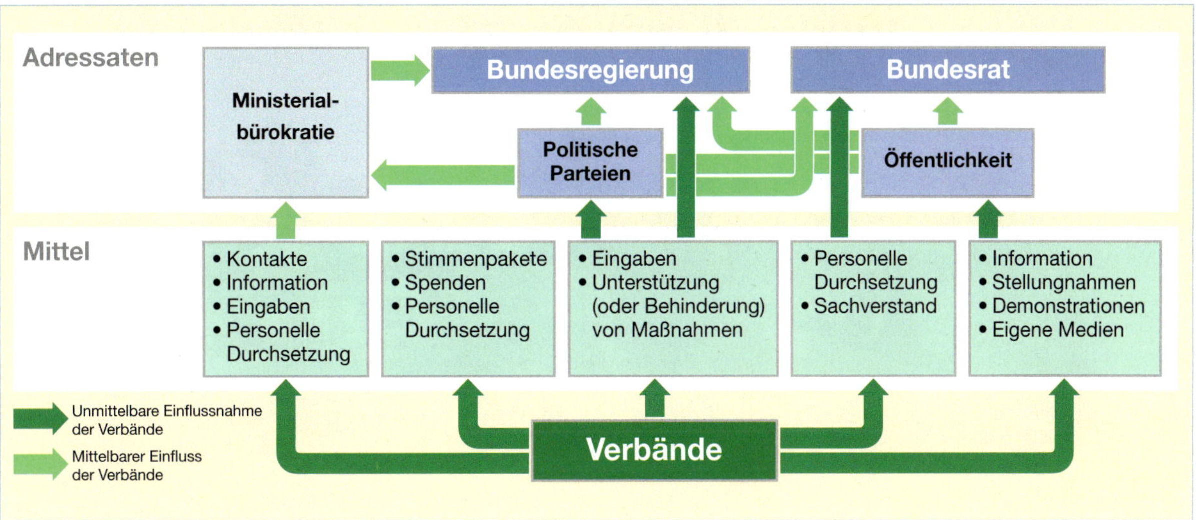

M 3 **Einflussmöglichkeiten von Interessenverbänden.** *Schaubild*

Bürgerinitiativen

Bürgerinitiativen sind spontane und zeitlich meist begrenzte Zusammenschlüsse von Bürgern, die sich zumeist aus einem konkreten Anlass zu Wort melden. Ihre Mitglieder sind in der Regel unmittelbar betroffen. Sie bemühen sich darum, in einem konkreten Anliegen (z. B. Bau einer Umgehungsstraße oder Ergreifen von Maßnahmen für einen sicheren Schulweg der Kinder) Abhilfe von Missständen zu erreichen. Bürgerinitiativen bedienen sich dazu unterschiedlicher Wege: Sie greifen zur Selbsthilfe (z. B. Bau eines Kinderspielplatzes), sie mobilisieren die öffentliche Meinung oder sie üben Druck auf die Politik aus (z. B. durch Unterschriftensammlungen). Solche Bürgerinitiativen sind locker organisiert. Sie sind attraktiv, weil jeder sie „machen“ kann und nahezu jedes denkbare Anliegen zum Gegenstand einer Initiative werden kann.

Bürgerinitiativen sind in der Regel basisdemokratisch organisiert, d. h., dass alle wichtigen Entscheidungen von den Betroffenen selbst abgestimmt werden.

M 4 *Karikatur: Jupp Wolter*

1 Stellt fest, wer in eurer Klasse aus welchen Gründen Mitglied in einem Verein ist.

2 Erläutert die Grafik M 1. Mit welchen Mitteln und bei welchen Adressaten könnten die Interessenverbände versuchen, ihre Ziele zu erreichen?

3 Klärt, welche Kritik am Verbandseinfluss M 2 beinhaltet.

4 Erläutert M 3 und M 4. Diskutiert die Vor- und Nachteile der Einflussnahme der Verbände auf die Politik.

Station 9: Medien – die vierte Gewalt?

M1 **Medien und Demokratie**

Politische Aufgaben der Medien

Der Ausdruck vierte Gewalt hebt die besondere Bedeutung der Massenmedien für die demokratische Gesellschaft hervor. Sie machen politische Entscheidungen durchschaubar, indem sie Bürgerinnen und Bürger informieren und politische Zusammenhänge erklären. Und sie üben eine wichtige Funktion aus, indem sie Politiker kontrollieren, Machtmissbrauch, Ämterwillkür und Korruption aufdecken.

Politik und Fernsehen

Politikerinnen und Politiker versuchen in den Massenmedien präsent zu sein, um möglichst viele Menschen, Wählerinnen und Wähler, zu erreichen. Das Fernsehen ist besonders begehrt wegen der hohen Einschaltquoten, aber auch weil die Menschen stärker durch das Sehen beeinflusst werden als durch Hören und Lesen. Viele Zuschauer interessiert an den Politikern mehr ihr Aussehen oder ihre Kleidung als ihre politischen Aussagen. Kritiker befürchten, dass Politik im Fernsehen zur reinen Unterhaltung verkommt. Und tatsächlich wird schon von „Infotainment“ gesprochen. Der Begriff verbindet „information“ (Information) und „entertainment“ (Unterhaltung). Statt Nachrichten werden „news“ oder gar „action news“ gesendet. Kaum ein Politiker kann es sich

Webcode:
PE643585-064

heute leisten, die bunte Welt der Unterhaltung links liegen zu lassen. Im Gegenteil, Politiker werden für derartige Auftritte professionell geschult. Der „Feel-Good-Faktor“ („Wohlfühlfaktor“) ist zu einer unverzichtbaren Voraussetzung eines erfolgreichen Wahlkampfs geworden. Es gibt nicht nur ständig Talkshow-Auftritte, sondern auch Home Stories, Gesangseinlagen und immer häufiger sogar Gastspiele in TV-Serien.

Medienkonzentration

Medien kontrollieren nicht nur Mächtige, die Medienbetriebe stellen auch selbst große Machtapparate dar. 65 Prozent aller verkauften Zeitungen und Zeitschriften stammen von nur vier großen Konzernen: Bertelsmann, Springer, Burda und Bauer. Diese Mediengiganten besitzen auch hohe Marktanteile bei den privaten Fernsehsendern und damit eine große Machtfülle. Daraus können Gefahren entstehen: Einschränkung der Pressefreiheit, Abhängigkeiten von Werbekunden, politische Einflussnahme.

M 2 Politiker in Talksendungen

M 3 *Karikatur: Mester*

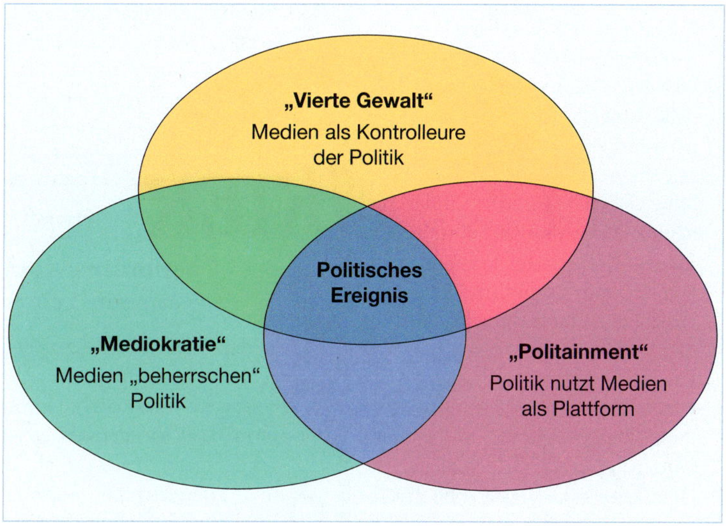

M 4 Zusammenspiel von Medien und Politik

1 Welchen der Behauptungen in M 1 stimmst du zu? Begründe.

2 Erkläre den Begriff Infotainment.

3 Was ist deiner Meinung nach für einen erfolgreichen Auftritt eines Politikers im Fernsehen wichtig? Nenne sechs Merkmale (s. auch M 2). Interpretiere die Karikatur M 3.

4 Erkläre den Ausdruck „vierte Gewalt“.

5 Erkläre das Zusammenspiel von Medien und Politik (M 4).

METHODE

Der Politikzyklus – das Beispiel G8

GEW gegen Kürzung der Ferien und des Unterrichtsangebots

Die Bildungsgewerkschaft GEW bezeichnet die Vorschläge der Landesregierung zur Reform des achtjährigen Gymnasiums als „enttäuschend" und schlägt vor, bis 2013 alle Gymnasien zu echten Ganztagsschulen auszubauen. (...) „Die Elternproteste gegen das G8 sind berechtigt. Die Kinder sind überlastet, weil im achtjährigen Gymnasium die traditionelle Halbtagsschule ohne Konzept nach hinten verlängert wurde. Eine verkürzte gymnasiale Schulzeit ist ohne Schaden für die Kinder nur denkbar, wenn sie mit einer echten Reform des Lernens verbunden ist. Kinder und Jugendliche brauchen zusätzliche professionelle Betreuung, Angebote für Ausgleichs- und Kreativitätsaktivitäten und einen Unterricht, der stofflich entlastet und altersgerecht auf individuelle Förderung setzt", so Dahlem. Die GEW lehnt eine Verkürzung der Ferien im Zusammenhang mit der G8-Reform ab. „Wir wissen seit langem, dass wir im Interesse einer sinnvollen Aufteilung des Schuljahres eine grundsätzliche Neuregelung der Ferien brauchen. Mit einer Verkürzung der Ferien lassen sich die Probleme des G8 nicht lösen", sagte Dahlem.

Stundenkürzungen am Gymnasium?

Sachsen-Anhalts Kultusminister Jan-Hendrik Olbertz (parteilos) hat sich gegen eine Stundenkürzung beim achtjährigen Gymnasium ausgesprochen. Er befürchtet eine Absenkung des Bildungsniveaus. Nach Niedersachsens Ministerpräsident Christian Wulff macht sich jetzt auch Baden-Württembergs Landeschef Günther Oettinger (beide CDU) für Stundenkürzungen stark.

KMK-Präsidentin fordert Entrümpelung der Lehrpläne

Annegret Kramp-Karrenbauer, Präsidentin der Kultusministerkonferenz (KMK) und CDU-Bildungsministerin im Saarland ist offen für eine Straffung der Lehrpläne und plädiert für Unterricht auch am Sonnabend, um die Stundenpläne zu entzerren.

Wie viel Schule braucht ein Abiturient?

Die deutsche Wirtschaft warnt vor einer Rückkehr zum Abitur nach 13 Jahren. „Je früher junge Menschen die Erstausbildung hinter sich bringen, desto mehr Möglichkeiten haben sie im Leben", erklärt Ludwig Georg Braun, der Präsident des Deutschen Industrie- und Handelskammertages (DIHK). Dazu soll eine verkürzte Schulzeit beitragen. Außerdem ist das Abitur nach zwölf Jahren fast überall in Europa längst Standard, schreibt er in einem Gastbeitrag für die „Bild am Sonntag".

Überforderte Kinder, gestresste Lehrer

In den meisten Ländern sei „G 8", das achtjährige Gymnasium, eine „unausgewogene und völlig verhunzte Reform", sagt die stellvertretende Vorsitzende der Gewerkschaft Erziehung und Wissenschaft (GEW), Marianne Demmer. Die Schulpolitik habe es versäumt, den Unterricht in Ganztagsschulen neu zu organisieren und ein pädagogisches Konzept mit Lern- und Ruhephasen einzuführen.

Schulsenatorin zurückgepfiffen

Wie explosiv das Schulthema im Hamburger Wahlkampf ist, erfuhr CDU-Schulsenatorin Alexandra Dinges-Diering am Donnerstag: In der Tageszeitung „Die Welt" schlug sie vor, den Sonnabend wieder als Schultag einzuführen, um den Stundenplan zu entzerren. Bürgermeister von Beust kritisierte dies als „Privatmeinung" und verteidigte das „Familien-Wochenende". Die GEW sprach von „familienfeindlichem Unsinn" und SPD Kandidat Naumann forderte Beust auf, die Schulsenatorin umgehend zu entlassen.

„Rückkehr zum Abitur nach 13 Schuljahren würde uns isolieren"

Bayerns Ministerpräsident Günther Beckstein (CSU) verteidigt das achtjährige Gymnasium. „Insgesamt betrachtet werden unsere Gymnasiasten nicht überfordert, sondern gefordert", sagte der bayerische Ministerpräsident der Tageszeitung „Die Welt". Dies ist notwendig, „weil jeder weiß, dass man auch im Leben gefordert wird. Eine Rückkehr zum Abitur nach 13 Schuljahren würde uns doch isolieren – unsere Jugendlichen kämen dann ein Jahr später als ihre Altersgenossen im Ausland auf den Arbeitsmarkt oder in die Hochschulen", ist Beckstein überzeugt.

M 1 Schlagzeilen und Berichte zum achtjährigen Gymnasium. *Zitiert nach: Bildungsklick.de*

M2 Die Diskussion um das achtjährige Gymnasium

Spätestens seit Ende der 1990er-Jahre, als der damalige Bundespräsident Roman Herzog den Deutschen ins Gewissen redete, wurde der Kurswechsel auch in Westdeutschland vorbereitet. Roman Herzog fragte in seinen Bildungsreden: „Wie kommt es, dass die leistungsfähigsten Nationen in der Welt es schaffen, ihre Kinder die Schule mit 17 und die Hochschule mit 24 abschließen zu lassen?“

Doch wo sollte die Zeit aufgeholt werden? Zeitweilig war in Westdeutschland der Altersdurchschnitt der Schulanfänger näher am siebten als am sechsten Lebensjahr. Das wurde geändert. Vorreiter bei der Schulzeitverkürzung im Westen war das Saarland, das schon 2001/2002 auf das Abitur nach zwölf Jahren umstellte. Die großen Flächenländer Baden-Württemberg, Bayern und Niedersachsen folgten 2004/2005, Hessen und Nordrhein-Westfalen 2005 und 2006. Zwei Länder fallen völlig aus dem Rahmen: Sachsen-Anhalt und Rheinland-Pfalz. Sachsen-Anhalt hatte bis zum Jahr 1999 das Abitur nach zwölf Jahren ablegen lassen und stellte sich 2000 auf das Abitur nach zwölfeinhalb Jahren um. Es orientierte sich an Rheinland-Pfalz. 2003 kehrte Sachsen-Anhalt zum Schnellabitur zurück. Rheinland-Pfalz hält bis heute an einem Abitur fest, das nach zwölfdreiviertel Jahren abgelegt werden kann.

Uwe Schlicht: Vom Osten lernen, in: Tagesspiegel v. 11.2.2008

G8-Vorreiter Thüringen

In der ehemaligen DDR war es Standard, nach zwölf Jahren das Abitur zu machen. Thüringen blieb, gemeinsam mit Sachsen, auch nach der Wiedervereinigung bei diesem Modell. Im Zuge der Übernahme westdeutscher Bildungsstandards mussten die entsprechenden Lehrpläne und Schulbücher auf das G8 angepasst werden, das es in den alten Bundesländern vorher noch nicht gab. Nach einigen Startschwierigkeiten wurde 1993 das neue Schulgesetz für Thüringen verabschiedet und ein zweigliedriges Schulsystem mit Regelschule und achtjährigem Gymnasium etabliert.

Problem	Worin besteht das Problem? Welche Aufgabe hat die Politik zu lösen?
Auseinander-setzung	Was wirkt auf die Auseinandersetzung ein? Wer ist beteiligt? Wie verläuft die Auseinandersetzung? Was sind die Argumente und Vorgehensweisen?
Entscheidung	Zu welchen Ergebnissen hat die Auseinandersetzung geführt?
Bewertung der Entscheidung	Wie werden die Entscheidung und ihre Ergebnisse bewertet?

M3 Vom Problem zur Entscheidung

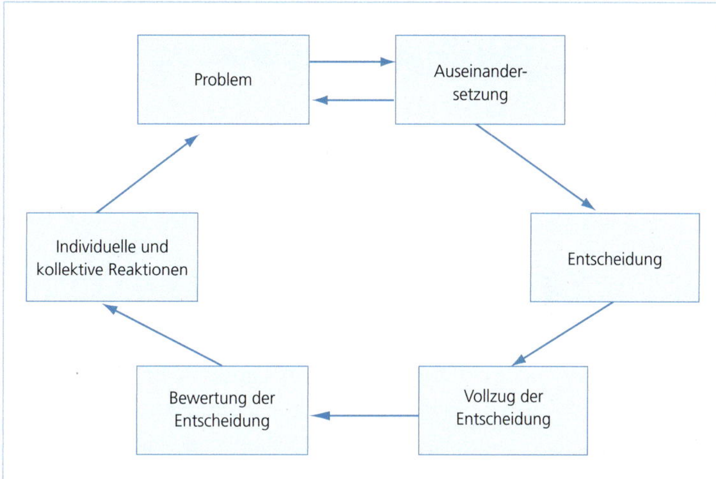

M4 Der Politikzyklus

Webcode: PE643585-067

1 Informiere dich über das Thema und die Diskussion „G8“ (M1 und M2).

2 Die Grafik M4 zeigt wichtige Stationen, die sich in allen politischen Konflikten wiederfinden lassen. Untersuche den Konflikt um das G8 mithilfe dieses Modells. Berücksichtige dabei M3.

3 „Hat sich die Mehrheit einmal für eine bestimmte Problemlösung entschieden, sollte darüber anschließend nicht mehr diskutiert werden!“
 a Stellt die Aussage in Bezug zu M4.
 b Nehmt Stellung zu der Aussage.

4 Findet weitere aktuelle politische Themen und ordnet sie in M4 ein.

Der Thüringer Landtag

M 1 Der Thüringer Landtag

M 2 Landesdienstflagge Thüringens mit Landeswappen

Verfassung des Freistaats Thüringen vom 25.10.1993

Artikel 44
Der Freistaat Thüringen ist ein Land der Bundesrepublik Deutschland. Er ist ein demokratischer, sozialer und dem Schutz der natürlichen Lebensgrundlagen des Menschen verpflichteter Rechtsstaat.

Der Landtag

Der Landtag ist die gewählte Vertretung des Volkes und somit das oberste Verfassungsorgan des Landes. Der Landtag verabschiedet die Landesgesetze, beschließt den Landeshaushalt und wählt die Ministerpräsidentin oder den Ministerpräsidenten. Außerdem wirkt der Landtag an der Regierungsbildung mit und kontrolliert die Landesregierung.
Grundlage der Arbeit des Landtags ist die Verfassung vom 25.10.1993.

Die Landesregierung

Die Landesregierung besteht in Thüringen aus dem der Ministerpräsidentin Lieberknecht und derzeit zehn Ministerinnen und Ministern, die gemeinsam das Kabinett bilden. Das Kabinett bestimmt die Leitlinien der Landespolitik, verteilt die Aufgaben zwischen den verschiedenen Ministerien und beschließt Gesetzesentwürfe, die dann dem Thüringer Landtag zur Abstimmung vorgelegt werden müssen.
Auf die Bundesgesetzgebung nimmt die Landesregierung Einfluss über den Bundesrat. Das Kabinett legt jeweils fest, wie die Vertreter des Landes im Bundesrat abstimmen sollen.

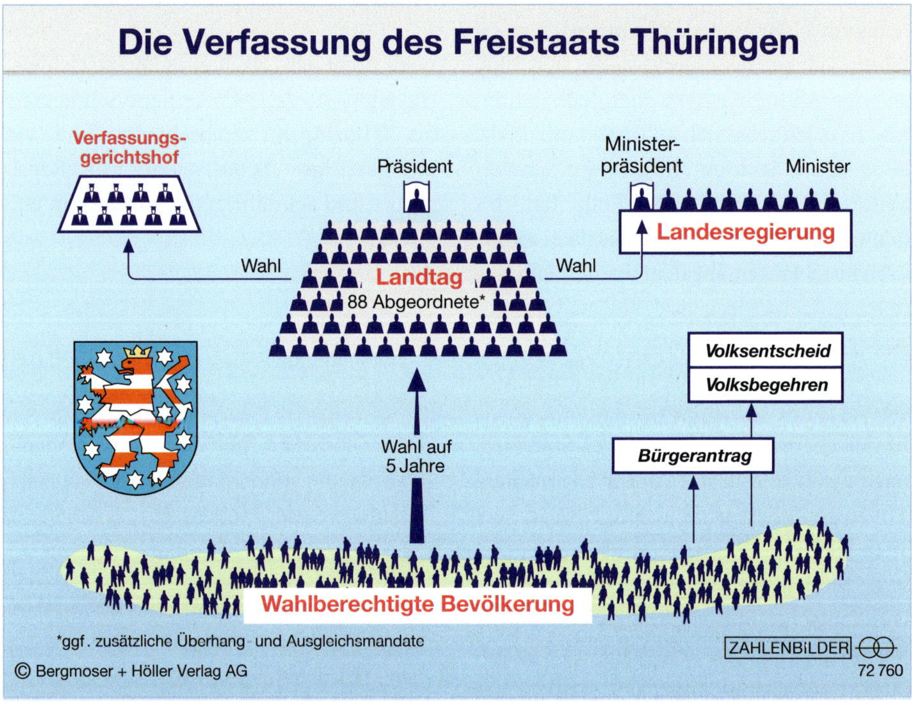

M 3 Die Verfassung des Landes Thüringen

Bund

Ausschließliche Gesetzgebung
- Auswärtige Angelegenheiten
- Verteidigung, Zivilschutz
- Staatsangehörigkeit
- Passwesen
- Währungs- und Geldwesen
- Zölle und Außenhandel
- Bundesbahn und Luftverkehr
- Post- und Fernmeldewesen

Rahmengesetzgebung*
Recht des Bundes, bei bestimmten Gesetzen nur die allgemeinen Regelungen (Rahmenvorschriften) zu erlassen, während es der Gesetzgebung der einzelnen Bundesländer überlassen ist, die näheren Einzelheiten zu regeln.
- Hochschulwesen
- Jagdwesen, Naturschutz und Landschaftspflege
- Bodenverteilung und Raumordnung
- Melde- und Ausweiswesen

* nur beispielhafte Aufzählung

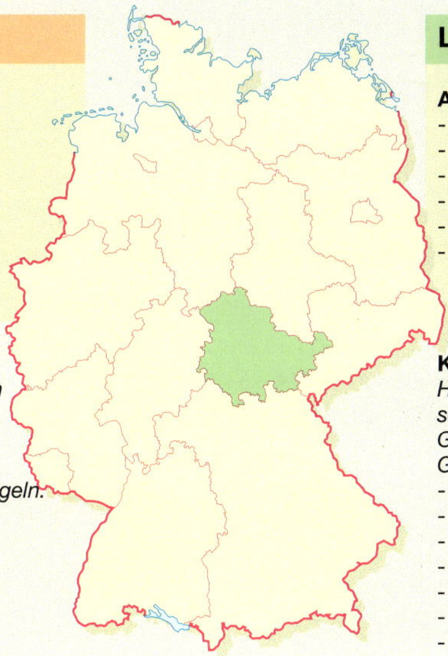

Land Thüringen

Ausschließliche Gesetzgebung
- Kultur
- Polizeiwesen
- Schul- und Bildungswesen
- Gesundheitswesen
- Rundfunk, Fernsehen
- Kommunalwesen

Konkurrierende Gesetzgebung*
Hier haben die Länder die Gesetzgebungsbefugnis, solange und soweit der Bund von seiner Gesetzgebungszuständigkeit nicht durch Gesetz Gebrauch gemacht hat.
- Bürgerliches Recht, Strafrecht und Strafvollzug
- Personenstandswesen
- Vereins- und Versammlungsrecht
- Aufenthaltsrecht für Ausländerinnen und Ausländer
- Erzeugung und Nutzung der Kernenergie
- Arbeits- und Wirtschaftsrecht
- Straßenverkehr

M4 **Aufgabenverteilung zwischen der Bundes- und den Landesregierungen**

Der Bundestag hat am vergangenen Freitag mit der erforderlichen Zweidrittelmehrheit die Föderalismusreform gebilligt. Stimmt am 7. Juli auch der Bundesrat zu, wäre nach zweieinhalb Jahren Verhandlungen die umfangreichste Grundgesetzänderung seit 1949 vollzogen.
Die Änderung von insgesamt 25 Artikeln des Grundgesetzes ordnet die Beziehungen zwischen Bund und Ländern neu: Mussten bislang rund 60 Prozent aller Bundesgesetze von der Länderkammer abgesegnet werden, werden in Zukunft nur noch 35 bis 40 Prozent zustimmungspflichtig sein, so der stellvertretende Fraktionsvorsitzende der CDU/CSU-Bundestagsfraktion, Wolfgang Bosbach. Damit könnte der Bund in Zukunft (…) schneller mit neuen Gesetzen auf Probleme reagieren. (…)
Atomenergie, Terrorabwehr, das Meldewesen und der Schutz deutschen Kulturgutes gegen Abwanderung ins Ausland werden nach der Reform reine Bundesangelegenheit sein. Auch im Bereich Umwelt und Abfallwirtschaft gewinnt der Bundestag neuen Entscheidungsspielraum: Er darf ein eigenes Bundesumweltgesetz schaffen.
Im Gegenzug erhalten die Länder die alleinige Zuständigkeit für die Besoldung und Versorgung von Landesbeamten, die Raumordnung und das Heimrecht, das die Behandlung von Pflegebedürftigen bestimmt. Auch Strafvollzug und Ladenschluss regeln die Länder künftig selbst. Bis zuletzt hart umkämpft war das Feld der Bildung (…). Der Bund behält zwar das Recht, Regelungen zu Zulassung und Abschlüssen an den Hochschulen zu beschließen. Allerdings können die Länder nun mit eigenen Gesetzen davon abweichen.

Eckart Thurich: Föderalismusreform, 3.7.2006; Bundeszentrale für politische Bildung; in: http://www.bpb.de (Zugriff: 8.9.2011)

M5 **Föderalismusreform**

Webcode: PE643585-069

Der Thüringer Landtag hat seinen Sitz in der Landeshauptstadt Erfurt. Das Plenum trifft sich einmal im Monat für zwei bis drei Tage, um die für das Bundesland Thüringen geltenden Gesetze zu beraten und zu beschließen. Darüber hinaus ist er für die Beratung und Bewilligung des Landeshaushalts zuständig.
Gesetzesentwürfe können dem Landtag von der Landesregierung, aber auch von jeder Fraktion oder mindestens fünf Abgeordneten vorgelegt werden.

1 Vergleiche Aufbau und Aufgaben des Thüringer Landtages mit denen des Bundestages. Welche Gemeinsamkeiten, welche Unterschiede kannst du feststellen (M 3, M 4)?

2 Nenne Politikbereiche, für die die Länder allein zuständig sind.

3 Klärt, ob die Föderalismusreform die Rechte des Bundes oder die der Länder stärkte. Diskutiert Vor- und Nachteile dieser Reform (s. auch S. 64/65, M 4).

4 Diskutiert Vor- und Nachteile der Föderalismusreform (M 4, M 5).

KOMPETENZ-Trainer

Die politische Ordnung der Bundesrepublik

- Bundestag
- Bundesregierung
- Bundesverfassungsgericht
- Landesregierungen
- Bürgerinnen und Bürger
- Bundeskanzler
- Bundesversammlung
- Bundesminister
- Landesparlament
- Bundesrat
- Bundespräsident

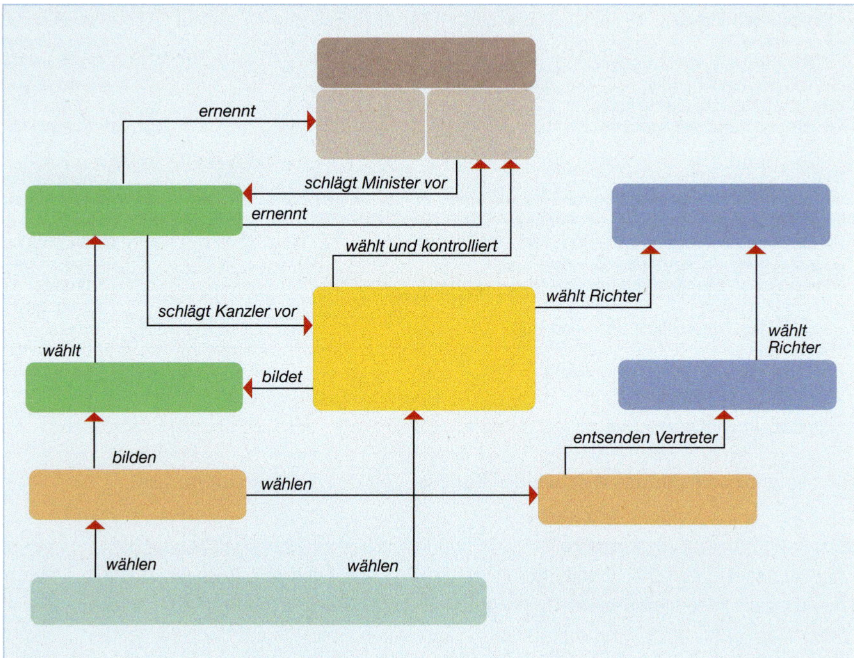

M 1 Der Bundestag im Verfassungsgefüge

	Richtig	Falsch	Weiß nicht
1. Alle Bundesländer entsenden die gleiche Zahl von Abgeordneten in den Bundestag.			
2. Die Zweitstimmen entscheiden über die Zusammensetzung des Bundestages.			
3. Bundestagswahlen finden in der Regel alle fünf Jahre statt.			
4. Bei den Bundestagsdebatten wollen die Abgeordneten sich gegenseitig mit Argumenten überzeugen.			
5. Der Wähler kann den Bundeskanzler direkt wählen.			
6. Um die Regierungsmehrheit zu erlangen, können die im Bundestag vertretenen Parteien Kabinette bilden.			
7. Der Bundestag beschließt, die Schulzeit in der Realschule in Baden-Württemberg von zehn auf neun Jahre zu kürzen.			
8. Parteien wirken bei der politischen Willensbildung mit.			
9. Medien werden wegen ihrer wichtigen Aufgaben in der Demokratie auch als „dritte Gewalt" bezeichnet.			

M 2 Richtig oder falsch?

Gesetze und Gesetzgebung

„Gesetze dienen dazu, die __________ zu gestalten und zu steuern. __________ regeln das Wirtschaftsleben, die soziale Sicherheit, den Arbeitsmarkt, die Berufsbildung, das Gesundheitswesen, die Erhaltung der Umwelt, den Datenschutz und vieles andere mehr. Damit werden Gesetze zu einem __________ und zur Gestaltung der __________. Die Parteien verkünden ihre __________ in Wahlprogrammen, Regierung und Koalitionsfraktionen formulieren sie im __________ und setzen sie auf dem Weg der __________ um. Gesetze sind aber nicht nur Umsetzungen politischer Programme. __________ für neue Gesetze können von einzelnen __________, Interessen __________, Bürger __________ und Petitionen ausgehen. Sachverständigenkommissionen, Untersuchungsausschüsse, wissenschaftliche Beiräte geben __________ für gesetzliche Regelungen. Aktuelle soziale und wirtschaftliche __________ können neue Gesetze erfordern. Länder und Gemeindebehörden melden Änderungswünsche an, wenn bei der Ausführung von Gesetzen __________ auftreten. Wenn das Bundesverfassungsgericht ein Gesetz als nicht vereinbar mit dem __________ erklärt, ist eine neue Regelung erforderlich. Viele internationale Verträge bedürfen eines Gesetzes (Ratifizierung), um in Kraft zu treten. Immer häufiger sind Gesetze erforderlich, die sich aus der Mitgliedschaft Deutschlands in der __________ ergeben und europäisches in deutsches Recht umsetzen."

aus: Grundgesetz für Einsteiger und Fortgeschrittene, Bundeszentrale für politische Bildung

- Anstöße
- Gesetze
- politischen Absichten
- Grundgesetz
- Entwicklungen
- Gesetzgebung
- Verbänden
- gesellschaftlichen Verhältnisse
- Schwierigkeiten
- Mittel der Politik
- Europäischen Union
- Bürgern/-innen
- Empfehlungen
- Regierungsprogramm
- Initiativen
- Lebensverhältnisse

M 3 **Lückentext**

Ist zu viel Öffentlichkeit schädlich?

„Ohne Medien sind Politiker besser.": Der sächsische Justizminister Thomas de Maizière provozierte am vergangenen Wochenende die Journalisten und Medienwissenschaftler, die in den Landtag von Sachsen gekommen waren, um über Medien und Demokratie zu diskutieren. Dem „unsichtbaren Politiker", der seine Akten studiert, sich mit Experten berät und Lösungen erarbeitet, stellte er den mediengewandten Showstar gegenüber, den man meist mit dem Sektglas in der Hand sieht. Er bedauerte, dass der „Was-und-warum-Journalismus" zurückgegangen sei gegenüber dem „Wer-gegen-wen-Journalismus". Sein Fazit für die Politiker: Wer inszeniert, wird selbst inszeniert; wer seine gute Ehe im Wahlkampf einsetzt, darf sich nicht wundern, wenn das Scheitern der Ehe in den Medien später genüsslich instrumentalisiert wird.

www.heise.de/tp/r4/artikel/12/12651/1.html, 24.2.2009

M 5 **Medien und Demokratie**

M 4 **„Dem Politiker sein liebstes Interview"**
Karikatur: Stuttmann

Sachwissen und Analysekompetenz

1 Übertragt das Schema in euer Heft und schreibt die richtigen Institutionen in die unbeschrifteten Kästchen (M 1).

2 Richtig oder falsch (M 2)?

3 Kopiert den Lückentext M 3 und ordnet die richtigen Begriffe zu.

Urteils- und Handlungskompetenz

4 a Beschreibt die in M 4 und M 5 aufgezeigte Kritik an dem Verhältnis zwischen Medien und Demokratie.

b Diskutiert, welche Möglichkeiten es gibt, den aufgezeigten Problemen zu begegnen.

4 Sozialstaat und Sozialpolitik

M 1 **Soziales Netz der Zukunft?** *Karikatur: Murschetz*

M 2 **Prost Neujahr.** *Karikatur: Plaßmann*

M 3 **Armut beseitigen.** *Karikatur: Plaßmann*

M 4 **Sieger.** *Karikatur: Mohr*

Am Ende dieses Kapitels kannst du

- erklären, auf welcher Grundlage der Sozialstaat steht und welche Ziele damit verbunden sind. Außerdem kannst du die „fünf Säulen" benennen, auf denen die soziale Sicherheit in Deutschland ruht. Du kannst an Beispielen deren Bedeutung darstellen.
- aktuelle Probleme des Sozialstaats benennen, kennst Lösungsansätze und kannst dazu kritisch Stellung beziehen.
- Beispiele für bürgerlich-soziales Engagement in der Gesellschaft nennen. Außerdem kannst du die Bedeutung dieses Engagements für den Sozialstaat beurteilen.
- eine „amerikanische Debatte" zu einem Thema organisieren und in der Gruppe durchführen.

M5 **Sozialstaat.** *Karikatur: Hanel*

M7 **Abrissbirne.** *Karikatur: Horsch*

M6 **Der deutsche Rentenzahler 2050.** *Karikatur: Haitzinger*

M8 **Die Anhalterin.** *Karikatur: Schoenfeld*

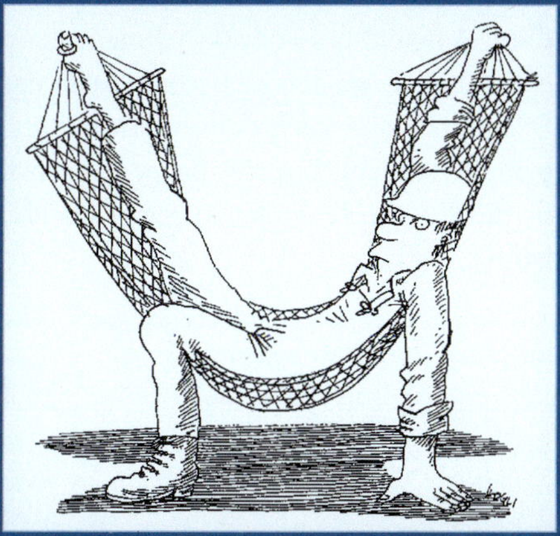

M9 **Die soziale Hängematte?** *Karikatur: Glienke-Holtfreter*

1 Bearbeitet die Karikaturen mithilfe der KARIKA-Tour.

2 Eure Fragen sollen am Schluss des Kapitels noch einmal aufgegriffen und gemeinsam geklärt werden.

Auf den Seiten 76–85 könnt ihr euch in arbeitsteiligen Gruppen über Einzelheiten der sozialen Sicherung im Krankheitsfall, im Alter und bei Arbeitslosigkeit informieren und darüber, welche Hilfen der Staat Menschen in Notlagen gewährt. Außerdem werdet ihr einige Problemfelder der sozialen Sicherungssysteme kennen lernen. Fasst eure Ergebnisse in Form von Kurzreferaten zusammen und präsentiert sie der Klasse.

Deutschland – ein Sozialstaat

M 1 Für mich ist ein Staat sozial, wenn …

M 2 Sozialstaat und Sozialpolitik

In der deutschen Verfassung, dem Grundgesetz, sind nicht nur die politischen Rechte und Freiheiten für jede Bürgerin und jeden Bürger garantiert. Der Sozialstaat verpflichtet sich auch, Sicherheit und Gerechtigkeit zu gewährleisten. Es soll niemand alleingelassen werden, wenn er durch schwierige Umstände wie zum Beispiel Krankheit oder Arbeitslosigkeit in Not geraten ist. Dafür sorgt die gesetzliche Sozialversicherung. Menschen, die nicht in der Lage sind, sich selbst mit dem Nötigsten zu versorgen, bekommen eine finanzielle Grundsicherung. Auch durch bestimmte Gesetze, Beratung und Betreuung hilft der Staat den Schwachen und Schutzbedürftigen wie Müttern, Kindern und Behinderten. Menschen, die etwas Besonderes für die Gesellschaft leisten oder besonders belastet sind, erhalten einen Ausgleich, indem sie z. B. weniger Steuern zahlen müssen. Im Wirtschafts- und Arbeitsbereich gibt es Gesetze für den Arbeits- und Kündigungsschutz. Hier greift der Staat in das wirtschaftliche Geschehen ein, um soziale Ziele zu erreichen. Alle Aktivitäten und Gesetze, mit denen der Staat die Lebenssituation der Bürger verbessern will, nennt man **Sozialpolitik**. Sie werden immer wieder neu politisch ausgehandelt und an die wirtschaftliche Gesamtsituation und die Bedürfnisse der Menschen angepasst. Nachzulesen sind sie im Sozialgesetzbuch. Die Sozialpolitik soll dazu beitragen, dass sich die Menschen in ihrem Staat wohlfühlen und dass es möglichst wenig Streit und Ärger in der Gesellschaft gibt.

Zusammengestellt nach: www.hanisauland.de/lexikon, Begriffe: Sozialstaat und Sozialpolitik

M 3 Eine Frage der Zuständigkeit

Der Staat handelt nach dem **Subsidiaritätsprinzip**. Subsidiarität (lateinisch) bedeutet „zurücktreten" oder „nachrangig sein", d. h., er tritt dann von einer Aufgabe zurück, wenn sie auch von einer „untergeordneten" Ebene erfüllt werden kann. Wer zahlt z. B. die Sozialhilfe aus? Ein Ministerium, also eine hohe Bundesbehörde, könnte das machen, tut es aber nicht. Das Ministerium sagt, dies ist die Aufgabe der Gemeinde. Das Sozialamt der Stadt kann diese Aufgabe besser wahrnehmen, denn es ist „näher" an den Menschen. Auch das Sozialamt muss nach dem Subsidiaritätsprinzip handeln. Es prüft daher zunächst, ob die Familie des Hilfebedürftigen helfen kann.

Aus: http://www.hanisauland.de/lexikon/s/subsidiaritaet.html (Text gekürzt)

Einer für alle – alle für einen

Die Leistungen der **Sozialversicherung** werden aus den Beiträgen von Arbeitnehmern und Arbeitgebern sowie Zuschüssen vom Staat finanziert. Die Zuschüsse und alle anderen Sozialleistungen zahlt der Staat aus Steuermitteln. Die Sicherheit des Einzelnen wird also durch die Verantwortung und gemeinschaftliche Leistung aller Menschen der Gesellschaft ermöglicht, denn fast unser gesamtes gesetzliches Sozialsystem funktioniert nach einem Umverteilungsprinzip: Jeder finanziert nach seinen persönlichen Möglichkeiten den Staat mit, durch Sozialversicherungsbeiträge, direkte Steuern (z. B. Einkommensteuer, Vermögensteuer) und indirekte Steuern (Umsatzsteuern auf Waren und Dienstleistungen). Die Aufgabe des Sozialstaats ist es, einen Teil dieser Einnahmen gerecht umzuverteilen.

M 4 Sozialleistungen

Eine finanzielle Unterstützung durch den Staat an Bedürftige, also an Menschen, die nicht in der Lage sind, selbst für ihre Existenz aufzukommen, nennt man eine staatliche Sozialleistung oder Transferleistung. Sie wird nach dem **Fürsorgeprinzip** gezahlt, d. h., dass keine Gegenleistung dafür verlangt wird. Dazu zählt man z. B. die Sozialhilfe, Kindergeld, Wohngeld, Ausbildungsförderung oder Hilfen für Behinderte, aber auch die Beiträge des Staates zur Sozialversicherung.

Aus: http://www.hanisauland.de/lexikon/s/sozialleistung.html (Text angepasst)

M 6 Das Versicherungsprinzip

Mit Versicherung wird das Grundprinzip der kollektiven Risikoübernahme (Versicherungsprinzip) bezeichnet, das heißt, dass viele einen Geldbetrag (Versicherungsbeitrag) in den Geldtopf eines Versicherers einzahlen, um beim Eintreten des Versicherungsfalles aus diesem Geldtopf einen Schadensausgleich zu erhalten. Da der Versicherungsfall nur bei wenigen Versicherten eintreten wird, reicht der Geldtopf bei bezahlbarem Beitrag aus – und wird dann unter anderem auch am Kapitalmarkt an seine Anteilseigner (in Form einer Dividende) bspw. ausgezahlt. Voraussetzung ist, dass der Umfang der Schäden statistisch abschätzbar ist und demnach (...) der von jedem Mitglied des Kollektivs benötigte Beitrag bestimmbar ist.

http://optimaler-versicherungsschutz.de.tl/Wie-Funktioniert-Das-Versicherungsprinzip--f-.htm# (Zugriff: 27.2.2012)

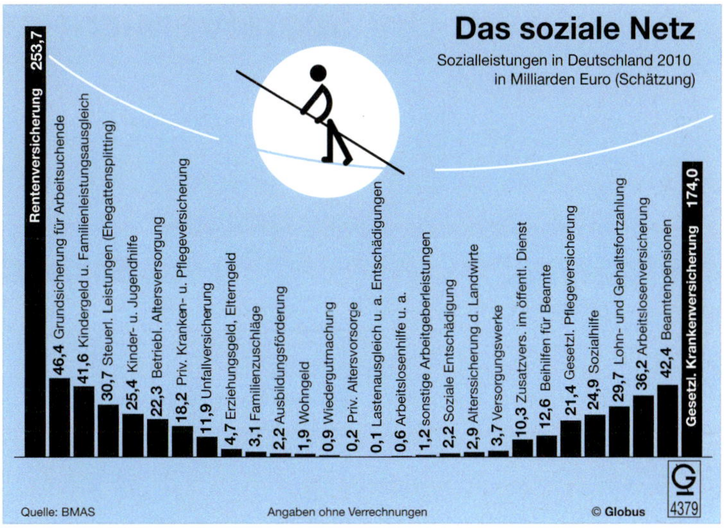

M 5 Sozialleistungen in Deutschland

Die soziale Sicherung besteht aus

Vorsorge
Leistungen:
z. B. Gesundheitsvorsorge, Altersrente
Finanzierung:
Versicherungsbeiträge, Steuern

Versorgung
Leistungen:
z. B. Kindergeld, Wohngeld, Gewaltopferversorgung
Finanzierung: Steuern

Fürsorge
Leistungen:
z. B. soziale Grundsicherung, Jugendhilfe
Finanzierung: Steuern

1 Erstellt ein Ideenkarussell: „Für mich ist ein Staat sozial, wenn ..." Vergleicht mit M 1.

2 Nenne und erläutere die Ziele der Sozialpolitik (M 2).

3 Erkläre den Unterschied zwischen dem Fürsorgeprinzip und dem Versicherungsprinzip (M 4, M 6).

4 a Warum wird unser Sozialsystem mit einem Netz verglichen (M 5)?
b Welche Kritik steckt hinter folgenden Aussagen: „Das soziale Netz hat zu große Maschen. Viele Menschen rutschen durch."; „Unser soziales Netz ist eine soziale Hängematte."?

Die Sozialversicherung

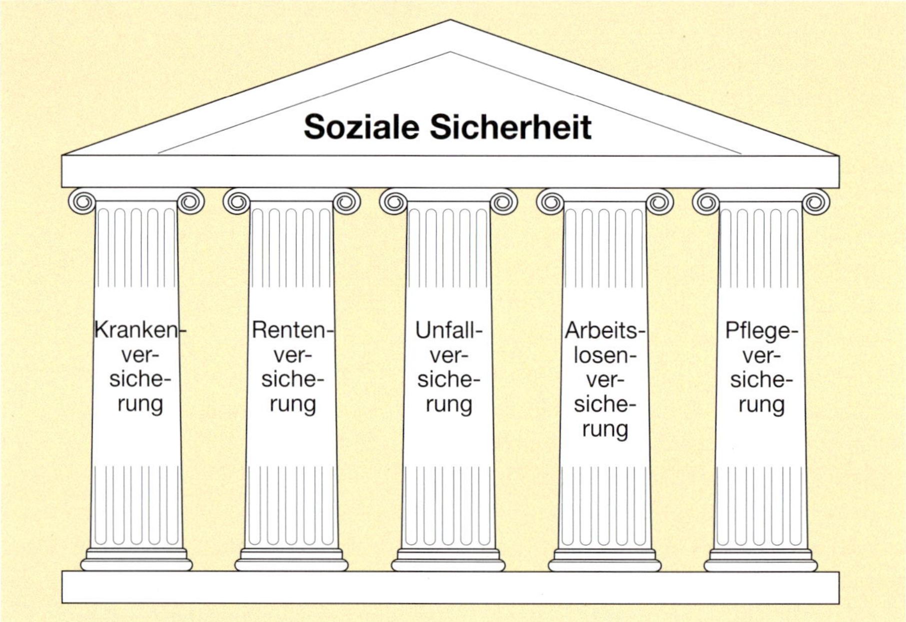

M 1 **Schutz vor Lebensrisiken heute**

Otto von Bismarck,
Aufnahme um 1890

Die Bismarck'sche Sozialgesetzgebung

Der tiefgreifende Wandel der Lebens- und Arbeitsverhältnisse während der Industrialisierung im 19. Jahrhundert hatte viele Menschen aus ihren traditionellen Bindungen in der Landwirtschaft, im Handwerk und im Heimgewerbe gelöst. Die Menschen waren nun von der Lohnarbeit abhängig, und in wirtschaftlichen Krisenzeiten war ihr Arbeitsplatz unsicher. Die Arbeitsbedingungen in den Fabriken waren katastrophal, und die Wohnbedingungen in den schnell wachsenden Industriestädten waren schlecht. Stärker als früher waren die Menschen jetzt auf sich allein gestellt, wenn es darum ging, für Arbeitslosigkeit, Krankheit, Unfall und Alter vorzusorgen. Die fehlende **soziale Sicherheit** führte zu Diskussionen in Staat und Gesellschaft über die so genannte soziale Frage, wie die Folgen der Industrialisierung für die Arbeiterschaft zusammenfassend genannt wurden.

Die staatliche Sozialgesetzgebung sollte diese Probleme grundlegend lösen. Die von Reichskanzler Otto von Bismarck (1815–1898) zwischen 1883 und 1889 in mehreren Schritten durchgesetzten Sozialgesetze zur Kranken-, Unfall- und Rentenversicherung milderten die sozialen Notlagen, konnten sie aber nicht beheben. 1927 kam die Arbeitslosenversicherung hinzu, 1995 die Pflegeversicherung für die häusliche Pflege. Diese Versicherungen bilden in ihrer Gesamtheit noch heute die Sozialversicherung.

M 2 **Die Sozialversicherung heute**

Die Sozialversicherung umfasst insgesamt fünf Versicherungen, die vom Gesetz vorgeschrieben sind, und ist nach dem Prinzip der Solidarität organisiert: Dahinter steht der Gedanke, dass die Gemeinschaft der versicherten Arbeitnehmer dem Einzelnen hilft, wenn er in Not gerät, krank oder arbeitslos wird, einen

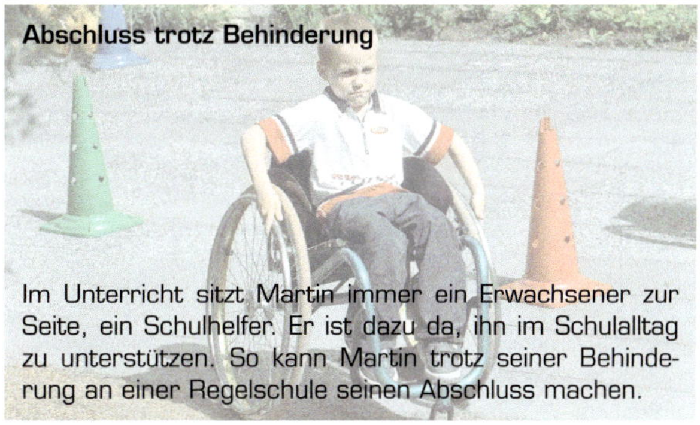

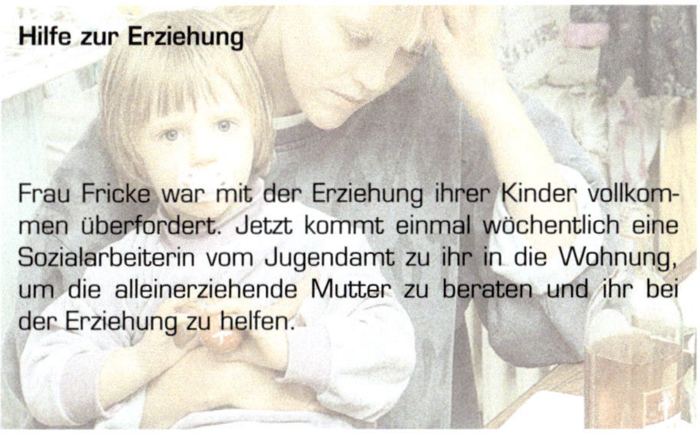

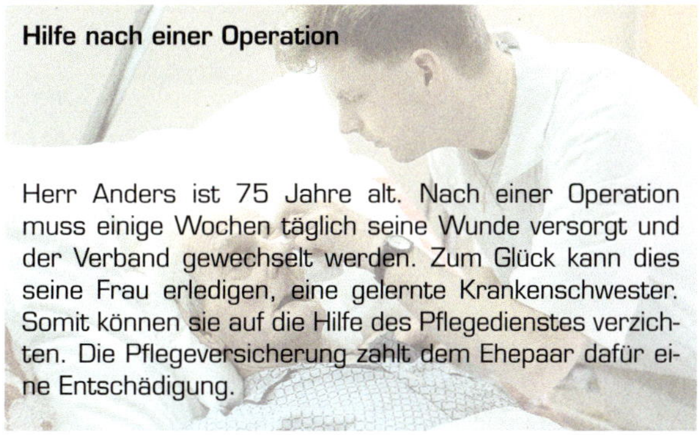

M3 Fallbeispiele

Unfall erleidet oder im Alter pflegebedürftig ist.

Jeder versicherte Arbeitnehmer muss monatlich einen bestimmten Betrag, der von seinem Einkommen abhängig ist, in diese Versicherungen einzahlen. Wer mehr verdient, zahlt – bis zu einer festgelegten Höchstgrenze – entsprechend höhere Beiträge. Einen weiteren Anteil zahlt der Arbeitgeber. Dessen Beitrag ist in den meisten Fällen genauso hoch wie der des Arbeitnehmers. Ein Sonderfall ist die Unfallversicherung. Die muss der Arbeitgeber für seine Beschäftigten alleine zahlen. Auch der Staat gibt Zuschüsse (aus Steuermitteln) in die Kassen der Sozialversicherungen. Aus dem gemeinsamen „Topf" werden die Leistungen der Versicherten bezahlt, die im Moment Hilfe benötigen, z. B. Arbeitslosengeld bei Arbeitslosigkeit. Diese unmittelbare Verteilung vorhandener Leistungen an die Empfänger nennt man Umlageverfahren.

Beamte sind nicht in der gesetzlichen Sozialversicherung. Sie sind nach einem eigenen **Versorgungsprinzip** abgesichert. Selbstständige sind in der Regel selbst für ihren Versicherungsschutz gegen Krankheit und Arbeitslosigkeit sowie ihre Altersvorsorge verantwortlich.

http://www.hanisauland.de/lexikon/s/sozialversicherung.html (Text angepasst)

Webcode: PE643585-077

1 Informiere dich in deinem Geschichtsbuch und berichte über die Hintergründe und Anfänge der gesetzlichen Sozialversicherung.

2 Erkläre mithilfe von M 2, was sich seit der Einführung der Sozialversicherung verändert hat.

3 Finde drei Beispiele für das Solidaritätsprinzip.

4 Erläutere am Beispiel von M 2, wie die Finanzierung der Sozialversicherung und anderer Sozialleistungen organisiert ist.

5 a Entscheide mithilfe des Textes S. 75 (Randspalte), ob es sich in den Fallbeispielen M 3 jeweils um eine Vorsorge-, Versorgungs- oder Fürsorgeleistung handelt.

b Überprüfe, in welchem Fall das Subsidiaritätsprinzip zur Anwendung kommt.

Absicherung bei Krankheit

M 1 Krankenversicherung in der Diskussion

Krankenversicherung: In der Gesetzlichen Krankenversicherung (GKV) sind rund 90 Prozent der Bevölkerung versichert, u. a. Arbeitnehmer, Arbeitslose, Rentner, Kinder und Ehepartner, denen gegenüber eine Unterhaltspflicht besteht. Die Krankenkasse darf jeder Versicherte selbst wählen.

Versicherungspflicht: In der Gesetzlichen Krankenversicherung sind fast alle Arbeitnehmer pflichtversichert. Selbstständige, Beamte sowie Arbeitnehmer, die 4012,50 Euro oder mehr monatlich verdienen (Stand: 2008), sind von der Versicherungspflicht befreit. Sie können freiwillig in der Gesetzlichen Krankenversicherung bleiben oder zu einer privaten Krankenversicherung wechseln.

Beiträge: Seit 2011 liegt der Beitrag zur GKV bei durchschnittlich 15,5 Prozent des Bruttoeinkommens. Es gibt leichte Abweichungen, je nachdem, welcher Krankenkasse man angehört.

Die Höhe der Beiträge in der Privaten Krankenversicherung (PKV) werden nach dem persönlichem Risiko der Mitglieder berechnet. Dabei spielen das Alter, das Geschlecht sowie Vorerkrankungen und mögliche Krankheitsrisiken eine Rolle.

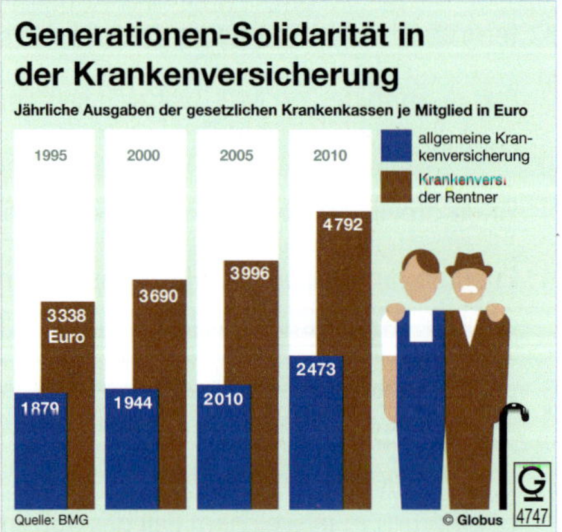

M 2 Krankheitskosten

Leistungen der GKV:

- Krankengeld (wenn aufgrund einer längeren Erkrankung kein Lohn mehr gezahlt wird)
- Arzt- und Zahnarztbehandlung
- Arznei-, Verbands-, Heilmittel
- Krankenhausbehandlung
- Nachsorgebehandlung
- Mutterschaftshilfe

Solidarausgleich in der Gesetzlichen Krankenversicherung

Familienlastenausgleich: Ein Arbeitnehmer mit nicht erwerbstätigem Ehepartner und Kindern zahlt für die Leistungen der GKV bei gleichem Bruttogehalt genauso viel wie ein alleinstehender Arbeitnehmer.

Leistungen bei Krankheit: Ein Versicherter mit einem geringen Einkommen und entsprechend geringerem Beitrag erhält bis auf das Krankengeld die gleichen Leistungen wie ein Versicherter mit höherem Einkommen.

Die Gesundheitsreform

Mit verschiedenen gesetzlichen Maßnahmen versucht der Gesetzgeber den Anstieg der Gesundheitskosten zu stoppen und die Versicherungsbeiträge nach Möglichkeit zu senken. Unter dem Schlagwort der Gesundheitsreform werden dabei immer wieder verschiedene **Reformmodelle** diskutiert. Quer durch alle Parteien, aber auch innerhalb der Parteien bestehen sehr unterschiedliche Auffassungen über den „goldenen Mittelweg“ zur sozialen Gerechtigkeit.

Alle im Zuge der Reformen vorgestellten Versicherungs- und **Finanzierungsmodelle** sind darauf ausgerichtet, dass Arbeitgeber und Arbeitnehmer sozial gerecht behandelt und Beiträge gesenkt werden. Was hierbei jedoch als „sozial gerecht“ angesehen wird, ist sehr stark vom Standpunkt der Parteien, von der Sichtweise der Gesundheitsorganisationen und vom subjektiven Empfinden der betroffenen Bürger selbst abhängig.

Alle Reformmodelle halten jedoch bei der Beitragsfestsetzung am Solidaritätsprinzip fest.

Seit Inkrafttreten der **Gesundheitsreform** am 1. Januar 2009 werden die Beiträge jedoch nicht mehr direkt an die Krankenkassen, sondern in einen **Gesundheitsfonds** gezahlt, der sie an die Krankenkassen weiterleitet. Gesetzlich festgelegt wurde außerdem, dass neben den Beiträgen der Versicherten auch ein aus Steuermitteln finanzierter Anteil in den Gesundheitsfonds fließt, um die Beiträge stabil zu halten.

Webcode: PE643585-079

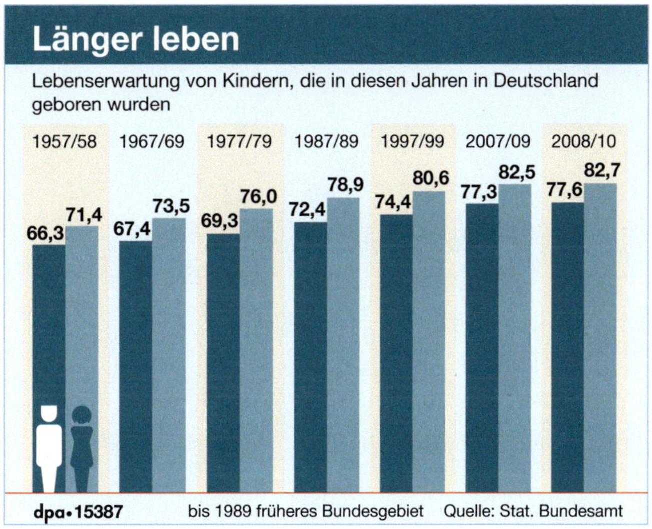

M3 Lebenserwartung

M4 Der Gesundheitsfonds

1 a Erstellt eine Mindmap zur gesetzlichen Krankenversicherung.
b Erläutert, was unter „Solidarausgleich“ zu verstehen ist.

2 Erkläre mithilfe von M2, M3 und M4, warum es zum Handlungsbedarf der Politik (Gesundheitsreform) gekommen ist.

3 Erläutert, wie die Politik bisher versucht hat, die Probleme zu lösen.

4 Führt das Gespräch in einem Rollenspiel weiter (M1).

Sicherheit im Alter

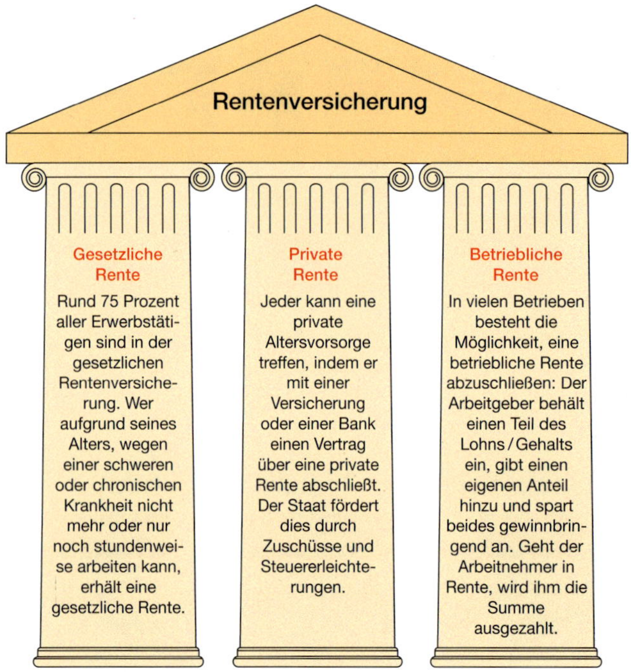

M 1 Säulen der Rentenversicherung

Webcode: PE643585-080

Der Generationenvertrag

Für die meisten Menschen ist bei der Zukunftsplanung neben der gesundheitlichen Vorsorge die finanzielle Sicherheit im Alter am wichtigsten. Die **gesetzliche Rentenversicherung** bildet die Grundlage für die Versorgung von über 90 Prozent der älteren Menschen im Ruhestand. Sie haben sich ihre **Rentenansprüche** erworben, indem sie während ihrer Berufstätigkeit in die gesetzliche Rentenversicherung Beiträge eingezahlt haben. Ausbezahlt werden ihnen jedoch nicht ihre angesparten Beiträge, denn das heutige Rentenkonzept beruht auf dem Generationenvertrag. Dieser verpflichtet die heutigen Beitragszahler, mit ihren Beiträgen die Renten der heutigen Ruheständler zu bezahlen. Die eingezahlten Beträge werden im gleichen Jahr in vollem Umfang an die Rentner ausbezahlt. Es werden keine Gelder angespart für die Zukunft. Wenn die heutigen Beitragszahler ins Rentenalter kommen, sind ihre Beiträge aufgebraucht. Ihre Renten müssen dann von der **nachrückenden Generation** der Erwerbstätigen bezahlt werden, der Generation ihrer Kinder.

Versicherungspflicht
In der gesetzlichen Rentenversicherung sind fast alle Arbeitnehmer zur Mitgliedschaft versichert. Bei Beamten sorgt der Staat für Pensionen (Versorgungsprinzip), Selbstständige können sich privat versichern.
Beiträge: Seit 2012 liegt der Beitrag bei 19,6 Prozent des Bruttoeinkommens.
Leistungen:
Wie viel Rente man im Alter bekommt (Rentenanspruch), hängt ab von
- der Höhe des Einkommens und somit der Höhe der geleisteten Versicherungsbeiträge während der Erwerbszeit,
- der Dauer der Einzahlung (Anzahl der Versicherungsjahre) und
- der Entwicklung der durchschnittlichen Löhne und Gehälter der jetzigen Generation der Rentenzahler.

Ziel ist es, die Renten jährlich an die Einkommensentwicklung anzupassen. Für die Erziehung von Kindern werden Eltern Versicherungsjahre angerechnet (Kindererziehungszeiten).

Pflegeversicherung
Sie unterstützt Menschen, die ständig auf medizinische Betreuung und Hilfe im Alltag angewiesen sind. Beiträge müssen alle zahlen, egal, ob sie Mitglied in der gesetzlichen oder privaten Krankenversicherung sind.
Beiträge: Seit 2013 liegt der Beitrag bei 2,05 Prozent des Bruttoeinkommens.
Leistungen:
Bevor jemand Geld aus der Pflegeversicherung erhält, stellt die Krankenkasse fest, wie pflegebedürftig der Versicherte ist. Dabei wird geprüft, wie viel fremde Pflege jemand braucht. Wichtig ist zudem, ob jemand zu Hause von Verwandten oder Bekannten gepflegt wird oder durch einen professionellen Pflegedienst oder in einem Alters- und Pflegeheim.

Franziska van Almsick, ehemalige deutsche Rekordschwimmerin

Was muss sich deiner Meinung nach im Denken der Menschen ändern?

„Wir müssen mehr Bewusstsein dafür schaffen, dass wir für uns selbst verantwortlich sind. Ich glaube, dass sich zu viele Menschen auf den Staat verlassen. Doch wir wissen nicht, wohin die Rentenpolitik sich entwickelt."

Paul van Dyk, DJ und Produzent

Glaubst du, dass es in zwanzig Jahren noch eine staatliche Rente geben wird?

„Dafür sind wir alle mitverantwortlich. Zusätzlich kann man sich natürlich durch eine private Altersvorsorge absichern. Der Generationenvertrag ist für mich aber ein Grundpfeiler unserer Gesellschaft und darf nicht zur Debatte stehen."

M 2 Prominente zum Thema Altersversorgung *(http://www.safety1st.de)*

Während die Weltbevölkerung dramatisch wächst (1950: 2,5 Mrd. Menschen, 2050: voraussichtlich 9,3 Mrd. Menschen), hat Deutschland das gegenteilige Problem. Aufgrund niedriger Geburtenraten – 1860 bekam eine Frau durchschnittlich 5 Kinder, heute sind es statistisch nur 1,4 – schrumpft die Gesellschaft. Die Zuwanderung schwächt diese Entwicklung etwas ab, da es sich bei kommenden Migranten häufig um vergleichsweise junge Menschen handelt – oftmals in Verbindung mit einer höheren Geburtenrate. Die Bevölkerung Deutschlands schrumpft aber nicht nur, sie altert auch. Hierfür ist neben den niedrigen Geburtenzahlen auch der medizinische Fortschritt verantwortlich.

M 3 Rente mit 67 – Pro und Kontra

Der Bundestag hat im Dezember 2011 mit den Stimmen der Koalition (CDU/CSU und FDP) die „Rente mit 67" stufenweise ab 2012 beschlossen.

Über das Für und Wider der Rente mit 67 ist ausführlich gestritten worden, die Argumente seien hier kurz wiederholt: Befürworter verweisen darauf, dass die Deutschen länger leben und damit auch länger Rente bekämen, dass zugleich aber die Zahl der Beitragszahler rapide abnehme. Also sei es eine Sache der Generationengerechtigkeit, für einen späteren Einstieg in den Ruhestand zu sorgen.

Die Gegner finden, dass die Folgen der demografischen Entwicklung überschätzt würden und durch Wachstum, eine hohe Produktivität und eine steigende Erwerbstätigkeit wettgemacht werden könnten. Überdies sei nicht garantiert, dass jeder, der jenseits der 65 arbeiten soll, auch arbeiten kann – und deshalb die Rente mit 67 nichts anderes sei als ein verschleiertes, gleichwohl massives Rentenkürzungsprogramm.

Christian Tenbrock: Alt werden im Job, Die Zeit v. 29.12.2012; in: http://www.zeit.de/2012/01/Rente-mit-67 (Zugriff: 13.2.2012)

1 Zeigt die verschiedenen Möglichkeiten der Altersvorsorge auf (M 1).

2 Erläutert den Generationenvertrag (Autorentext).

3 Tragt Vermutungen zu den Ursachen für den demografischen Wandel zusammen. Überprüft eure Annahmen mit einer Internetrecherche.

4 Nennt mögliche Folgen der demografischen Entwicklung für
- die Renten- und Pflegeversicherung,
- eure Generation.

5 Diskutiert die Aussagen in M 2.

6 Informiert euch im Internet über die „Rente mit 67" und nehmt selbst Stellung (M 3).

Kündigung – was nun?

M 1 *Karikatur: Rauschenbach*

Jochen (38), verheiratet, ein Kind:

Ich hatte einen Superjob in einer Elektronikfirma. Aber irgendwann hieß es, die Produktion sei in Deutschland zu teuer, vor allem wegen der hohen Löhne und Sozialabgaben. In Osteuropa könnte die Firma wesentlich billiger produzieren. Also kam die Kündigung. Es war ein Schock: Ich hätte nie gedacht, dass mir das passieren könnte! Danach ging es nur noch bergab. Obwohl ich über 70 Bewerbungen geschrieben habe, fand ich keine neue Arbeit. Ein Jahr war schnell vorbei und Hartz IV reicht kaum für das Notwendigste. Die Raten für unser Haus konnten wir nicht mehr bezahlen und mussten es verkaufen. Was übrig blieb, sind Schulden bei der Bank. Das macht uns große Sorgen, denn wir wissen nicht, wie wir sie bezahlen sollen.

Michael (55), verheiratet, drei Kinder:

Anfangs habe ich mich kaum aus dem Haus getraut. Da hab ich angefangen zu trinken. Das war schlimm. Meine Familie hat mir geholfen, da herauszukommen. Das Verständnis meiner Kinder hat mich sehr berührt. Ich hab noch immer damit zu kämpfen, mich nicht als Versager zu fühlen. 15 Jahre war ich als Werkmeister tätig. Dann kam die Kündigung. Inzwischen macht ein Jüngerer mit gleicher Ausbildung meinen Job. Früher dachte ich: Arbeitslose – das sind faule Drückeberger. Die sind selbst schuld, wenn sie keine Arbeit haben. Heute sehe ich das anders. Es gibt sicher einige solcher Leute, aber die Masse der Erwerbslosen will arbeiten. Als Mann hast du es besonders schwer.

M 2 Arbeitslos – Fallbeispiele

In den letzten Jahren lag die Arbeitslosenquote in Deutschland zwischen 7 und 8 Prozent. Ungefähr ein Drittel davon sind Langzeitarbeitslose. Die Jugendarbeitslosigkeit (zwischen 15 und 24 Jahren) liegt in Deutschland bei knapp 8 Prozent, was innerhalb der Europäischen Union der niedrigste Wert ist.

Die Arbeitslosenversicherung gibt es, um den Lohnausfall bei Erwerbslosigkeit zu kompensieren bzw. abzufedern. Alle angestellten Arbeitnehmer (ausgenommen der geringfügig Beschäftigten, sogenannter „Minijobber") sind hier gesetzlich pflichtversichert. Seit Juli 2010 liegt der Pflichtbeitrag zur Arbeitslosenversicherung bei 3 Prozent des Bruttoeinkommens. Nur wer erwerbsfähig ist, d.h., wer mindestens 3 Stunden am Tag arbeiten kann, hat einen Anspruch auf Leistungen aus der Arbeitslosenversicherung.

Arbeitslosengeld I (ALG I)

Einer alleinstehenden Person wird 60 Prozent, einem Arbeitslosen mit Kindern 67 Prozent des alten Nettoeinkommens ausgezahlt, maximal 12 Monate lang. Bei Menschen, die 50 Jahre oder älter sind, erhöht sich die Bezugsdauer um einige Monate.

Zusätzlich zu den finanziellen Leistungen berät und vermittelt die Arbeitsagentur auch Arbeitslose und finanziert ihnen Fortbildungen oder Umschulungen. Unter bestimmten Voraussetzungen zahlt sie Arbeitgebern Zuschüsse, wenn diese einen Erwerbslosen einstellen.

Arbeitslosengeld II (ALG II, auch „Hartz IV" genannt)

ALG II sichert die Existenz von Erwerbslosen zwischen 15 und 65 Jahren, die keinen Anspruch (mehr) auf ALG I haben. ALG II richtet sich nach Bedürftigkeit und nicht nach dem vorherigen Verdienst. Um festzustellen, ob und wie viel Geld jemand braucht, muss er in Fragebögen Auskunft über seine Vermögensverhältnisse und die bestimmter Angehöriger geben. Wer mehr besitzt als eine bestimmte festgelegte Summe (das ist der so genannte Freibetrag), muss erst dieses Vermögen verbrauchen, bevor er Anspruch auf staatliche Unterstützung hat.

Ein alleinstehender Erwachsener erhält 382 Euro, Partner bekommen 90 Prozent des Regelsatzes (345 Euro). Für Kinder innerhalb einer sogenannten Bedarfsgemeinschaft gelten Regelsätze von 224 Euro (unter 6 Jahre), 255 Euro (6 bis 13 Jahre) bzw. 289 Euro (ab 14 Jahre). Neben dem Regelbedarf werden die Kosten für Unterkunft und Heizung (Warmmiete) übernommen, soweit sie als angemessen befunden werden. Bei besonderen Ausgabenbelastungen kann ein Zuschlag (Mehrbedarf) beantragt werden – z.B. für die Teilnahme an einer mehrtägigen Klassenfahrt. Außerdem übernimmt der Staat die Zahlung der Sozialversicherungsbeiträge. Empfänger von ALG II sind verpflichtet, sich regelmäßig auf Stellenangebote zu bewerben und an entsprechenden Maßnahmen zu Fortbildung teilzunehmen. Bei Ablehnung einer als zumutbar geltenden Arbeit, werden in der Regel die gezahlten Leistungen reduziert.

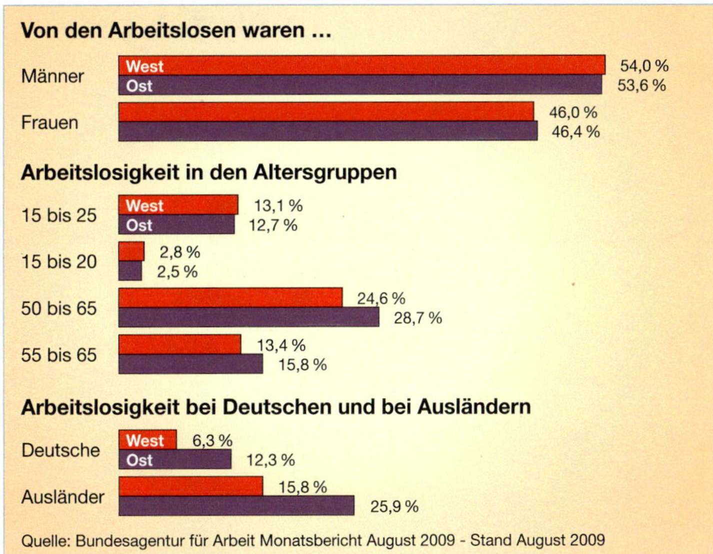

M3 Wer ist von Arbeitslosigkeit betroffen?

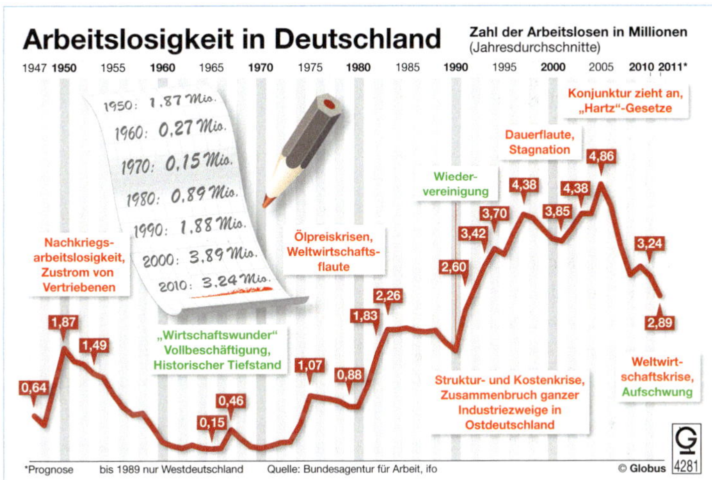

M4 Entwicklung der Arbeitslosigkeit in Deutschland

1 Auf welches Problem verweist die Karikatur M1?

2 Nennt die Gruppen, die besonders von Arbeitslosigkeit betroffen sind (M3).

3 Erläutert das System der staatlichen Unterstützung bei Erwerbslosigkeit.

4 Untersucht die Fallbeispiele in M2:
   a Nennt die jeweiligen Gründe für den Weg in die Arbeitslosigkeit.
   b Beschreibt, wie die Betroffenen ihre Situation erleben. Was hat sich für sie verändert?

5 Nennt mögliche Folgen hoher Massenarbeitslosigkeit für die Arbeitslosenversicherung.

Hilfe in Notlagen

M 1 Warten auf dem Amt

Art. 1 GG (1)

Die Würde des Menschen ist unantastbar. Sie zu achten und zu schützen ist Verpflichtung aller staatlichen Gewalt.

§ 1 SGB (Sozialgesetzbuch) XII

Aufgabe der Sozialhilfe ist es, dem Empfänger der Hilfe die Führung eines Lebens zu ermöglichen, das der Würde des Menschen entspricht.

Webcode: PE643585-084

M 2 Fallbeispiel

Martina V. ist alleinerziehende Mutter von fünf Kindern. Die Älteste ist schon aus dem Haus. Daniel ist vierzehn und versucht, den Haushaltsetat [= Haushaltsgeld] mit aufzubessern. „Ab Mitte des Monats müssen wir überlegen, wo wir Geld herbekommen, manchmal müssen wir etwas borgen. Man merkt, wie bei meiner Mutter die Stimmung runtergeht.“ Was Daniel noch mehr belastet als die Geldsorgen zu Hause ist der Spott in der Schule. „Wenn man gehänselt wird: Du bist ein Sozialhilfeempfänger und so. Man kommt sich scheiße vor, wird in den Dreck getreten, obwohl man nichts dafür kann. Man wird runtergemacht. Ich weiß nicht, wie die Leute auf die Idee kommen, dass der, der kein Geld hat, ein Arschloch ist. Viele ziehen ja vielleicht den Schluss, große Familien sind asozial, haben kein Benehmen.“

Sozialhilfe

Wer in Deutschland in einer Notlage ist oder in eine Notlage zu geraten droht und von keiner anderen staatlichen Stelle Unterstützung erhält, hat Anspruch auf Sozialhilfe. Sie hat im System der sozialen Sicherung die Funktion des untersten Auffangnetzes. Dabei spielt es keine Rolle, ob die Person ihre Notlage selbst verschuldet hat oder nicht. Jeder soll sich der Solidarität der Gesellschaft sicher sein. Sozialhilfe soll ein menschenwürdiges Dasein sichern und vor großer Armut schützen.

Leistungen der Sozialhilfe

Die Leistungen hängen davon ab, wie viel Geld jemand tatsächlich braucht. Eine Mutter mit vier Kindern braucht natürlich mehr als eine, die nur ein Kind hat. Grundsätzlich zählt zur Sozialhilfe der grundlegende Bedarf an Essen, Kleidung, Wohnung, Hausrat und Körperpflege, Hilfe zur Pflege und Unterstützung bei Krankheit, Krankheitsvorsorge, Obdachlosigkeit und Behinderung. Der Regelsatz liegt für Alleinlebende bei 374 Euro, für Kinder bis zur Vollendung des 6. Lebensjahres bei 219 Euro, von Beginn des 7. Lebensjahres bis zur Vollendung des 13. Lebensjahres bei 251 Euro und für Kinder ab dem Beginn des 14. Lebensjahres bei 287 Euro. Volljährige Partner erhalten 337 Euro. Zusätzlich gibt es Geld für die Wohnung und es kann bei besonderen Ausgabenbelastungen ein Zuschlag (Mehrbedarf) beantragt werden – z. B. für die Teilnahme an einer mehrtägigen Klassenfahrt. Außerdem übernimmt der Staat die Zahlung der Sozialversicherungsbeiträge (Stand: Januar 2012). Neben Geld- oder Sachleistungen sind auch Beratungsangebote möglich. Zuständig für die Auszahlung sind die Städte/Kommunen.

Sozialhilfe oder ALG II?

Seit 2005 verringerte sich die Zahl der Sozialhilfeempfänger deutlich: Ende 2005 erhielten nur noch 81 000 Personen (0,1 Prozent der Gesamtbevölkerung) Sozialhilfe. Davon waren 17 Prozent unter 15 Jahren. Dies liegt aber nicht daran, dass weniger Menschen bedürftig sind. Der Grund ist ein anderer: Seit 2005 erhalten die meisten der ehemaligen Sozialhilfeempfänger Leistungen aus dem Arbeitslosengeld II (Hartz IV), weil sie grundsätzlich erwerbsfähig sind. Sozialhilfe bekommen all die Menschen, die vorübergehend erwerbsunfähig, längerfristig erkrankt oder als Rentner mit einer niedrigen Rente im Vorruhestand sind. Auch Asylbewerber erhalten Sozialhilfe, denn sie dürfen in Deutschland nicht arbeiten. Sie bekommen aber weniger Geld als Deutsche. Ob jemand einen Anspruch hat und keine Hilfe von Angehörigen erwarten kann, wird vom Amt genau geprüft.

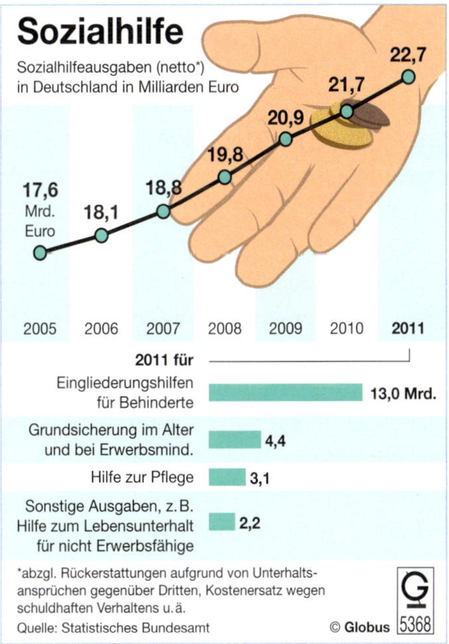

M 5 **Sozialhilfeleistungen 2011**

M 3 *Karikatur: Mester*

M 4 **Berichterstattung in den Medien**

1. Partnerarbeit: Verfasst einen Dialog zwischen Daniel und seinem Schulfreund, in dem Daniel ihm mitteilt, dass er nicht mit ins Kino gehen kann. Was sagt Daniel und wie reagiert sein Freund darauf?
2. Begründet den Satz: „Sozialhilfe ist kein staatliches Almosen, sondern ein Rechtsanspruch."
3. Erläutert das System der staatlichen Sicherung in Notlagen und erklärt den Unterschied zwischen Sozialhilfe und Arbeitslosengeld II.
4. Arbeitet heraus, welche Gruppen besonders auf die staatliche Mindestsicherung der Sozialhilfe angewiesen sind.
5. Stellt die Karikatur M 3 in einem Rollenspiel nach. Überlegt, worauf der Karikaturist hinweisen möchte.
6. Stellt Vermutungen an, warum das Thema (M 4) gerne von Medien aufgegriffen wird. Welche Wirkung wird erzielt?

Agenda 2010 – Umbau oder Abbau des Sozialstaats?

M 1 Ankündigung der Agenda 2010 am 14. 3. 2003, damaliger Bundeskanzler Gerhard Schröder

M 3 Karikatur zum Sozialstaat

M 2 Mit Schröder-Maske und Plakat protestiert ein Demonstrant gegen die Agenda 2010,
Foto, 1.5.2003

Ende der 1990er-Jahre steckte Deutschland in einer schweren Krise. Die andauernde Massenarbeitslosigkeit und die damit zusammenhängenden Finanzierungsprobleme der Sozialversicherungen – hier spielten auch schon die Folgen des demografischen Wandels eine Rolle – ließen die Sozialversicherungsbeiträge seit Jahren in die Höhe schnellen. Die Menschen kauften weniger, weil ihr Geld knapper wurde. Für Unternehmer gab es daher immer weniger Anreize, Arbeitnehmer anzustellen und Waren zu produzieren. Weitere Faktoren kamen hinzu – u. a. weltwirtschaftliche Schwächen und die anhaltenden Kosten der deutschen Wiedervereinigung; die gesamte Wirtschaftsleistung war geschwächt. Unternehmer mahnten, der Sozialstaat sei zu einem teuren „Wohlfahrtsstaat" verkommen und die Lohnnebenkosten derartig hoch, dass sie ihre Produktion besser ins (billigere) Ausland verlagern könnten, was wiederum neue Arbeitslosigkeit in Deutschland verursachen würde. Der Ruf nach Reformen wurde immer lauter. Im Jahr 2003 schließlich kündigte die damalige rot-grüne Bundesregierung unter Bundeskanzler Gerhard Schröder einen umfassenden Reformprozess an, um den ersehnten Aufschwung herbeizuführen: die Agenda 2010. Unter der Leitlinie „Fordern und Fördern" wurden tiefgreifende Veränderungen und drastische Einschnitte, besonders im Bereich der Arbeitsmarktpolitik, geplant. Kernstück waren die so genannten Hartz-Gesetze. Der Ankündigung der Agenda 2010 folgten landesweite Proteste zahlreicher Bürgerinitiativen und Gewerkschaften. Arbeitgeber hingegen begrüßten, dass die Bundesregierung endlich Sozialreformen vorschlug, die ihrer Meinung nach in die richtige Richtung gingen. Ungeachtet des massiven Widerstandes in der Bevölkerung wurde der Reformkurs umgesetzt und 2005 von der nachfolgenden Großen Koalition CDU/SPD fortgeführt.

M4 Beispiele für Maßnahmen der Agenda 2010 und der Hartz-IV-Gesetze

Rentenpolitik

- Seit 2012 wird das Renteneintrittsalter von bisher 65 Jahren schrittweise auf 67 Jahre heraufgesetzt.
- Jeder Bürger, der eine private Altersvorsorge abschließt (Riester-Rente), erhält vom Staat einen Zuschuss.
- Um die Rentenbeiträge stabil zu halten, wurde die Rente 2004–2006 sowie 2010 nicht nach oben angepasst (Nullrunden).

Arbeitsmarktpolitik / Hartz-Gesetze

- Die Bezugsdauer von ALG I wurde auf 12 Monate gekürzt (vorher: bis zu 27 Monate).
- Abschaffung der Arbeitslosenhilfe (= frühere 2. Stufe der Arbeitslosenunterstützung) und Zusammenlegung mit der niedrigeren Sozialhilfe zu ALG II. Die Höhe der Arbeitslosenhilfe betrug mehr als die Hälfte des ehemaligen Nettolohns, ALG II ist für jeden gleich, unabhängig vom früheren Verdienst.
- Jeder, der erwerbsfähig ist und staatliche Unterstützung erhält, muss dem Arbeitsmarkt zur Verfügung stehen.
- Ein Arbeitsloser muss jedes zumutbare Stellenangebot annehmen, auch wenn es nicht seiner Ausbildung oder Lohnerwartung entspricht; ansonsten hat er mit Abzügen zu rechnen.
- Arbeitslose, die selbstständig werden, erhalten Zuschüsse vom Staat.
- Jeder Langzeitarbeitslose erhält einen persönlichen „Fallmanager" bei der **Bundesagentur für Arbeit**.
- Der Kündigungsschutz wurde gelockert, sodass kleine Betriebe leichter befristete Arbeitsverträge ausstellen und Mitarbeiter kurzfristig entlassen können.
- die Lohngrenze für geringfügig Beschäftigte wurde auf 400 Euro angehoben (450 Euro ab 2013) ohne Begrenzung der Wochenarbeitszeit

Klaus Zimmermann, Präsident des DIW (Deutsches Institut für Wirtschaftsforschung)

„Die Bilanz insgesamt ist sehr positiv. Wir haben jetzt einen Aufschwung, der den Arbeitslosen gehört Die Arbeitslosigkeit baut sich insgesamt vergleichsweise stark ab und nützt insbesondere den Problemgruppen: Das ist ungewöhnlich und eine Folge der Reformpolitik. Deshalb sollte der eingeschlagene Kurs beibehalten (...) werden."

www.diw-berlin.de/deutsch/pressemitteilungen/79934.html (3. 3. 2008)

Michael Sommer, Vorsitzender des DBG (Deutscher Gewerkschaftsbund)

„Mit der Agenda 2010 wurden die Weichen (...) völlig falsch gestellt. Millionen (...) haben wegen Hartz IV Angst vor Arbeitslosigkeit und sozialem Absturz. Hunderttausende leben als Hartz-IV-Empfänger bereits praktisch in Armut. Die Zumutbarkeit fast jeder Arbeit hat vielen einen (...) finanziellen und sozialen Abstieg gebracht. Die gewollte Zunahme (...) im Niedriglohnbereich und in der Leiharbeit verschlechtert die Lebenschancen der meisten Betroffenen.

www.dgb.de/presse/pressemeldungen/pmdb/pressemeldung_single?pmid=3159 (13. 3. 2008)

M5 Fünf Jahre Agenda 2010 – geglückter Reformkurs oder sozialer Kahlschlag?

1 Stelle die Beweggründe für die Reformpolitik der rot-grünen Bundesregierung zusammen.

2 Beschreibe und erkläre die Karikatur M3.

3 a Ordne die Kernaussagen in M1 den konkreten Maßnahmen der Agenda 2010 (M4) zu:
Wo wurde Leistung gekürzt, wo Eigenverantwortung gefördert etc.?

b „In einem modernen Sozialstaat hat der Einzelne nicht nur Rechte, sondern auch Pflichten." Belege diese Aussage an ein bis zwei Beispielen.

4 Vergleicht die Beurteilungen der Agenda 2010 (M5). Notiert in Stichworten die Argumente und tragt aus den Medien Fakten zusammen, um die Aussagen zu überprüfen.

Armut in Deutschland

Während sich die Mitschüler den Magen mit Gemüseschnitzel und Kartoffeln vollschlagen, gibt es für Ralf heute nur ein trockenes Toastsandwich von zu Hause. „Würdest du gerne mitessen?", wird er gefragt. Er würde gerne, darf aber nicht. 3 Euro würde die Verpflegung an der Förderschule kosten. Doch selbst 3 Euro pro Tag kann Ralfs Vater, ein arbeitsloser Hausmeister, nicht aufbringen.

aus: taz, 19./20.4.08, gekürzter Ausschnitt

Sebastian Hönicke ist 24 Jahre alt. Beinahe halbjährlich rutscht der junge Mann in die Arbeitslosigkeit – „immer dann, wenn mein Arbeitgeber keinen staatlichen Zuschuss mehr bekommt. Die 334 Euro Arbeitslosengeld reichen zum Leben, nicht für Hobbys oder eine Freundin."

Die ZEIT vom 19. 10. 2006, S. 28

„Manchmal liege ich abends in meinem Bett, und wenn es dunkel ist, habe ich Angst, und ich denke darüber nach, wie das alles so ist. Zum Beispiel, ein Junge, den ich kenne, lebt in einem Kinderheim. Seine Mutter hat gesagt, solange sie Hartz IV bekommt, muss er dort bleiben. Sie kann sich kein Kind leisten."

aus: www.stern.de/politik/panorama/600509.html (17.3.2008)

M 1 Gesichter der Armut in der Presse

Was ist Armut?

Bei dem Begriff „Armut" denken viele sofort an Länder der Dritten Welt, z. B. Indien oder Länder Afrikas. Dort leben Millionen Menschen, die ständig von Hunger, Unterernährung und Krankheiten bedroht sind. Sie leben in absoluter Armut.

Armut in Deutschland sieht anders aus. Kein Mensch muss verhungern oder sterben, weil er keine medizinische Versorgung erhält. Doch auch bei uns, einem der reichsten Länder der Welt, ist Armut verbreitet und ein vieldiskutiertes gesellschaftliches Problem. Nach einer Definition der Europäischen Union (EU) gilt in einer Wohlstandsgesellschaft jemand als arm, der weniger als 60 Prozent vom Median-Einkommen zur Verfügung hat. Man spricht dann von relativer Armut.

Im Sommer 2008 veröffentlichte die Bundesregierung eine Studie, den so genannten 3. Armuts- und Reichtumsbericht 2008. Daraus geht hervor, dass in Deutschland jeder achte Mensch (13 Prozent) arm ist. Das sind rund 11 Millionen Menschen. Weitere 13 Prozent sind armutsgefährdet und werden nur durch staatliche Transferleistungen wie Kindergeld oder ALG II vor dem endgültigen Abrutschen in die Armut bewahrt. Eine vierköpfige Familie gilt laut dieser Studie als arm, wenn sie ein

Nettoeinkommen von 1640 Euro nicht überschreitet. Ab 7718 Euro netto oder mehr im Monat würde die gleiche Familie schon als reich bezeichnet werden.
Eine Person gilt als verdeckt arm, wenn sie Anspruch auf eine Grundsicherung wie ALG II oder Sozialhilfe hat, aber – meist aus Unkenntnis oder Scham – keinen entsprechenden Antrag stellt.

Die wichtigsten Armutsrisiken

Die Hauptursache für Armut ist Arbeitslosigkeit. Vor allem Langzeitarbeitslosigkeit führt zu einem Absinken des Einkommens unter die Armutsgrenze. Wer über einen geringen Bildungsabschluss verfügt, ist deshalb stärker gefährdet, in die Armut abzugleiten, denn eine gute Ausbildung ist der beste Garant für einen Arbeitsplatz. Doch selbst ein Arbeitsplatz ist noch kein sicherer Schutz vor Armut, weil in manchen Branchen die Löhne so niedrig sind, dass Hunderttausende trotz Arbeit auf ergänzende Hilfe vom Staat angewiesen sind (aufstockende Geringverdiener).
Alleinerziehende sind häufig arm, da es vielfach an Betreuungsmöglichkeiten für ihren Nachwuchs (Ganztagskindergärten oder -schulen) fehlt und ihre Möglichkeiten zu arbeiten daher stark eingeschränkt sind. Oftmals arbeiten Alleinerziehende in geringfügigen Beschäftigungen oder in Teilzeitjobs. In solchen Fällen werden Kinder zu einem so genannten Armutsrisiko – und sind selbst arm. 17 Prozent aller Kinder in Deutschland gelten als arm. Über die Hälfte davon sind Kinder von Alleinerziehenden. Zudem unterliegen Familien von gering qualifizierten Migranten einem erhöhten Armutsrisiko.
Häufig sind persönliche Schicksalsschläge wie die Pleite der eigenen Firma oder eine Scheidung Auslöser für ein Abgleiten in Armut. Wer erst einmal auf staatliche Unterstützung angewiesen ist, hat es schwer, sich aus dieser Abhängigkeit wieder zu befreien.

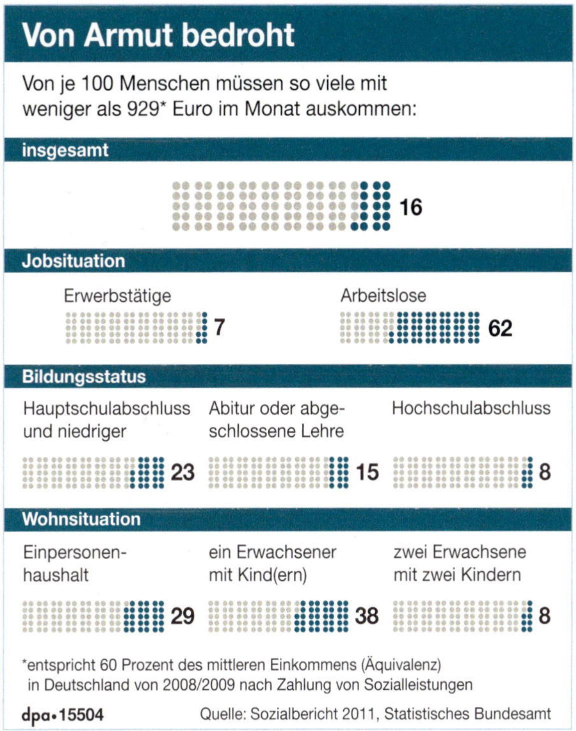

M 2 Armut bedroht Familien mit Kindern

Menschen, die im Rentenalter mit entsprechend wenig Einkommen zurechtkommen müssen, leiden unter Altersarmut. Hierbei handelt es sich häufig um Alleinlebende, deren Ansprüche aus der gesetzlich gezahlten Rente relativ niedrig sind, insbesondere ältere Frauen.

1 Tragt zusammen, was ihr euch unter Armut vorstellt und wo sie euch im Alltag begegnet.

2 Vergleicht mit dem Armutsbegriff der EU: Erscheint euch die Definition nachvollziehbar und sinnvoll? (M 2)

3 Notiert in Stichworten die wichtigsten Armutsrisiken (Autorentext und M 2).

4 Besprecht, warum Altersarmut ein wachsendes Problem ist und weshalb besonders Frauen davon betroffen sind.

5 a Benennt und erläutert, wie sich Armut im Alltag auswirkt (M 1). Nennt weitere Folgen.
  b Armut bedeutet nicht nur ein Mangel an Gütern. Unterscheidet zwischen sichtbaren und unsichtbaren Merkmalen von Armut und stellt sie an der Tafel zusammen.

Soziale Ungleichheit – auf dem Weg in eine zweigeteilte Gesellschaft?

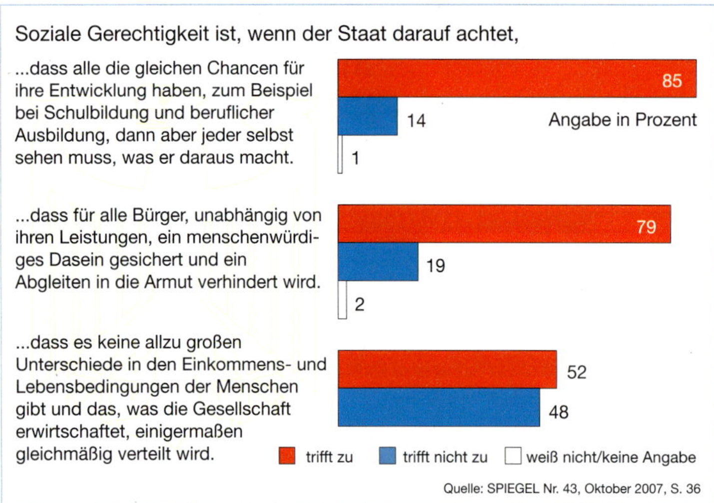

M1 Umfrage (TNS-Forschung für den SPIEGEL, 1000 Befragte)

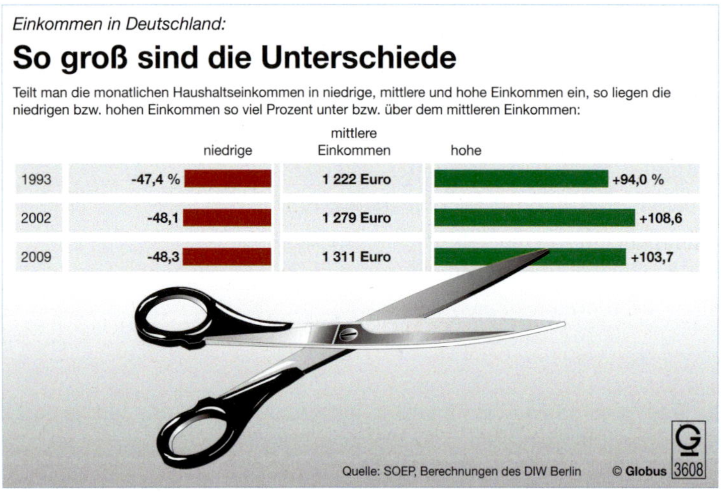

M2 Einkommensentwicklung

M3 Soziale Gerechtigkeit

Letztendlich dreht sich die Frage der sozialen Gerechtigkeit immer um die der sozialen Gleichheit. Wie gleich müssen die Bürger, wie unterschiedlich dürfen sie sein? Das heißt, soziale Gerechtigkeit hat nicht die Gleichheit aller Gesellschaftsmitglieder zum Ziel, sondern das richtige Maß der Ungleichheit. Dass jemand, der viel und fleißig arbeitet, mehr verdient als jemand, der faul und nachlässig ist, wird allgemein akzeptiert. Unklarheit besteht in der Frage, wo eher Gleichheit herrschen müsse, bei den Chancen oder bei den Ergebnissen. Ist jeder seines Glückes Schmied und für seinen Erfolg oder Misserfolg selbst verantwortlich oder muss der Staat dafür sorgen, dass im Ergebnis alle mehr oder weniger denselben Anteil am Wohlstand, an der sozialen Sicherung, an der Gesundheitsversorgung und bei der kulturellen Teilhabe, z. B. Bildung, besitzen? Müssen also – bildlich gesprochen – alle zur selben Zeit loslaufen oder sollen alle im selben Augenblick ankommen? Während man soziale Gleichheit messen und beschreiben kann, ist soziale Gerechtigkeit eine Frage der Bewertung.

Aus: Themenblätter im Unterricht, Frühjahr 2005, Soziale Gerechtigkeit, Nr. 44, S. 1, angepasst

M4 Die Mittelschicht verliert

Aus einer Studie des Deutschen Instituts für Wirtschaftsforschung (DIW) Berlin zur Einkommensverteilung in Deutschland (2010):

Die Studie zeigt deutlich, dass nicht nur die Anzahl Ärmerer und Reicherer immer weiter wächst – seit zehn Jahren werden ärmere Haushalte auch immer ärmer. Für die DIW-Experten Martin Gornig und Jan Goebel ist das eine besorgniserregende Entwicklung: „Dieser Trend verunsichert die Mittelschicht", sagen sie. „Eine starke Mittelschicht ist aber wichtig für den Erhalt der gesellschaftlichen Stabilität."

Nur 60 Prozent der Menschen in Deutschland gehören noch zur Mittelschicht, mit Nettoeinkommen zwischen 860 und 1844 Euro. 2000 waren es noch mehr als 66 Prozent. Stark gestiegen ist vor allem die Zahl der Menschen mit niedrigem Einkom-

men, von 18 Prozent 2000 auf fast 22 Prozent 2009. Zudem steigt die Zahl der Menschen mit Niedrigeinkommen nicht nur immer mehr an – diese Gruppe verdient auch in absoluten Zahlen immer weniger: Verdiente ein Singlehaushalt der unteren Einkommensgruppe 2000 im Schnitt noch 680 Euro, waren es 2008 nur noch 645 Euro. Gleichzeitig ist auch der mittlere Verdienst höherer Einkommensgruppen gestiegen, von 2400 auf 2700 Euro – der Abstand zwischen Arm und Reich vergrößerte sich also erheblich. (…)
Das geplante Sparpaket der Bundesregierung hält Jan Goebel vor dem Hintergrund der beobachteten Entwicklung für zu einseitig: „Die bisher gemachten konkreten Vorschläge betreffen nur die unteren Einkommen. Der Anteil der Reichen aber steigt stetig, und die Reicheren verdienen auch immer besser. Da stellt sich schon die Frage, ob diese Gruppe nicht auch einen Sparbeitrag leisten sollte."

Jan Goebel/Martin Gornig/Hartmut Häußermann: Polarisierung der Einkommen – die Mittelschicht verliert, in: DIW-Wochenbericht 24/2010, http://www.diw.de (Zugriff: 27.2.2012)

M 5 Vorschläge für Maßnahmen gegen soziale Ungleichheit

1. Die Steuern für die Reichen müssten erhöht werden. Dann hätte der Staat mehr Geld, das er den Armen geben könnte.
2. Die Steuern müssten gesenkt werden, damit sich Leistung wieder lohnt. Wer mehr arbeitet, soll auch mehr davon haben.
3. Der Staat müsste jedem, der will, eine gute Ausbildung und einen Arbeitsplatz beschaffen. So hätte jeder die gleiche Möglichkeit, sich nach oben zu arbeiten.
4. Die Arbeitgeber müssten vom Staat verpflichtet werden, Mindestlöhne zu zahlen. Damit würde das Armutsrisiko für viele Menschen wegfallen.
5. Der Staat muss ab dem Kindergarten aktiv eingreifen, um alle Kinder zu fördern. Dann hat z. B. das Kind eines Hilfsarbeiters die gleichen Chancen wie das eines Professors.

Aus: Themenblätter im Unterricht, Frühjahr 2005, Soziale Gerechtigkeit, Nr. 44, Seite A, ergänzt

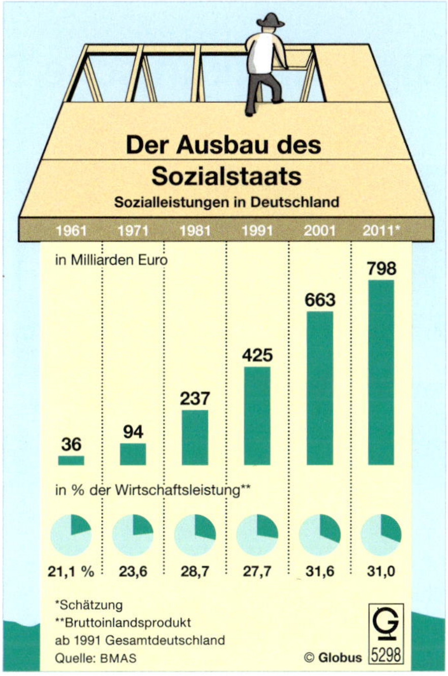

M 6 Wachsender Sozialstaat

1 a Wertet M 1 aus und formuliert mit eigenen Worten, welchen Schwerpunkt die Befragten zum Thema „Soziale Gerechtigkeit" setzen.

b Worin liegt der Unterschied zwischen der Forderung nach gleichen Chancen und der nach gleichen Mitteln für alle? Diskutiert, welche gesellschaftlichen Folgen sich daraus im Hinblick auf persönliche Anstrengungen ergeben könnten. Begründet eure Meinung.

2 a Prüft, ob die Realität mit eurer Idee von sozialer Gerechtigkeit vereinbar ist (M 2, M 4, M 5, M 6).

b Erklärt die Metapher von der „sozialen Schere".

3 Begründet mithilfe von M 4, warum es für einen Staat wichtig ist, soziale Ungleichheit zu bekämpfen. Führen steigende staatliche Sozialausgaben (M6) automatisch zu einer sozial gerechteren Gesellschaft?

4 Welchen Maßnahmen in M 5 stimmt ihr zu/stimmt ihr nicht zu? Bewertet die Ideen kritisch und sammelt weitere Vorschläge für politische Maßnahmen.

Die amerikanische Debatte

Vorbereitung
- Formuliert eine strittige Aussage, die mit Ja oder Nein zu beantworten ist (s. Beispiel rechts).
- Bildet zwei Gruppen. Die eine Gruppe trägt Pro-Argumente, die andere Kontra-Argumente zusammen.
- Notiert eure Argumente in Stichworten auf Karteikarten (für die anschließende Debatte).
- Jede Gruppe bestimmt mehrere Diskutierende, die sich an einem Tisch gegenübersitzen.

Durchführung
- Die/der Diskussionsleiter/-in eröffnet die Debatte, indem sie/er einer Seite das Wort erteilt, um ihre Argumente vorzutragen.
- Nach Ablauf einer vorgegebenen Zeit (30 Sekunden bis 1 Minute) ist die andere Seite an der Reihe. Dieser Wechsel wiederholt sich so lange, bis beide Seiten alle Argumente ausgetauscht haben.
- Die Diskussionsleiterin bzw. der Diskussionsleiter hat streng darauf zu achten, dass die Redezeiten eingehalten werden.

Auswertung
- Am Ende der Debatte findet eine Besprechung im Plenum statt. Gemeinsam soll ausgewertet werden,
  - wie sich die Teilnehmer/-innen in ihren Rollen fühlten,
  - wie das Diskussionsklima war,
  - welche Seite aus Sicht der Beobachter/-innen besonders überzeugend war und
  - aus welchen Gründen (Argumente? Vortrag der Diskutierenden? etc.).

Zeitbedarf:
Zirka 30–40 Minuten zur Vorbereitung, ca. 15–20 Minuten zur eigentlichen Debatte, ca. 15–20 Minuten zur Auswertung.

Politische Sachverhalte werden meistens kontrovers diskutiert. Das bedeutet, dass es gegensätzliche Standpunkte zu einem Thema gibt. In der amerikanischen Debatte werden in Gruppen die Argumente der Pro-Seite (dafür) und der Kontra-Seite (dagegen) herausgearbeitet und in kontrollierter Form ausgetauscht.

Ein bedingungsloses Grundeinkommen für alle – ist das die Zukunft des Sozialstaats?

Wenn es um die Zukunft des Sozialstaats geht und die zukünftige Ausgestaltung der sozialen Sicherung, wird in fast allen politischen Parteien regelmäßig die Idee eines bedingungslosen Grundeinkommens aufgegriffen und kontrovers diskutiert. Dabei geht es um Folgendes:
- Jede Bürgerin und jeder Bürger würde einen existenzsichernden Grundbetrag (Bürgergeld) mit darin enthaltener Krankenversicherung erhalten, unabhängig davon, wie alt oder jung, arm oder reich sie oder er ist. Im Gespräch sind Beträge zwischen 700 und 1500 Euro.
- An die monatliche Zahlung würde keinerlei Bedingung, keine Gegenleistung geknüpft werden.
- Auch eine vorherige Bedürftigkeitsprüfung entfiele bei diesem Modell.
- Andere Sozialleistungen (Rente, Arbeitslosengeld etc.) könnten abgeschafft werden.
- Das Grundeinkommen könnte über eine hohe Konsumsteuer finanziert werden.
- Jedem Bürger wäre freigestellt, weiteres Einkommen hinzuzuverdienen.

Zurück Vorwärts Abbrechen Aktualisieren Startseite Auto-Ausfüllen Drucken E-Mail

Adresse: Explorer

Pro

Stefan Ziller, Mitglied der Kommission „Soziale Sicherung“

„Selbst auf die Wirtschaft und den Arbeitsmarkt kann eine Grundsicherung positive Effekte haben. Während heute viele aus Angst vor dem sozialen Abstieg alles tun, um ihren Job nicht zu gefährden, könnte sich eine gewisse soziale Sicherheit positiv auf das Betriebsklima und die Produktivität auswirken. (...) Ein Grundeinkommen würde eine große Gerechtigkeitslücke schließen. (...)“

In: Stachlige Argumente, Zeitschrift von Bündnis 90/Die Grünen, Landesverband Berlin, Heft 1/2007 Nr. 162, S. 40

Reinhard Loske, Politiker von Bündnis 90 / Die Grünen

„Die unübersehbare Vielfalt an Transferleistungen inklusive der entsprechenden Bürokratie zur Prüfung des Bedarfs fiele weg – von Arbeitslosengeld, Sozialhilfe und Wohngeld bis zu Kindergeld (...). Beiträge zu Kranken- und Pflegeversicherung würden in Form von Pauschalen entrichtet und aus dem Grundeinkommen bezahlt. Die Reform ließe sich durch den Wegfall von Transferleistungen finanzieren – und durch eine Umstellung des Sozialsystems von einer Beitrags- auf eine Steuerfinanzierung.“

In: DIE ZEIT, 26.4.2007 Nr. 18

Götz Werner, Chef der Drogeriemarkt-Kette dm

„Jeder könnte darüber verfügen, ohne als Bittsteller dazustehen. Auf der Basis einer solchermaßen gesicherten Existenz hätte er den Freiraum, den er braucht, um seine Fähigkeiten in die Gemeinschaft einzubringen. (...) Heute muss jeder nachweisen, dass er nicht in der Lage ist, sich selbst zu versorgen. Ein Beleg für sein Unvermögen sozusagen. Das macht die Menschen zu Almosenempfängern und das belastet ungeheuer. Die einen kapseln sich ab, werden phlegmatisch [= träg, gleichgültig], die anderen suchen sich ihre Bestätigung möglicherweise durch Imponiergehabe oder im Extremfall sogar in Gewalt (...).“

http://www.spiegel.de/wirtschaft/0,1518,386396,00.html (6.6.08)

Kontra

Norbert Blüm, ehemaliger Bundesminister für Arbeit und Sozialordnung (CDU)

„Die Entkoppelung von Erwerbsarbeit und Sozialleistungen nimmt aus dem Sozialstaat den Anreiz zur Leistung. Das Bürgergeld unterminiert [= aufweichen] die Motivation zur Arbeit. Es wird im Gegenteil sogar den Ausschluss aus der Arbeit befördern, weil auch ohne Arbeit derjenige, der arbeiten könnte, ein staatliches Einkommen garantiert bekommt. (...)“

http://www.zeit.de/2007/17/Grundeinkommen (6.6.06), In: DIE ZEIT, 19.4.2007 Nr. 17

Uli Dönch, FOCUS-Redakteur

„Die Folgen dieses Experiments würden die deutsche Wirtschaft ruinieren: Das Werner'sche „Grundeinkommen für alle“ kostet geschätzte 740 Milliarden Euro pro Jahr – ein Drittel der gesamten deutschen Wirtschaftsleistung.“

http://www.focus.de/finanzen/doenchkolumne/lohnpolitik_aid_57045.html (6.6.2006)

Herwig Büchele, Theologe, und Lieselotte Wohlgenannt, Sozialwissenschaftlerin

„(...) Es ist weder fair noch gerecht, dass einige Menschen ein Grundeinkommen beziehen, ohne dafür arbeiten zu müssen, während die anderen durch ihre Erwerbsarbeit nicht nur ihr eigenes Einkommen zu verdienen, sondern auch das Geld für die Grundeinkommensbezieher aufzubringen haben. Diejenigen, die arbeiten, werden nie verstehen, warum sie arbeiten sollten, um die zu unterstützen, die es vorziehen, nicht zu arbeiten. Wer arbeiten kann, aber nicht will, soll auch nicht essen.“

http://userpage.fu-berlin.de/~roehrigw/ss97/GRUNDEIN/teil1/2_1.htm (11.6.2008)

Webcode:
PE643585-093

KOMPETENZ-Trainer Sozialstaat und Sozialpolitik

Umlageverfahren	Fürsorgeprinzip	Die unmittelbare Verteilung von Einnahmen aus Sozialversicherungsbeiträgen an Leistungsempfänger	Alle Menschen sollen in möglichst gleichem Maße befähigt sein, am gesellschaftlichen Leben teilzuhaben.
Teilhabegerechtigkeit	Generationenvertrag	Gegenseitige Hilfe und Unterstützung von Mitgliedern einer Gemeinschaft	Bedürftigen Personen staatliche Hilfe gewähren ohne Erwartung einer Gegenleistung
Existenz	kontrovers	Lebensgrundlage eines Menschen	Etwas wird von gegensätzlichen Standpunkten aus diskutiert
netto	Reform	Einkommen vor Abzug von Steuern und Sozialabgaben	Eine Neuordnung und Verbesserung bestehender Regelungen
brutto	Solidarität	Einkommen nach Abzug von Steuern und Sozialabgaben	Erwerbstätige zahlen mit ihren Beiträgen die Renten und erwerben dabei Ansprüche auf ähnliche Leistungen.

M 1 Begriffspaare

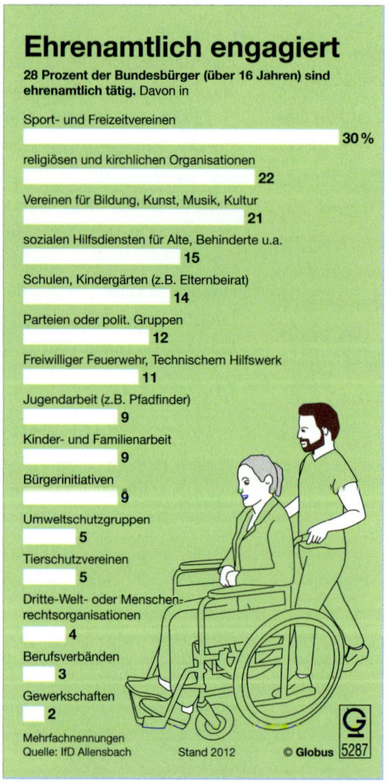

M 2 Ehrenamtliche Solidarität

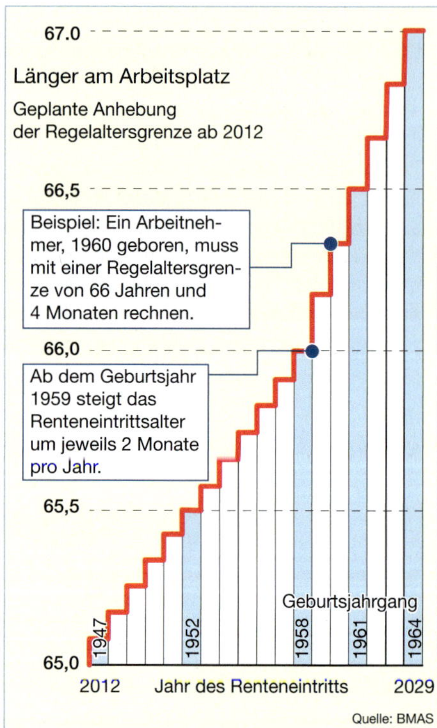

M 3 Beschluss des Bundestages vom 9. 3. 2007

„Ich kündige den Generationenvertrag“

10. April 2006
Experte im engen Sinn ist er nicht, aber eine glaubwürdige Stimme aus seiner Generation: Pawel Kuschke, 20 Jahre, Student, will weg. Er beklagt die Macht der Alten, die geringen Chancen der Jungen und plant die Auswanderung.

Herr Kuschke, Sie haben der F.A.Z. in einem Leserbrief geschrieben, dass Sie die Nase voll von Deutschland haben. Warum so verärgert?
Weil mit den jungen Leuten in diesem Land nicht fair umgegangen wird.
Können Sie das erläutern?
Der Arbeitsmarkt wird immer unsicherer. Wir sollen mehr Geld in die Sozialversicherungen einzahlen, bekommen aber immer weniger heraus, wenn wir mal alt, krank oder arbeitslos sein werden. Und die Steuern werden auch steigen. Wenn man die katastrophale Lage der öffentlichen Haushalte sieht, ist das unvermeidbar. Und eigentlich müssten wir noch privat fürs Alter vorsorgen und möchten Kinder kriegen. Woher das Geld dafür kommen soll, weiß ich nicht.
Also, was werden Sie machen?
Ich werde die Bundesrepublik verlassen.

Frankfurter Allgemeine Sonntagszeitung, 9. 4. 2006, Nr. 14 / Seite 37

M4

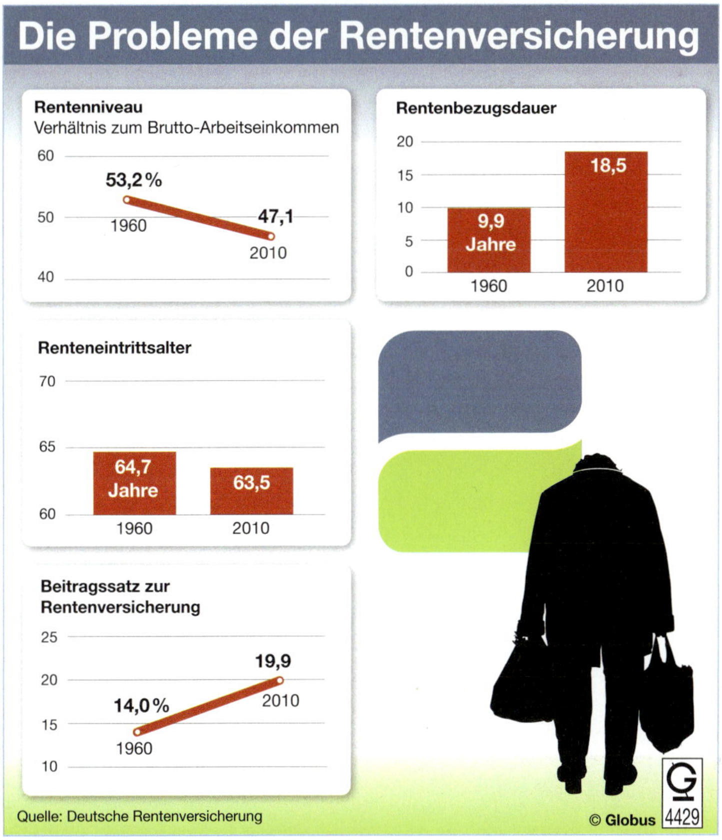

M5 Rentenversicherung 1960 und 2010

Sachwissen und Analysekompetenz

1 Fügt jeweils die zwei Kärtchen zusammen, die zusammenpassen (M 1).

Methoden- und Urteilskompetenz

2 Erkläre, anhand von M 2, welche Möglichkeiten es gibt, sich solidarisch zu betätigen. Welche Vorteile hat freiwilliges soziales Engagement gegenüber sozialstaatlichen Maßnahmen?

3 Werte M 3 und M 5 aus und erläutert, wie die Probleme aus M 5 mit dem politischen Beschluss aus M 3 zusammenhängen.

Urteils- und Handlungskompetenz

4 Diskutiert die Entscheidung des jungen Mannes in M 4. Verfasst einen Leserbrief und nehmt dann Stellung.

5 Kommt zum Schluss noch einmal auf die Auftaktseite zurück.
   a Klärt gemeinsam alle Fragen, die ihr euch im Verlauf der KARIKA-Tour notiert habt.
   b Bleibt etwas unbeantwortet? Überlegt, wo ihr entsprechende Informationen besorgen könnt.

5 Europäische Union

Am Ende dieses Kapitels kannst du

- die wichtigsten bisherigen Etappen auf dem Weg zur europäischen Einigung benennen.
- Beispiele dafür nennen, wie die Europäische Union das Leben der Menschen in den Mitgliedsstaaten beeinflusst.
- die Ausweitung der Europäischen Union beschreiben. Außerdem kannst du Vor- und Nachteile benennen, die eine Zugehörigkeit zur Europäischen Union mit sich bringt. Du kannst diese Vor- und Nachteile kritisch beurteilen.
- die wichtigsten Institutionen der Europäischen Union und ihre Aufgaben strukturiert beschreiben.
- beschreiben, wie Europa von einer Wirtschafts- zu einer Währungsunion zusammenwächst und welche Kriterien die Europäische Union hierfür anlegt. Du kannst diese Kriterien kritisch beurteilen und am Beispiel des Handels Vorteile für dieses Vorgehen aufzeigen.

1 Führt ein Blitzlicht zum Thema Europa durch.

2 Wertet die Meldungen der Titelseiten aus. Handelt es sich um positive oder negative Meldungen zur EU? Was wisst ihr darüber? Welche Meldungen sind gerade in den Medien?

3 **a** Versucht zunächst ohne Hilfsmittel alle EU-Staaten zu notieren. Vergleicht dann die Ergebnisse der Einzelarbeit in Gruppen und einigt euch auf eine Lösung.

b Vergleicht nun eure Ergebnisse mit M2 auf Seite 99. Stimmt eure Liste? Falls sie nicht stimmt: Welche EU-Staaten wurden vergessen, welche gehören nicht dazu?

Europa entdecken

Wenn ich an die EU denke ...

M 1 Schülermeinungen zur Europäischen Union

Was ist Europa?

Aus dem Weltraum betrachtet erscheint Europa wie eine westliche Halbinsel Asiens. Dennoch wurde Europa immer als **eigener Kontinent** betrachtet: Eine gemeinsame Geschichte und Kultur verbindet die Völker, die Staaten arbeiten wirtschaftlich und politisch eng zusammen.

Dennoch gibt es sehr unterschiedliche Meinungen darüber, wie eng die Zusammenarbeit und wie groß die Eigenständigkeit der europäischen Staaten sein sollte. Welche Staaten sollen überhaupt zur Europäischen Union gehören?

Viele Staaten – ein Kontinent

Betrachtet man eine politische Weltkarte, so fällt auf, dass in keinem anderen Raum der Erde von vergleichbarer Größe so viele Staaten anzutreffen sind. Europa sieht wie ein bunter Flickenteppich bestehend aus **47 Staaten**. Manche dieser Staaten sind flächenmäßig sehr groß, andere, wie Andorra, Monaco oder Liechtenstein, bezeichnet man als Zwergstaaten, da das Staatsgebiet sehr klein ist. Aber auch die Bevölkerungsverteilung ist sehr unterschiedlich.

Dieser Staatenreichtum hat zur Folge, dass in Europa über **60 Sprachen** gesprochen werden, die Dialekte sind dabei noch nicht einmal mitgezählt. Selbst die Europäische Union hat 23 Amtssprachen, in denen sich die Bürger an sie wenden können. Auch die Schrift ist in Europa nicht einheitlich: Es gibt das lateinische, das griechische und das kyrillische Alphabet.

Kulturelle Vielfalt

Europa wird vielfach als Abendland bezeichnet im Gegensatz zum Orient, dem so genannten Morgenland. Jedes europäische Land hat seine eigene Geschichte und damit auch seine Sitten und Gebräuche, eigene Rechtsvorstellungen und politische Ideen sowie geschichtliche Erfahrungen und Bildungswerte. Der **kulturelle Reichtum** in Europa ist auf der Welt einzigartig. Europäische Dichter und Philosophen, Komponisten, Wissenschaftler, Maler und Erfinder gaben der Welt entscheidende Impulse. Aber trotz aller Unterschiede haben die Europäer doch ähnliche Lebensweisen und Wertvorstellungen, die vom Christentum als gemeinsamer europäischer Religion geprägt sind.

Trotz gemeinsamer Ideale und Vorstellungen führten die europäischen Völker zahllose **Kriege** gegeneinander. In deren Verlauf oder als Folge der Kriege kam es immer wieder zu neuen Grenzziehungen und sogar neuen Staatsgründungen.

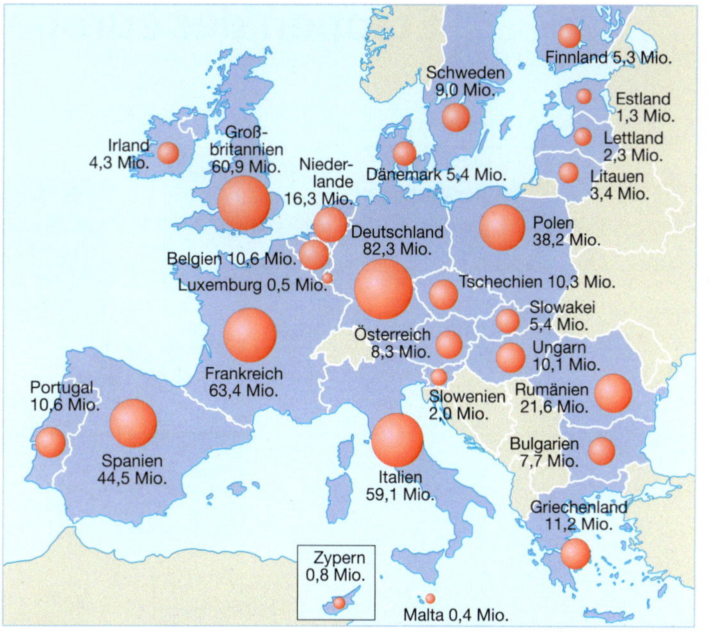

M2 Bevölkerung der EU-Staaten, *Stand: 2010*

Der Tag wird kommen, da die Kugeln und Bomben durch Stimmzettel, durch das allgemeine Wahlrecht zu einem europäischen Parlament abgelöst werden.

Victor Hugo, französischer Schriftsteller, 1849

Das kann doch so nicht ewig weitergehen. Schon zum zweiten Mal in meinem Leben stehe ich mit meiner Familie vor dem Nichts. Warum können denn die Politiker unserer Nachbarländer nicht endlich mal so eine Art Vertrag schließen, der wenigstens für die nächste Zeit Frieden garantiert!

Anna W., 43 Jahre, Hausfrau, im Juni 1945

M3 Meinungen zu Europa

1 Wertet M 1 aus: Stellt in einer Tabelle zusammen, welche Aussagen die Europäische Union eher positiv und welche sie eher negativ bewerten.

2 Diskutiert in der Klasse, welchen Aussagen ihr zustimmen würdet, welchen eher nicht (M 1).

3 Nennt die drei bevölkerungsreichsten und bevölkerungsärmsten Staaten der EU (M 2).

4 Erläutert, welche gemeinsame Hoffnung Victor Hugo im 19. Jahrhundert und Anna W. im 20. Jahrhundert (M 3) haben.

Etappen der europäischen Einigung

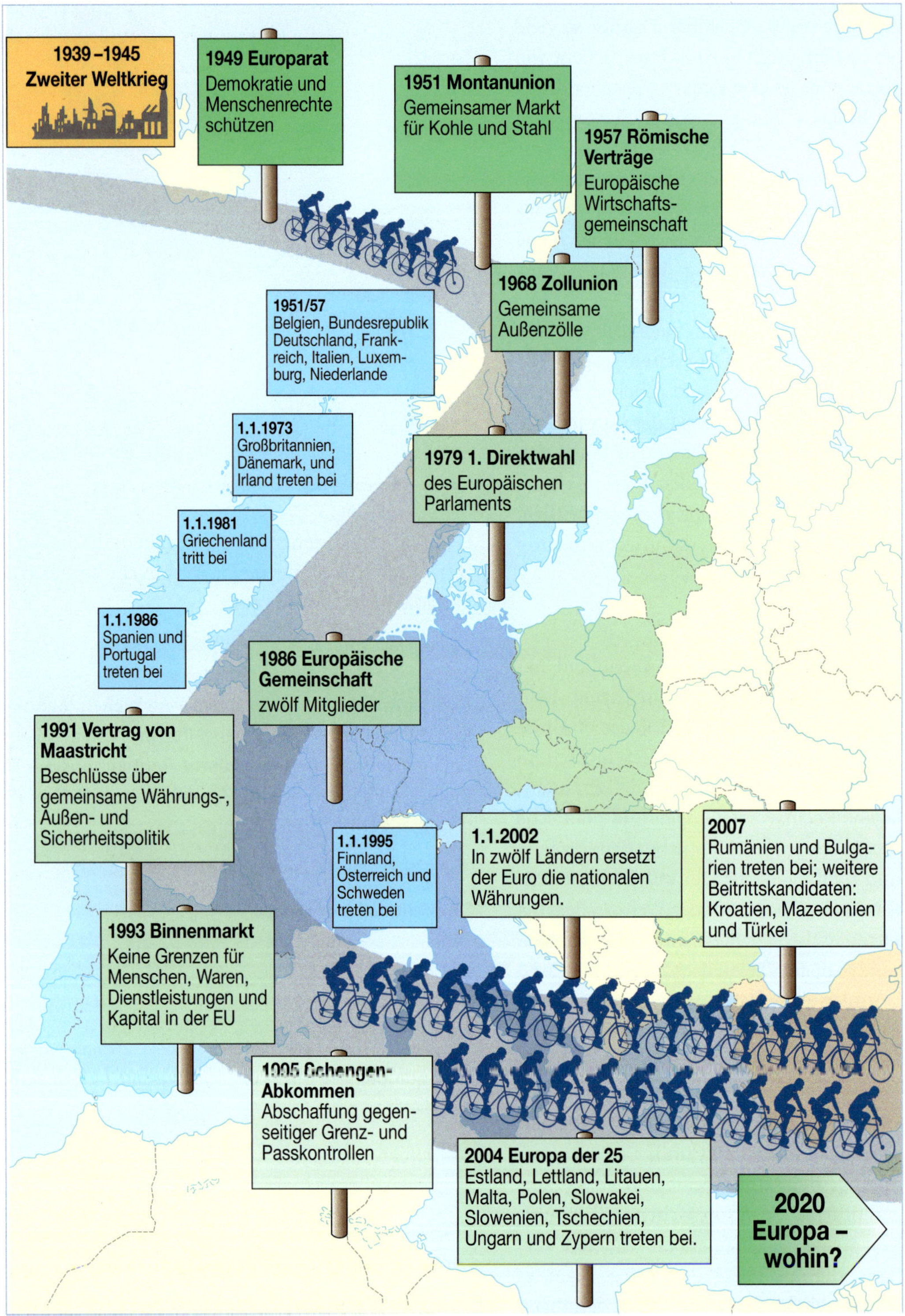

M 1 Stationen der europäischen Einigung

Wäre jemals ein vereintes Europa imstande, sich das gemeinsame Erbe zu teilen, dann genössen seine drei- oder vierhundert Millionen Einwohner Glück, Wohlstand und Ehre in unbegrenztem Ausmaße.
Und welches ist der Zustand, in den Europa gebracht worden ist? In weiten Gebieten starren ungeheure Massen zitternder menschlicher Wesen gequält, hungrig und verzweifelt auf die Ruinen ihrer Städte und Behausungen. Und doch gibt es ein Mittel, das in wenigen Jahren ganz Europa frei und glücklich machte. Es ist die Neuschöpfung der europäischen Völkerfamilie. Wir müssen eine Art Vereinigte Staaten von Europa errichten.

Winston Churchill, britischer Premierminister, am 19. 9. 1946 in Zürich, gekürzt

M 2 Idee von einem vereinten Europa

Europa lässt sich nicht mit einem Schlage herstellen. Die Vereinigung der europäischen Nationen erfordert, dass der jahrhundertealte Gegensatz zwischen Frankreich und Deutschland ausgelöscht wird.
Die französische Regierung schlägt vor, die Gesamtheit der französisch-deutschen Kohle- und Stahlproduktion einer gemeinsamen Hohen Behörde zu unterstellen, in einer Organisation, die den anderen europäischen Ländern zum Beitritt offensteht. Die Solidarität der Produktion, die so geschaffen wird, wird bekunden, dass jeder Krieg zwischen Frankreich und Deutschland nicht nur undenkbar, sondern materiell unmöglich ist.

Robert Schuman, französischer Außenminister, am 9. 5. 1950, gekürzt

M 3 Der Schumanplan – die Montanunion

Erste Schritte der Einigung

Die Idee, aus den vielen Einzelstaaten ein vereintes Europa zu schaffen, tauchte immer wieder auf. Doch erst nach den beiden schrecklichen Weltkriegen (1914–1918 und 1939–1945), die Millionen von Toten forderten und Städte, Dörfer und Fabrikanlagen zerstört zurückließen, griffen auch mehr und mehr Politiker den Gedanken auf. Die Völker Europas sollten sich nie wieder als Feinde in einem Krieg gegenüberstehen, sondern als **Partner** gemeinsam an einer besseren Zukunft arbeiten.

EGKS – die Montanunion

Stahl und Kohle waren für den Wiederaufbau nach dem Zweiten Weltkrieg sehr wichtige Güter. Da es im Laufe der Geschichte immer wieder zu Auseinandersetzungen zwischen Frankreich und Deutschland um die Montanindustriegebiete (**Kohle- und Stahlindustrie**) Lothringen, Elsass und Saarland gekommen war, wollte man die Montanindustrie nach dem Vorschlag des französischen Außenministers Robert Schuman unter eine gemeinsame politische Kontrolle stellen. So unterschrieben am 18. April 1951 die sechs europäischen Staaten Bundesrepublik Deutschland, Frankreich, Italien, Luxemburg, Belgien und die Niederlande den Vertrag über die Gründung der „Europäischen Gemeinschaft für Kohle und Stahl“ (EGKS), der Montanunion.
Die Staaten, die den Vertrag unterzeichnet hatten, waren sich schon damals einig, dass die EGKS nur ein erster Schritt auf dem Weg zur europäischen Einigung war. Weitere Zusammenschlüsse sollten folgen, die auch, ebenso wie die Montanunion, anderen europäischen Staaten offenstehen sollten.

M 4 Plakat von 1955

1 Erklärt, warum Churchill und Schuman den Zusammenschluss Europas forderten (M 2 und M 3).

2 Erläutert, warum die europäische Einigung ausgerechnet mit der Montanindustrie ihren Anfang nahm.

3 Beschreibt mit dem Plakat M 4, mit welcher Zielrichtung 1955 für Europa geworben wurde.

4 Erklärt euch gegenseitig in einem Karussellgespräch die Etappen der europäischen Einigung (M 1).

5 Entwerft nach dem Vorbild von M 1 eine Skizze, wie sich nach eurer Meinung Europa und die EU weiterentwickeln werden.

Aufgaben und Organe der EU

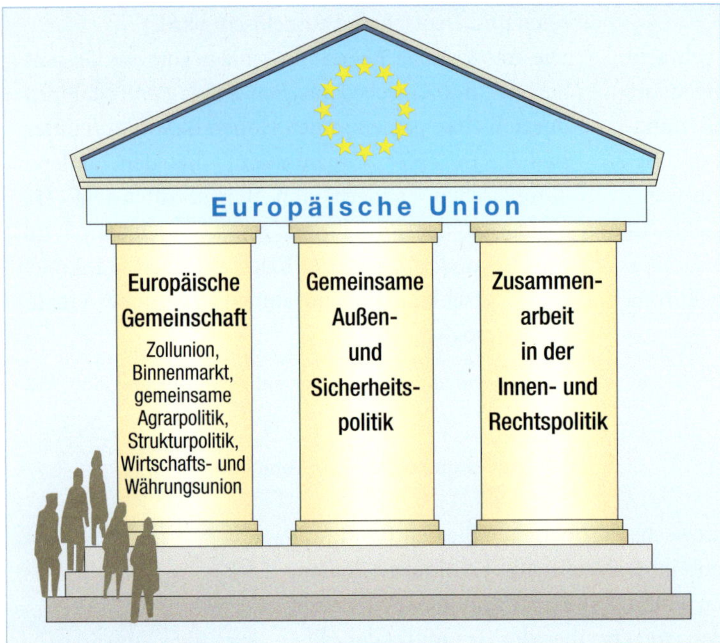

M 1 **Die drei Säulen der Europäischen Union**

Von der EWG über die EG zur EU

Die sechs Mitgliedsstaaten der Montanunion wollten die wirtschaftliche Zusammenarbeit weiter ausbauen. Sie unterzeichneten 1957 die **Römischen Verträge**, in denen sie die Gründung der Europäischen Wirtschaftsgemeinschaft (EWG) und der Europäischen Atomgemeinschaft (EURATOM) zur friedlichen Nutzung der Atomenergie beschlossen. Ziele der EWG waren u. a. die schrittweise Errichtung eines gemeinsamen Marktes durch die Abschaffung der Zölle zwischen den Mitgliedsstaaten und gemeinsame Regelungen der Landwirtschaft zur Sicherstellung der Ernährung.

Zehn Jahre später wurden EGKS, EWG und EURATOM zur **Europäischen Gemeinschaft** (EG) zusammengeschlossen. In den folgenden Jahren traten weitere Staaten der EG bei. 1992 gelang durch die Unterzeichnung des Vertrags über die **Europäische Union** (EU) in Maastricht (Niederlande), der am 1.11.1993 in Kraft trat, ein weiterer Schritt der Zusammenarbeit der europäischen Staaten. Aus der Wirtschaftsgemeinschaft wurde eine politische Union. Ziele waren u. a. eine gemeinsame Wirtschafts-, Außen- und Sicherheitspolitik sowie eine gemeinsame Währung.

Die Europäische Union ruht seitdem auf drei Säulen (M 1). Die bisherige Zusammenarbeit (Säule 1) wurde um zwei weitere Arbeitsbereiche (Säulen 2 u. 3) erweitert.

Wer regiert die EU?

Die grundsätzlichen Entscheidungen in der Europäischen Union werden im **Europäischen Rat** von den Staats- und Regierungschefs der Mitgliedsländer gefällt. Sie legen damit die politischen Schwerpunkte fest. Auf dieser Ebene muss immer ein Konsens erzielt werden.

Die Verabschiedung von Gesetzen (in der Sprache der EU: Verordnungen und Richtlinien) und des Haushalts erfolgt durch den **Ministerrat** und durch das **Europäische Parlament**. Mit dieser Festlegung im Reformvertrag von Lissabon (2007) wurde die Stellung des Parlaments weiter gestärkt, nachdem es lange auf eine nur beratende Funktion beschränkt war. Die Ausarbeitung der Gesetzentwürfe ist Aufgabe

1 Beschreibt den Weg von der Montanunion zur heutigen Europäischen Union (siehe auch Schaubild S. 100).

2 Untersucht Schaubild M 2 und nennt die Organe der Europäischen Union mit dem jeweiligen Zuständigkeitsbereich.

3 Erörtert mithilfe von M 2, welches europäische Organ am ehesten als „Regierung Europas" bezeichnet werden könnte.

4 „Mit dem Vertrag von Maastricht wurde Europa zu einer politischen Union." Erläutert diese Aussage mit M 1 und M 2.

M2 Die Organe der EU nach dem Reformvertrag von Lissabon

der **Europäischen Kommission.** Diese ist auch für die Umsetzung und Kontrolle der verabschiedeten Gesetze zuständig und steht damit im Mittelpunkt der alltäglichen Arbeit. In Streitfällen entscheidet der Gerichtshof der EU. Für die Außen- und Sicherheitspolitik gelten besondere Regelungen.

Parteien – Wahlen – Parlament

M 1 **Kompetenzen des Europäischen Parlaments im Überblick. http://www.europarl.de/service/publikationen/vortragsfolien_ep** *(Stand: 22.5.2008)*

M 2 **Das Europäische Parlament in Straßburg (Frankreich)**

Klassenfahrt nach Europa

Bei der Studienfahrt der 9 b nach Straßburg war eine Unmenge an Informationen zu verdauen.

Martina befragte die Europaabgeordnete ihres Heimatortes zuerst nach der Bedeutung des Parlaments und notierte:

- Das direkt gewählte Europäische Parlament vertritt die Interessen der Bürger. Weil die EU mehr und mehr darüber entscheidet, was für uns in Europa Recht und Gesetz ist, hat das Europaparlament mittlerweile große Bedeutung.
- Normalerweise kann in allen Demokratien nur das direkt vom Volk gewählte Parlament Gesetze verabschieden. Das läuft im Europäischen Parlament etwas anders. Anfangs war es kaum an der Gesetzgebung beteiligt. Jetzt hat das Parlament eine gleichberechtigte Rolle neben dem Ministerrat. Zusammen mit diesem beschließt es den Haushalt der EU.
- In Streitfällen wird vermittelt. Kommt keine Einigung zustande, wird das Gesetz, das auf der Europaebene übrigens Verordnung genannt wird, vom Parlament verhindert.

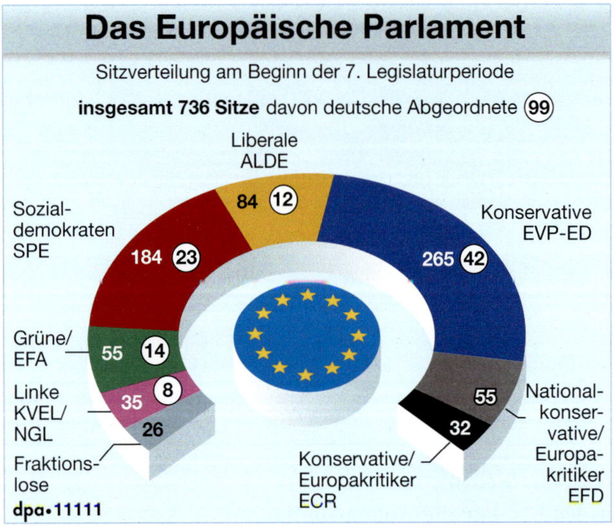

M 3 **Parteien für Europa. Sitzverteilung im Europäischen Parlament, Stand 2009**

Das Europäische Parlament

Martina wollte dann noch etwas über die Parteien wissen und schrieb auf:

- Die Abgeordneten schließen sich in Fraktionen zusammen. Da sitzen z. B. die französischen Sozialisten mit den deutschen Sozialdemokraten zusammen in der Fraktion der „Sozialdemokratischen Partei Europas“ (SPE). Insgesamt sind rund 100 nationale Parteien vertreten. Viele Parteien haben Ähnlichkeit mit den gewohnten von zu Hause, doch bei den Europawahlen tauchen immer wieder bis dahin völlig unbekannte Gruppen auf.

- Wie oft finden denn die Wahlen statt? Alle fünf Jahre wird gewählt. Die nächste Wahl wird im Jahre 2014 stattfinden. Überall gelten dafür die gleichen Grundsätze: Kandidaten werden in Listen aufgestellt und nach dem Verhältniswahlsystem gewählt, d. h., die Plätze werden nach Stimmenanteilen vergeben. Wer einem nationalen Parlament, z.B. dem Bundestag, angehört, darf nicht für Europa kandidieren. Große Staaten teilen ihre Gebiete in Wahlkreise auf. Gewählt wird am Wohnsitz, auch wenn man nicht die dortige Staatsangehörigkeit hat.

Michael interessiert sich mehr dafür, wieweit die einzelnen Mitgliedsstaaten bereit sind, einen Teil ihrer Macht an das Europäische Parlament abzugeben. Er erfuhr:

- Deutschland zum Beispiel und die Benelux-Staaten wären ohne weiteres dazu bereit. Aber Frankreich, Großbritannien und andere denken nicht daran, den eigenen Parlamenten Rechte wegzunehmen und sie einem Europaparlament zu übertragen.

M4 Vertrag von Lissabon – mehr Demokratie?

Der Vertrag von Lissabon (unterzeichnet am 13. Dezember 2007) übernahm die wesentlichen Elemente des EU-Verfassungsvertrags, der 2005 in Referenden (Volksabstimmungen) in Frankreich und den Niederlanden abgelehnt worden war. Zu den Neuerungen des Vertrags von Lissabon zählten unter anderem die rechtliche Fusion von Europäischer Union und Europäischer Gemeinschaft, die stärkere Beteiligung der nationalen Parlamente bei der Rechtsetzung der EU, die Rechtsverbindlichkeit der EU-Grundrechtecharta und die erstmalige Regelung eines EU-Austritts. Der Vertrag trat zum 1. Dezember 2009 in Kraft.

Autorentext nach: http://de.wikipedia.org/wiki/Vertrag_von_Lissabon (Zugriff: 1.3.2012)

M5 Bundesverfassungsgericht: Vertrag verletzt das Grundgesetz (30.6.2009)

Die Auflage des Verfassungsgerichts, vor der Ratifizierung ein neues Begleitgesetz zum Vertrag von Lissabon zu beschließen, soll das Demokratieprinzip wie auch das Prinzip der Gewaltenteilung stärken. Wann immer EU-Beschlüsse die nationale Souveränität betreffen oder neue EU-Kompetenzen schaffen bzw. Abstimmungsmodi ändern, muss die Zustimmung des deutschen Vertreters im Europäischen Rat von der vorherigen Zustimmung des Bundestages abhängen.

Hintergrund aktuell: Urteil des Bundesverfassungsgerichts zum Vertrag von Lissabon, 30.6.2009; in: http://www.bpb.de/themen (Zugriff: 1.3.2012)

Webcode: PE643585-105

1 Vergleicht die Rechte und Aufgaben des Europaparlaments mit denen des Bundestags (vgl. S. 52/53).

2 Bestimmt mithilfe des Schaubildes M3 die Parteien- und Mehrheitsverhältnisse im Europäischen Parlament und vergleicht sie mit der derzeitigen Situation im Bundestag.

3 Unterscheidet zwischen Europarat sowie Europäischer Rat (S. 106/107) nach deren jeweiligen Aufgaben und Zielen.

4 Recherchiert im Internet zum Vertrag von Lissabon (M4). Konzentriert euch dabei auf die Frage, welche Rechte den nationalen Parlamenten zugestanden werden.

5 Arbeitet heraus, warum das Bundesverfassungsgericht den Vertrag von Lissabon nicht als vollständig vereinbar mit dem Grundgesetz sieht (M5).

Wer regiert die EU?

Puh, die Klassenfahrt war anstrengend. Und was haben wir für einen Stapel Aufzeichnungen und Broschüren mitgebracht. Da steigen wir nicht mehr durch. Jetzt müssen wir alles ordnen, um daraus zusammen mit den Notizen der vorigen Seiten ein gutes Referat zu machen.

M1

M2 Zu den Zielen der Europäischen Union. Auszüge aus der Präambel des Vertrags von Amsterdam (2. 10. 1997):

(...) Entschlossen, den mit der Gründung der Europäischen Gemeinschaften eingeleiteten Prozess der europäischen Integration auf eine neue Stufe zu heben (...),
eingedenk der historischen Bedeutung der Überwindung der Teilung des europäischen Kontinents und der Notwendigkeit, feste Grundlagen für die Gestalt des zukünftigen Europas zu schaffen, in Bestätigung ihres Bekenntnisses zu den Grundsätzen der Freiheit, der Demokratie und der Achtung der Menschenrechte und Grundfreiheiten und der Rechtsstaatlichkeit (...),
in dem Wunsch, die Solidarität zwischen ihren Völkern unter Achtung ihrer Geschichte, ihrer Kultur und ihrer Traditionen zu stärken (...),
entschlossen, eine gemeinsame Unionsbürgerschaft für die Staatsangehörigen ihrer Länder einzuführen, (...) haben [wir] beschlossen, eine Europäische Union zu gründen. (...)

Presse- und Informationsamt der Bundesregierung (Hg.), Vertrag von Amsterdam, Bonn 1998

M3 **Sitz der Europäischen Kommission in Brüssel**

Die Europäische Kommission

Die **Europäische Kommission** mit Sitz in Brüssel ist die „Regierung" der EU. Sie kann aus eigener Kraft Gesetzentwürfe vorlegen. Vor allem aber führt die Kommission die Gesetze aus. Ferner stellt die Kommission den Haushaltsplan auf und verteilt nach der Entscheidung des Parlaments die Gelder. Sie ist aber auch die Hüterin aller Verträge. Sie kann bei Verstößen gegen Verträge direkt Bußgelder verhängen.
An der Spitze der Kommission stehen außer einem Präsidenten 27 Kommissare aus den einzelnen Staaten. Die Regierungen der EU-Länder benennen diese Vertreter für fünf Jahre, wobei das EU-Parlament dem zustimmen muss. Alles in allem arbeiten in der Kommission 22 000 Beamte.

Der Ministerrat

Der „Rat der Europäischen Union" wird auch **Ministerrat** genannt. Er setzt sich zusammen aus jeweils einem Vertreter pro Mitgliedsstaat, der ermächtigt sein muss, für seine Regierung verbindliche Entscheidungen zu treffen. Seine Mitglieder können für die Regierungen ihrer Staaten Entscheidungen treffen. Im Ministerrat beschließen sie gemeinsam mit dem Parlament das, was in der EU Gesetz werden soll. Dabei berücksichtigen sie auch ihre nationalen Interessen. Oftmals wird heftig um einen Kompromiss gerungen, da nicht nur die verschiedenen Ansichten aufeinanderprallen, sondern weil die Minister auch zwischen den gesamteuropäischen Zielen und den jeweiligen Wünschen der Staaten einen Ausgleich suchen müssen. Fachwissen ist besonders bei den Beratungen einzelner Ressorts gefragt, z. B. wenn sich alle Außen- oder alle Wirtschaftsminister treffen.

Das Europäische Parlament

Sitz des **Europäischen Parlaments** ist Straßburg. Jedes Jahr sind dort zwölf Wochen für Plenarsitzungen vorgesehen. Die Debatten werden sofort simultan in alle Amtssprachen der EU übersetzt. Zu den wichtigsten Aufgaben des Europäischen Parlaments gehört das Haushaltsrecht (Budgetrecht), das es zusammen mit dem Ministerrat ausübt.
Zwischendurch tagen die Ausschüsse und Fraktionen in Brüssel. Dort können sie ständigen Kontakt zur Kommission und zum Rat halten oder auch zu weiteren Plenarsitzungen zusammenkommen. Das Europäische Parlament unterhält in allen Mitgliedsstaaten Informationsbüros.

Die Ausschüsse

Die Abgeordneten des Europäischen Parlaments spezialisieren sich in einem Fachbereich. So können sie Gesetzesvorschläge sachkundig beurteilen oder vorbereiten. Sie werden für ihren Sachbereich in einen von 20 **Ausschüssen** gewählt. Da gibt es z. B. den „Ausschuss für Wirtschaft und Währung", den für den „Haushalt" oder den „Ausschuss für bürgerliche Freiheiten, Justiz und Inneres".

Der Europäische Rat

Beim **Europäischen Rat** kommen die Regierungschefs aller Mitgliedsstaaten mit ihren Außenministern und dem Präsidenten der Europäischen Kommission viermal im Jahr zusammen. Sie treffen die Grundsatzentscheidungen. In der Vergangenheit haben diese die Entwicklung der Gemeinschaft schon erheblich beeinflusst. Sie bestimmen auch die Grundsätze der gemeinsamen Außen- und Sicherheitspolitik.

Die Ratspräsidentschaft

Alle Mitglieder sind in der EU gleichberechtigt. Daher wechseln sie sich jedes halbe Jahr mit der **Ratspräsidentschaft** ab. Die Termine und Tagesordnungen für alle Sitzungen werden hier festgelegt. Bei sämtlichen Treffen führt der Vertreter des Landes, das die Präsidentschaft gerade innehat, den Vorsitz. Der Ratspräsident vertritt die EU nach außen und ist Ansprechpartner für Drittstaaten.

Die Europäische Zentralbank

Die **Europäische Zentralbank** (EZB) in Frankfurt am Main ist die „Hüterin des Euro". Sie lässt Banknoten drucken und in Umlauf bringen, kann aber auch durch Veränderung der Zinssätze die Preisentwicklung beeinflussen. Ihre vorrangige Aufgabe ist, Preisstabilität zu wahren. Die EZB ist vollkommen unabhängig von den Regierungen und Organen der EU. Niemand darf ihr Weisungen erteilen.

Der Europäische Gerichtshof

Der Europäische Gerichtshof in Luxemburg ist das oberste Gericht der EU, also „letzte Instanz". Er wahrt und gestaltet das Europarecht. Dieses steht über dem nationalen Recht der Mitgliedsstaaten. Klagen kann jeder, der einen Verstoß feststellt, von der Europäischen Kommission bis hin zu Privatpersonen.

Zusammengestellt nach: Europa 2003, hg. vom Europäischen Parlament, Informationsbüro für Deutschland, Berlin 2003

1. Lest die Notizen der Gruppe, formuliert Stichpunkte und haltet vor der Klasse einen Kurzvortrag.

Europäische Gesetzgebung

M1 **EU-Regelungswut?** *Karikatur: Mester*

Die EU-Gesetzgebung

Die EU bestimmt, ohne dass wir es immer merken, mehr und mehr unseren Alltag. Fast 80 Prozent aller unserer Gesetze beruhen inzwischen auf EU-Richtlinien.

Bei EU-Gesetzen unterscheidet man zwischen Richtlinien und Verordnungen. **Verordnungen** gelten direkt in allen Mitgliedsstaaten und sind in allen Teilen verbindlich. **Richtlinien** hingegen müssen erst in einer bestimmten Frist in nationales Recht umgewandelt werden.

Die **Gesetzgebung** in der EU ist Aufgabe des „institutionellen Dreiecks". Das sind die beiden Organe Kommission und Parlament sowie der Ministerrat, in dem die Regierungen der Mitgliedsstaaten vertreten sind.

Vorgeschlagen werden Gesetzesvorhaben von der Europäischen Kommission. Sie legt die **Gesetzesinitiative** dem Europäischen Parlament und dem Ministerrat vor. Der Ministerrat übt die Gesetzgebungsbefugnis gemeinsam mit dem Europäischen Parlament aus. Nach genauer Prüfung auf fachlicher und politischer Ebene kann der Ministerrat den Kommissionsvorschlag annehmen, ändern oder ignorieren. Auch

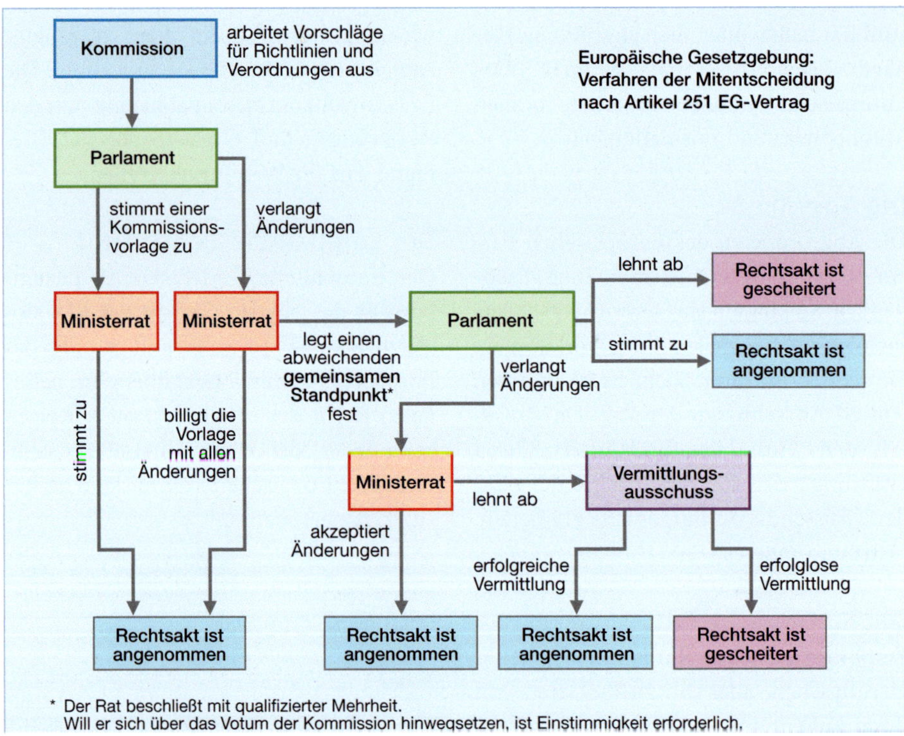

M2 **Gesetzgebung innerhalb der EU**

das Europäische Parlament prüft die Vorschläge der Kommission und nimmt im Rahmen der verschiedenen Verfahren gemeinsam mit dem Rat am Gesetzgebungsprozess teil.

Das **Mitentscheidungsverfahren** ist das wichtigste Gesetzgebungsverfahren in der Europäischen Union (s. M2). Die von der Kommission vorgeschlagenen Gesetze werden dem Europäischen Parlament und Ministerrat gemeinsam vorgelegt. Kommt eine Einigung zwischen Rat und Parlament nicht zustande, wird ein Vermittlungsausschuss einberufen, der aus Vertretern beider Gremien besteht. In der Regel wird dann ein Kompromiss gefunden, den Rat und Parlament gemeinsam verabschieden.

Das **Anhörungsverfahren** ist das älteste Gesetzgebungsverfahren. Die Kommission legt einen Vorschlag für ein neues europäisches Gesetz vor, das dem Ministerrat übermittelt wird. Dieser legt es dem Parlament vor, das eine Stellungnahme abgeben kann. In der Stellungnahme fordert das Parlament häufig Änderungen am Kommissionsvorschlag. Der Rat muss die Stellungnahme des Parlaments nicht berücksichtigen. Den Kommissionsvorschlag darf er aber nur einstimmig ändern.

Beim **Zustimmungsverfahren** einigt sich der Rat auf ein Gesetz, das er dem Parlament übergibt. Das Parlament muss seine Zustimmung erteilen, bevor der jeweilige Rechtsakt in Kraft treten kann, es hat also ein Vetorecht (Einspruchsrecht). Das Parlament hat jedoch keine Möglichkeit, Änderungsvorschläge einzureichen. Dieses Verfahren wird unter anderem bei völkerrechtlichen Verträgen der EU mit Drittstaaten, bei Verträgen zum Beitritt weiterer Staaten und der Festlegung eines einheitlichen Verfahrens für die Europawahl angewendet.

Vielen Bürgern ist der Gedanke nicht geheuer, nationale Souveränitätsrechte nach „Brüssel" abzugeben, wo ihrer Meinung nach eine ausufernde Bürokratie auf undurchschaubaren Wegen Entscheidungen trifft, die jeglicher demokratischer Kontrolle entzogen sind. Was ist dran an diesen Vorwürfen? […]

Der vom Volk frei gewählte *(deutsche)* Bundestag ist das Herz der bundesdeutschen Demokratie. Gemäß der klassischen Gewaltenteilung hat der Bundestag die beiden demokratischen Kernrechte, Gesetze vorzulegen und zu verabschieden sowie die Regierung zu kontrollieren. […] Das EU-Parlament hat in beiden genannten Bereichen nur sehr eingeschränkte Kompetenzen. Im Gegensatz zum Bundestag hat es nicht das Recht, Gesetze vorzulegen. Und: Viele EU-Gesetze müssen noch nicht einmal vom Parlament abgesegnet werden. […]

Der Bundestag wählt den Bundeskanzler, und dieser ernennt die Regierung. Das EU-Parlament hat hingegen nicht das Recht, den Präsidenten der Kommission zu wählen – der wird von den Nationalstaaten eingesetzt. Die Nationalstaaten entscheiden auch, wen sie als Kommissar zur EU-Kommission (eine Art Regierung der EU) nach Brüssel schicken. Das […] Parlament hat immerhin das Recht, die Kommission abzulehnen […].

Eine der wichtigsten Aufgaben des Bundestages ist es, über den Haushalt abzustimmen, den die Regierung vorschlägt. Auch dieses Recht ist beim EU-Parlament eingeschränkt.

Sabine Klein: Die Angst vor dem Superstaat, tagesschau.de, 25.8.2007; in: http://www.tagesschau.de (Zugriff: 2.3.2012)

M 3 Zu wenig Demokratie in der EU?

1 Interpretiere die Karikatur (M 1): Auf welches Problem weist sie hin?

2 Beschreibe das Gesetzgebungsverfahren der EU (M 2) und informiere dich in den Medien über aktuelle Gesetzgebungsverfahren.

3 Erläutere am Beispiel der Gesetzgebung, wie sich die politischen Entscheidungen von den einzelnen Mitgliedsstaaten in die EU verlagern.

4 Besprecht M 3 und nehmt Stellung zur Frage, ob die EU einen Mangel an Demokratie hat. Nennt ggf. Möglichkeiten, diesem abzuhelfen.

Europa der Regionen

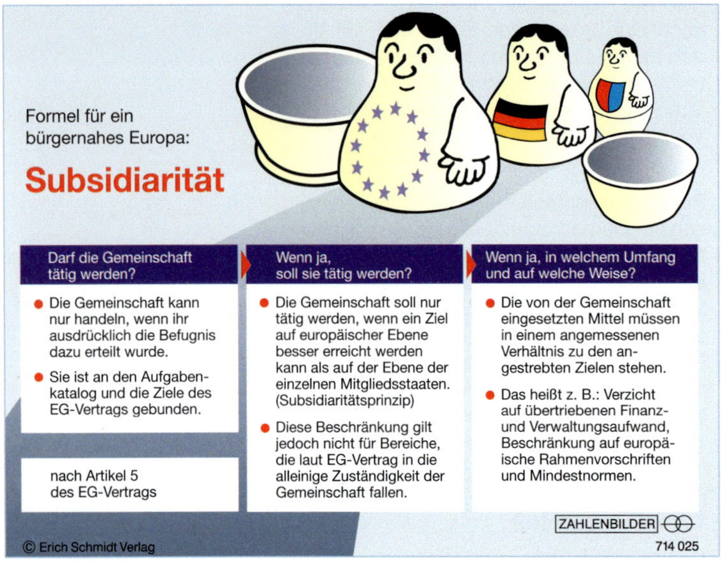

M 1 Subsidiarität in der EU

Europa hat viel zu viel an sich gerissen

Der ehemalige Ministerpräsident von Baden-Württemberg Erwin Teufel im Interview

Die Welt: Viele Menschen sehen in Europa nicht das Friedensprojekt, sondern eine Bürokratie, die sich von ihren Interessen weit entfernt hat.

Teufel: Ja. Vor zehn, zwanzig Jahren bei den monatlichen Umfragen über die Akzeptanz Europas gab es in Deutschland 70 bis 80 Prozent Zustimmung. Seit zehn Jahren krebsen wir bei 45 bis 48 Prozent herum. Der Bürger empfindet Europa als ein fernes Gebilde. Die Entscheidungs- und Meinungsbildungsprozesse dort sind für ihn nicht mehr überschaubar.

Die Welt: Europa hat zu wenig Transparenz – und zu viel Kompetenz?

Teufel: Europa hat in der Tat viel zu viele Aufgaben an sich gerissen. Viele Aufgaben könnten besser, billiger und bürgernäher auf der Ebene der Nationalstaaten, Regionen oder gar Kommunen gelöst werden. Nur was die Kraft der kleineren Ebene überschreitet, muss auf die größere gehen. Aber diese Idee der Subsidiarität wird in unzähligen Fragen verletzt. (…)

Die Welt: Und Brüssel wäre bereit, Kompetenzen wieder aufzugeben?

Teufel: Es blieben ja immer noch genügend Aufgaben für die europäische Ebene übrig, angefangen bei der gemeinsamen Außen- und Sicherheitspolitik. Aber die europäische allseitige Verantwortlichkeit ist anmaßend. So hat Europa keine Zuständigkeit für Gesundheitspolitik, erlässt aber ein Werbeverbot für Zigaretten. (…)

M 2 Artikel aus: *Die Welt, 4. 6. 2005*

Das Prinzip der Subsidiarität

Das Subsidiaritätsprinzip ist eine wichtige Grundlage der Europäischen Union. Es hat die Aufgabe, als Ordnungsprinzip die Kompetenzabgrenzung zwischen der Europäischen Union, den Mitgliedsstaaten und den Ländern bzw. Regionen zu gewährleisten. Die Subsidiarität stellt sicher, dass von der EU nur die Aufgaben übernommen werden, die nicht von den Mitgliedsstaaten auf nationaler, regionaler oder lokaler Ebene allein verwirklicht werden können. Der Grundsatz der Subsidiarität soll gewährleisten, dass alle Entscheidungen möglichst **bürgernah** getroffen werden und nicht jede Kleinigkeit von oben – mit entsprechend großem Verwaltungs- und Kostenaufwand – geregelt wird. Das Wort Subsidiarität kommt aus dem Lateinischen und bedeutet sinngemäß „zurücktreten“ oder „nachrangig sein“.

Bundesländer und Regionen – Partner der EU

Das Subsidiaritätsprinzip in Verbindung mit Art. 23 GG garantiert, dass sich der bundesdeutsche **Föderalismus** auf europäischer Ebene fortsetzt.

- Die Bundesländer können über den **Bundesrat** ihren Einfluss auf anstehende Entscheidungen in den EU-Organen geltend machen, z. B. Aufstockung der Agrarsubventionen für die Bewirtschaftung von Hochalmen in den bayerischen Alpen.
- Im **Ausschuss der Regionen** können einzelne Bundesländer regionale Interessen zur Beratung beim Europäischen Rat und bei der Kommission einbringen, z. B. Ausgleichsfonds für Unternehmen, die in der unmittelbaren Nachbarschaft zu den neuen EU-Staaten im Osten angesiedelt sind und auf-

M 3 **Mitwirkung der Bundesländer in der EU**

Artikel 23 GG
(2) In Angelegenheiten der Europäischen Union wirken der Bundestag und durch den Bundesrat die Länder mit. Die Bundesregierung hat den Bundestag und den Bundesrat umfassend und zum frühestmöglichen Zeitpunkt zu unterrichten.

grund unterschiedlicher Besteuerung einen Standortnachteil haben.

- Jedes Bundesland ist mit einer eigenen **Landesvertretung** in Brüssel vertreten, die als Anlaufstelle für Interessenverbände jeglicher Art dient, z. B. für die deutsch-niederländische Zusammenarbeit zur Stärkung des Tourismus in der Ems-Dollart-Region.

Initiativen zur Wahrung von Interessen

In den zahlreichen Grenzregionen wird Europa tagtäglich gelebte Wirklichkeit. Eine Reihe von grenzüberschreitenden Projekten erleichtert die Zusammenarbeit und wahrt die Interessen der Region. Das Netzwerk EURES z. B. informiert und berät Arbeitnehmer wie Arbeitgeber und vermittelt Stellen in den Grenzgebieten von 17 europäischen Staaten.
Im System Euregio schließen sich Grenzregionen zusammen, auch wenn sie nicht immer der Europäischen Union angehören.

M 4 **Logos der Euregio Maas-Rhein und von EURES**

1 Erläutere das Prinzip der Subsidiarität (M 1).

2 Werte M 2 aus: Was bemängelt Erwin Teufel an der EU und welche Bedeutung hat die Subsidiarität für ihn?

3 Bewerte folgende EU-Regelungen hinsichtlich des Prinzips der Subsidiarität:
   a Seit 1988 verpflichtet EU-Recht die Automobilproduzenten zum Katalysatoreinbau. Aus den Zapfsäulen der Tankstellen innerhalb der EU muss seit 1989 bleifreies Benzin fließen.
   b Zigarettenschachteln müssen seit 2000 EU-weit mit einheitlichen Warnhinweisen vor Tabakgenuss versehen sein.

4 Welche Möglichkeiten der Mitarbeit haben die Bundesländer innerhalb der EU (M 3)?

Reich und Arm im gemeinsamen Europa

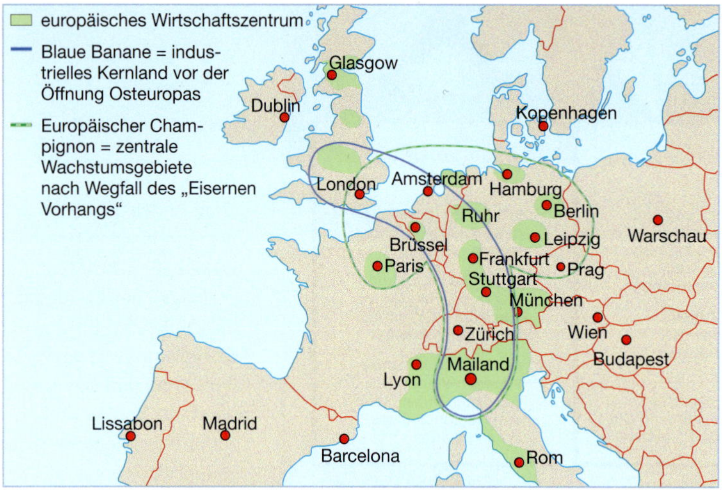

M 1 **Zwei Modelle vom Ende des 20. Jahrhunderts**

Noch vor wenigen Jahrzehnten war die Einteilung Europas für viele einfach: Im Westen lagen die reichen Staaten (wie Großbritannien und Deutschland) und im Süden die ärmeren (wie Portugal oder Griechenland). Der Osten war politisch isoliert, die Gesetze der Marktwirtschaft galten dort nicht.

Spätestens seit die Europäische Union (EU) 27 Mitglieder zählt, wird die Organisation von nicht wenigen häufig mit dem gesamten Kontinent gleichgesetzt. Dass die EU tatsächlich Europas wirtschaftliche Kernregion ist, zeigt sich an Modellen der „Blauen Banane“ und des „Europäischen Champignons“ (siehe M 1). Doch die Wirklichkeit ist nicht ganz so einfach.

Webcode: PE643585-112

Der Europäische Fonds für regionale Entwicklung (EFRE) ist ein Strukturfonds, der für den wirtschaftlichen Aufholprozess der ärmeren Regionen sorgen soll. Um dies zu realisieren, werden unter anderem mittelständische Unternehmen unterstützt, damit dauerhafte Arbeitsplätze geschaffen, Infrastrukturprojekte durchgeführt und technische Hilfsmaßnahmen angewandt werden.

Der EFRE kann dabei in der Periode 2007–2013 im Rahmen von drei Zielen tätig werden:

1. Das Ziel „Konvergenz“ (Annäherung) steht Regionen zu, deren **Bruttoinlandsprodukt** pro Einwohner unter 75 Prozent des EU-Durchschnitts liegt. Durch das Konvergenzziel wird überwiegend die Modernisierung der Wirtschaftsstruktur sowie die Arbeitsplatzschaffung angestrebt.
2. Das Ziel „Regionale Wettbewerbsfähigkeit und Beschäftigung“ steht allen Regionen zu, die nicht im Rahmen des Ziels „Konvergenz“ oder der Übergangshilfe förderfähig sind. Die Prioritäten (Schwerpunkte) des Ziels „Regionale Wettbewerbsfähigkeit und Beschäftigung“ liegen in der Stärkung der Forschung, der Entwicklung, des Finanz-Engineerings (Steuerung von Finanzströmen) sowie in der Umwelt- und Risikoprävention (Risikovorsorge).
3. Das dritte Ziel „Europäische territoriale Zusammenarbeit“ konzentriert sich auf die grenzüberschreitende wirtschaftliche und soziale Entwicklung, die transnationale (zwischen Regionen innerhalb eines bestimmten Bereichs der EU) sowie die interregionale (zwischen beliebigen Regionen der EU) Zusammenarbeit.

M 2 **Regionalförderung der EU,** *www.wikipedia.de, Stand: 30.9.2009*

EU-Mitglieder		Nicht-EU-Mitglieder	
Luxemburg	76 710	Schweiz	65 380
Dänemark	59 060	Norwegen	84 640
Schweden	48 840	Island	43 430
Großbritannien	41 730	Kroatien	13 770
Niederlande	48 460	Mazedonien	4 400
Finnland	45 940	Bosn.-Herzegowina	4 700
Österreich	46 450		
Deutschland	42 430	Albanien	4 000
Belgien	45 270	Weißrussland	5 560
Irland	44 280		
Frankreich	42620	Ukraine	2 800
Italien	35 110	Moldau	150
Spanien	32 120	Andorra	41 130
Zypern	30 480	Liechtenstein	136 130
Griechenland	29 040	Monaco	197 590
Portugal	21 910	San Marino	50 670
Slowenien	23 520	Serbien	6 000
Malta	18 360	Vatikan	k. A.
Tschechien	17 310		
Ungarn	12 980		
Polen	12 260		
Estland	14 060	Russland und die Türkei sind nicht berücksichtigt, da sie nicht vollständig zu Europa gehören.	
Lettland	12 390		
Litauen	11 410		
Slowakei	16 130		
Rumänien	8 330		
Bulgarien	6 060		

M 3 **Bruttonationaleinkommen pro Kopf (US-$),** *Fischer-Weltalmanach 2012*

Belgien: Innerstaatliche Zerrissenheit mit ungewissem Ausgang

Seit fast 200 Jahren besteht Belgien aus zwei Teilen: Im Norden liegt das protestantische Flandern, in dem die meisten Menschen Flämisch sprechen. Im südlichen Wallonien leben hauptsächlich Katholiken, die Französisch sprechen. Lediglich die Hauptstadt Brüssel ist zweisprachig. Durch seine Kohle- und Erzvorkommen stieg Wallonien im 19. Jahrhundert zu Belgiens wirtschaftlich bedeutendster Region auf. Mitte des 20. Jahrhunderts verschlechterte sich Walloniens Situation, Flandern gewann an Bedeutung und unterstützt seitdem den Süden. Diese Unterschiede führen zu gesellschaftlichen und politischen Spannungen, die sich beispielsweise im Erstarken separatistischer flämischer Parteien zeigen. Eine endgültige Abspaltung Flanderns vom belgischen Gesamtstaat kann nicht ausgeschlossen werden, zumal die Bildung der aktuellen belgischen Regierung länger als ein Jahr dauerte.

1 Beschreibe die Modelle von M 1. Beachte dabei die einbezogenen sowie ausgegrenzten Länder und gleiche dein Ergebnis mit den Informationen aus M 2 ab.

2 Nimm mithilfe von M 2 Stellung zu der Aussage: „Die europäischen Länder außerhalb der EU spielen wirtschaftlich keine Rolle."

3 Vergleiche die Aussage von M 3 mit der von M 1. Benenne Ähnlichkeiten und Unterschiede.

4 Werte die Karte M 5 aus und verfasse einen mündlichen Bericht hierzu.

5 Fasse die Darstellung „Belgien: Innerstaatliche Zerrissenheit mit ungewissem Ausgang" (Text) in einem kurzen Bericht zusammen.

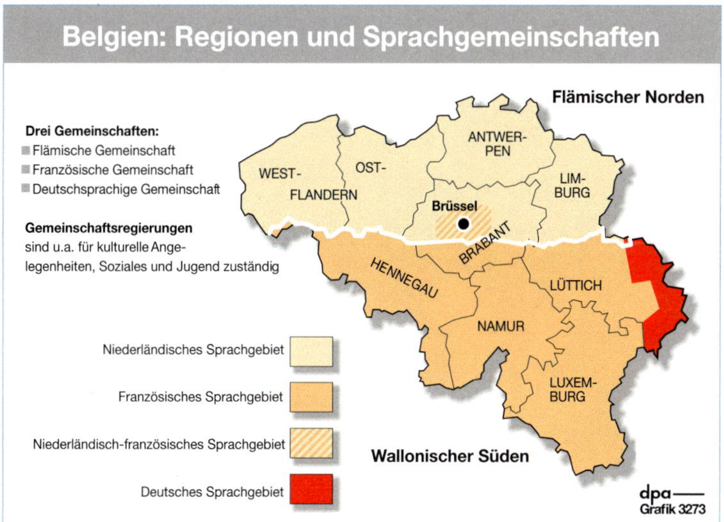

M 4 Belgien - ein geteiltes Land

M 5 Jugendarbeitslosigkeit in der EU

Grenzenloser Arbeitsmarkt?

M 1 **Arbeiterproteste in Straßburg (links) und Berlin (rechts) gegen die geplante Dienstleistungsrichtlinie. Februar 2006**

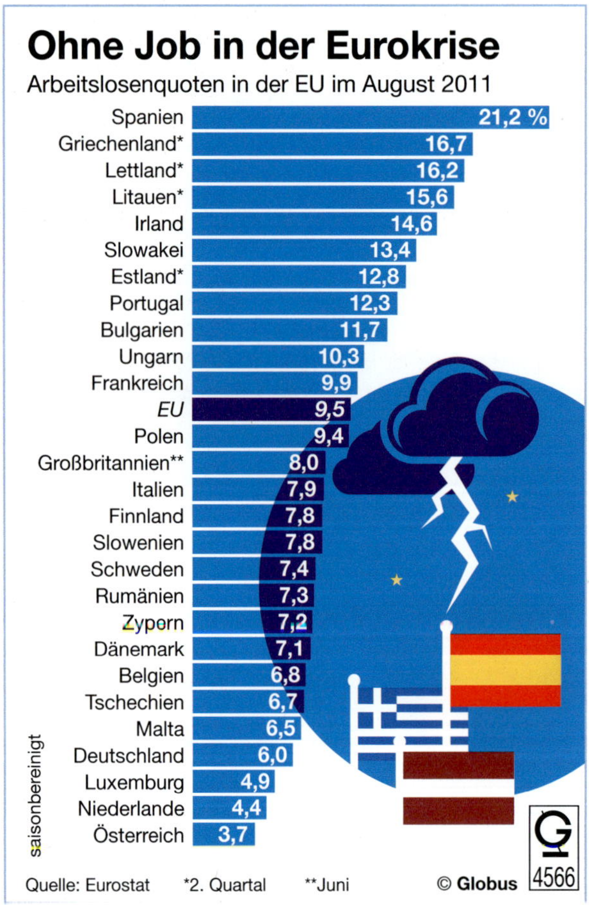

M 2 **Arbeitslosigkeit in der EU**

Der europäische Wirtschaftsraum

Eines der großen Ziele bei der Verwirklichung eines geeinten Europas war von Anfang an die Schaffung eines einheitlichen **Wirtschaftsraums**, für den keinerlei nationale Beschränkungen mehr bestehen sollten. Der einheitliche Binnenmarkt soll dazu beitragen, dass Europa auf dem Weltmarkt konkurrenzfähig bleibt.

Grenzenloser Arbeitsmarkt

Der europäische Binnenmarkt ermöglicht es EU-Bürgern, dass sie sich in jedem EU-Mitgliedsstaat frei einen Arbeitsplatz suchen können. Davon machen verstärkt Menschen Gebrauch, in deren Heimatland eine hohe Arbeitslosigkeit herrscht.
Aber auch die **Höhe des Lohnes** spielt bei der Arbeitsplatzsuche eine Rolle. Vor allem die Menschen in den neuen EU-Mitgliedsstaaten in Ost- und Südosteuropa können in einem anderen EU-Land deutlich mehr verdienen als in ihrem Heimatland. Umgekehrt ist es für viele Firmen z. B. in Deutschland attraktiv, ihre Produktion in ein osteuropäisches Land mit niedrigeren Lohnkosten zu verlegen.

Freier Dienstleistungsverkehr

Mit der Einführung des europäischen Binnenmarktes konnten Dienstleistungen in jedem EU-Staat frei angeboten werden. Es fehlten jedoch Regelungen, die festlegten, ob sich die Dienstleistungsfirmen nach den Gesetzen ihres Herkunftslandes oder des Landes, in dem sie ihre Dienstleistungen anboten, richten mussten. In Deutschland zeigte sich vor allem am Beispiel ausländischer Bauarbeiter diese Problematik. Da sie nicht an deutsche Tariflöhne gebunden waren und die hohen Lohnnebenkosten, die in Deutschland entstehen, entfielen, waren sie gegenüber einheimischen Bauarbeitern konkurrenzlos billig. Das führte dazu, dass viele einheimische Baufirmen Konkurs machten. Als Schutz für einheimische Firmen führte man deshalb einen **Mindestlohn** in der Baubranche ein. Doch solche Schutzmaßnahmen sind umstritten, da sie auch als Mittel eingesetzt werden können, um ausländische Konkurrenz auszuschalten.

Mit einer Dienstleistungsrichtlinie sollten deshalb verbindliche Regeln für ganz Europa eingeführt werden. Damit sollte verhindert werden, dass beim Nebeneinander von Dienstleistungsfirmen aus verschiedenen Ländern verschiedene Lohnsysteme und verschiedene Arbeitsrechtssysteme miteinander konkurrieren.

Die Debatte über die **Dienstleistungsrichtlinie** hat sich über eine lange Zeit hingezogen und war zum Teil von massiven Protesten von Arbeitnehmern aus den verschiedensten EU-Staaten begleitet. Besonders umstritten war ein Entwurf, der vorsah, dass für Firmen, die ihre Dienstleistungen in einem anderen Land anbieten, die Gesetze des Herkunftslandes gelten sollten. Die 2006 verabschiedete Richtlinie sieht dies deshalb nicht mehr vor.

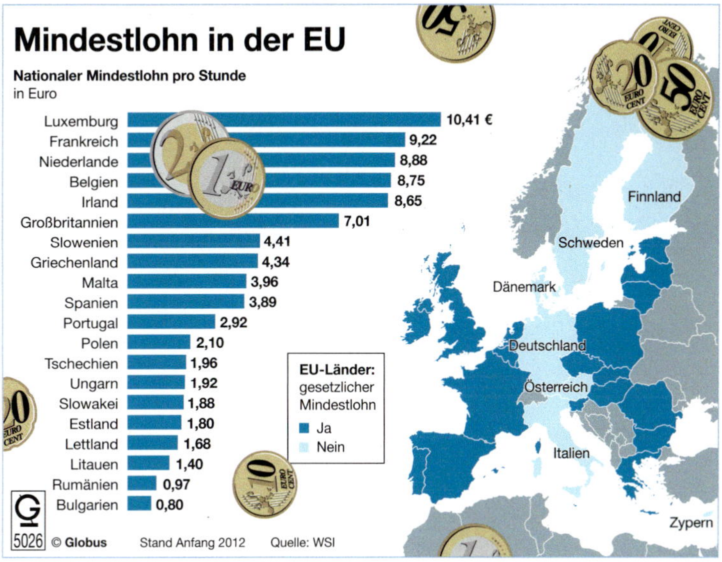

M4 **Unterschiedliche gesetzliche Mindestlöhne in der EU**

Die einst heftig umkämpfte EU-Dienstleistungsrichtlinie hat ihre letzte Hürde genommen. Das Europäische Parlament stimmte den abgeschwächten Regeln für mehr grenzüberschreitenden Wettbewerb im Dienstleistungsbereich zu. (...) Darin verzichtet die Europäische Union auf die ursprünglich geplante fast vollständige Öffnung des Dienstleistungsmarktes über Ländergrenzen hinweg. Stattdessen schützt sie Arbeitnehmer in den alten EU-Staaten weitgehend vor der gefürchteten preiswerteren Konkurrenz aus Osteuropa. Zugleich baut sie aber auch bürokratische Hürden ab. Die Regeln müssen nun von den EU-Staaten umgesetzt werden. Dafür haben sie drei Jahre Zeit.

Kern der neuen EU-Richtlinie ist: Jeder, der in seinem Heimatland ordnungsgemäß ein Gewerbe ausübt, darf seine Dienstleistung auch im EU-Ausland anbieten, ohne dort gleich eine Niederlassung zu gründen. Dabei gelten künftig für den Dienstleister aus dem Ausland die Bestimmungen des Landes, in dem die Dienste angeboten werden. Das bedeutet unter anderem: Mindestlöhne, Bestimmungen der Tarifverträge, Arbeitszeitbestimmungen oder Bauvorschriften müssen eingehalten werden.

Auch im Vertragsrecht gelten künftig die Bestimmungen des Ziellandes. Das heißt: Bei Reklamationen kann sich zum Beispiel ein deutscher Kunde, der eine Leistung von einer polnischen Handwerksfirma erbringen lässt, auf das deutsche Recht berufen.

www.tagesschau.de/aktuell/meldungen, 15.11.2006

M3 **EU beschließt Dienstleistungsrichtlinie**

1 Erläutere, wie sich die unterschiedlichen Arbeitslosenzahlen und die ungleichen Löhne auf dem EU-Binnenmarkt auswirken (M2, M4).

2 Stelle anhand eines Beispiels dar, welche Probleme sich durch den freien Dienstleistungsverkehr ergeben können.

3 Die beschlossene Dienstleistungsrichtlinie legt fest, dass die Bestimmungen des Ziellandes gelten sollen. Stelle Vor- und Nachteile dieses Beschlusses nebeneinander. Wer wird dadurch benachteiligt (M3)?

4 Klärt mithilfe einer Internetrecherche, wie die Dienstleistungsrichtlinie in Thüringen umgesetzt wird.

Viele Länder – eine Währung

Die Wirtschafts- und Währungsunion

Bis vor wenigen Jahren galten im europäischen Wirtschaftsraum noch viele verschiedene Währungen. Das war nicht nur bei Reisen hinderlich, sondern wirkte sich auch nachteilig auf den Handel und Zahlungsverkehr innerhalb des gemeinsamen Binnenmarktes aus. Erst seit 2002 kann man in anfangs zwölf europäischen Ländern mit **einer Währung** bezahlen – dem Euro, der in Deutschland die Deutsche Mark (DM) abgelöst hat.

Webcode: PE643585-116

Während seit 2007 27 Staaten Mitglied in der EU sind, sind aber nur 17 Staaten bei der **Wirtschafts- und Währungsunion (WWU)** dabei. Bereits seit 1999 bereiteten sie sich auf die Einführung der europäischen Gemeinschaftswährung vor. Zunächst wurde der Euro nur als reine Rechengröße im Handel zwischen den Geldinstituten eingesetzt. Seit 2002 ist er alleiniges Zahlungsmittel. Das ist ein wichtiger Schritt auf dem Weg zu einem **gemeinsamen Binnenmarkt**, denn so wird der Handel zwischen den Mitgliedsstaaten der WWU vereinfacht, da der Geldumtausch und die schwankenden Wechselkurse entfallen. Die neuen EU-Mitgliedsstaaten möchten deshalb möglichst schnell auch Mitglied in der WWU werden. Dazu müssen sie jedoch erst in den EU-Binnenmarkt eingebunden werden und die vier Konvergenzkriterien erfüllen.

Die WWU gehört zu den drei mächtigsten **Wirtschaftsräumen** der Erde. Sie hat mit über 300 Mio. Menschen mehr Einwohner als die USA (285 Mio.) oder Japan (127 Mio.). Ihre Bedeutung wird noch zunehmen, wenn die neuen Mitgliedsstaaten der WWU beitreten.

Konvergenzkriterien

Die neuen Mitgliedsstaaten der EU können nicht wählen, ob sie der Wirtschafts-

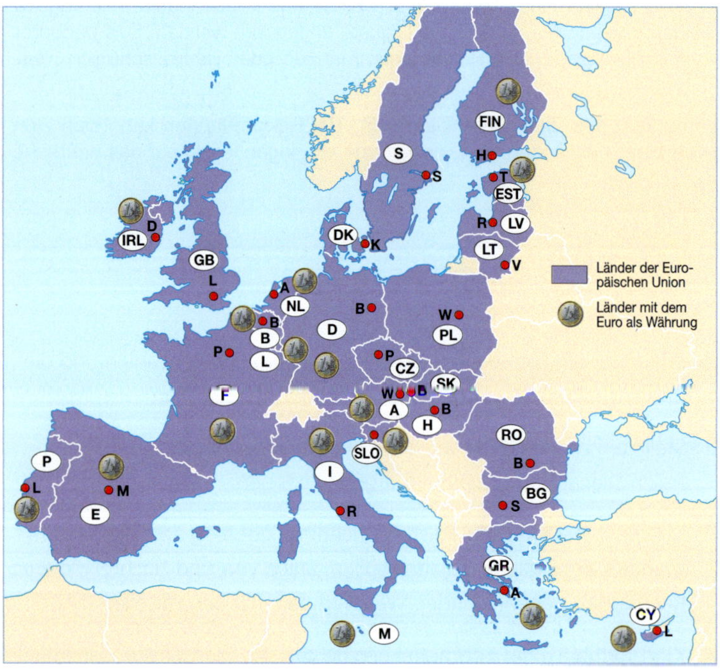

M 1 Die Euro-Länder, Stand: 2012

1979	Das Europäische Währungssystem (EWS) tritt in Kraft. Als Währungseinheit wird die European Currency Unit (ECU – sprich: Ekü) eingeführt. Den ECU hat es nie wirklich gegeben, er diente nur als Recheneinheit.
1992	In der niederländischen Stadt Maastricht beschließen die Staats- und Regierungschefs der Europäischen Gemeinschaft (EG) die Umwandlung in die Europäische Union (EU), zu der auch die Wirtschafts- und Währungsunion (WWU) gehört.
1998	Die Europäische Zentralbank mit Sitz in Frankfurt/Main wird gegründet.
1999	Der Euro wird eingeführt und löst den ECU ab, der 1:1 auf den Euro umgestellt wird.
2002	In 12 Staaten der EU wird der Euro als Zahlungsmittel eingeführt und löst die alten Währungen ab.

M 2 Der Weg zur gemeinsamen Währung

und Währungsunion beitreten wollen. Wenn sie die Bedingungen erfüllen, müssen sie der WWU beitreten und den Euro einführen. Neben einem mindestens zweijährigen relativ stabilen Wechselkurs gegenüber dem Euro muss jeder Staat der EU, der Mitglied der Wirtschafts- und Währungsunion sein möchte, vier Bedingungen erfüllen, die so genannten **Konvergenzkriterien**:

- Die durchschnittliche **Inflationsrate** (Teuerung) darf höchstens 1,5 Prozent über derjenigen der drei Euroländer liegen, die die niedrigste Teuerung haben.
- Die langfristigen **Zinsen** dürfen nur zwei Prozentpunkte über dem der drei preisstabilsten Mitgliedsstaaten liegen.
- Das jährliche **Haushaltsdefizit** (das heißt die jährliche Neuverschuldung des Staates) darf drei Prozent des Bruttoinlandsprodukts (BIP: der Wert aller innerhalb eines Jahres in einem Land erzeugten Waren und Dienstleistungen) nicht überschreiten.
- Die öffentlichen **Schulden** (Schulden des Staates) dürfen nicht mehr als 60 Prozent des BIP betragen, es sei denn, es ist eine deutlich rückläufige Tendenz ersichtlich.

Die Europäische Zentralbank (EZB) überprüft anhand der Konvergenzberichte, ob alle Beitrittskriterien erfüllt sind. Ist dies der Fall, entscheidet der Europäische Rat über die endgültige Aufnahme der Kandidaten.

Die Konvergenzkriterien sind nicht nur beim Beitritt zur Wirtschafts- und Währungsunion von Bedeutung, sie müssen generell von allen Euro-Ländern eingehalten werden. Werden sie von einem Staat schwerwiegend verletzt, so kann die EU-Kommission Sanktionen verhängen, angefangen von Ermahnungen bis hin zur zinslosen Hinterlegung eines Eurobetrags oder zur Zahlung einer Geldstrafe.

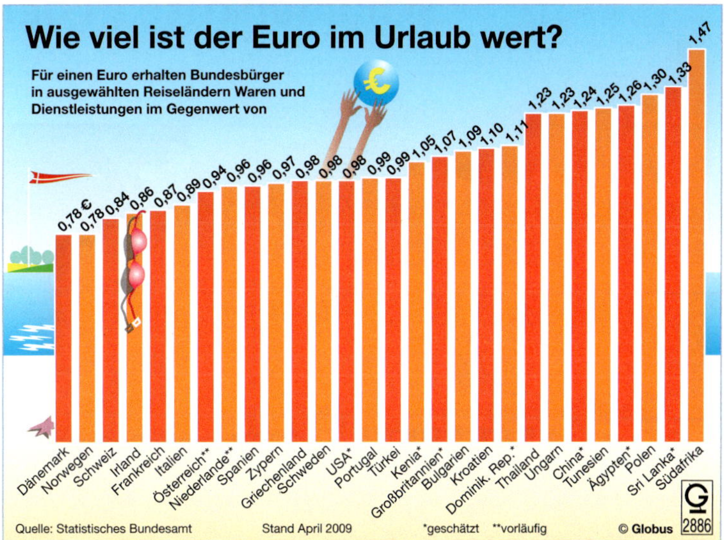

M 3 Der Wert des Euro auf Reisen

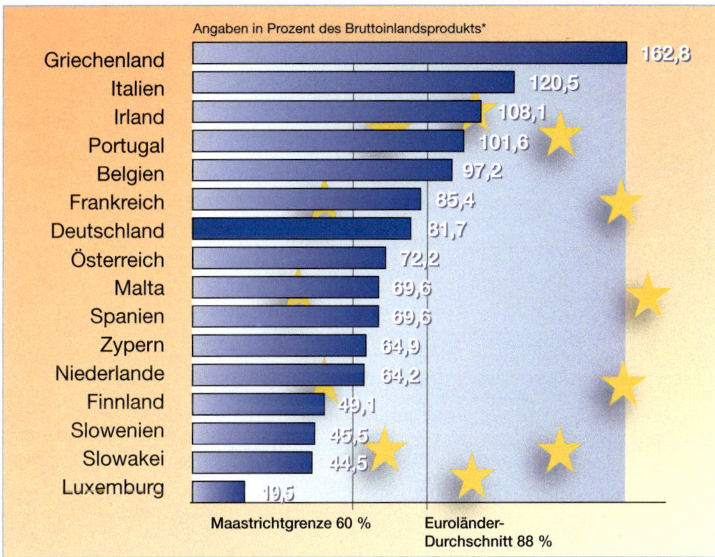

M 4 Staatsschulden der Euroländer 2011

1 Erläutere die Vorteile einer einheitlichen Währung (Text).

2 Mit dem Euro kann man sich nicht in jedem Mitgliedsstaat der WWU gleich viel kaufen. Erkläre das mithilfe von M 3.

3 Erläutere die Konvergenzkriterien. Warum ist es sinnvoll, dass sie von allen Euro-Staaten erfüllt werden müssen?

4 Untersucht M 4 und beschreibt die Verschuldung europäischer Staaten. Stellt fest, welche Staaten 2011 die Verschuldungsgrenze des Maastrichter Vertrags einhielten.

Schuldenkrise in der Eurozone

M 1 **Demonstranten protestieren vor dem Parlament in Athen gegen das neue Sparpaket der Regierung, Juni 2011**

Drohender Staatsbankrott

Gegen Ende des ersten Jahrzehnts des neuen Jahrtausends gerieten einige der Länder, die den Euro als Währung haben, in eine große Schuldenkrise. Sie konnten ihren Zahlungsverpflichtungen nicht mehr selbstständig nachkommen. Ihnen drohte der **Staatsbankrott**, also der finanzielle Zusammenbruch des Staates.

Das am meisten gefährdete Land war Griechenland, das 2001 der Eurozone beigetreten war. Es hatte bereits bei seinem Beitritt zur Eurozone ein großes Haushaltsdefizit und einen hohen Schuldenstand (s. M 4, S. 119), verschleierte dies aber zunächst. Nach einer neuen Regierungsbildung im Oktober 2009 legte Griechenland das tatsächliche Ausmaß seiner Schulden offen und bat EU und Internationalen Währungsfonds (IWF) um Hilfe, um einen Staatsbankrott abzuwenden.

Doch nicht nur Griechenland befand sich in der Krise. Auch Irland und Portugal konnten ihre Schulden nicht mehr aus eigener Kraft zurückzahlen. In geringerem Maße traf dies auch auf Italien und Spanien zu, die deshalb ebenfalls zu den Krisenstaaten gezählt werden.

IWF und EU verabschiedeten 2010 und 2011 mehrere so genannte **Rettungsschirme**, die mittels umstrittener politischer Mittel, vor allem Notbürgschaften und Notkrediten, einen Staatsbankrott in Griechenland, Irland und Portugal bislang verhindert haben. Auch die Europäische Zentralbank gab an die Krisenstaaten und deren Wirtschaft und Banken weitere Kredite.

Drastische Sparmaßnahmen

Die finanziellen Hilfsmaßnahmen durch IWF und EU wurden mit Sparauflagen verbunden, die große Einschnitte in die Wirtschaften und Sozialsysteme der betreffenden Länder bedeuteten. Die Staatsausgaben wurden radikal gesenkt, beispielsweise durch Stellenstreichungen im öffentlichen Dienst und Rentenkürzungen. Von Seiten der Bevölkerung gibt es immer wieder teilweise gewaltsame Massenproteste gegen diese drastische Sparpolitik. Kritiker weisen regelmäßig darauf hin, dass die Wirtschaft Griechenlands dadurch keine Chance hat, sich zu erholen. Wohin die finanziellen Rettungsmaßnahmen in Verbindung mit den riesigen Kürzungen der Staatsausgaben führen, darüber sind sich selbst Experten nicht sicher.

Bekämpfung der Ursachen

Im Dezember 2011 wurde von sämtlichen 17 Euro-Staaten der sogenannte Europäische Fiskalpakt beschlossen. Dieser Vertrag soll unter Androhung von Sanktionen verhindern, dass sich die Staaten, wie im Falle Griechenlands, zu stark verschulden können. Im Prinzip wurden diese sogenannten „Konvergenzkriterien“ bereits im Maastricht-Vertrag von 1992 festgelegt.

M2 „Solidarität ist keine Einbahnstraße“

(...) Jetzt muss Griechenland mal liefern. Auch die jetzt regierende Mehrheitspartei der Konservativen hat ja in der Vergangenheit die Reformprozesse eben nicht durchgeführt, hat sie verschleppt, und jetzt ist einfach mal die Entscheidung in Athen gefordert, dass sie jetzt das glaubwürdig umsetzen. Nur mehr Geld hineingeben, ohne die Reformen glaubwürdig umzusetzen, löst die Probleme nicht. (...)

Wenn die Voraussetzungen nicht erfüllt sind, wird Geld nicht ausgezahlt, und dann muss Griechenland entscheiden, welche Konsequenzen es daraus zieht, ob es dann endlich mal Ernst macht und nicht immer nur Versprechungen macht, die nicht gehalten werden. (...)

Interview mit Rainer Brüderle (FDP) im Deutschlandfunk am 24.08.2012; in: http://www.dradio.de/dlf/sendungen/interview_dlf/1848025/ (Zugriff: 16.1.2013)

M3 „Marshallplan“ für Griechenland?

„Das Land braucht eine glaubhafte Perspektive, und die kann es nur mit einem Marshallplan geben, der für Wirtschaftswachstum sorgt“, sagte der renommierte Harvard-Ökonom Philippe Aghion (...). Die werde durch die bisherigen Hilfsprogramme nicht gegeben. (...)

Wie eine Reihe anderer Experten stellen sich die beiden Wissenschaftler damit in radikale Opposition zu dem bisher geltenden Kurs, wonach es ungeachtet möglicher ökonomischer Folgen vor allem darauf ankommt, möglichst große Einsparungen zu erzielen. (...)

Hauptkritik ist, dass die radikalen Kürzungen und Steuererhöhungen der vergangenen eineinhalb Jahre zum einen an soziale Grenzen stoßen. Zum anderen hat sich gezeigt, dass die Wirtschaft angesichts des Nachfrageentzugs in eine immer tiefere Rezession (Wirtschaftskrise) gerät, die auch den Defizitabbau (Schuldenabbau) immer schwieriger werden lässt. (...)

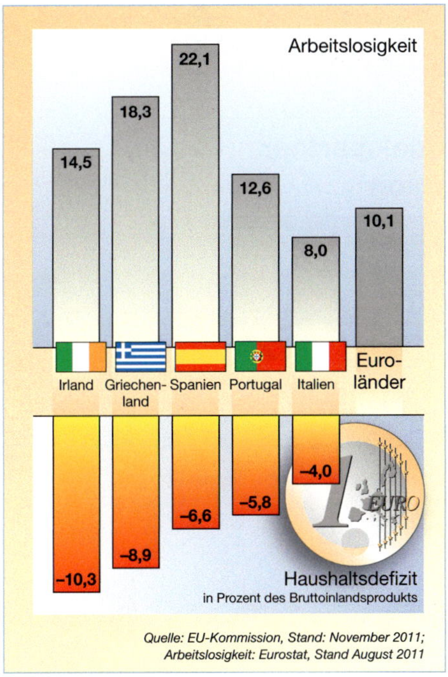

M4 Haushaltsdefizite* und Arbeitslosigkeit einiger Euro-Staaten 2011

Gleichzeitig müsse Griechenland jedoch ein realistischer Weg aus der jahrelangen Rezession aufgezeigt werden. „Die Konsolidierung *(Festigung)* ist nicht ausbalanciert: Am stärksten betroffen ist die ärmere Bevölkerung, Reiche kommen hingegen relativ gut weg“, sagte Aghion.

Mathias Ohanian/Hubert Beyerle: „Marshallplan“ für Griechenland, Stern v. 3.11.2011; in: http://www.stern.de (Zugriff: 5.3.2012)

1. Erklärt, warum sich einige Eurostaaten verschuldet haben.
2. Wertet die Grafik M4 aus und bewertet sie aus der Sicht einer nicht-europäischen Bank.
3. Beschreibt, was IWF, EU und EZB von Griechenland verlangen.
4. Erklärt, warum es in Griechenland zu massiven Protesten der Bevölkerung kam (M1 und Verfassertext).
5. Untersucht M2 und M3 und stellt die Vorschläge zur Lösung der Schuldenkrise gegenüber. Welche haltet ihr selbst für geeignet?
6. Verfolgt in den Medien aktuelle Berichte zur Schuldenkrise in der EU und diskutiert in der Klasse darüber.

Der EU-Außenhandel

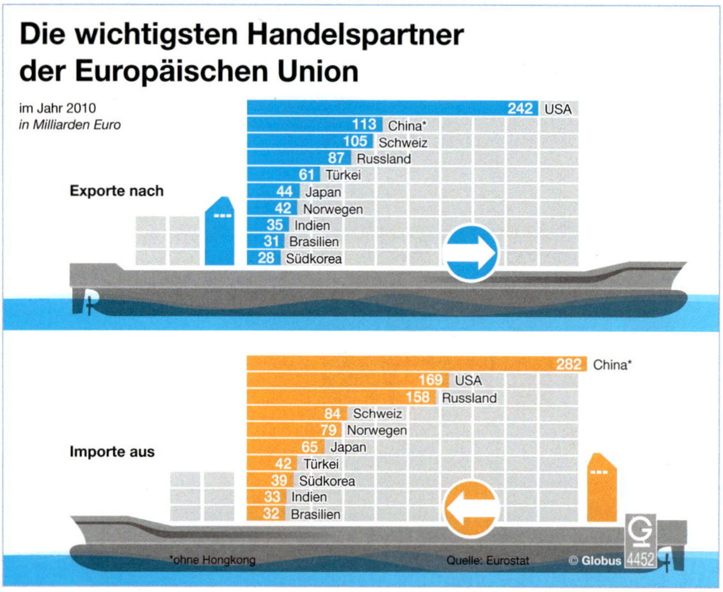

M 1 Handelspartner der EU

Ziele der Handelspolitik

Die Europäische Union ist mit einem Anteil von ca. 20 Prozent am weltweiten Import und Export die bedeutendste Welthandelsregion. Nach dem **EG-Vertrag** gehört die **Handelspolitik** zu den gemeinschaftlichen Politikbereichen, das heißt, dass hier alle Entscheidungen auf EU-Ebene getroffen werden.

Ein wichtiges Ziel der **EU-Handelspolitik** ist es, **Absatzmärkte** für europäische Ausfuhren zu öffnen. Dies geschieht zum einen auf internationaler Ebene in der Welthandelsorganisation (WTO). Zum anderen hat die Europäische Union zahlreiche Freihandelsabkommen mit anderen Staaten oder Handelsbündnissen abgeschlossen, um dieses Ziel zu erreichen. Handelsregeln sind international, der Handel selbst jedoch findet zwischen Käufern und Verkäufern, Exporteuren und Importeuren statt. Aus diesem Grund hat die EU auch ein Netz aus Handelsabkommen mit einzelnen Ländern und Regionen in der ganzen Welt geknüpft, z. B. mit ihren Nachbarn im Mittelmeerraum und mit Russland und den anderen Republiken der ehemaligen Sowjetunion.

Ihren Wohlstand verdankt die EU maßgeblich dem **Abbau von Handelshemmnissen**: Aus diesem Grund setzt sie sich auch nachdrücklich für die weltweite Liberalisierung des Welthandels ein. Mit der Aufhebung der Handelszölle zwischen den Mitgliedsstaaten wurden auch die Zölle gegenüber Einfuhren aus Drittländern vereinheitlicht. Das bedeutet, dass auf Waren, die in die EU eingeführt werden, einheitliche Einfuhrzölle erhoben werden, unabhängig davon, ob sie über Genua oder Hamburg eingeführt werden. Dadurch kann ein Fahrzeug aus Japan, auf das bei der Einfuhr nach Deutschland Einfuhrzoll gezahlt wird, nach Belgien oder in die Niederlande gebracht und dort genauso verkauft werden wie ein in Deutschland hergestelltes Fahrzeug. Es werden keine zusätzlichen Zölle erhoben. Die EU hat mit einem Durchschnittszoll auf die Einfuhren gewerblicher Erzeugnisse von vier Prozent das niedrigste Zollniveau weltweit.

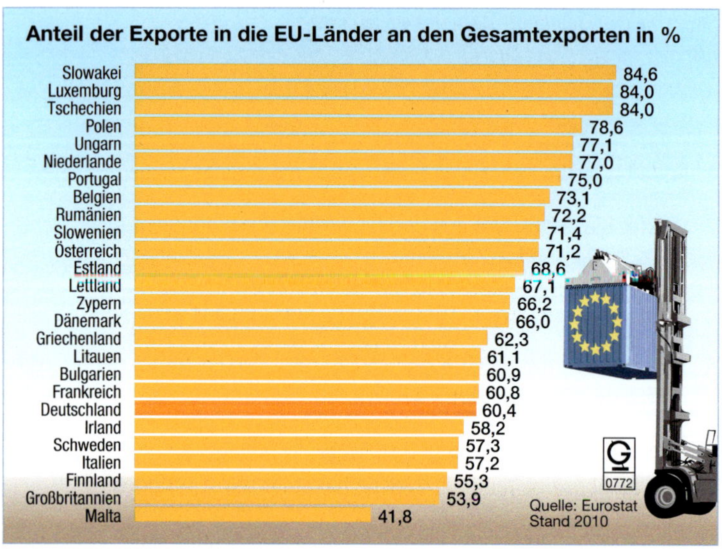

M 2 Handel innerhalb der EU

Europa darf nicht in Protektionismus verfallen. Protektionismus erhöht die Preise für Unternehmen und Verbraucher und verringert die Auswahl. Mittelfristig binden Maßnahmen, die einzelne Branchen vor auswärtiger Konkurrenz schützen sollen, Ressourcen, die produktivere Wirtschaftszweige besser verwenden könnten. Unser Wohlstand hängt vom Handel ab, deshalb würden Handelsschranken, die andere als Reaktion auf protektionistische Maßnahmen errichten könnten, unserer Wirtschaft nur schaden.

Kommission der EU, Brüssel, 4.10.2006

M 3 Offenheit der Märkte

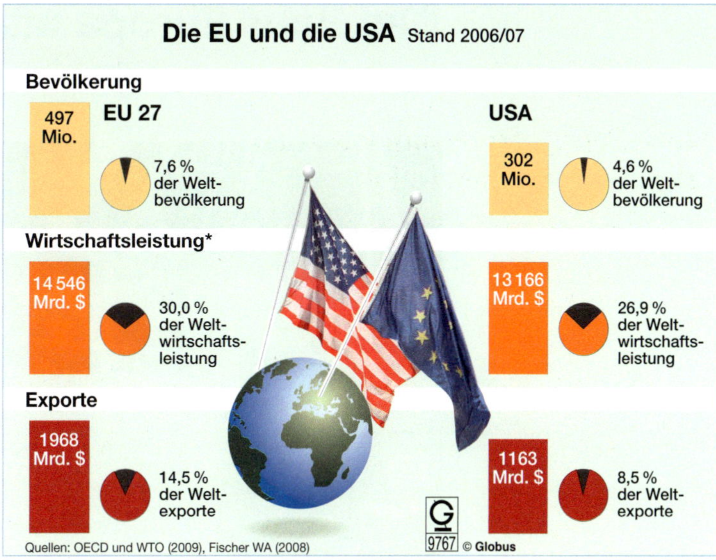

M 5 Die EU und die USA – ein Vergleich

Webcode: PE643585-121

M 4 Strafzölle gegen China

Die EU belegt Glasfaserimporte aus China Kreisen zufolge für fünf Jahre mit Strafzöllen. Darauf hätten sich Handelsvertreter der Mitgliedsstaaten in der vergangenen Woche geeinigt, hieß es am Dienstag aus Diplomaten- und Industriekreisen.

Der Strafzoll von 13,8 Prozent solle ab Mitte März greifen. Glasfasern werden für die Produktion von Windturbinen und Ultraleicht-Autos gebraucht. Europäische Produzenten werfen der Volksrepublik Preisdumping vor.

Der neue Zoll liegt zwar deutlich unter dem seit September übergangsweise geltenden Tarif von 43,6 Prozent. Weiterverarbeitende Unternehmen zeigten sich dennoch unzufrieden. „Die Windbranche ist heutzutage eine weltweite Industrie, und Handelsbeschränkungen helfen sicherlich nicht, die Kosten für Energie zu reduzieren," sagte Peter Brun, Vize-Chef des weltgrößten Turbinen-Herstellers Vestas.

Die Schutzzölle wurden eingeführt, nachdem europäische Glasfaserproduzenten Arbeitsplätze bedroht sahen. Die EU-Minister müssen das Vorhaben noch absegnen. In der Regel werden solche Vereinbarungen aber ohne Einwände verabschiedet.

EU verlängert Strafzölle auf chinesische Glasfasern, Süddeutsche Zeitung v. 2.2.2011; in: http://www.sueddeutsche.de (Zugriff: 5.3.2012)

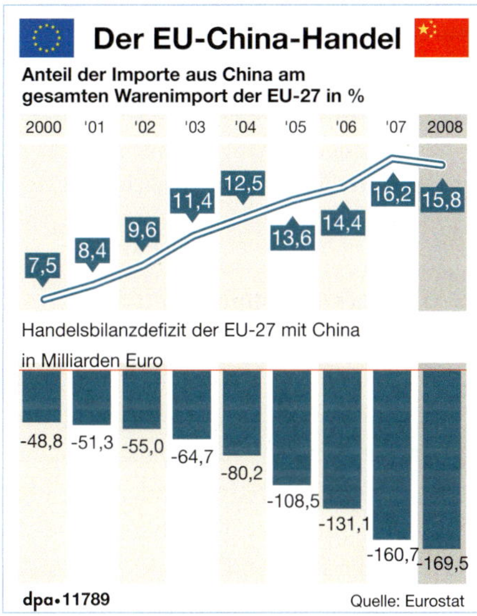

M 6 Die EU und Asien – ein Vergleich

1 Werte M 1 aus: Nenne die wichtigsten Handelspartner der EU!

2 Vergleiche die USA, den asiatischen Wirtschaftsraum und die EU: Bevölkerung, Wirtschaftsleistung und Exporte (M 5, M 6).

3 Erläutere die Ziele der EU-Handelspolitik (M 3).

4 Werte M 4 aus: Ist die darin geschilderte Maßnahme mit den Zielen der EU-Handelspolitik vereinbar? Diskutiert darüber in der Klasse.

5 Für viele EU-Staaten ist die EU der wichtigste Handelspartner (M 2). Nenne Vorteile und Gefahren.

Das Haus Europa als Festung?

M 1 Flüchtlinge aus Libyen landen auf der italienischen Insel Lampedusa, *Mai 2011*

M 2 Plakat der EU-Entwicklungszusammenarbeit

M 3 Drama vor Lampedusa

Vor der Küste der italienischen Insel Lampedusa müssen sich entsetzliche Szenen abgespielt haben – mindestens 25 Afrikaner sind auf einem Flüchtlingsschiff ums Leben gekommen. Im Laderaum des übervollen Boots hat die italienische Küstenwache die Leichen entdeckt, berichtete das Hafenamt von Lampedusa. Die Opfer, allesamt Männer und überwiegend noch jung, sind höchstwahrscheinlich erstickt. Insgesamt hatten sich knapp 300 Menschen auf dem etwa 15 Meter langen Boot zusammengedrängt. (…) 271 Migranten, darunter 36 Frauen und 21 Kinder, wurden von der Küstenwache nach Lampedusa in Sicherheit gebracht, berichteten italienische Medien. Das nahezu fahruntaugliche Boot kam nur mit Mühe vor dem Hafen der süditalienischen Insel an. Die Menschen mussten mit Schiffen an Land gebracht werden. (…) Seit Januar strandeten mehr als 43 000 Menschen an italienischen Küsten.

anr/dpa/dapd: Dutzende Flüchtlinge sterben auf überfülltem Boot, Spiegelonline 1.8.2011; in: http://www.spiegel.de (Zugriff: 4.3.2012)

Kampf gegen Armut

Über 800 Millionen Menschen, davon 200 Millionen Kinder, leiden weltweit an Unterernährung. Dieser Entwicklung haben die Industriestaaten und internationale Organisationen den Kampf angesagt. Die Europäische Union ist dabei eine der treibenden Kräfte. Bereits im April 2000 hatte die EU-Kommission eine Neuregelung der europäischen **Entwicklungszusammenarbeit** vorgeschlagen und den gemeinschaftlichen Kampf zur Reduzierung und Überwindung der Armut als Hauptziel definiert. Daneben leistet die EU finanzielle Hilfe bei Projekten im Bereich Gesund-

Webcode: PE643585-123

M4 **Lieferung von Hilfsgütern nach Nordkorea**

heit, Bildung, zur Aufhebung der Benachteiligung von Frauen und zur besseren Integration aller Staaten in die Weltwirtschaft.

Arten der Hilfe

Die **humanitäre Hilfe** der Europäischen Union umfasst drei Bereiche:

- **Soforthilfe** wird in Form von Barzahlungen für den Erwerb und die Bereitstellung lebensnotwendiger Güter wie Arzneimittel, Nahrungsmittel und Schutzvorrichtungen oder zur Finanzierung des Wiederaufbaus nach einer Katastrophe geleistet. Soforthilfe muss schnell und flexibel erfolgen.
- **Nahrungsmittelhilfe** wird auf zwei Arten bereitgestellt. Zunächst einmal liefert die Union die üblichen Mengen an Nahrungsmitteln an Regionen, die unter Hunger oder Dürre leiden, um eine sichere Nahrungsmittelversorgung zu ermöglichen, bis die normale Erzeugung wieder aufgenommen werden kann. Zum anderen stellt sie Sofortnahrungsmittelhilfe bereit in Fällen, in denen plötzliche Nahrungsmittelknappheit auftritt, z. B. infolge von Kriegen oder Bürgerkriegen oder nach Naturkatastrophen.
- Die EU und ihre Mitgliedsstaaten leisten **Flüchtlingen** Hilfe, die aus ihrem Land vertrieben wurden, sowie Vertriebenen, die innerhalb ihres Landes oder der Region fliehen mussten. Die Unterstützung durch die EU hilft ihnen über die Notlage hinweg, bis sie nach Hause zurückkehren oder sich in einem anderen Land niederlassen können. Dies hat sich als besonders wichtige Maßnahme in den Balkanstaaten erwiesen.

1 a Beschreibt M 1 und zieht M 3 hinzu. Vermutet, wie die Leute auf dem Schiff untergebracht sind und wie sie auf ihrer mehrtägigen Fahrt versorgt wurden.

b Überlegt, aus welchen Gründen Menschen unter solchen Bedingungen nach Europa kommen (M 1, Text und S. 270/271).

2 Stellt fest, wie die EU Problemen wie Hunger und Armut in der Welt begegnet (M 2, M 4, Autorentext).

3 Versucht mithilfe der Materialien dieser Doppelseite zu klären, wie man den Zustrom von Flüchtlingen begegnen könnte.

METHODE Arbeitsergebnisse präsentieren

M 1 **Präsentation mit Plakaten (oben); Präsentation mithilfe des Overheadprojektors (unten); freier Vortrag mit Notizen auf Karteikarten (rechts)**

Präsentation vorbereiten

Wenn die verschiedenen Arbeitsgruppen eurer Klasse die einzelnen Themen zu Europa erarbeitet haben, steht die Präsentation der Arbeitsergebnisse auf der Tagesordnung. Nichts ist langweiliger als ein langweiliges Referat! Also müsst ihr die Präsentation eurer Arbeitsergebnisse gut vorbereiten.

Wenn ihr dabei einige Regeln beachtet, gelingt euch sicher ein spannender Vortrag, dessen wichtigste Ergebnisse auch nicht gleich wieder vergessen werden.

1. Schritt:
Gliederung der Präsentation

In der **Einleitung** solltet ihr die Aufmerksamkeit der Zuhörerinnen und Zuhörer wecken, indem ihr das Thema benennt und beschreibt, welche Frage ihr untersucht und klären wollt. Ein Bild, eine Karikatur oder eine kleine Geschichte hilft das Interesse zu wecken. Am Ende der Einleitung informiert ihr eure Zuhörer auch darüber, auf welche Materialien und Quellen ihr eure Präsentation stützt.

Im **Hauptteil**, der wiederum gut gegliedert sein muss, informiert ihr anhand von Materialien (Schaubildern, Grafiken, Tabellen, Textauszügen) schrittweise über euer Thema, indem ihr die Frage aus der Einleitung wieder aufnehmt und mit klaren Aussagen beantwortet.

Der **Schlussteil** (Zusammenfassung) fasst die wesentlichen Aussagen zum Thema nochmals zusammen und zeigt auf, welche Fragen offen sind.

2. Schritt:
Gliederung und Kernaussagen visualisieren (veranschaulichen)

Ihr alle wisst aus Erfahrung, dass sich nach kurzer Zeit während eines Vortrages die Aufmerksamkeit nachlässt. Dem kann man mit verschiedenen Hilfsmitteln entgegenwirken. Auf jeden Fall sollte man die Gliederung der Präsentation an die Tafel oder auf eine Overheadfolie schreiben.
Wenn man die wichtigsten Aussagen des Hauptteils auf Overheadfolien oder in einer Powerpoint-Präsentation in den Vortrag einblendet, unterstützt man die Zuhörerinnen und Zuhörer. Der Einsatz einer Powerpoint-Präsentation lohnt nur bei einem längeren Vortrag. Der Einsatz der Folien (Overhead/Powerpoint) muss sparsam erfolgen. Eingeblendete Materialien sind kein Selbstzweck, vielmehr sollen sie den Informationsgehalt der Präsentation verstärken und nicht von ihr ablenken. Anstelle einer Powerpoint-Präsentation könnt ihr eurer Material auch an einer Wandzeitung oder an der Tafel darstellen.

3. Schritt:
Frei und zur Klasse sprechen

Abgelesene Texte schläfern ein! Also müsst ihr versuchen, möglichst frei zu sprechen und immer zur Klasse und nicht zur Tafel oder zu der Projektionswand. Das frei Sprechen kann man üben: Zunächst notiert ihr euch Stichworte eures Vortrages und lernt die Reihenfolge auswendig. Dann „probt“ ihr den Vortrag vor Freunden oder vor einer kleinen Gruppe, das machen Politiker und bekannte Redner auch! Jetzt seid ihr fit für eine spannende und interessante Präsentation. Wenn ihr beim Vortrag hängen bleibt, sagt ihr einfach: „Jetzt muss ich mal auf meinen Zettel schauen“, das nimmt euch niemand übel.

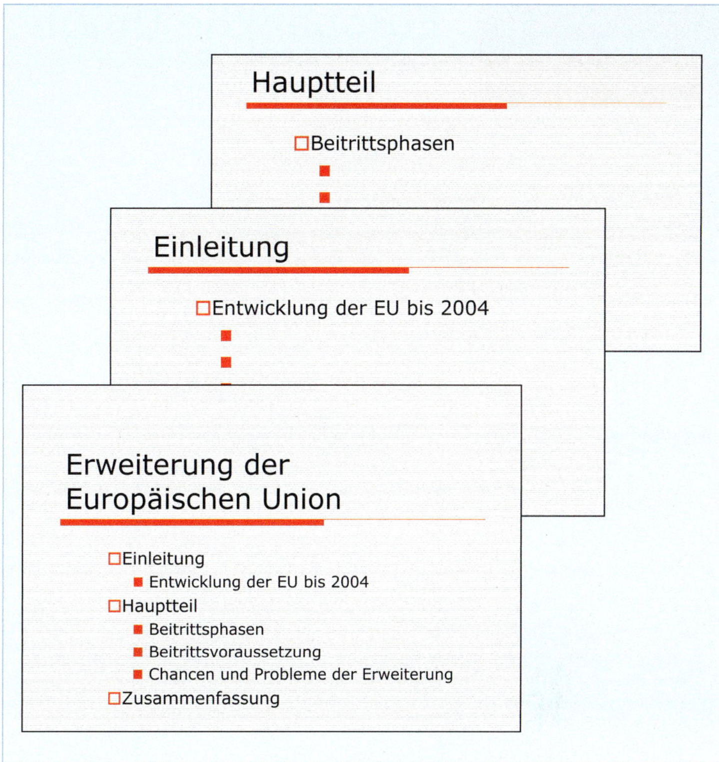

M 2 **Beispiel zur Gliederung von Powerpointfolien**

4. Schritt:
Handout verteilen

Am Ende eurer Präsentation verteilt ihr ein Blatt (Handout) mit den wichtigsten Ergebnissen an die Klasse und fordert zur Diskussion auf.

Wichtiger Hinweis

Oft scheitert eine Präsentation daran, dass im entscheidenden Augenblick der Laptop oder der Beamer nicht funktioniert oder gerade ausgeliehen ist bzw. ein wichtiges Kabel fehlt. Deswegen müsst ihr das benötigte Gerät frühzeitig reservieren, überprüfen und ausprobieren.

1 Erarbeitet mithilfe der vier Schritte die Präsentation eurer Selbstarbeit zu einem Thema aus dem Bereich der EU.

2 Bittet nach eurer Präsentation um eine Rückmeldung (Feedback) zu Inhalt und Darstellung eurer Arbeit.

KOMPETENZ-Trainer

Europäische Union

Montanunion	Subsidiaritätsprinzip	Gemeinsamer Markt für Kohle und Stahl	Oberstes Gericht in der EU. Wahrt und gestaltet das Europa-Recht
Vertrag von Maastricht	Schengener Abkommen	Aufgaben sollen möglichst von untersten Einheiten wahrgenommen werden.	Gemeinsame Außenzölle
Kopenhagener Kriterien	Römische Verträge	Beschlüsse über gemeinsame Währungs-, Außen- und Sicherheitspolitik	Müssen erfüllt sein, um der EU beitreten zu können
Europäische Zentralbank (EZB)	Europäischer Gerichtshof	„Hüterin des Euro". Sorgt für Preisstabilität in der EU	Abschaffung gegenseitiger Grenz- und Passkontrollen
Zollunion	Dienstleistungsrichtlinie	Europäische Wirtschaftsgemeinschaft	Regelt den europäischen Binnenmarkt im Bereich der Dienstleistungen

M 1 Begriffsmemory

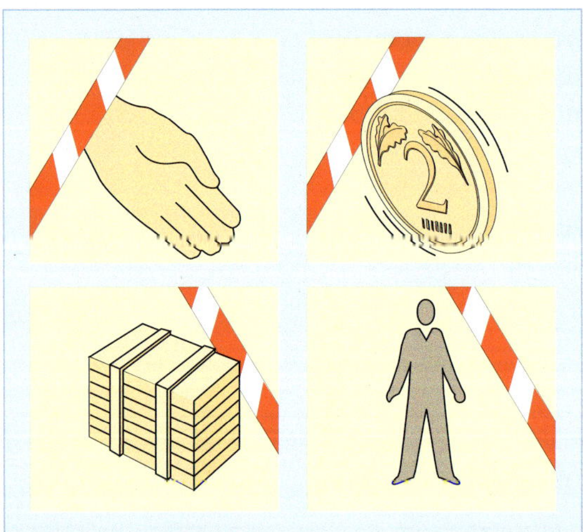

M 2 Die vier Freiheiten

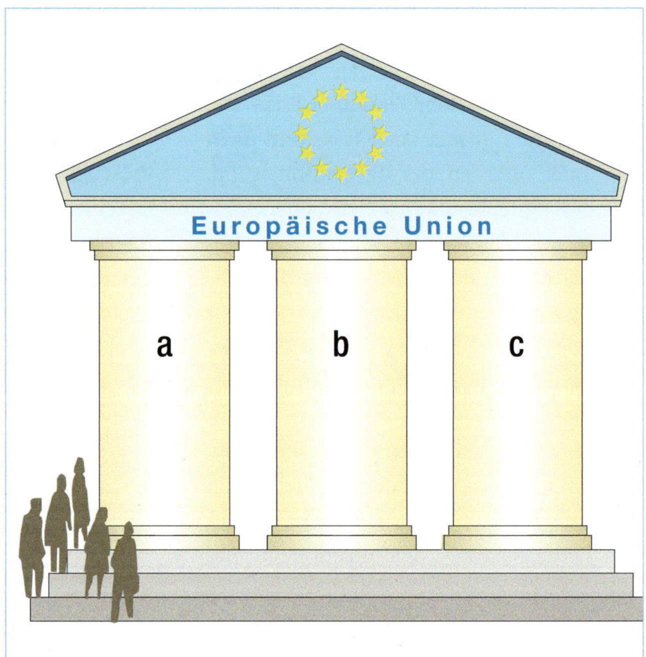

M 3 Die drei Säulen der Europäischen Union

M4 *Karikatur: Gottscheber*

M5 *Karikatur: Mohr*

M6 **Offizielles EU-Logo zum 50. Jahrestag der Unterzeichnung der Römischen Verträge, Designer: Skrzypczak Szymon, 2007**

M7 The Economist, Titelblatt, 21.6.2008

Sachwissen und Analysekompetenz

1 Ordnet die Memorykärtchen richtig einander zu.

2 **a** Benennt die in M2 dargestellten vier Freiheiten.
b Erläutere jeweils die Bedeutung.

3 **a** Fertige eine Skizze des Schaubildes M3 in deinem Heft an. Schreibe unter die Skizze jeweils, welche Säule mit a, b und c gemeint ist.
b Erläutere das Schaubild.

Analyse-, Methoden- und Urteilskompetenz

4 **a** Analysiert die Karikaturen M4 und M5.
b Welche Probleme und Ängste werden angesprochen? Ordnet die Karikaturen in den Prozess der europäischen Einigung ein.

5 **a** Wertet das Logo M6 aus. Welche Aussage könnte das Plakat haben?
b Informiert euch in den Medien (z. B. Internet) über die aktuelle Situation zum Vertrag von Lissabon. Ordnet M7 in die Entwicklung ein und berichtet in der Klasse.

6 Globalisierung

Am Ende dieses Kapitels kannst du

- verschiedene Definitionen von Globalisierung vergleichen
- positive und negative Folgen der Globalisierung ermitteln
- Ursachen von globalen Entwicklungsunterschieden darlegen
- über globale Wirtschaftsbeziehungen und deren weltweite Auswirkungen berichten
- Interessen der verschiedenen Akteure am Globalisierungsprozess benennen
- Ansätze zur nachhaltigen und gerechten Gestaltung der Globalisierung erläutern
- Konzepte der Entwicklungspolitik hinsichtlich ihrer Nachhaltigkeit untersuchen
- den Einfluss internationaler Organisationen auf den Globalisierungsprozess beschreiben
- Chancen und Risiken des Globalisierungsprozesses für dich und andere bewerten

1 Betrachtet die Bilder dieser Auftaktseite und notiert, welche Seiten der Globalisierung sie zeigen.

Die Welt wächst zusammen

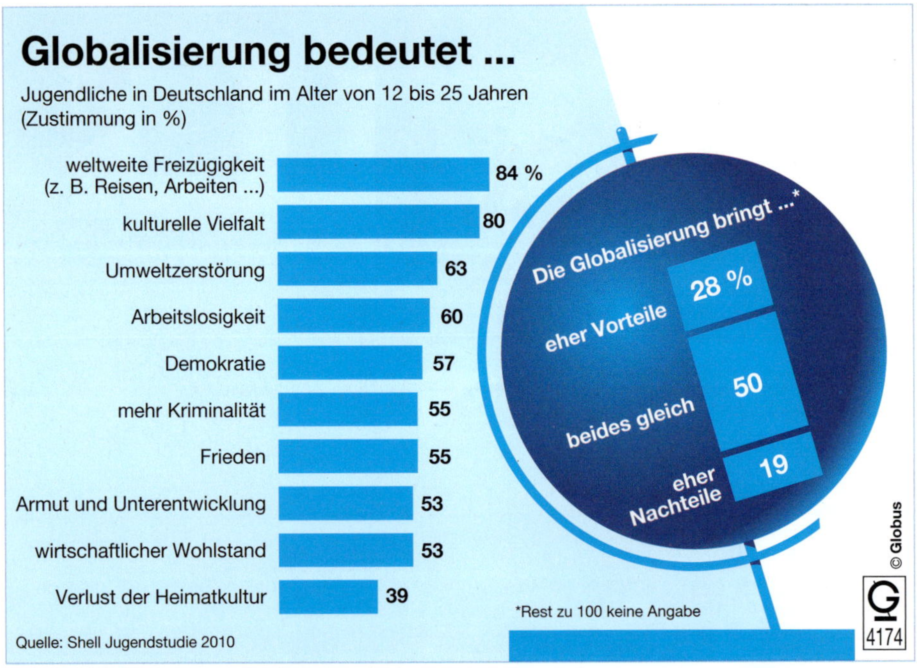

M 1 Meinungen von Jugendlichen zur Globalisierung

Was ist Globalisierung?

Das Wort „global" leitet sich vom lateinischen Wort „globus" (Kugel) ab. Global bedeutet: auf die ganze Erde bezogen, weltumspannend. Die Globalisierung ist keine neue Erscheinung.

Sie begann bereits zu Beginn der Neuzeit mit der Entdeckung Amerikas durch Kolumbus 1492 und mit der Entdeckung des Seewegs nach Indien durch Vasco da Gama 1498. Damit war erstmals der gesamte Globus für den Welthandel erschlossen. Die folgenden Jahrhunderte waren gekennzeichnet von einer immer engeren wirtschaftlichen und kulturellen Bindung der Länder der Erde untereinander.

Heute versteht man unter „Globalisierung" im engeren Sinne die zunehmende wirtschaftliche Verflechtung und vertiefte Arbeitsteilung in der **Weltwirtschaft**. Der Begriff „Globalisierung" hat zusätzlich eine erweiterte Bedeutung. Allgemein beschreibt sie die Tendenz zur Intensivierung weltweiter Verflechtungen über die Wirtschaft hinaus – etwa auf politischer, technischer, kommunikativer, ökologischer und kultureller Ebene. Demnach kann man von verschiedenen Dimensionen der Globalisierung sprechen.

Gegner und Befürworter

Wie kein anderer Begriff spaltet die Bezeichnung Globalisierung die Gesellschaft in Befürworter und Gegner. Während die einen darin neue Möglichkeiten weltweiter wirtschaftlicher Entwicklung sehen, befürchten die anderen den Verlust von sozialen Errungenschaften und das weitere Absinken der Dritten Welt in Armut und Elend. Nicht ohne Grund forderte der ehemalige UN-Generalsekretär Kofi Annan eine „Globalisierung mit menschlichem Antlitz".

M2 Der Beginn der Globalisierung

Der englische Ökonom Adam Smith (1723–1790) erkannte bereits im Jahr 1776:

Die Entdeckung Amerikas und des Seeweges nach Ostindien um das Kap der Guten Hoffnung sind die beiden größten und bedeutendsten Ereignisse in der Geschichte der Menschheit. Ihre Folgen sind zwar bereits recht beachtlich gewesen, doch ist es noch nicht möglich, in dem kurzen Zeitraum von zwei bis drei Jahrhunderten, die seither vergangen sind, die Auswirkungen in ihrer ganzen Tragweite erkennen zu können. Und keine menschliche Klugheit und Umsicht kann voraussehen, welche Wohltaten und welches Unglück der ganzen Menschheit aus diesen einmaligen Entdeckungen erwachsen werden. Ganz allgemein dürften sie wohl in der Tendenz nützlich und förderlich sein, da sie die entlegensten Gebiete der Welt in gewissem Umfang zusammengeführt und es ihnen möglich gemacht haben, sich gegenseitig zu helfen, den Bedarf an Nötigem und Annehmlichem im Austausch zu decken und Gewerbe und Handel untereinander zu fördern.

Zit. nach: Holger Afflerbach, Das entfesselte Meer. Die Geschichte des Atlantik. München (Piper) 2003, S. 188

Weltweite Entgrenzung

Die starren Grenzen früherer Zeiten haben sich aufgelöst: Man kann sagen, dass die ganze Welt miteinander vernetzt ist. Entwicklungen auf dem einen Kontinent oder in einen Land haben immer auch Auswirkungen auf andere Länder und Kontinente:

- Die Verschmutzung der Umwelt in den alten und vor allem neuen Industriestaaten wie China muss als globales Problem betrachtet werden. Politische Lösungen können daher nur auf globaler Ebene verhandelt werden.

M3 Mit seinem Video zu „Gangnam Style" schreibt der koreanische Rapper Internet-Geschichte. Es ist nicht nur das meistgesehene Video der Welt, sondern auch das erste, das auf der Plattform YouTube mehr als eine Milliarde Mal angeklickt wurde. *(Screenshot vom 26.12.2012)*

- Die Krise bei der Finanzierung von Eigenheimen in den USA 2008/2009 löste eine weltweite Finanzkrise und einen weltweiten Rückgang der Wirtschaftsleistung aller Staaten in der Welt aus, die Krise machte an keiner Grenze halt.
- Neue Musik- und Videoclips, die in einem Land produziert werden, finden schnell Anklang bei Menschen auf der ganzen Welt, da das Internet die grenzenlose Kommunikation zum Beispiel über YouTube ermöglicht. Das können auch die Zensurmaßnahmen autoritärer Staaten nicht verhindern.

1 Beschreibt mit euren Worten, was der Begriff Globalisierung meint.

2 Erläutert, warum manche Menschen die Globalisierung kritisch sehen. Diskutiert, wie ihr zu den Eindrücken der befragten Jugendlichen (M 1) steht.

3 Lest M2 und notiert in Stichworten warum Adam Smith 1776 die Entdeckung Amerikas und des Seeweges nach Ostindien für große Errungenschaften hielt.

4 Informiert euch im [Internet] über die Ursachen der Globalisierung sowie die Vor- und Nachteile dieser Entwicklung.

Waren reisen um die Welt

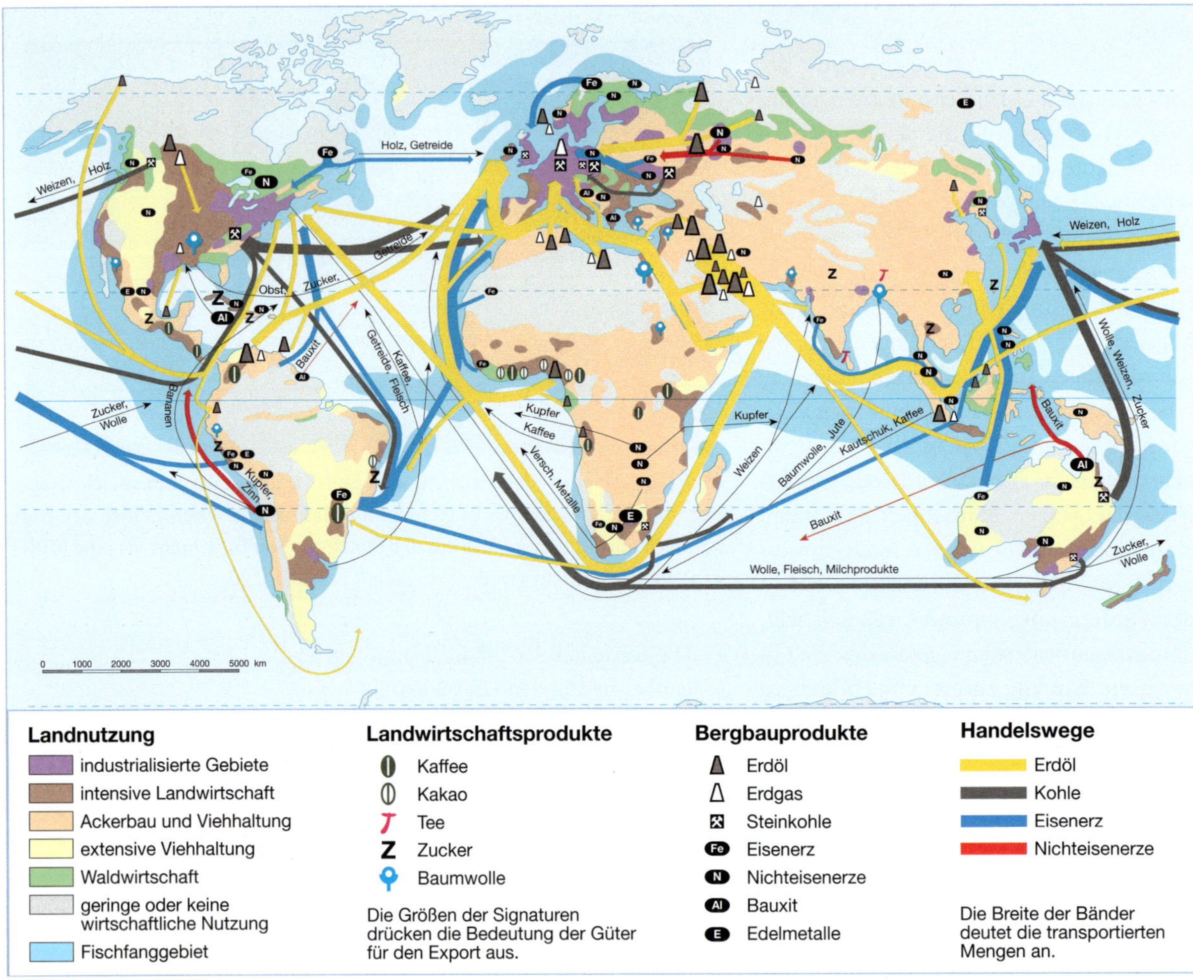

M1 Hauptwege des Welthandels

Seit Jahrtausenden fahren Menschen zur See. Das Meer entwickelte sich zum weltweiten Verkehrsweg für Personen und Güter. Heute ist die Seeschifffahrt der Haupttransportträger des Welthandels. Es werden vorwiegend Rohstoffe und Industriegüter transportiert. Wie sieht das Netz von Seewegen für Rohstoffe aus, das die Weltmeere durchzieht? Welche Handelsbeziehungen entwickelten sich?

Weltseeverkehr

Handelsschiffe wählen aus wirtschaftlichen Gründen den kürzesten Weg. So bilden sich Seewege heraus, die oft von Hunderten von Schiffen in dichter Reihenfolge befahren werden. Nadelöhre des Seeverkehrs sind die europäischen Nebenmeere, Meerengen wie die Straße von Dover, die Floridastraße, das Kap der Guten Hoffnung, die Straße von Hormus und die Malakkastraße sowie die drei großen Seekanäle, der Nord-Ostsee-Kanal, der Sueskanal und der Panamakanal. Die **Seeschifffahrtskanäle** wurden gebaut, um die Wege zu verkürzen und den Verkehr zwischen Atlantik und Pazifik zu erleichtern.

Austausch von Rohstoffen

Die **Rohstoffe** der Erde sind ungleichmäßig verteilt. Ländern, die reich an Rohstoffen sind, stehen rohstoffarme Länder gegenüber. Es gibt Länder, die ihre Bevölkerung nicht mit eigener landwirtschaftlicher Produktion ausreichend ernähren können. Andere Staaten erzeugen jedoch hohe Überschüsse an Grundnahrungsmitteln. Genussmittel wie Kakao, Tee und Kaffee sowie Südfrüchte wachsen nur in Ländern der subtropischen und tropischen Klimazonen. Eine Reihe von Industrieländern, darunter auch Deutschland, ist auf mineralische Rohstoffe aus anderen Ländern angewiesen. Japan muss mehr als 95 Prozent aller Rohstoffe für die industrielle Produktion importieren.

Energierohstoffe

Auch die Energierohstoffe sind äußerst ungleich verteilt. Neben den Schiffstransport tritt bei Erdöl und Erdgas auch der Transport per Pipeline.

M2 Rohstoffe in Deutschland

Gas-Pipelines: Der Kampf gegen die Energieabhängigkeit

(...) Europa kann heute nur etwa 40 Prozent seines Erdgasverbrauchs aus eigenen Vorkommen decken. Der Rest muss importiert werden. Hauptlieferant ist Russland. Schätzungen zufolge wird die Abhängigkeit Europas von Erdgasimporten in den kommenden 20 Jahren von rund 60 Prozent auf etwa 80 Prozent steigen.

Gasstreit mit der Ukraine und Weißrussland

Welche Konsequenzen diese Abhängigkeit hat, wurde den Europäern während des russisch-ukrainischen Gasstreits vorgeführt. (...) Am 1. Januar 2006 unterbrach der russische Staatskonzern Gasprom die Erdgaslieferungen. Jan Blomgren analysierte daraufhin in der schwedischen Zeitung Dagens Nyheter die strategische Bedeutung des Streits: „Moskau geht es darum, die Kontrolle über die Gasleitungen zu erlangen, die nahezu 50 Prozent des Energiebedarfs der EU decken. (...)"

Der russische Gasprom-Konzern, der die weltweit größten Erdgasvorkommen besitzt, strebt danach, auch die Infrastruktur, also die Pipelines zu seinen Klienten zu kontrollieren. „(...) Wer nicht nur die begehrten Energieträger Gas und Öl besitzt, sondern gleichzeitig auch noch Pipelines kontrolliert, verfügt grundsätzlich über stärkere wirtschaftliche – und damit potenziell auch politische – Einflussmöglichkeiten gegenüber den Abnehmerländern", berichtete Reinhard Meier am 3. Januar 2006 in der Neuen Zürcher Zeitung. (...)

Während Russland versucht, die Kontrolle über die in Sowjetzeiten verlegten Pipelines nach Europa zurückzugewinnen, sichert es zugleich seine Position durch Investitionen in neue Pipelineprojekte. Beispielhaft stehen dafür die „Blue stream"-Pipeline durch das Schwarze Meer und die Nordeuropäische Gasleitung durch die Ostsee. (...)

Neue Pipelineprojekte unter russischer Beteiligung

(...) Das in Europa wohl umstrittenste Pipelineprojekt ist die Nordeuropäische Gasleitung, besser bekannt als Ostsee-Pipeline. 2005 hatten der damalige deutsche Bundeskanzler Gerhard Schröder und der russische Präsident Wladimir Putin den Bau der Pipeline vereinbart. (...) Russland bekommt damit erstmals einen direkten Zugang zum europäischen Markt und vermeidet Transitländer, was vor allem in den baltischen Ländern und Polen zu heftiger Kritik führte, weil sie sich übergangen fühlten.

M3 www.eurotopics.net *(Michael Kaczmarek, 20.06.2007)*

1 Beschreibt den Weg des Erdöls aus dem Nahen Osten nach Europa. Benutzt die Namen der Seehäfen, Länder, Kontinente, Meere, Meerengen und Seekanäle (M 1, Atlas).

2 Erläutert Seewege für den Handel mit einem Landwirtschaftsprodukt und einem Bergbauprodukt (M 1).

3 Gestaltet Wandzeitungen zum Thema: „Die drei großen Seeschifffahrtskanäle".

4 a Handelsrouten und Pipelines dienen nicht nur wirtschaftlichen Interessen. Zeigt dies am Beispiel von M 3.

b Recherchiert im Internet den weiteren Verlauf und die Auswirkungen den Gasstreits zwischen Russland und der Ukraine.

Weltreise einer Jeans

Man nehme aus Italien: 1–2 m Denimstoff, 6 Nieten und ein Lederetikett. Aus Deutschland: 274 m Nähgarn, ein Stofflabel plus Edelstahlknopf. Dazu gebe man Taschenfutter aus Frankreich und einen Reißverschluss aus Belgien, nähe alles zusammen, und fertig ist es, das Jeansmodell „Sunny" der Firma H.I.S. – sollte man denken.

Leider ist es nicht ganz so einfach, denn bis „Sunny" gefaltet im Regal liegt, reist sie 3 Monate lang durch die Welt und legt mehr als 2000 km zurück. Ihre Geschichte beginnt auf einer Baumwollplantage in Amerika, Usbekistan, Griechenland oder Syrien. Von dort wird die gepflückte Baumwolle in eine italienische Weberei gebracht, zu Denimstoff verarbeitet und mit dem Farbstoff Indigo dunkelblau eingefärbt. In der H.I.S.-Zentrale im bayerischen Garching wird inzwischen der Schnitt entworfen.
Gemeinsam mit Reißverschluss, Nieten und Knöpfen gehen dann Schnitt und Stoffe nach Tunesien. Zwischen 150 und 250 Näher und Näherinnen arbeiten hier an „Sunny" – für zwei Euro pro Stunde. „Der Kunde würde uns den Stundenlohn einer deutschen Näherin von rund 15 Euro nicht zahlen", sagt der Vorstandsvorsitzende der H.I.S.-Sportswear AG.
Aus Nordafrika wird die fertig genähte Hose in die Wäscherei nach Italien geschickt. Um eine gebrauchte Optik zu bekommen, wird sie dort wahlweise mit Steinen gewaschen, mit Schmirgelpapier abgerieben oder mit einer dünnen, weißen Farbschicht besprüht und – um waschfest zu werden – im Backofen getrocknet. Anschließend fahren die fertigen „Sunnys" im LKW zurück nach Garching, werden kontrolliert, abgepackt und an 4000 Geschäfte in ganz Europa geliefert.
Die einzelnen Jeansmodelle werden genau kalkuliert, was bedeutet, dass jedes in einer anderen Näherei zusammengesetzt wird – in acht verschiedenen Ländern Nordafrikas oder Osteuropas. Rund fünf Millionen H.I.S.-Jeans entstehen so im Jahr, über 80 000 davon sind „Sunnys". Ihr Markenzeichen: leicht ausgestellte Beine. Im Geschäft zahlt man, je nach Waschung, zwischen 53 und 70 Euro. Was „Sunny" in der Produktion kostet, das will man uns natürlich nicht verraten.

W. K. Moeser, STERN 19/2002, S. 110, leicht verändert

M 1 Reisetagebuch einer Jeans

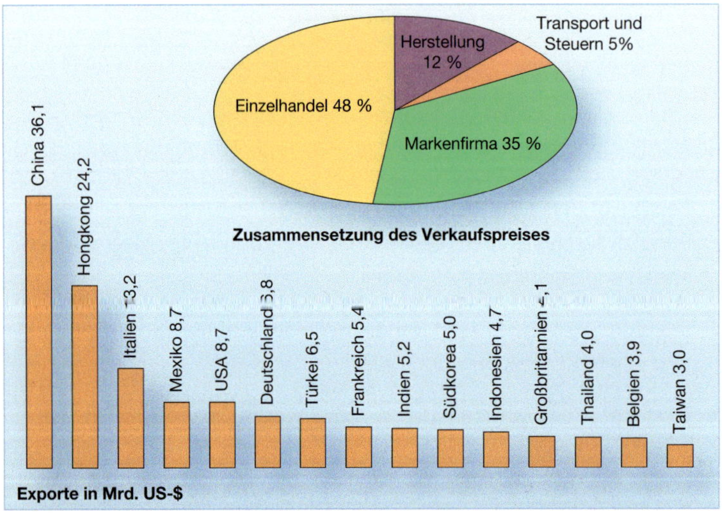

M 2 Zahlen zur Textil- und Bekleidungsindustrie

Textilien auf Reisen

Die Textil- und Bekleidungsindustrie in den Industrieländern begann schon in den 1960er-Jahren, ihre Produktionsstandorte in Billiglohnländer zu verlagern. So wurde Mittelamerika zur Nähstube der USA, Japan ließ in den südostasiatischen Staaten nähen und westeuropäische Textilunternehmer in den Mittelmeerländern, später auch in Osteuropa.
Heute wird der größte Teil der Textilien weltweit in Entwicklungsländern hergestellt, oft in Heimarbeit oder kleinen Hinterhof-Nähstuben.

M3 Baumwollfasern

Baumwollfasern Ernte in Mio. t	2003	2005	2008/2009
VR China	4,860	5,714	7.947
Indien	2,334	3,332	5.443
USA	3,975	5,201	2.945
Pakistan	1,709	2,214	1.960
Brasilien	0,737	k. A.	1.361
Usbekistan	0,945	1,250	1.110
Türkei	0.900	0,864	501
Australien	0,387	0,645	283
Turkmenistan	0,235	0,330	283
Weltproduktion	**19,429**	**24,809**	**24.574**

M4 Produktion von Baumwollfasern, *Quelle: USDA (United States Department of Agriculture)*

Baumwolle für die Jeansproduktion

Baumwolle ist ein wichtiger Rohstoff für die Bekleidungsindustrie. Aufgrund des steigenden Bedarfs hat man in den letzten Jahrzehnten die Produktion erheblich gesteigert. Das war möglich durch künstliche Bewässerung und den Einsatz von Pflanzenschutzmitteln. Dieser erfolgt in den ärmeren Ländern oft völlig unkontrolliert. So erleiden in den Entwicklungsländern jährlich über eine Million Arbeitskräfte schwere Vergiftungen, da sie ohne Schutzkleidung und häufig barfuß auf den Baumwollplantagen arbeiten. Aber auch Böden und Wasser werden durch den Einsatz von Pflanzenschutzmitteln vergiftet.

Produktionsbedingungen in Entwicklungsländern

Modefirmen und Bekleidungshäuser lassen ihre Kleidungsstücke bevorzugt in Entwicklungsländern herstellen, weil dort die Produktionskosten wesentlich niedriger sind. Da soziale Standards, wie sie in **Industriestaaten** üblich sind, nicht eingehalten werden, zahlen die Arbeitskräfte für diese niedrigen Produktionskosten oft einen hohen Preis:

- sehr niedrige Löhne,
- keinerlei soziale Absicherung,
- Unfallgefahr und Gesundheitsschäden durch fehlende Sicherheitsvorschriften,
- Kinderarbeit.

Regionale Struktur des Außenhandels mit Textilien und Bekleidung	Ausfuhr (in Mio. Euro)	Einfuhr (in Mio. Euro)
EU	11 021	7 673
darunter Österreich	2 141	792
Niederlande	1 772	856
Frankreich	1 773	792
Italien	1 075	2 482
Großbritannien	1 058	521
Belgien/Luxemburg	974	997
Spanien	766	–
übriges Europa	6 499	9 430
darunter Schweiz	1 203	557
Tschechische Republik	973	816
Polen	986	978
Rumänien	597	1 095
Amerika	869	391
darunter USA	628	243
Afrika	404	745
Asien	976	9 439
Australien/Ozeanien	84	5
nicht ermittelte Länder und Gebiete	13	1
Welt	**19 865**	**27 684**

M5 Struktur des Textilaußenhandels 2004

1 Zeichnet in eine Weltkarte die Reisewege der Jeans und ihrer Bestandteile ein (M 1).

2 Nennt die Hauptexportländer von Baumwolle (M 4) und von Textilien (M 2 und M 5).

3 Berichtet über die Situation der Arbeitskräfte in den Entwicklungsländern (Text, Internet).

Wer handelt mit wem?

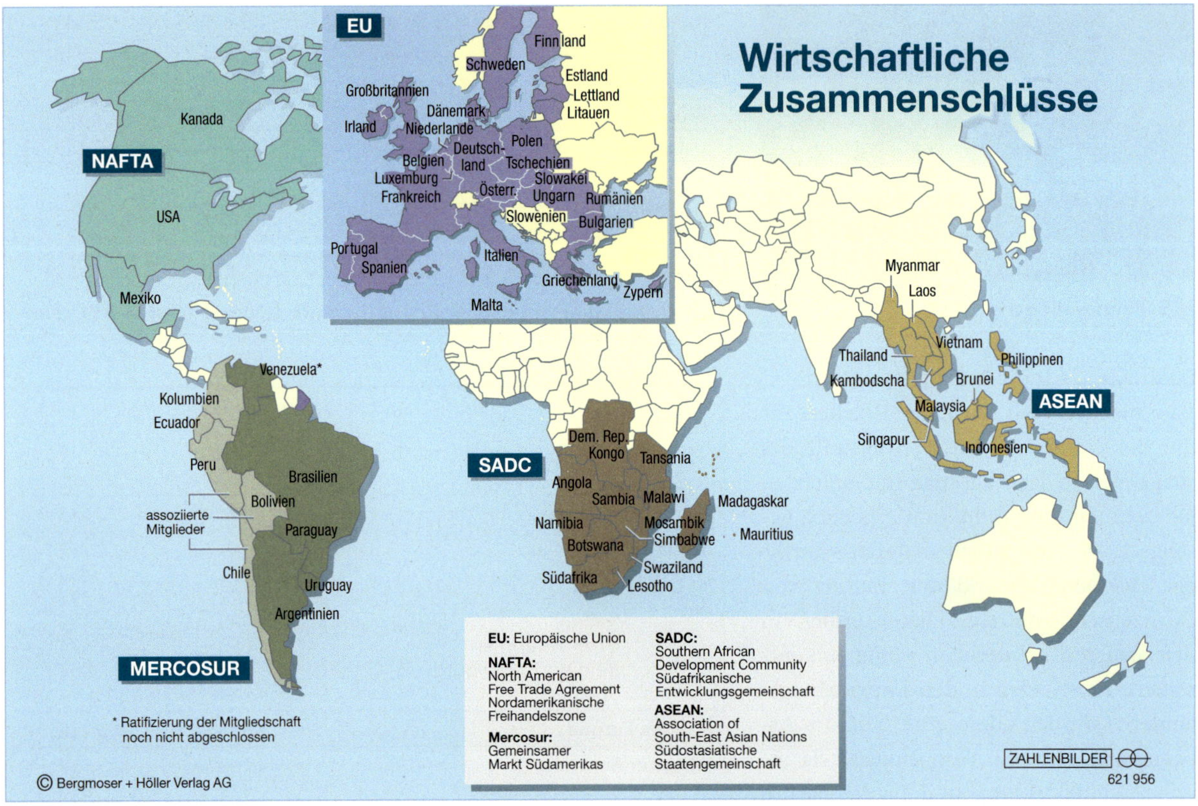

M 1 **Große Freihandelszonen der Erde**

Freihandelszonen

- AFTA (ASEAN Free Trade Area), seit 1994 (Vorgänger seit 1967): www.aseansec.org/economic/afta/afta.htm
- NAFTA (North American Free Trade Area), seit 1994: www.nafta-sec-alena.org/DefaultSite/index.html
- EU (Europäische Union), seit 1993 (Vorgänger seit 1957): www.europa.eu.int
- MERCOSUR (Mercado Común del Cono Sur), seit 1995: www.mercosur.org.uy

Freihandelszonen gegen einen freien Welthandel

Um für alle Staaten der Erde gleiche Voraussetzungen für den Zugang zum Weltmarkt zu schaffen, setzt sich die Welthandelsorganisation (WTO) für den Abbau aller **Zollschranken** ein. Dem steht jedoch die Bildung von Freihandelszonen und Wirtschaftsblöcken entgegen.

Freihandelszonen sind Bündnisse mehrerer Staaten, die Zollschranken untereinander zwar abschaffen, die Handelshemmnisse gegenüber Nicht-Mitgliedsländern aber eher verstärken, um den eigenen Markt vor billiger Konkurrenz zu schützen. Mehr als die Hälfte des Welthandels findet im Rahmen von Bündnissen statt, besonders innerhalb der großen Freihandelszonen wie der EU und der NAFTA.

Nicht so starke Organisationen wie MERCOSUR und AFTA sind weiterhin auf den Weltmarkt angewiesen, denn nur etwa ein Viertel des Handels findet innerhalb des jeweiligen Bündnisses statt.

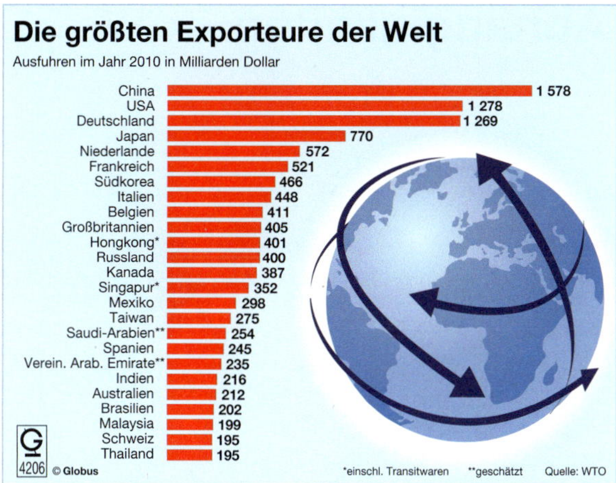

M2 Hauptlieferanten

M3 Hauptabnehmer

Welthandel = Handel von Wenigen

Der weltweite Handel spielt eine zentrale Rolle innerhalb der weltwirtschaftlichen Verflechtungen. Er ist einerseits bedeutsam für die einzelnen Unternehmen, aber auch für die Gesamtwirtschaft eines Landes. Zudem ist es für Verbraucher heutzutage relativ normal, waren zu kaufen, die im Ausland hergestellt wurden. 80 Prozent der Bevölkerung in Entwicklungsländern leben, kommt nur etwa ein Drittel der Exporte von dort. Besonders benachteiligt sind dabei die am wenigsten entwickelten Länder – insgesamt 48, von denen die meisten im mittleren Afrika liegen. Die Entwicklungsländer führen in erster Linie Rohstoffe in die Industrieländer aus, deren Preise auf dem Weltmarkt starken Schwankungen unterliegen. Fallen die Preise für ihre Exportprodukte, so können sie die Verluste in der Regel nicht durch den Verkauf anderer Waren ausgleichen.

Die führende Exportregion ist nach wie vor Westeuropa, gefolgt von Nordamerika und Asien. Dagegen werden Afrika und auch Lateinamerika mehr und mehr vom Welthandel abgeschnitten. Fast die Hälfte des Handels spielt sich zwischen Industriestaaten ab.

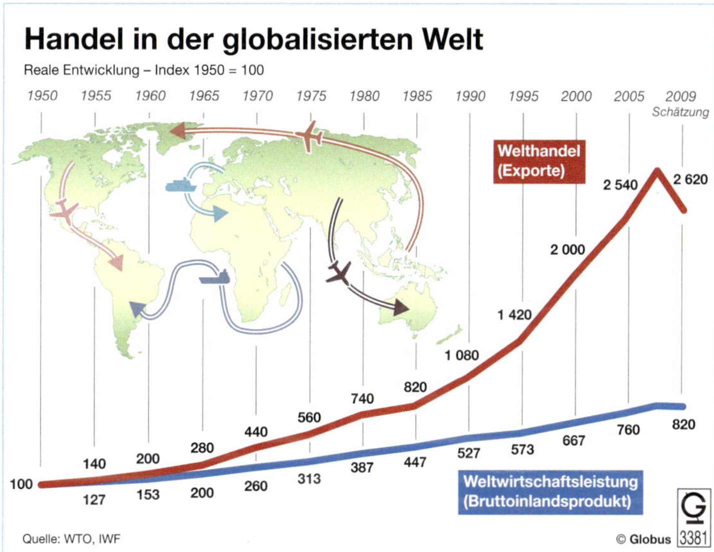

M4 Entwicklung des Welthandels

1 Bildet Gruppen und informiert euch ausführlich über je eine der Freihandelszonen (Einwohner, Einkommen, Ausfuhr, Anteil an weltweiter Ausfuhr). Berichtet vor der Klasse (M 1, Text).

2 Bewerte die Bedeutung der Freihandelszonen für einen freien Welthandel.

3 Nenne die Regionen, die vom globalen Handel weitgehend ausgeschlossen sind (M 2–M 4).

Wirtschaftliche Abhängigkeiten

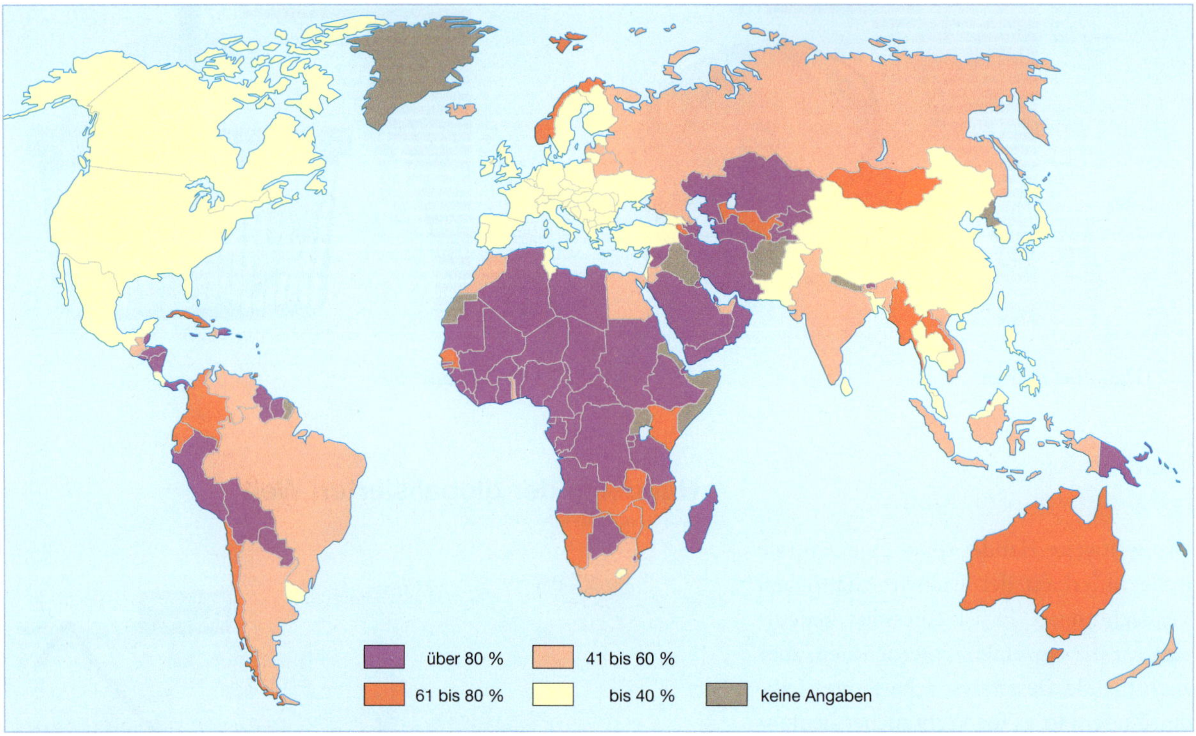

M 1 Rohstoffexporte in Prozent des Gesamtexports (2007)

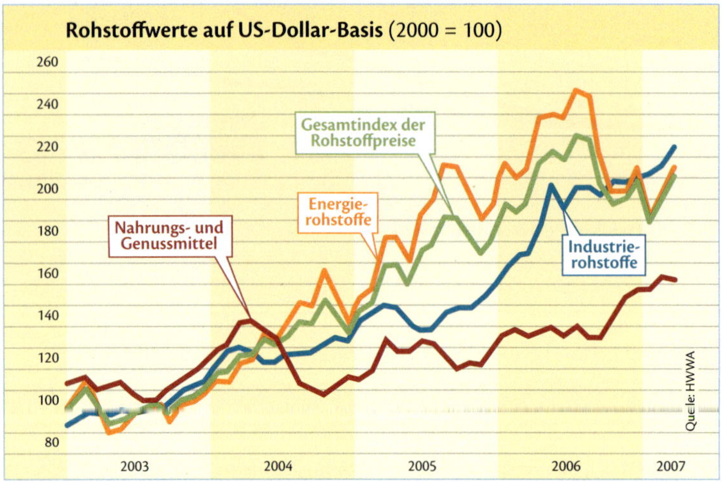

M 2 Entwicklung der Rohstoffpreise an den Warenbörsen (2003-2007)

Rohstoffexporte

Jedes Land der Erde ist darauf angewiesen, Rohstoffe und Fertigprodukte aus dem Ausland zu beziehen. Die Einfuhren sollen möglichst mit dem Geld bezahlt werden, das man mit Exporten oder mit Dienstleistungen wie z. B. dem Tourismus verdient.

Zahlreiche Entwicklungsländer exportieren überwiegend Rohstoffe, um ihre Einfuhren an Fertigprodukten aus den Industriestaaten bezahlen zu können. Wird der Wert der Exportgüter (Rohstoffe) mit dem Wert der Importprodukte (Industriegüter) zu Weltmarktpreisen verglichen, so erhält man die Terms of Trade. Da die Preise für die meisten Rohstoffe im Vergleich zu den Preisen von Fertigprodukten starken Schwankungen unterliegen und eher sinken, müssen Entwicklungsländer immer mehr Rohstoffe exportieren.

Hohe Auslandsverschuldung

Die Abhängigkeit von den Rohstoffexporten hat für die Entwicklungsländer schwer wiegende Nachteile. Wegen der stark schwankenden Rohstoffpreise sind finanzielle Planungen schwierig. Sinken die Rohstoffpreise, so müssen überwiegend vom Export abhängige Länder Schulden machen. Viele Entwicklungs- und auch Schwellenländer sind gegenüber ausländischen Regierungen und Banken so hoch verschuldet, dass eine Rückzahlung dieser Gelder praktisch unmöglich ist. Die hohen Schulden behindern die Entwicklung in den betroffenen Ländern, da kein Geld vorhanden ist z. B. für Schulen oder das Gesundheitswesen.

In jüngster Zeit haben deshalb die führenden Industriestaaten der Erde beschlossen, den ärmsten Entwicklungsländern ihre Schulden ganz oder zum Teil zu erlassen, wenn diese sich verpflichten, die eingesparten Gelder für die Entwicklung des Landes zu verwenden.

Langfristig können sich die Entwicklungsländer aber nur aus der Abhängigkeit von Rohstoffexporten lösen, wenn eine neue Weltwirtschaftsordnung gerechtere Bedingungen für alle Staaten auf dem Weltmarkt schafft.

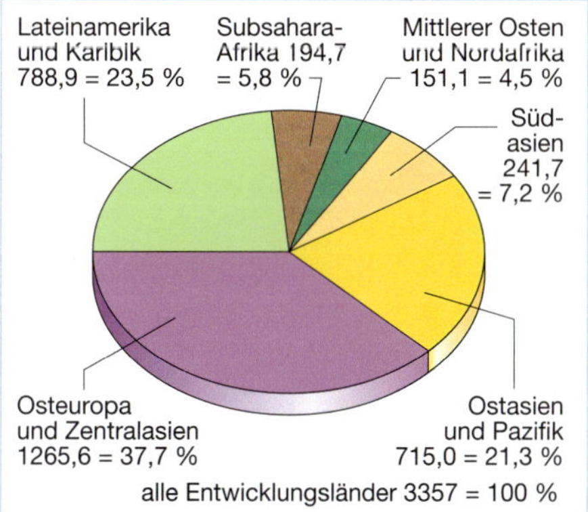

M 3 **Schuldenlast 2007 (in Mrd. US-Dollar)**

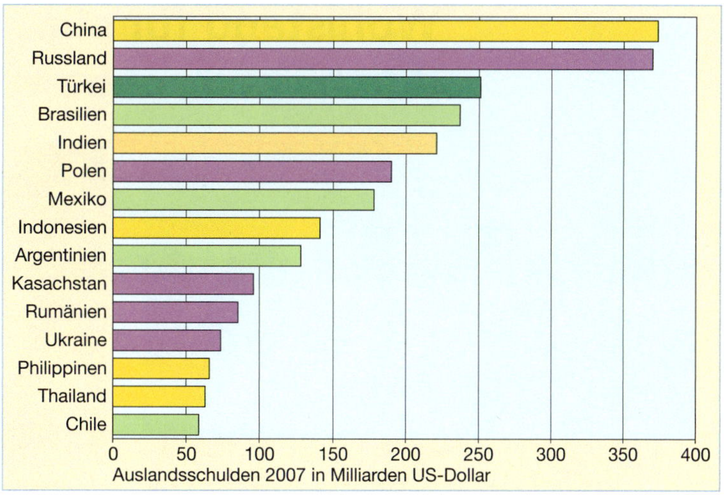

M 4 **Die Länder mit der höchsten Auslandsverschuldung**

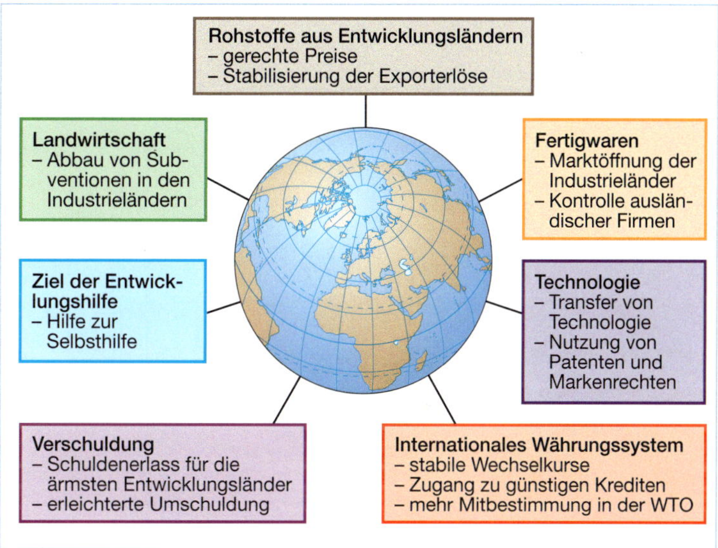

M 5 **Vorschläge für eine neue Weltwirtschaftsordnung**

1 Wo liegen die Länder mit einem besonders hohen Rohstoffanteil am Export (M 1)? Versuche eine Erklärung.

2 Werte M 2 aus. Informiere dich in Zeitungen oder im Internet über die aktuelle Entwicklung der Rohstoffpreise und darüber, warum die Rohstoffpreise in letzter Zeit wieder ansteigen.

3 Auf welchen Kontinenten liegen die Länder mit der höchsten Auslandsverschuldung (M 3, M 4 und Atlas)?

4 Fasse die Forderungen der Entwicklungsländer an eine neue Weltwirtschaftsordnung in einem zusammenhängenden Text zusammen (M 5).

Wohlstand für alle durch wachsende Weltwirtschaft?

M 1 Stadtzentrum von Bangkok (Thailand)

M 2 Stadtzentrum von Accra (Ghana)

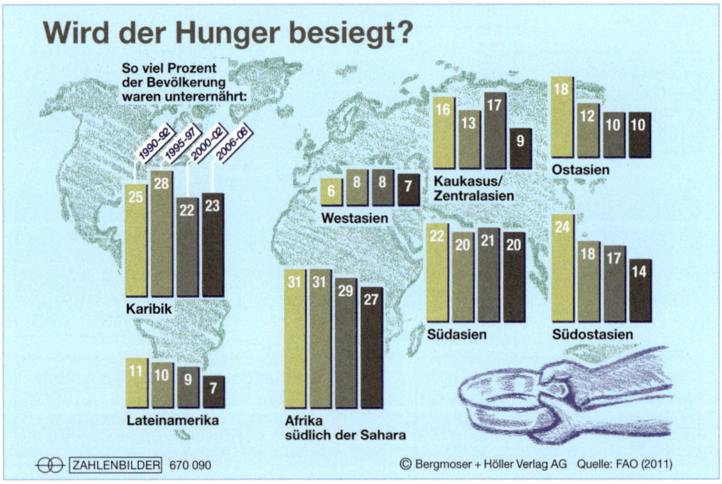

M 3 Hunger in der Welt

Folgen der Globalisierung

Die Zunahme des Welthandels und die immer engere weltweite Verflechtung der Güterherstellung (Globalisierung) haben zu einem ständigen Wachstum der Weltwirtschaft geführt. Dabei ist jedoch das Ungleichgewicht zwischen den reichen Industriestaaten und den armen Entwicklungsländern noch größer geworden, obwohl auch die Wirtschaft in den Entwicklungsländern insgesamt wuchs. Vor allem in Schwarzafrika, das hauptsächlich Rohstoffe exportiert, lebt der Großteil der Menschen in ärmlichsten Verhältnissen.

Die acht reichsten Staaten Bruttonationaleinkommen je Einwohner in US-$					
	2000	2005	2006	2007	2009
Norwegen	35870	61830	68440	76040	84640
Luxemburg	43490	65140	71240	75880	76710
Schweiz	40110	56190	58050	59880	65380
Dänemark	31850	48520	52110	54910	59060
Island	30750	49430	49960	54100	43430
Irland	23160	41330	44830	48140	44280
Schweden	28870	40950	43530	46060	48840
USA	34400	43210	44710	46040	46360

M 4 Die acht reichsten Staaten, *Weltbank*

Die acht ärmsten Staaten Bruttonationaleinkommen je Einwohner in US-$					
	2000	2005	2006	2007	2009
Burundi	120	90	100	110	150
Kongo, Dem. Rep	80	120	130	140	160
Liberia	130	120	130	150	160
Äthiopien	120	150	170	220	330
Eritrea	170	170	190	230	320
Malawi	150	220	230	250	290
Sierra Leone	140	220	240	260	340
Niger	170	250	270	280	340

M 5 Die acht ärmsten Staaten, *Weltbank*

Gewinner und Verlierer

Globalisierung geht mit einer starken Beschleunigung des Strukturwandels einher. Länder, Unternehmen, Kulturen und Sozialschichten, die dabei nicht mithalten können und auch nicht über Macht, Reichtum oder weltweit benötigte Ressourcen verfügen, bleiben zurück. Sie werden zu Verlierern. (...)
Gewinner im Globalisierungsprozess sind vor allem die Länder, Unternehmen oder Akteure, die sich rasch anpassen können und selbst die Richtung des Strukturwandels mitbestimmen.

Basiswissen Schule – Politik/Wirtschaft (3., neu bearb. Aufl.), hrsg. v. Rytlewski/Wuttke, 2012, S. 421.

Arbeitslosigkeit

Sowohl in vielen Industrie- als auch in Entwicklungsländern ist die Arbeitslosigkeit sehr hoch. In den Entwicklungsländern wird die hohe Arbeitslosigkeit vor allem durch das starke Bevölkerungswachstum und die Zuwanderung vom Land in die Städte verursacht.
In den Industriestaaten gehen mehr und mehr Arbeitsplätze in der industriellen Produktion verloren. Viele Arbeitsschritte in der Produktion werden entweder durch Maschinen erledigt, oder die Produktion wird in Billiglohnländer verlegt. So verarmen auch in den Industriestaaten immer mehr Menschen.

Digitale Spaltung

Wer erfolgreich am globalen Handel und an der globalen Herstellung von Waren teilhaben will, für den sind Online-Verbindungen und Internet unverzichtbar. In vielen Entwicklungsländern vor allem Schwarzafrikas gibt es jedoch kaum Telefon- oder Internetanschlüsse, denn häufig fehlen die technischen Voraussetzungen und eine flächendeckende Stromversorgung.

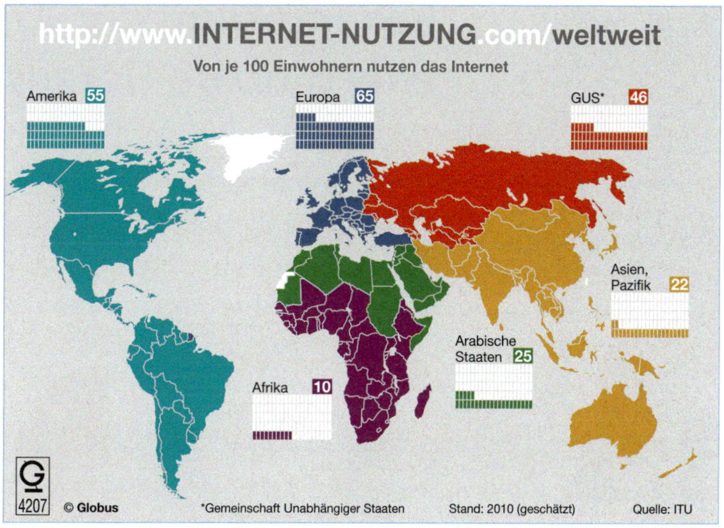

M6 **Internetnutzung weltweit**

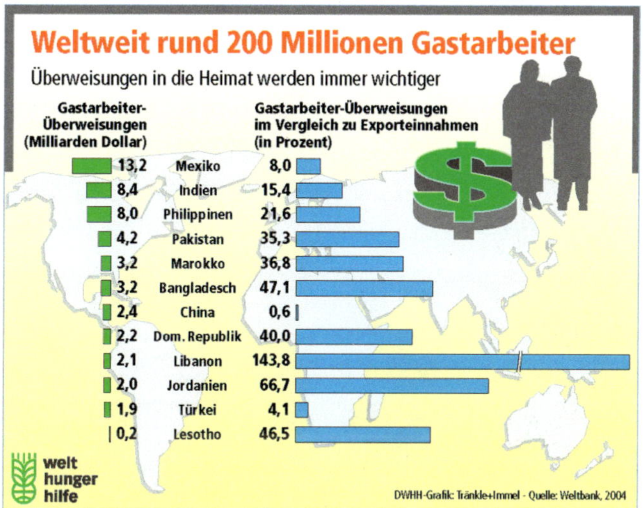

M7 **Arbeit in einem fremden Land**

1. Suche im Atlas die acht reichsten und die acht ärmsten Staaten. Auf welchen Kontinenten liegen sie jeweils (M4, M5, Atlas)?
2. Schwarzafrika wird als Verlierer der Globalisierung bezeichnet. Nimm ausführlich Stellung zu dieser Behauptung (M2, M3, M5, M6).
3. Armut und hohe Arbeitslosigkeit veranlassen Menschen, in fremden Ländern Arbeit zu suchen. Fasse die Aussagen von M 7 in einem Bericht zusammen.
4. Globalisierung – eine Chance oder eine Katastrophe? Sammelt z. B. im Internet Informationen und entwickelt daraus eine Diskussion.

Bekämpfung der Armut – eine globale Herausforderung

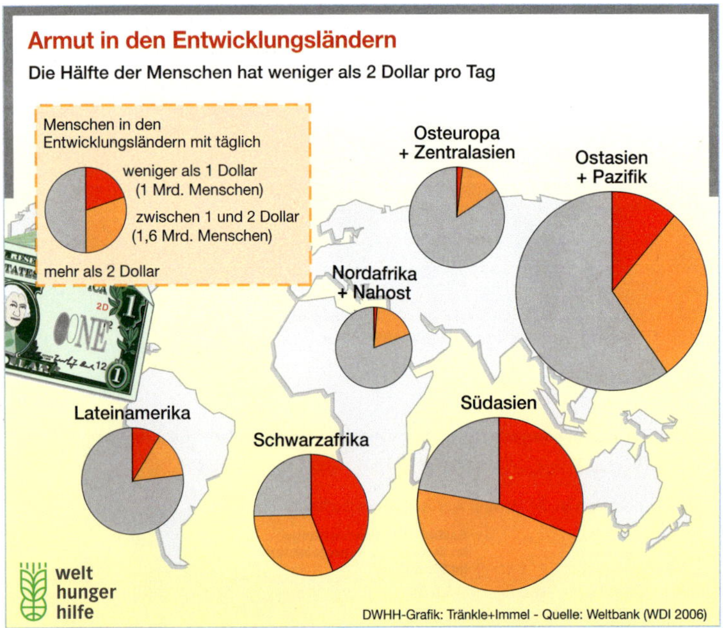

M 1 Wo die Armen leben

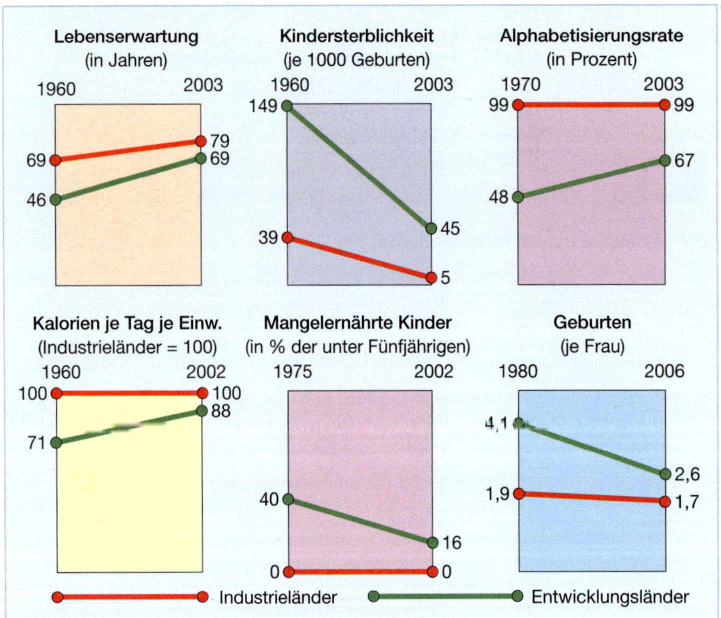

M 2 Veränderungen im Entwicklungsstand

Armut in Entwicklungsländern

In den letzten Jahren hat sich die Situation der Entwicklungsländer in vielen Bereichen deutlich verbessert, doch die Kluft zwischen den Reichsten und den Ärmsten der Weltbevölkerung wird immer größer. Aber auch die Unterschiede zwischen den Entwicklungsländern nehmen weiter zu. Besonders in den ärmsten Staaten verschlechtert sich die Situation weiter, vor allem dort, wo kriegerische Auseinandersetzungen und instabile politische Verhältnisse, aber auch Naturkatastrophen wie Dürren und Überschwemmungen die wirtschaftliche Entwicklung behindern.

Während es auf der einen Seite enormen Reichtum gibt, müssen von den rund sechs Milliarden Menschen etwa 1,2 Milliarden mit weniger als einem Dollar am Tag auskommen, sie leben in **extremer Armut.** Das reicht nirgendwo auf der Welt, um ein menschenwürdiges Dasein führen zu können. Arme Menschen sind vom wirtschaftlichen, gesellschaftlichen und sozialen Leben ausgeschlossen. Sie sind bedroht von Hunger, Unter- und Mangelernährung, Krankheit, geringer Lebenserwartung, Kinder- und Säuglingssterblichkeit, niedriger Bildung, schlechten Wohnverhältnissen und Obdachlosigkeit. Extreme Armut führt aber auch zu Umweltzerstörungen und bedroht Frieden sowie Sicherheit.
Nur wenn die Menschen in den ärmsten Regionen der Erde durch gezielte Maßnahmen eine Chance erhalten,

- sinkt die Gefahr von Gewalt und Krieg,
- werden sie ökologischen Gesichtspunkten gegenüber aufgeschlossen sein,
- können sie in ihrer Heimat bleiben,
- können sie Partner auf dem Weltmarkt werden.

Länder mit niedrigem und mittlerem Einkommen	Zugang zu sauberem Wasser	Zugang zu sanitären Einrichtungen	Kindersterblichkeit unter 5 Jahren	Besuch weiterführender Schulen	Krankenhausbetten
	in % der Bevölkerung		je 1 000 Kinder	in % der Jugendlichen	je 1000 Einwohner
Afrika südlich der Sahara	56	37	163	30	k. A.
Europa und Zentralasien	92	85	32	90	8
Lateinamerika und Karibik	91	77	31	86	k. A.
Naher Osten und Nordafrika	89	76	53	73	k. A.
Ostasien und Pazifik	79	51	33	71	3
Südasien	84	37	83	50	1
Industrieländer mit hohem Einkommen	100	100	7	100	6

Quelle: Weltbank 2007 © Globus 1569

M 3 Die Kluft zwischen Arm und Reich

Bekämpfung der Armut

Im Jahr 2000 haben die Mitgliedsstaaten der UNO beschlossen, bis zum Jahr 2015 die Zahl der Menschen, die von weniger als einem US-Dollar pro Tag leben müssen, zu halbieren. Um dieses Ziel zu erreichen, arbeiten verschiedene Organisationen der UNO (z. B. UNICEF, UNESCO, FAO, IWF), viele Staaten und die EU zusammen.

Wie können die Ziele erreicht werden?

Neben der direkten **Nahrungsmittelhilfe** durch Getreidelieferungen in Länder, die von akuten Hungersnöten bedroht sind, kann Armut nur erfolgreich bekämpft werden, wenn man den Entwicklungsländern die Möglichkeit eröffnet, ihre Situation aus eigener Kraft zu verbessern. Deshalb werden vor allem Projekte im Bereich Bildung, Gesundheit und Hygiene sowie zur Aufhebung der Benachteiligung von Frauen und zur besseren Integration der Entwicklungsländer in die Weltwirtschaft gefördert.

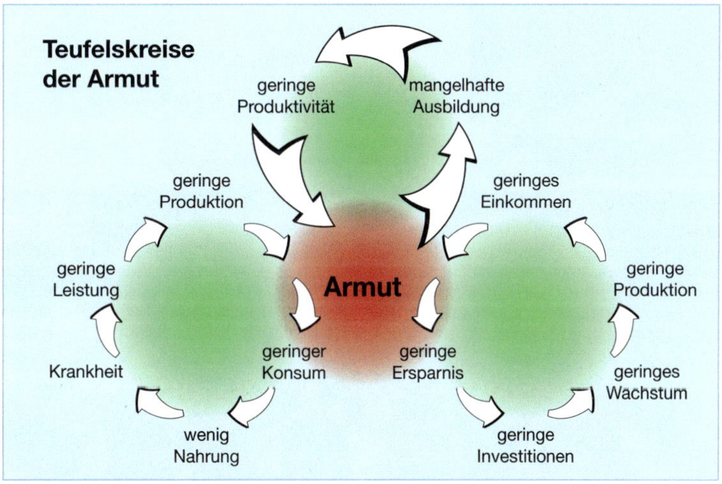

M 4 Teufelskreise der Armut

1 Nennt die Regionen der Erde, wo die meisten armen Menschen leben (M 1, M 3).

2 Berichtet, was Armut für die betroffenen Menschen und für ein Land bedeutet (M 3, Text).

3 Beschreibt die Veränderungen im Entwicklungsstand (M 2).

4 Warum spricht man von den „Teufelskreisen der Armut" (M 4)? Erklärt die Abfolge von Ursachen und Wirkungen mit euren eigenen Worten.

Der Nord-Süd-Konflikt

Jeder Mensch …

Jeder Mensch
hat das Recht auf Leben,
Freiheit und Sicherheit
der Person.
Jeder zweite Mensch
lebt von weniger als
zwei US-Dollar am Tag.
Jeder dritte Mensch
ist nicht an eine
Abwasserentsorgung
angeschlossen.
Jeder vierte Mensch
stirbt vor seinem
60. Geburtstag.
Jeder fünfte Mensch
lebt in absoluter Armut.
Jeder sechste Mensch
ist unterernährt oder
hungert.
Niemand kann sagen,
er habe dies alles
nicht gewusst.

M 1 Unsere Welt hat viele Gesichter

Arme Welt – reiche Welt

Unsere eine Welt, in der wir leben und die politisch, wirtschaftlich und ökologisch sehr eng verflochten ist, weist erhebliche Entwicklungsunterschiede auf. Den Gegensatz zwischen den reichen Industriestaaten und den armen Entwicklungsländern fasst man unter den Begriffen Nord-Süd-Gefälle oder Nord-Süd-Konflikt zusammen. Diese Begriffe sind entstanden, als man anfing, sich mit dem ökonomischen Ungleichgewicht auf der Erde zu befassen. Zu dieser Zeit lagen die reichen Länder überwiegend auf der Nordhalbkugel und die armen auf der Südhalbkugel.

Der „Human Development Index"

Es gibt verschiedene Kriterien, nach denen versucht wird, ein Land nach seinem Entwicklungsstand einzuordnen. Die Weltbank legt ihrer Einteilung das Bruttoinlandsprodukt pro Kopf der Bevölkerung zugrunde. Doch das sagt wenig über die tatsächliche Lebenssituation der Menschen in einem Land aus. Deshalb zieht das Entwicklungsprogramm der Vereinten Nationen (UNDAP) seit 1990 den „Human Development Index" (HDI) als Grundlage zur Ermittlung des Entwicklungsstandes heran. Beim HDI werden Faktoren wie die durchschnittliche Lebenserwartung, der Bildungsstand der Bevölkerung und der Lebensstandard (z. B. Zugang zu sauberem Trinkwasser, Ernährung, gesundheitliche Versorgung) mit berücksichtigt.

Entwicklungsländer

Der Begriff bezeichnet die Staaten, die hinsichtlich ihrer wirtschaftlichen, infrastrukturellen und sozialen Entwicklung hinter den Industrieländern zurückliegen (developing countries = zu entwickelnde Länder). Kennzeichnend für Entwicklungsländer sind aber auch die großen Gegensätze innerhalb des Landes z. B. zwischen Stadt und Land oder Arm und Reich.

Die Lebensbedingungen weltweit

Das Niveau der Entwicklung laut UNDP-Report 2009 (bewertet wurden u. a. Lebenserwartung, Wirtschaftsleistung, Ausbildungsniveau)

- *sehr hoher Standard*
- *hoher Standard*
- *mittlerer Standard*
- *niedriger Standard*
- *keine Angaben*

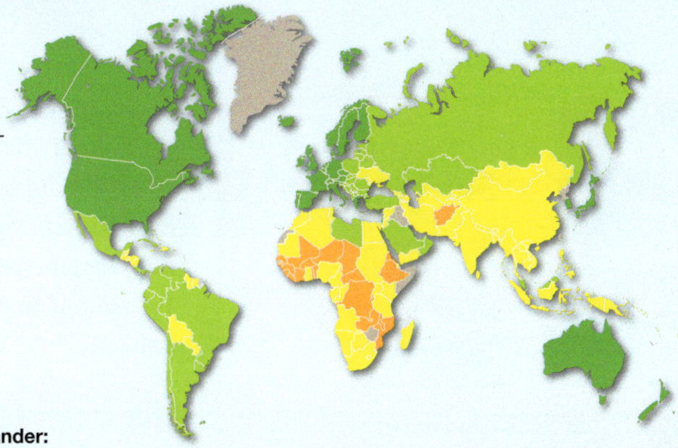

Platzierungen ausgewählter Länder:

sehr hoher Standard		hoher Standard		mittlerer Standard		niedriger Standard	
1	Norwegen	41	Polen	87	Thailand	176	Dem. Rep. Kongo
2	Australien	44	Chile	88	Iran	178	Mali
3	Island	55	Libyen	92	China	179	Zentralafrikanische Rep.
4	Kanada	58	Venezuela	110	Palästinensergeb.	180	Sierra Leone
5	Irland	59	Saudi-Arabien	134	Indien	181	Afghanistan
13	USA	71	Russland	147	Kenia	182	Niger
22	Deutschland						

Quelle: UNDP © Globus 3128

M 2 **Einteilung der Staaten der Erde nach dem „Human Development Index" (HDI)**

Schwellenländer

Unter den Entwicklungsländern mit mittlerem Einkommen stehen einige aufgrund ihrer wirtschaftlichen Entwicklung an der Schwelle zu den Industrieländern und werden deshalb als Schwellenländer bezeichnet. Sie weisen eine steigende Lebensqualität auf und werden in absehbarer Zukunft die typischen Merkmale eines Entwicklungslandes überwinden können. Hierzu zählen einige Länder in Lateinamerika und Südost- und Ostasien.

Industrieländer

Sie haben ein hohes Bruttoinlandsprodukt und die Erwerbsbevölkerung ist überwiegend in der Industrie, in Handel und Gewerbe sowie im Dienstleistungssektor beschäftigt. Sie zeichnen sich durch einen hohen Technisierungsgrad und eine gut ausgebaute Infrastruktur aus.

M 3 **Lebensqualität = Einkommen?**

Die Schaffung sozialer Chancen leistet direkt einen Beitrag zur Steigerung der menschlichen Verwirklichungschancen und der Lebensqualität. Die Ausweitung von Gesundheitswesen, Bildung, Sozialversicherung usw. beeinflusst die Lebensqualität unmittelbar positiv. Keinerlei Zweifel besteht daran, dass selbst bei einem relativ niedrigen Einkommensniveau ein Land, das allen medizinische Versorgung und Schulbesuch garantiert, bezogen auf die ganze Bevölkerung sehr gut bei der Lebenserwartung und der Lebensqualität abschneidet.

Amartya Sen: Ökonomie für den Menschen, Wege zu Gerechtigkeit und Solidarität in der Marktwirtschaft, München 2002, S. 337

1 In M 1 werden einige Aspekte von Armut genannt. Notiere sie und ergänze weitere, die zeigen, was Armut bedeutet.

2 Werte M 2 aus. Wo liegen überwiegend die reichsten und wo die ärmsten Länder der Erde?

3 Beschreibe die geografische Lage der Länder mit dem höchsten und dem niedrigsten HDI (M 3, Atlas). Versuche eine Erklärung.

Nichtstaatliche Akteure

M 1

WTO-Verhandlungen gescheitert

Die jahrelangen Verhandlungen zwischen den Industriestaaten und den Entwicklungsländern Afrikas und Asiens im Rahmen der WTO-Verhandlungen sind in mehreren Anläufen gescheitert. Die Industriestaaten und die Entwicklungsländer konnten sich nicht auf den gegenseitigen freien Zugang zu ihren Märkten einigen. Vor allem die Industriestaaten verweigerten den Entwicklungsländern weiterhin die Einfuhr von landwirtschaftlichen Produkten oder Textilien auf ihre Märkte zu geringen oder gar keinen Zollsätzen. Damit wollen sie ihre Märkte schützen und ihre eigenen Produkte fördern. Zudem fördern die Industriestaaten (USA und EU) z. B. die landwirtschaftlichen Produkte ihrer Länder mit staatlichen Hilfen, sodass die Waren der Länder der Dritten Welt mit diesen so verbilligten Produkten preislich nicht mithalten können.

Nur freier Marktzugang hilft

Experten unterschiedlicher Richtungen sind sich in einem Punkt einig: Nur der ungehinderte Zugang von Produkten der Entwicklungsländer zu den Märkten der Industriestaaten hilft den Entwicklungsländern wirklich. Alle staatlichen oder privaten Entwicklungshilfeprojekte haben nur kurzfristige oder geringe Wirkung und schaffen keine langfristigen Arbeitsplätze in nennenswerter Zahl.

Hilfe von Nichtregierungsorganisationen (NGO)

Zahlreiche private Organisationen versuchen trotz des Scheiterns der staatlichen Entwicklungspolitik des Westens im Kleinen zu helfen. Das sind zum Beispiel „Terres des hommes", „Brot für die Welt" und „Misereor". Neben vielen anderen Organisationen versucht vor allen „Fairtrade" die Produzenten in den Ländern der Dritten Welt zu unterstützen, in dem sie den Bauern garantierte Festpreise für ihre Produkte zahlt und sie so vor den Schwankungen des Weltmarktes schützt.

M 2 Ziele von Fairtrade

Bauern in Afrika, Lateinamerika und Asien erhalten durch Fairtrade-Standards, die unter anderem eine Fairtrade-Prämien vorschreiben, die Möglichkeit, ihre Dörfer und Familien aus eigener Kraft zu stärken und ihre Lebens- und Arbeitsbedingungen nachhaltig zu verbessern. Fairtrade-

Kleinbauern und -Arbeiter und Arbeiterinnen erhalten eine Stimme, werden wahrgenommen und treffen selbstbestimmte Entscheidungen. (...)
Fairtrade-zertifizierte Bauern-Kooperativen und Plantagen erhalten für ihre Produkte ein stabiles Einkommen. Fairtrade ermöglicht Kleinbauern aus benachteiligten Regionen des Südens den Marktzugang in den Norden und fördert langfristige und möglichst direkte Handelsbeziehungen. Angestellte auf Plantagen bekommen im Minimum den gesetzlichen Mindestlohn und profitieren unter anderem von Schutzkleidung, bezahlten Urlaub und sozialer Vorsorge.

http://www.fairtrade-deutschland.de; (Zugriff: 07.12.2012)

M3 Kritik an der Entwicklungshilfe

In einem Interview mit der Frankfurter Allgemeinen Sonntagsszeitung vom 12.4. 2009 sagte die afrikanische Wirtschaftswissenschaftlerin Dambisa Moyo:
Frage: Ihr Buch ist ziemlich umstritten. Sie wollen die Entwicklungshilfe in fünf Jahren komplett streichen. Warum?
Antwort: (…) In den vergangenen 50 Jahren sind über zwei Billionen Dollar an Hilfen von den reichen an die armen Länder geflossen. Aber dieses Modell hat nirgendwo auf der Welt wirtschaftlichen Aufschwung gebracht. Dabei wissen wir, wie es geht. Wir haben gesehen, welche Konzepte die Armut in China, Indien, Südafrika und Botsuana vermindert haben. Diese Länder haben auf den Markt als Motor für Wirtschaftswachstum gesetzt.
F: Warum hat die Entwicklungshilfe versagt?
A: Wenn Sie ein Land abhängig machen von Hilfen, dann nehmen Sie die Karotte weg und den Prügel: Niemand wird bestraft, wenn er nicht innovativ ist, denn die Hilfen fließen trotzdem. Und niemand wird belohnt, wenn er sich anstrengt. Es gibt in Afrika viele sehr smarte Leute, aber die wirtschaftlichen Rahmenbedingungen ermutigen sie nicht dazu, ihr Schicksal selbst in die Hand zu nehmen
F: Sie sagen, Afrika soll auf den Markt statt auf Almosen setzen. Ist das eine gute Idee mitten in der größten Krise der Marktwirtschaft seit achtzig Jahren?
A: Diese Krise ist für Afrika eine großartige Chance zur Veränderung. Alle anderen Regionen der Welt werden ihre Wirtschaftspolitik verändern, und das sollte Afrika auch tun.
F: Hilft es, wenn wir Fair-Trade-Schokolade essen?
A: Theoretisch ist es ja eine gute Idee, dass deutsche Kunden mehr bezahlen, weil sie wissen, dass diese Schokolade nicht auf Kosten der Umwelt und von Kindern hergestellt wurde. Aber hat Fair Trade dazu geführt, dass afrikanische Güter die europäischen Märkte überschwemmen? Nein, weil diese immer noch abgeschottet sind. Der Handel mit China ist vielversprechender als Fair Trade mit Europa. (…)
Der auf Mitleid und Almosen basierte Ansatz der westlichen Entwicklungshilfe ist gescheitert. Das chinesische Modell hat in Afrika innerhalb von fünf bis zehn Jahren mehr Arbeitsplätze und Infrastruktur geschaffen als der Westen in 60 Jahren. (…)

„Wir Afrikaner sind keine Kinder“, FAS-Interview mit Dambisa Moyo vom 12.4.2009; in: http://www.faz.net (Zugriff: 07.12.2012)

FAIRTRADE ®

Das Siegel für Fairen Handel

1 Sucht in Gruppenarbeit aktuelle Informationen zu: WTO, Terres des hommes, Brot für die Welt, Misereor, Fairtrade und anderen Hilfsorganisationen (z. B. Internet, Zeitung).

2 Untersucht M2 und notiert Stichworte zu den Zielen von „Fairtrade“.

3 Erkundigt euch, ob es in den Geschäften bei euch zu Hause Fairtrade-Produkte gibt?

4 Lest M3 und erläutert, warum die afrikanische Wirtschaftswissenschaftlerin ein Ende der bisherigen Form der westlichen Entwicklungshilfe fordert.

Verteilung der Weltbevölkerung

Weltbevölkerungsuhr

In dieser Minute leben **7.113.725.082** Menschen auf unserem Planeten.

Stiftung Weltbevölkerung

Weltbevölkerungsuhr, Stand 8.1.2013, 19.40 Uhr. Pro Sekunde werden auf der Internetseite der Deutschen Stiftung Weltbevölkerung 2,6 Menschen dazugerechnet – das ergibt fast 83 Millionen pro Jahr.
www.dsw-online.de

Die Welt – ein Dorf

Wenn die Welt ein Dorf ...
mit nur 100 Einwohnern wäre ...

... wären davon: 14 Afrikaner
5 Nordamerikaner
11 Europäer
9 Lateinamerikaner
und 61 Asiaten.

Bevölkerung

28 wären Kinder unter 15 Jahren. 7 älter als 65.
50 Menschen im Dorf sind Frauen. 50 sind Männer.

Armut

16 Bewohner würden von weniger als 1 US-Dollar am Tag leben.
11 Menschen hätten nicht genügend Wasser zur Verfügung.

Familienplanung

Im Durchschnitt bekämen die Frauen 3 Kinder.
Von den 26 Frauen zwischen 15 und 49 Jahren, die in einer Partnerschaft leben, wenden 14 eine Verhütungsmethode an.

Zukunft

2050

Die Zahl der Dorfbewohner würde jährlich um eine Person steigen. Im Jahre 2050 würden bereits 140 Menschen im Dorf leben:
29 Afrikaner
7 Nordamerikaner
10 Europäer
und 82 Asiaten.

Grafik: Deutsche Stiftung Weltbevölkerung
Quelle: DSW-Datenreport; Weltbank 2004; Population Action International 2006; World Population Prospects: The 2006 Revision, 2007.

M 1 Die Welt als Dorf

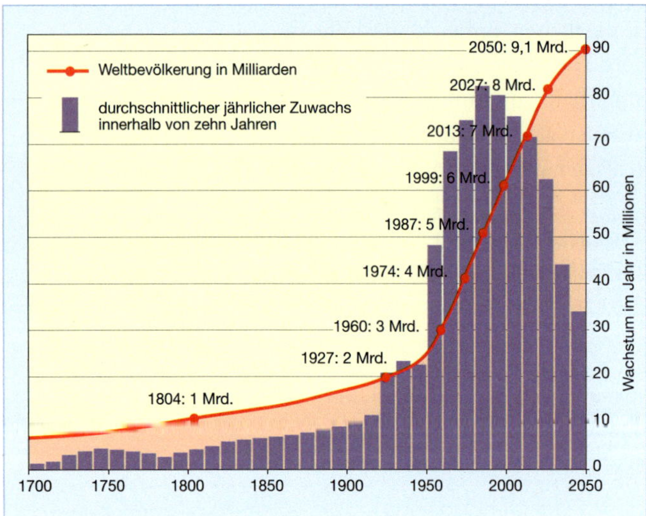

M 2 Wachstum der Weltbevölkerung

UN-Report: Weltbevölkerung wird rasant anwachsen

Trotz sinkender Geburtenraten wird die Weltbevölkerung bis zum Jahr 2050 rasant anwachsen. Allerdings beschränkt sich der Anstieg fast ausschließlich auf die Entwicklungsländer. Für Deutschland prognostizieren die Wissenschaftler dagegen einen erschreckenden Rückgang der Bevölkerung. Trotz weltweit sinkender Geburtenraten wird die Weltbevölkerung bis 2050 weiter wachsen. Nach einer Prognose der Vereinten Nationen werden zur Mitte des 21. Jahrhunderts 9,1 Milliarden Menschen auf der Erde leben – 2,3 Milliarden mehr als heute. Das Wachstum beschränke sich dabei fast ausschließlich auf die am wenigsten entwickelten Länder der Welt, sagte Thomas Büttner von der Bevölkerungsabteilung der UNO in Berlin. In diesen Ländern dürfte sich die Bevölkerung von heute 840 Millionen auf 1,7 Milliarden Menschen verdoppeln. „Das macht es natürlich schwieriger, diese ohnehin armen Regionen mit Lebensmitteln und Medikamenten zu versorgen", sagte Büttner. *Welt-Online, 11.3.2009*

M 3 Zeitungsartikel

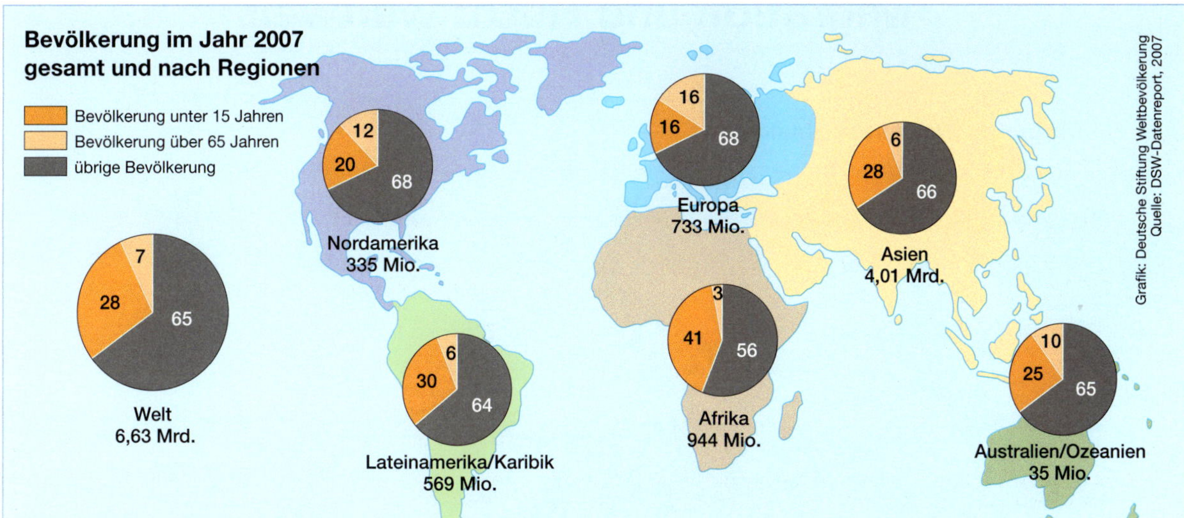

Fast ein Drittel der Weltbevölkerung – insgesamt 1,9 Mrd. Menschen – ist unter 15 Jahre alt. 89 % dieser jungen Menschen leben in Entwicklungsländern. Afrika ist die Weltregion mit der jüngsten Bevölkerung: 41 % der Afrikaner sind jünger als 15 Jahre. In Uganda sind sogar 50 % der Bevölkerung unter 15 Jahre alt.

Jedes Jahr bekommen etwa 14 Mio. Teenager ein Kind. Viele dieser jungen Frauen werden ungewollt schwanger. Die Folgen für ihre Zukunft sind oft verheerend: Oft müssen sie die Schule verlassen oder ihre Ausbildung abbrechen. Eine Geburt ist für Teenager auch gesundheitlich deutlich riskanter als für Frauen über 20 Jahre.

Unzureichende Sexualaufklärung und der fehlende Zugang zu Verhütungsmitteln sind auch wesentliche Gründe für die rasche Ausbreitung von HIV/Aids unter Jugendlichen. Jeden Tag infizieren sich mehr als 6000 junge Menschen mit HIV/Aids. Sie machen die Hälfte aller HIV-Neuinfektionen aus.

M4 Afrika ist am jüngsten …

Ungleiche Verteilung

In der Realität gibt es jedoch Regionen mit sehr hoher Bevölkerungsdichte und Räume, die nahezu menschenleer sind, denn die tatsächliche Verteilung hängt von verschiedenen Faktoren ab: Gebiete mit fruchtbaren Böden, gemäßigtem Klima und Verkehrsgunst waren schon früh erschlossen und gehören heute zu den dicht besiedelten Räumen. Auffallend ist auch die Häufung von **Millionenstädten** am Meer. Im Landesinneren findet man die Siedlungsschwerpunkte entlang der großen Flüsse. Hingegen sind die Wüsten der Erde, Teile der inneren Tropen sowie die Polarregionen fast menschenleer. Sehr dünn oder gar nicht besiedelt sind auch die Hochgebirge. Je weiter man in die Höhe kommt, desto dünner wird die Besiedlung, bis sie schließlich ganz aufhört. Sehr dicht besiedelte Staaten stehen Staaten gegenüber, die kaum bewohnt sind, und auch innerhalb eines Staates kann es äußerst dicht besiedelte Regionen und solche mit einer deutlich geringen Bevölkerungsdichte geben.

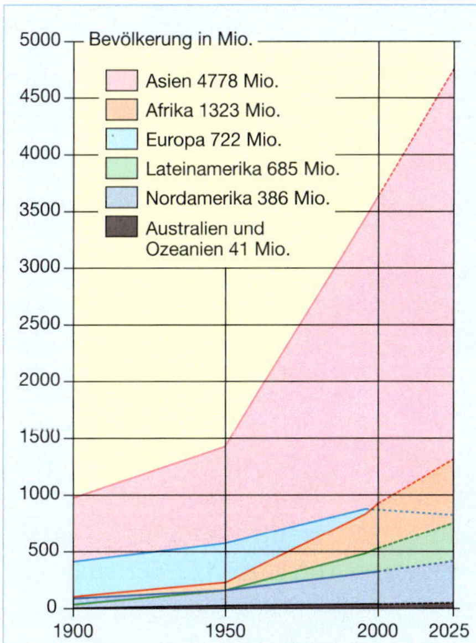

M5 Bevölkerungswachstum nach Kontinenten

1 Berichtet über das Wachstum der Weltbevölkerung (M 1, M 2, M 3 und M 5).

2 Wertet das Schaubild M 3 aus und erklärt, wo das Bevölkerungswachstum hoch ist.

3 Nennt die am dichtesten besiedelten Regionen der Erde.

Migration und Flucht weltweit

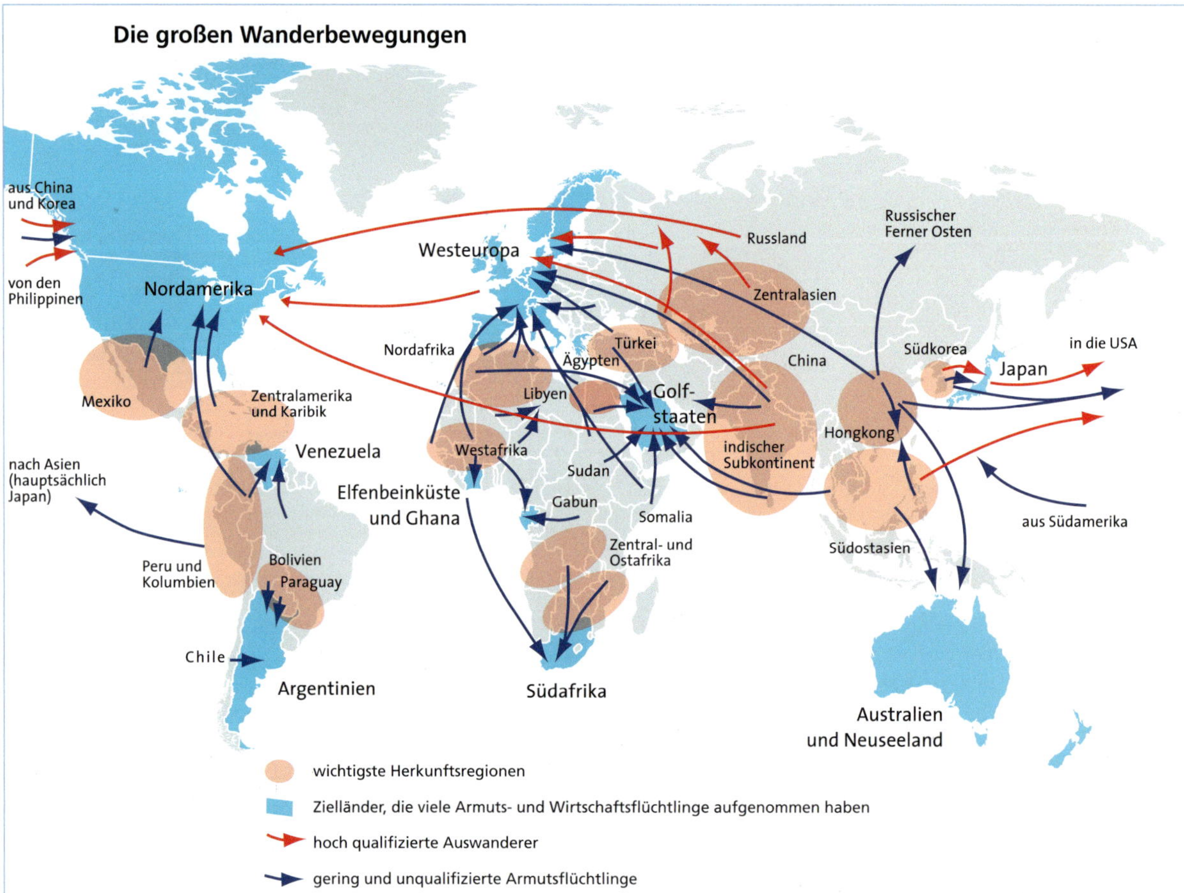

M 1 **Weltweite Wanderungen zu Beginn des 21. Jahrhunderts**

M 2 **Flüchtlingslager**

M 3 **Gründe für Migration**

Höchstens ein bis zwei Prozent aller Flüchtlinge kommt in Europa an. Die weltweiten Migrations- und Asylprobleme spielen sich vor allem auf der südlichen Halbkugel ab. Die armen und ärmsten Länder tragen die Hauptlast dieser Wanderungsbewegungen. Nur wenige erreichen die reichen Wohlfahrtsinseln wie die Bundesrepublik Deutschland. Die wichtigsten Migrationsfaktoren zu Beginn des 21. Jahrhunderts sind kriegerische Auseinandersetzungen, Menschenrechtsverletzungen, wirtschaftliche Probleme, Hunger, Umweltkatastrophen und der Anstieg der Weltbevölkerung. Die Ungleichheit zwischen Arm und Reich klafft immer weiter auseinander.

Der Bürger im Staat. Zuwanderung Integration, Heft Nr. 4/2006, hg. von der Landeszentrale für politische Bildung Baden-Württemberg, S. 262e

M 4 **Menschenrechtsorganisationen**

Neben so namhaften und weltweit tätigen NGOs wie Amnesty International oder Human Rights Watch gibt es heute auch zahlreiche kleinere und regional begrenzte Organisationen, die selbst in sehr repressiven Staaten aktiv werden. Dies ist sicher auch ein Verdienst der von der UNO so nachdrücklich propagierten Menschenrechtsidee. Allein im deutschsprachigen Raum haben etwa 150 Organisationen den Schutz der Menschenrechte ausdrücklich zum Ziel ihrer Arbeit erklärt. (…) Aufgrund massiver und verbreitet vorkommender Menschenrechtsverletzungen wie Frauenhandel und Gewalt gegen Frauen, Einschränkung der Meinungs- und Pressefreiheit sowie des Asylrechtes haben Organisationen wie Terre des Femmes, Reporter ohne Grenzen oder PRO ASYL größere Aufmerksamkeit auf sich ziehen können. Im Allgemeinen versuchen NGOs, durch Mahnwachen, Unterschriftenaktionen und Protestbriefe Aufmerksamkeit zu erzeugen und öffentlichen Druck auf die Urheber von Menschenrechtsverletzungen auszuüben.

Auszug aus „Informationen zur politischen Bildung", Heft 297: Menschenrechte, bpb bonn 2008

M5 Amnesty, Pro Asyl und Diakonie

04. März 2009 – Die Aufnahme irakischer Flüchtlinge in Deutschland ist begrüßenswert, kann aber nur ein erster Schritt sein. Deutschland sollte sich im Rahmen von Neuansiedlungsprogrammen dringend verpflichten, ein jährliches Kontingent von Flüchtlingen dauerhaft aufzunehmen und zu integrieren. Dies haben Vertreter von PRO ASYL, Amnesty International und des Diakonischen Werks der EKD heute in Berlin gefordert. Anlass ist das bevorstehende Eintreffen der ersten von insgesamt 2 500 irakischen Flüchtlingen, deren Aufnahme die Bundesregierung im letzten Jahr zugesagt hatte. Mitte März sollen die ersten Iraker in Deutschland ankommen.

Mehr als sechs Millionen Flüchtlinge weltweit befinden sich heute in einer anhaltend ausweglosen Situation. Die große Mehrheit von ihnen flüchtet in die Nachbarländer. Viele dieser Erstzufluchtsländer benötigen mehr als finanzielle Unterstützung. So sind in den letzten Jahren allein etwa zwei Millionen Iraker in die Nachbarländer Syrien und Jordanien geflohen. Das überfordert Wirtschaft und Gesellschaft dieser Länder.

http://www.amnesty.de/presse/2009/3/4/aufnahme-irakischer-fluechtlinge-kann-nur-erster-schritt-sein? (Zugriff: 07.12.2012)

M6 Flüchtlinge 2009

Webcode: PE643585-151

1 Untersucht in **Gruppenarbeit** die Materialien dieser Doppelseite. Berichtet in **Kurzvorträgen** über eure Arbeitsergebnisse.

2 Legt ein kleines Lexikon an, in dem ihr die Begriffe Migration, Emigrant und Immigrant und Flucht erklärt.

3 Wertet M 1 und M 6 aus: Wo konzentrieren sich die Regionen, aus denen die Menschen abwandern? Wohin wandern Armutsflüchtlinge aus Afrika aus?

4 Verfolgt in den Medien Berichte über die aktuellen Flüchtlingswanderungen und die Aufnahme von Flüchtlingen bei uns. Informiert euch im **INTERNET** über die Arbeit des Flüchtlingshilfswerks der Vereinten Nationen, UNHCR.

METHODE

Pro-und-Kontra-Diskussion

Pro-und-Kontra-Diskussion

Eine Pro-und-Kontra-Diskussion setzt eine Themenstellung voraus, bei der man eindeutig Stellung beziehen kann. Eine intensive Beschäftigung mit dem Thema ist für das Gelingen der Diskussion wichtig.

Schritt 1: Thema vorstellen

Zunächst sollte man ein oder zwei Gesprächsleiter bestimmen und das Thema als Entscheidungsfrage an die Tafel schreiben.

Schritt 2: Abstimmung

Bevor die Diskussion beginnt, findet die erste Abstimmung statt. Das Ergebnis wird an der Tafel festgehalten.

Schritt 3: Wahl der Anwälte

Aus der Pro- und aus der Kontra-Gruppe werden je zwei bis drei „Anwälte“ gewählt, die die Argumente ihrer Seite vortragen und vertreten.

Schritt 4: Streitgespräch

Wenn die Argumente vorgetragen sind, können die Anwälte die Vertreter der Gegenseite befragen und mit ihnen ein Streitgespräch beginnen. Die Gesprächsleitung leitet die Diskussion und erteilt den Sprechern das Wort. Anschließend können auch die Zuschauer die Anwälte befragen.

Schritt 5: Plädoyer

Am Ende hält je ein Anwalt jeder Partei einen Schlussvortrag, das Plädoyer. Darin fasst er die wichtigsten Argumente seiner Gruppe zusammen.

Schritt 6: Abstimmung und Auswertung

Danach folgt die Schlussabstimmung. Vergleicht das Ergebnis mit der Abstimmung vor Beginn der Diskussion. Haben sich die Ansichten geändert? Welche Gründe dafür werden genannt? Sind die Teilnehmer nun sicher in ihrer Entscheidung oder sind noch Fragen offen?

M 1 Forderungen der Weltkommission für die soziale Dimension der Globalisierung der UNO, 2004

- Der Grundstein einer faireren Globalisierung ist die Erfüllung der Forderungen aller Menschen nach der Achtung ihrer Rechte, ihrer kulturellen Identität und Autonomie, menschenwürdiger Arbeit und der Befähigung zur Selbstbestimmung der örtlichen Gemeinschaften, in denen sie leben. Eine wesentliche Bedeutung kommt der Gleichstellung der Geschlechter zu.
- Einen demokratischen und leistungsfähigen Staat. (…)
- Eine nachhaltige Entwicklung. Die Bemühungen um eine faire Globalisierung müssen auf den sich wechselseitig bedingenden und verstärkenden Pfeilern der wirtschaftlichen und sozialen Entwicklung und des Umweltschutzes auf lokaler, nationaler, regionaler und globaler Ebene beruhen.
- Produktive und gerechte Märkte. (…)
- Faire Regeln. Die Regeln der Weltwirtschaft müssen allen Ländern Chancengleichheit und Zugangsmöglichkeiten bieten . (…)
- Eine Globalisierung in Verbindung mit Solidarität. Es gibt eine gemeinsame Verantwortung für die Unterstützung

M2 *Karikatur: Mester*

M4 *Karikatur: Mester*

M3 *Karikatur: Haitzinger*

M5 *Karikatur: Mester*

von Ländern und Menschen, die von der Globalisierung ausgeschlossen sind bzw. durch sie benachteiligt werden. Die Globalisierung muss zur Beseitigung von Ungleichheiten innerhalb von Ländern wie zwischen ihnen und zur Beseitigung von Armut beitragen. (…)

Weltkommission für die soziale Dimension der Globalisierung der UN, Internationale Arbeitsorganisation 2004, Genf, 2004, Vorwort

1 Führt eine Pro-und-Kontra-Diskussion zum Thema „Ist die Globalisierung eine Fehlentwicklung?“ durch. Lest dazu die Regeln für eine Pro-und-Kontra-Diskussion durch und bestimmt Gesprächsleiter und Anwälte. Bereitet dann die Diskussion in Gruppen mit den Materialien dieses Kapitels und M 1 – M 5 vor.

2 Berichtet in eurer Schülerzeitung oder auf einem Elternabend über das Ergebnis eurer Pro-und-Kontra-Diskussion.

Globalisierung

M 1 Deutsche und indische Ausgabe des Sendeformats „Wer wird Millionär“

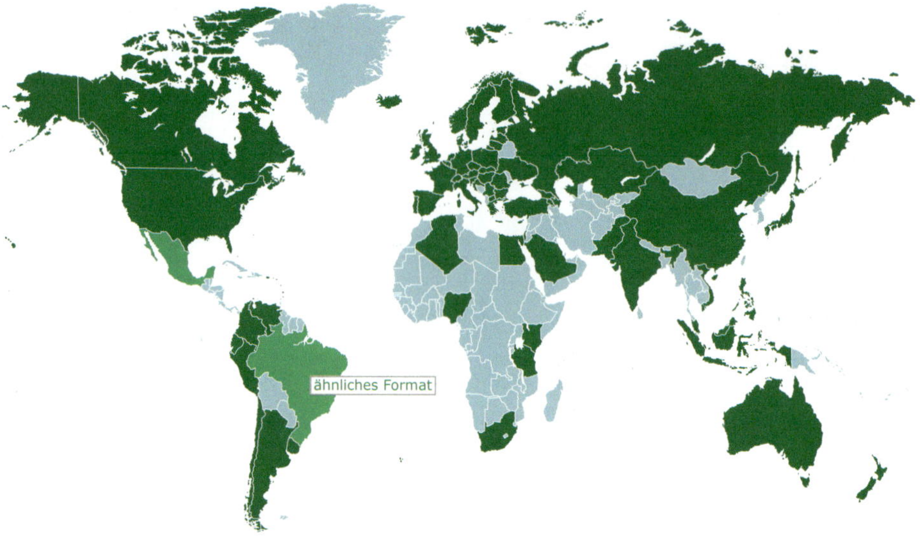

M 2 Verbreitung des Sendeformats „Wer wird Millionär“, *Stand 2006, Quelle: Bundeszentrale für politische Bildung*

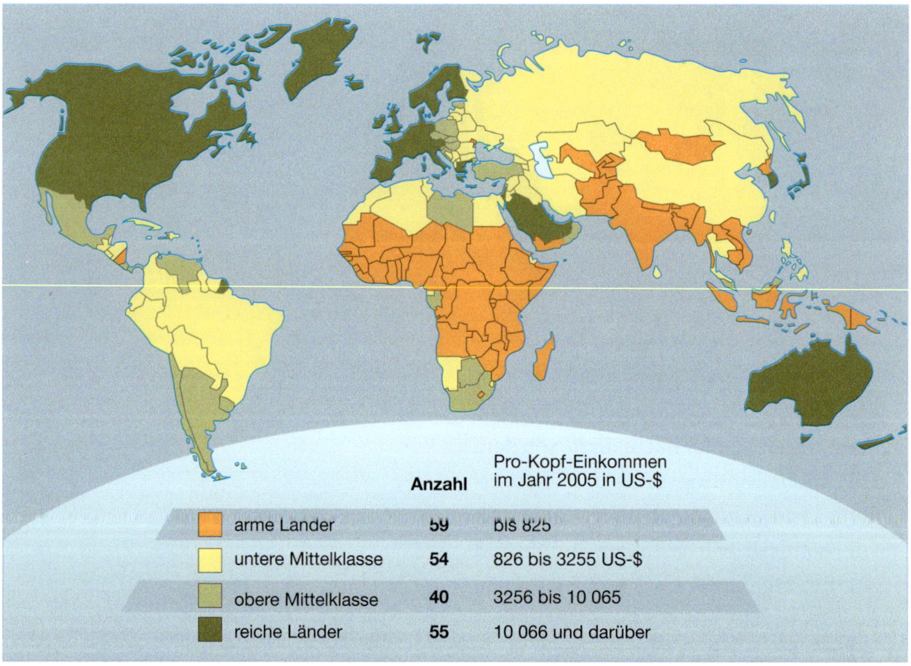

M 3 Einteilung der Staaten der Erde nach Kriterien der Weltbank

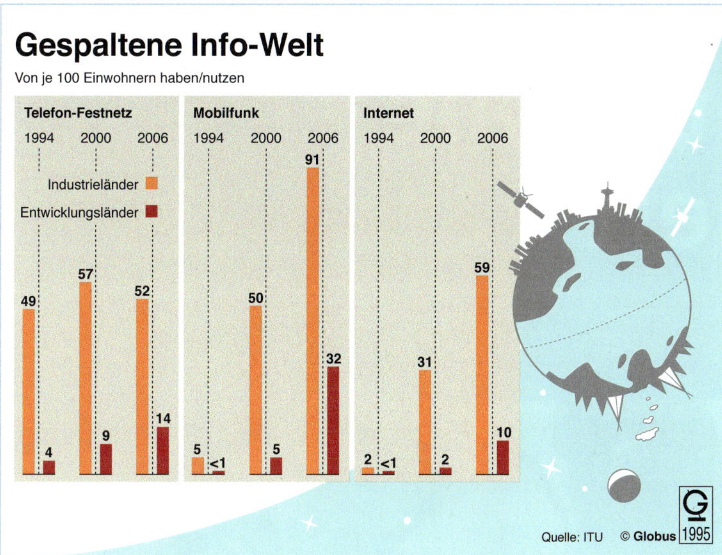

M4 Digitale Spaltung

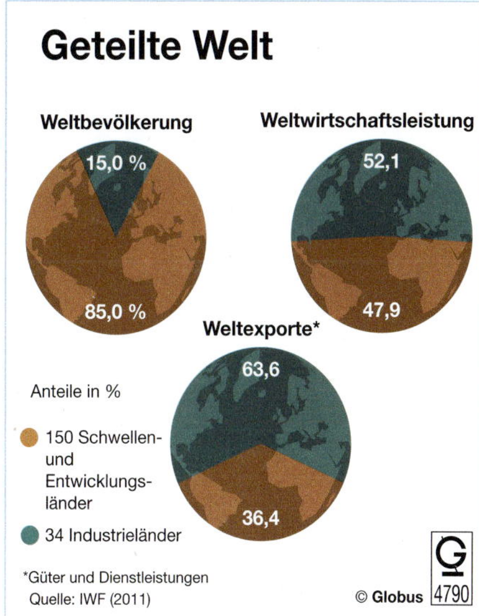

M5 Bevölkerungs- und Exportanteile

(...) Im Jahr 1929 lebten etwas mehr als zwei Milliarden Menschen auf unserem Globus, heute sind es 6,7 Milliarden, im Jahr 2050 werden es neun Milliarden sein. Und alle werden, dank Globalisierung und neuer Kommunikationstechnologien, mehr oder weniger denselben Lebensstandard anstreben, was zu einer Überforderung des Ökosystems Erde führen muss.

China verfügt bereits heute über das größte Ausbauprogramm für Atomenergie und baut dennoch jedes Jahr Kohlekraftwerke, die ungefähr so viel Strom erzeugen wie ganz Großbritannien – wohlgemerkt: Jahr für Jahr! Kohle oder Atom? Das ist eine Frage von gestern, denn ohne einen Durchbruch bei den erneuerbaren Energien wird der Energiebedarf der Welt nicht verantwortbar zu decken sein, von der Gefahr eines neuen Tschernobyls ganz zu schweigen.

Ein wirksamer Kampf gegen die Klimakrise setzt daher nichts Geringeres als eine grüne Revolution der Weltwirtschaft voraus. Dies muss das Megaprojekt des 21. Jahrhunderts sein. (...)

Joschka Fischer, in: Süddeutsche Zeitung, 11.5.2009

M6 Megaprojekt des 21. Jahrhunderts

Sachwissen und Analysekompetenz

1 a Erläutert, was der Begriff „Globalisierung" meint. Bezieht dabei auch das Beispiel in M 1 und M 2 mit ein.
b Findet vier weitere Beispiele, die die Globalisierung verdeutlichen.

2 Beschreibt anhand von M 5 die konkreten Auswirkungen des Globalisierungsprozesses. Unterscheidet dabei in Auswirkungen bei den Industrieländern und bei den Entwicklungsländern.

3 Beschreibt mit M 3 die Ungleichheit in der Welt. Welche Unterschiede im Vergleich zur Karte auf S. 145 kannst du erkennen? Welcher Indikator (Pro-Kopf-Einkommen oder HDI) erscheint dir geeigneter, um den Wohlstand eines Landes auszudrücken?.

4 Erläutert den Begriff „digitale Spaltung" (M 4). Beschreibt mögliche Folgen dieser Entwicklung.

Methoden- und Urteilskompetenz

5 Diskutiert, ob ihr und eure Eltern durch den Kauf von „Fairtrade"-Produkten den Produzenten in den Entwicklungsländern helfen könnt.

Handlungskompetenz

6 Schreibt einen kleinen Lexikonartikel über die Globalisierung und bewertet die positiven und negativen Seiten der Globalisierung (vgl. M 6).

7 Internationale Sicherheit

M 1

Am Ende dieses Kapitels kannst du

- mithilfe einer Methode Konflikte untersuchen und dir damit ein eigenes begründetes Urteil verschaffen.
- Gründe für Kriege benennen und über die aktuelle Situation in der Welt berichten.
- die Zielsetzung der Vereinten Nationen beschreiben. Außerdem kannst du die Institutionen benennen und deren Funktionsweise erklären.
- an Beispielen aktuelle Herausforderungen für die internationale Staatengemeinschaft beschreiben, mögliche Lösungsansätze benennen und begründet beurteilen.
- die Rolle und Haltung der EU in Bezug auf internationale Herausforderungen bestimmen und kritisch erläutern.

M 2

M 3

M 4

1 Beschreibe die Fotos M 1 bis M 4 und die damit verbundenen Herausforderungen für die Staatengemeinschaft.

2 Sammelt in Tageszeitungen und Zeitschriften Meldungen und Fotos über internationale Krisenherde und globale Probleme. Findet heraus, welche Organisationen sich um Lösungen bemühen.

3 Stellt zusammen, was ihr über die Bundeswehr wisst, und schreibt die Ergebnisse auf ein Plakat.

METHODE

Konfliktanalyse

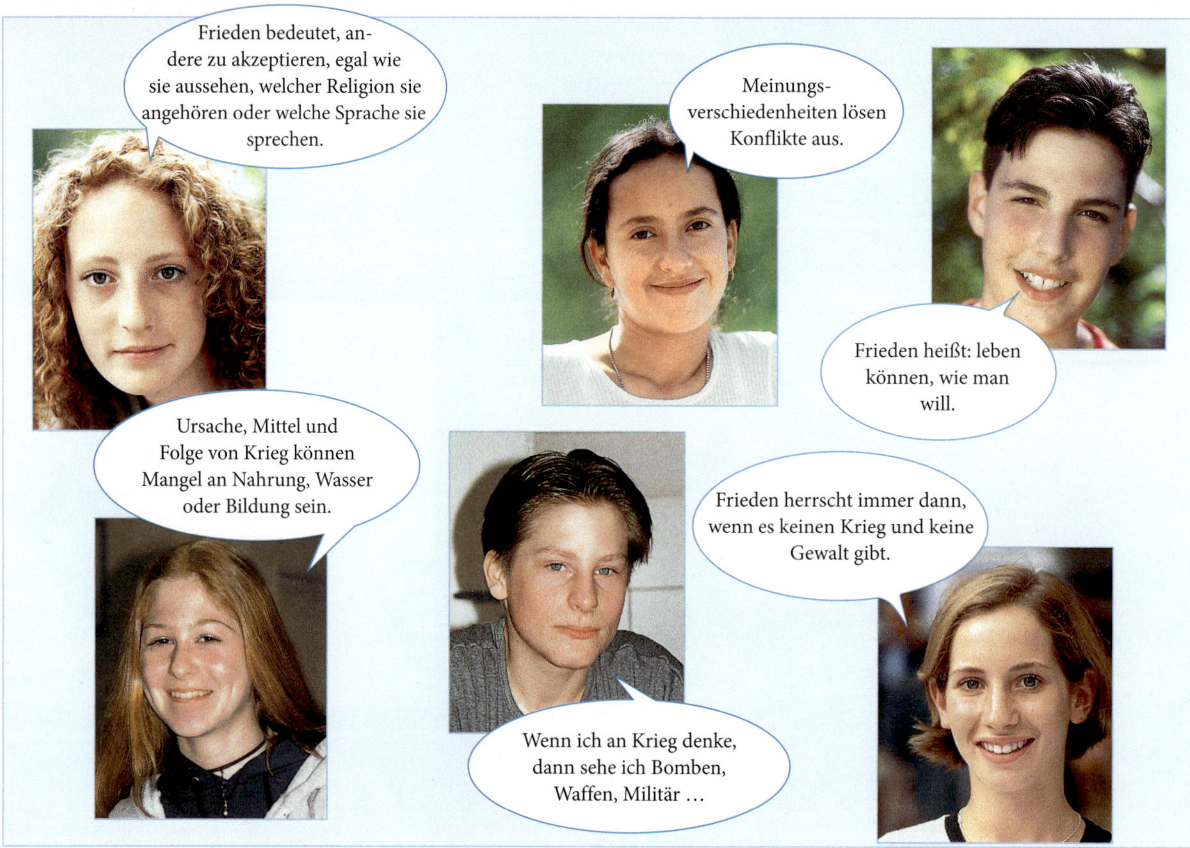

M 1 Was Schülerinnen und Schüler einer 10. Klasse über Krieg und Frieden denken

Begriffe wie „Konflikt", „Frieden" oder „Krieg" gebrauchen wir häufig. Doch was genau versteht man darunter?

Unter einem Konflikt versteht man allgemein einen Gegensatz zwischen Personen, Werten oder Ideen. Konflikte sind auf politischer, wirtschaftlicher oder gesellschaftlicher Ebene möglich. Sie können sich dann in einen kriegs- oder bürgerkriegsähnlichen Zustand steigern, wenn die Konfliktparteien miteinander unvereinbare Interessen vertreten und sie unbedingt durchsetzen wollen.

Zu den großen Konflikten des 20. Jahrhunderts (Weltkriege, Kalter Krieg, Nord-Süd-Konflikt) sind in den letzten Jahrzehnten im Zusammenhang mit der Globalisierung neue Konfliktherde entstanden, wie z. B. grenzüberschreitende Umweltbelastungen.

Sicher ist euch in den Fernsehnachrichten oder in der Zeitung aufgefallen, dass es fast täglich Meldungen über den Konflikt zwischen Israelis und Palästinensern gibt. Wegen seiner Aktualität möchten wir ihn daher als Fallbeispiel für die Methode

1 Lest die einzelnen Äußerungen zu den Begriffen Krieg, Frieden und Konflikt aufmerksam durch. Formuliert zunächst in Einzelarbeit eine eigene Definition dieser Begriffe. Diskutiert die verschiedenen Vorschläge und erarbeitet dann eine gemeinsame Definition. Haltet diese auf einem Plakat fest und hängt sie in der Klasse auf.

„Konfliktanalyse" verwenden, mit deren Hilfe ihr Konflikte selbstständig untersuchen könnt.
In diesem Fall handelt es sich um einen offenen Konflikt, dessen Lösung zum jetzigen Zeitpunkt noch nicht absehbar ist.

1. Schritt: Beschreibung der Ausgangssituation (historischer oder/und aktueller Art)
- Was ist wann und wo passiert?
- Wer ist an dem Geschehen beteiligt?

2. Schritt: Informationsbeschaffung und -auswertung

a) Ursachen:
- Gibt es ein auslösendes Ereignis?
- Um welche Streitfragen geht es?
- Was sind deren Hintergründe?

b) Verlauf:
- Welche wichtigen Ereignisse geschahen bisher?
- Ergeben sich aus dem Verlauf indirekt Beteiligte?

c) Ziele:

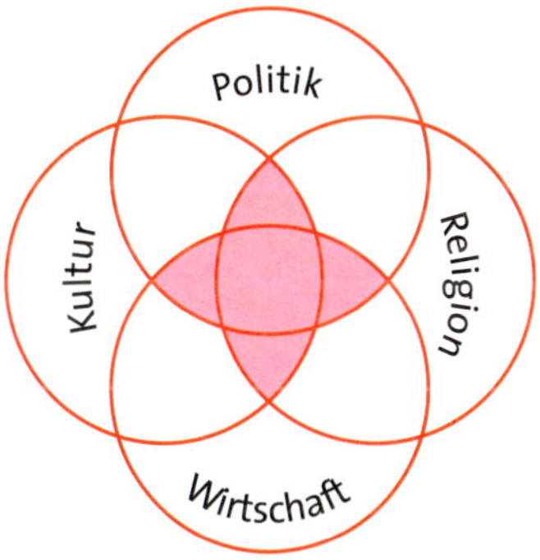

- Welche Ziele haben die Beteiligten?
- Gibt es einen Unterschied zwischen „offiziell" vertretenen und „unterschwellig" verborgenen Motiven?

3. Schritt: Diskussion der Lösungsansätze
- Welche Lösungsansätze werden entwickelt?
- Sind Kompromisse denkbar und nötig?

M2 **Friedensdemonstration von über 50 000 Israelis und Palästinensern,** *Foto, 1997*

4. Schritt: Wertung und Beurteilung
- Wie realistisch ist eine Friedenslösung?

Tipps zur Informationsbeschaffung, -auswertung und -präsentation:

Quellen:
- Zeitungen, Bücher
- politische Magazine
- Radionachrichten
- Fernsehdokumentationen
- Internet
- Experten

Auswertungshinweise:
- **Quellenanalyse**
- **Expertenbefragung**

Präsentation:
- **Kurzvortrag**
- **Wandzeitung**

Auf den Seiten 160 bis 167 findet ihr Materialien zum Nahostkonflikt.
Mithilfe der methodischen Schritte dieser Seite kann dieses Thema beispielhaft bearbeitet werden.
Da es sich beim Nahostkonflikt um einen zurzeit noch offenen Konflikt handelt, ist vielleicht nicht jede Frage zu beantworten.
Im Gegensatz zu einem abgeschlossenen Konflikt stehen nicht alle Informationen und Ergebnisse zur Verfügung (z. B. Dauerhaftigkeit der Friedenslösung).

Fallbeispiel: Der Nahostkonflikt – Ursachen

M 1 Israel und seine Nachbarn, 2008

Schritt 1: Beschreibung eines aktuellen Ereignisses

1. Was ist wann und wo passiert?
2. Wer ist an dem Geschehen beteiligt?

Schritt 2 a: Informationsbeschaffung und -auswertung: Ursachen

1. Lokalisiert auf der Karte M 1 den Ort des Geschehens.
2. Sucht die Gebiete, in denen die Palästinenser leben.
3. Äußert Vermutungen über das Zusammenleben von Israelis und Palästinensern.

Hamas und Israel brechen die Waffenruhe in Gaza

Erstmals seit Beginn der Waffenruhe am 18. Januar haben Palästinenser im Gazastreifen am Mittwoch Südisrael mit einer selbstgebauten Rakete beschossen. Die israelische Armee reagierte in der Nacht zum Donnerstag mit Luftangriffen. Der US-Sondergesandte George Mitchell forderte einen anhaltenden Waffenstillstand.
Ungeachtet aller internationalen Friedensbemühungen bleibt die Waffenruhe zwischen Israel und der radikal-islamischen Hamas-Bewegung brüchig. Als Antwort auf den ersten Beschuss Südisraels mit einer palästinensischen Rakete seit Beginn der Waffenruhe am 18. Januar griffen israelische Kampfflugzeuge in der Nacht zum Donnerstag Ziele im südlichen Gazastreifen an. (…)

Palästinenser im Gazastreifen neben einem zerstörtem Haus

M 2 Die Welt, 29.1.2009

Schritt 2b: Informationsbeschaffung und -auswertung: Ursachen

1. Was ist das auslösende Ereignis?
2. Um welche Streitfrage geht es?
3. Was sind deren Hintergründe?

Palästina wird das Land von der arabischen Bevölkerung genannt, die seit Jahrhunderten auf dem Gebiet des heutigen Israel ansässig ist. Es wurde von 1919 bis 1947 von den Briten verwaltet. Danach beschloss die UN-Vollversammlung, Palästina zu teilen. Mit einer Bevölkerung von 1,3 Millionen Arabern und 608 000 Juden sollte ein arabisch-palästinensischer und ein jüdischer Staat entstehen. Die Stadt Jerusalem sollte unter internationale Kontrolle gestellt werden, um Juden, Muslimen und Christen den freien Zugang zu ihren heiligen Stätten zu gewährleisten. Dieser Plan wurde von den Juden begrüßt, von den Arabern aber strikt abgelehnt. Es kam zu kriegerischen Auseinandersetzungen, und am 14. Mai 1948 wurde der Staat Israel durch den Jüdischen Nationalrat unter Vorsitz von David Ben-Gurion ausgerufen.

Wem gehört Palästina?

M3 PLO-Führer Jassir Arafat 1974 vor der Vollversammlung der UNO zum UN-Teilungsplan von 1947:

(…) Sie [die jüdischen Siedler] erbauten ihre Siedlungen und Kolonien (…) auf unseren Feldern und Gärten. Hier liegen die Wurzeln des palästinensischen Problems, das heißt, dass die Grundlagen dieses Problems nicht in religiösen oder nationalistischen Widersprüchen zweier Religionen oder zweier Nationalitäten zu suchen sind und nicht im Streit um Grenzen zwischen benachbarten Staaten. Es ist das Problem eines Volkes, dessen Land gewaltsam geraubt, das von seinem Boden vertrieben wurde und dessen Mehrheit in der Verbannung in Zelten lebt. (…)

Nach: http://www.palaestina.org (Zugriff: 19.3.2012)

M5 Wir waren schon immer hier!"
Karikatur: Behrendt

Die Gründung eines eigenen jüdischen Staates erstrebte schon seit dem Ende des 19. Jahrhunderts die von dem Juden Theodor Herzl (1860–1904) geführte nationaljüdische Bewegung des **Zionismus** („Zion" heißt der Tempelberg in Jerusalem). Für die in aller Welt zerstreuten und in den Gastländern oft angefeindeten Juden wurde eine „Heimstätte" gefordert, die ihnen Zuflucht und Schutz bieten sollte. Dies sollte das Heilige Land sein.

M4 Auszüge aus der Unabhängigkeitserklärung des Staates Israel vom 14. Mai 1948:

Im Lande Israel entstand das jüdische Volk. (…) Beseelt von der Kraft der Geschichte und Überlieferung, suchten Juden aller Generationen in ihrem alten Lande wieder Fuß zu fassen. (…) Die Katastrophe, die in unserer Zeit über das jüdische Volk hereinbrach und in Europa Millionen von Juden vernichtete, bewies unwiderleglich aufs Neue, dass das Problem der jüdischen Heimatlosigkeit durch die Wiederherstellung des jüdischen Staates im Lande Israel gelöst werden muss. (…)

Zit. n. Angelika Timm: Von der zionistischen Vision zum jüdischen Staat, in: Informationen zur politischen Bildung 278, 1/2003, S. 10

4. In welchen Bereichen sind die Konfliktursachen vor allem anzusiedeln (Politik, Religion, Wirtschaft)?

Webcode:
PE643585-161

Fallbeispiel: Der Nahostkonflikt – Verlauf und Ziele

M 1 Palästinenserin im Lager Rafah im Gazastreifen. Viele leben heute noch mit ihren Familien in Flüchtlingslagern im Libanon, in Syrien und Jordanien.

M 2 Steine werfende palästinensische Jugendliche im Gazastreifen

1948	Gründung des Staates Israel; Erster arabisch-israelischer Krieg („Unabhängigkeitskrieg") endet mit dem Sieg Israels. Flucht und Vertreibung von ca. 650 000 Palästinensern.
1956	Zweiter Nahostkrieg um den Suez-Kanal und Sinai.
1964	Gründung der PLO („Palestine Liberation Organization"), des politischen Vertretungsorgans der Palästinenser.
1967	Dritter Nahostkrieg („Sechs-Tage-Krieg"). Israel nimmt Ost-Jerusalem ein, besetzt das Westjordanland, den Gazastreifen, die Golanhöhen und die Sinaihalbinsel.
1973	Vierter Nahostkrieg („Yom-Kippur-Krieg").
1979	Frieden zwischen Ägypten und Israel auf der Grundlage des Camp-David-Abkommens, vermittelt durch den amerikanischen Präsidenten Jimmy Carter; etappenweise Räumung des Sinai und Rückgabe an Ägypten.
1987	Beginn der ersten „Intifada" (arab.: Abschüttelung): offener Volksaufstand der Palästinenser im Gazastreifen, Westjordanland und Ost-Jerusalem.
1988	Der Palästinensische Rat verkündet im Exil die Gründung eines unabhängigen Palästinenserstaates.
1991	Friedenskonferenz in Madrid.
1994/ 1995	Abkommen in Oslo zwischen Israel und der PLO. Die Parteien vereinbaren die gegenseitige Anerkennung sowie ein Rahmenabkommen über Teilautonomie im Gazastreifen und Jericho sowie den gestaffelten Rückzug Israels aus den besetzten Gebieten. Friedensschluss zwischen Israel und Jordanien.
1995	Ermordung des israelischen Ministerpräsidenten Rabin.
2000	Juli: Israelisch-palästinensische Konferenz in Camp David scheitert; im September Ausbruch der zweiten „Intifada" nach Manifestation des Anspruchs auf Ost-Jerusalem durch Scharon. Selbstmordattentate.
2002/ 2003	Der Friedensplan „Roadmap" wird von der palästinensischen und der israelischen Regierung bestätigt.
2004	Tod Yassir Arafats.
2005	Mahmut Abbas wird zum neuen Präsidenten der Palästinenser gewählt. Israelisches Militär räumt alle jüdischen Siedlungen im Gazastreifen.
2006	Wahlsieg der Hamas.
2006	Erste israelische Militäroffensive im Gazastreifen: Reaktion auf den Angriff auf einen israelischen Grenzposten und auf die Entführung eines Soldaten durch militante Palästinenser.
2006/ 2007	Nachdem die Hamas den Gazastreifen eingenommen hat, löst Präsident Abbas am 14. Juni 2007 die Einheitsregierung auf und ruft den Notstand aus.
2008	Waffenruhe zwischen Israel und der Hamas: Israel und die Hamas vereinbaren mit ägyptischer Vermittlung im Juni 2008 eine Waffenruhe.
2008/ 2009	Zweite militärische Offensive Israels gegen den Gazastreifen: Ab dem Sommer 2008 kommt es auf beiden Seiten zu Verletzungen der Waffenruhe. Israel startet am 27. Dezember 2008 eine Luftoffensive und beginnt am 3. Januar 2009 – ungeachtet internationaler Proteste – eine Bodenoffensive gegen den Gazastreifen.
2010	Israels Regierungschef Benjamin Netanjahu fordert direkte Friedensverhandlungen. Präsident Mahmud Abbas stellte als Vorbedingung, dass der Siedlungsbaustopp im Westjordanland für endgültig erklärt wird und alle Gebiete an die Palästinensische Autonomiebehörde übergeben werden.
2011	Anfang Mai schließen Fatah und Hamas nach ägyptischer Vermittlung ein Versöhnungsabkommen. Im Dezember tauscht Israel gegen einen von der Hamas entführten Soldaten 1000 palästinensische Gefange aus.
2012	Wiederaufnahme direkter Gespräche zwischen Israel und den Palästinensern im Januar. Erneute Eskalation des Konflikts im November. UN-Vollversammlung erklärt Palästina zum „Beobachterstaat".

M 3 Zeittafel

Schritt 2 c: Informationsbeschaffung und -auswertung: Verlauf

1. Welche wichtigen Ereignisse geschahen bisher?
2. Ergeben sich aus dem Verlauf indirekt Beteiligte?

Schritt 2 c: Informationsbeschaffung und -auswertung: Ziele

1. Welche Ziele haben die Beteiligten?

	Israel	Palästinensische Autonomiegebiete
Bevölkerung	7 442 000 Einwohner (2011)	4 043 000 Einwohner (2011; davon Westjordanland 2 350 583, Gazastreifen 1 416 543)
Fläche	Kernland 20 991 km², besetzte Gebiete 6831 km²	6020 km²
Sprache	Hebräisch, Arabisch	Arabisch
Religion	76,7 % Juden	Westjordanland: 83 % paläst. Araber, 17 % Juden
	14,6 % sunnitische Muslime	Gazastreifen: 99 % paläst. Araber
	2,12 % Christen	
Armutsrate	24,5 % (Stand 2008)	60 % bis 70 % (weniger als 2 US-Dollar am Tag, Stand 2007)
Hauptstadt	Jerusalem	keine Angabe

M 3 So könnten sich Israelis über Ziele äußern.

Wir haben in den besetzten palästinensischen Gebieten Möglichkeiten zur Ansiedlung von jüdischen Einwanderern geschaffen. Durch diese systematische Siedlungspolitik kontrollieren wir strategisch wichtige Gebiete und schützen unser Kernland – vor allem Jerusalem als religiöses Zentrum.

Die Hauptquellen unserer Wasserversorgung liegen in den besetzten palästinensischen Gebieten und auf den ehemals syrischen Golanhöhen unter staatlicher und militärischer Kontrolle. Wir können diese nicht aufgeben, da sonst die Wasserversorgung der Bevölkerung und der Landwirtschaft bedroht wäre.

Eine Rückkehr der palästinensischen Flüchtlinge lehnen wir ab. Sie sollen sich in arabischen Staaten ansiedeln. Eine Ausnahme soll die Zusammenführung von Familien sein. Unsere Bürger haben ein Recht, ohne Angst vor Terror und Gewalt zu leben. Wir wollen eine sichere Zukunft. Ost-Jerusalem und die Klagemauer gehören zu Israel.

Zusammengestellt nach Mat. aus: Informationen zur politischen Bildung 278/2003, S. 62 ff.

M 4 So könnten sich Palästinenser über Ziele äußern.

Das Territorium unseres zukünftigen Staates „Palästina" sowie die Frage, ob Jerusalem unsere Hauptstadt wird, muss geklärt werden. Damit unser Staat lebensfähig ist, muss sein Territorium zusammenhängend sein. Wir kritisieren die jüdische Siedlungspolitik, die gemäß der Genfer Konvention unrechtmäßig ist.

Wir benötigen die Wasserressourcen in den besetzten Gebieten und des Golan, da wir an akutem Wassermangel leiden.

Etwa 3,9 Millionen registrierte Flüchtlinge leben in Lagern in Jordanien, Libanon, Syrien, im Westjordanland und im Gazastreifen. Gemäß der UN-Resolution vom Dezember 1948 haben palästinensische Flüchtlinge das Recht auf Entschädigung sowie Rückkehr in ihre ursprünglichen Häuser und zu ihrem Eigentum.

Ost-Jerusalem und die muslimischen Pilgerstätten gehören den Palästinensern.

Zusammengestellt nach Mat. a. a. O.

M 5 Benjamin Netanjahu, Ministerpräsident Israels seit 2009

M 6 Mahmut Abbas, Präsident der palästinensischen Autonomiegebiete seit 2005

Der Nahostkonflikt: Keine Lösung in Sicht?

Schritt 3: Diskussion der Lösungsansätze

1. Welche Lösungsansätze werden vermittelt?

EU diskutiert Steinmeier-Plan für Nahen Osten

Von Ansgar Graw

Ein Konzept von Außenminister Frank-Walter Steinmeier soll als „EU-Aktionsplan" Grundlage der europäischen Politik für den Nahen Osten werden. Ziel des Plans ist die Etablierung eines unabhängigen Palästinenser-Staats im Westjordanland und in Gaza. Am Montag soll der Aktionsplan beschlossen werden.

Das Papier, das WELT ONLINE vorliegt, stimmten Berliner Diplomaten in dieser Woche mit französischen, britischen, italienischen und spanischen Kollegen ab.

Ziel sei die Etablierung eines „unabhängigen, demokratischen, zusammenhängenden und lebensfähigen Palästinenser-Staats im Westjordanland und in Gaza", der neben Israel „in Frieden und Sicherheit existiert". Der Aktionsplan soll am Montag von den Außenministern beschlossen werden.

In dem Steinmeier-Plan, der mit der tschechischen Ratspräsidentschaft eng abgestimmt wurde, werden humanitäre Maßnahmen zur Versorgung des Gazastreifens mit Nahrung, Medizin, Energie und Wasser gefordert. Der Waffenschmuggel in das Gebiet soll in Koordination auch mit den US-Geheimdiensten gestoppt werden.

Die Grenzmission EU-BAM (Border Assistance Mission) soll die Übergänge von Gaza nach Ägypten bei Rafah wieder öffnen. Untersucht werden soll zudem die Ausweitung des BAM-Mandats auf die Kontrollpunkte zu Israel. Nach Informationen von WELT ONLINE entsendet die EU in den nächsten Tagen 20 BAM-Experten in die Region.

Vorbereitet werden soll „in enger Koordination mit der palästinensischen Autonomiebehörde" eine internationale Friedenskonferenz in Ägypten. Israel wird aufgerufen, alle Siedlungsaktivitäten einzufrieren. Berliner Diplomaten sprechen von einem „Schulterschluss mit der Washingtoner Nahost-Politik". Steinmeier sei überzeugt, „dass es dazu eines substanziellen europäischen Beitrags und nicht nur europäischer Erklärungen bedarf".

M 1 **Zeitungsartikel zum Steinmeier-Plan** *(Welt-Online, 25.1.2009)*

M 2 **Europas Gewicht.** *Karikatur: Stuttmann*

M 3 **Das Leben geht weiter.** *Karikatur: Stuttmann*

M4 Streitpunkte

- **Siedlungsbau.** Es muss Einigkeit darüber erzielt werden, wie die Grenze zwischen Israel und Palästina im Detail verlaufen wird. Dabei spielen vor allem die jüdischen Siedlungen, die Stadt Jerusalem und die Frage ausreichender Sicherheit für beide Staaten eine Rolle. In der israelischen und der palästinensischen Gesellschaft ist mittlerweile mehrheitlich anerkannt, dass nur eine Zwei-Staaten-Lösung eine realistische Option für eine tragfähige und dauerhafte Regelung des Konfliktes darstellt.
- **Zwei-Staaten-Lösung.** Die Grenzen und den völkerrechtlichen Status eines künftigen palästinensischen Staates müssen geklärt werden. Israelis und Palästinenser müssen auf den Anspruch auf „ihr" Land verzichten. Die Beendigung eines Konflikts ist nur möglich, wenn ein Schlussstrich gezogen und in die Zukunft geblickt wird.
- **Jerusalem.** Eine Konfliktlösung muss nicht nur die religiöse Bedeutung der Heiligen Stadt für die drei monotheistischen Religionen berücksichtigen und freien Zugang zu den Heiligen Stätten gewährleisten. Sie muss auch die territoriale Bedeutung Ost-Jerusalems und seine Funktion als Verkehrsknotenpunkt für ein lebensfähiges palästinensisches Gemeinwesen in Betracht ziehen. Und sie muss der politischen Bedeutung der Stadt für beide Seiten Rechnung tragen.
- **Flüchtlingsfrage.** In den kriegerischen Auseinandersetzungen 1948 flüchtete rund eine Dreiviertelmillion Palästinenser aus dem heutigen Gebiet des Staates Israel oder wurde von dort vertrieben, vor allem in den Gazastreifen und die West Bank, aber auch in die arabischen Nachbarstaaten. Nur etwa 100 000 Palästinenserinnen und Palästinenser blieben in Israel und bildeten dort die arabische Minderheit. (...) Mit der israelischen Eroberung von West Bank, Gazastreifen und Golan kam es 1967 zu einer neuen Flüchtlingswelle. Nach UN-Angaben flohen 250 000 bis 300 000 Palästinenser, viele von ihnen nun bereits zum zweiten Mal, vorwiegend in die arabischen Nachbarstaaten. Grundsätzlich existieren verschiedene Ansätze zur Regelung der Flüchtlingsfrage: Rückkehr, Entschädigung und (Neu-)Ansiedlung. Eine Ansiedlung kann wiederum im künftigen palästinensischen Staat stattfinden, als vollwertige Staatsbürgerinnen und -bürger in den derzeitigen Aufnahmestaaten oder in Drittstaaten.
- **Konfliktstoff Wasser.** Israel deckt seinen Wasserbedarf heute zum großen Teil aus Vorkommen, die außerhalb seines Territoriums liegen oder entspringen. Die Hauptquellen israelischer Wasserversorgung liegen in den besetzten palästinensischen Gebieten und auf dem Golan: die drei Grundwasserbecken der West Bank, der Jordan und die Jordanzuflüsse Dan, Hasbani und Banias. Nach der Besetzung der palästinensischen Gebiete wurden auch dort alle Wasserressourcen zu israelischem Staatsbesitz erklärt und dem Militärkommandeur bzw. später der Militärverwaltung unterstellt; seither wurde jegliche Entwicklung der Grundwassernutzung durch die palästinensische Bevölkerung verhindert.

1 Beschreibt die Karikaturen und erläutert, was sie aussagen sollen.

2 Teilt eure Klasse in zwei Gruppen – Israelis und Palästinenser. Versetzt euch in ihre Lage und notiert, welche Bedingungen ihr für den Frieden stellen würdet.

3 Macht in einer anschließenden Diskussionsrunde eure Position deutlich. Überlegt gemeinsam, wie ein Kompromiss zu jeder Bedingung gefunden werden könnte, und fasst eure Ergebnisse unter der Fragestellung „Welche Kompromisse sind möglich?" schriftlich an der Tafel zusammen. Beispiel: Wenn die Palästinenser auf Terroranschläge verzichten, werden die Israelis verhandlungsbereit sein.

Fallbeispiel: Der Nahostkonflikt – Wertung und Beurteilung

Schritt 4: Wertung und Beurteilung
Im Nahostkonflikt waren bisher alle Bemühungen um Frieden vergeblich. Immer wieder flammen neue Konflikte auf. Daher stellt sich die Frage: Wie realistisch ist eine Friedenslösung?

Meinung: M 1 Kommentar: Wie Gaza aus der Gewaltfalle kommen kann

Israel nimmt tote Zivilisten in Kauf, die Hamas nutzt das Volk als Schutzschild – im Gazastreifen führen beide Seiten einen schmutzigen Krieg, analysiert Ralf Fücks. Ein Frieden, der über Feuerpausen hinausgeht, muss von außen vermittelt und durch internationale Truppen abgesichert werden.

Es fällt schwer, sich den Bildern und Berichten aus dem Gazastreifen zu stellen, all den grässlichen Nachrichten von getöteten Zivilisten, bombardierten Schulen und gefallenen Soldaten – junge Männer, deren Leben jäh ausgelöscht wird in einem Krieg, der umso fragwürdiger wird, je mehr Opfer er fordert.

Dieser Krieg macht jeden schmutzig, der an ihm beteiligt ist. Die ohnehin schwierige Unterscheidung zwischen Zivilisten und Kriegsbeteiligten wird im Gaza vollends zur Unmöglichkeit – nicht nur wegen der dichten Besiedlung, sondern weil die Hamas bewusst die Deckung der Zivilbevölkerung sucht. Sie nimmt in Kauf, dass Kinder, Frauen und Alte getötet werden, um sich zu schützen und die israelische Armee ins Unrecht zu setzen. Ihre Strategie ist der Partisanenkrieg, in dem das Volk zur Geisel wird. (…)

Angesichts der fortschreitenden Aufrüstung der Hamas, die immer mehr Kämpfer und Waffen aufbot, um einen Abnutzungskrieg gegen das „zionistische Gebilde" (Israel) zu führen, konnte Israel nicht stillhalten. Es werden vielfach Parallelen zwischen der Gaza-Intervention und dem Libanon-Krieg gezogen. Eine Parallele wird aber gern übersehen: dass nämlich auch im Gaza-Krieg die Reichweite der gegen Israel in Stellung gebrachten Raketen ständig zunahm. Inzwischen liegt sie bei 40 Kilometern – damit wächst die Gefährdung für die israelische Bevölkerung stark an. Keine Regierung konnte tatenlos zusehen, wie mit iranischer Hilfe eine zweite Front gegen das Land aufgebaut wurde.

Beide Seiten haben legitime Ziele

Wer immer behauptet, die Hamas und die mit ihr verbündeten extremistischen Gruppen griffen Israel nur an, um ein Ende der Blockade zu erzwingen, streut sich und anderen Sand in die Augen. Nicht nur der Krieg, auch die Blockade wäre morgen zu Ende, wenn die Machthaber im Gaza einen Gewaltverzicht und ein international überwachtes Ende der Aufrüstung gegen Israel akzeptieren würden.

Die von der israelischen Regierung erklärten Ziele ihres militärischen Gegenschlags gegen die Hamas sind legitim: ein Ende der Raketenangriffe und des Waffenschmuggels. Damit sind allerdings nicht auch alle militärischen Mittel geheiligt, die sie jetzt einsetzt. Auch die Bedingung der Hamas für einen Waffenstillstand ist legitim: die Aufhebung der Blockade des Gazastreifens. Das Problem ist, dass beides nur gemeinsam zu haben ist. (…)

Internationale Garantien erforderlich

Es muss deshalb alles unternommen werden, um mithilfe der arabischen Staaten einen dauerhaften Waffenstillstand zu erreichen, der Israels Sicherheit wie die Lebensfähigkeit des Gaza garantiert. Das wird nicht ohne internationale Garantien abgehen, einschließlich der Stationierung von Truppen zur Überwachung der Vereinbarungen.

Über den Tag hinaus wird es einen Übergang von einem unsicheren Waffenstillstand zu einem dauerhaften Frieden nur geben, wenn beide Seiten erkennen, dass sie von einem politischen Arrangement stärker profitieren als von fortgesetzter Gewaltpolitik. (…)

Der Kampf gegen Hamas wird nicht im Gazastreifen gewonnen, sondern im Westjordanland – durch die Rücknahme der jüdischen Siedlungen, den Aufbau einer rechtsstaatlichen palästinensischen Selbstverwaltung und die Verbesserung der Lebensumstände der Bevölkerung. Wird die Chance auf eine Zwei-Staaten-Lösung verpasst, wird die gegenwärtige Gewalt im Gazastreifen nur eine weitere Umdrehung in einer endlosen Spirale sein.

Ralf Fücks: Wie Gaza aus der Gewaltfalle kommen kann, Spiegel Online, 7.1.2009; in: www.spiegel.de (Zugriff: 19.3.2012)

M2 *Karikatur: Mohr*

1 Wie beurteilt der Autor des „Spiegel" die Lage in Nahost?

2 Auf welche Problematik verweist die Karikatur?

3 Beurteilt selber die Aussichten auf einen Frieden im Nahostkonflikt. Welche Voraussetzungen müssten dafür geschaffen werden?

4 Verfolgt den weiteren Verlauf des Konfliktes und überprüft mögliche Lösungen kritisch unter der Fragestellung: „Wie dauerhaft ist der Friedensschluss?"

Der „Arabische Frühling“

M 1 **Demonstranten in Kairo, Januar 2012**

Webcode: PE643585-168

Die „Arabellion“

Im Dezember 2010 begann eine Serie von Protesten, Aufständen und Revolutionen in der arabischen Welt. Sie wird als „Arabischer Frühling“ oder auch als „Arabellion“ bezeichnet. Die Aufstände gingen von Tunesien und anderen Staaten Nordafrikas (Maghreb) aus und griffen auf den Nahen Osten über. Sie richteten sich gegen die autoritären Regime und die politischen und sozialen Strukturen in diesen Ländern.

M 2 Viele unterschiedliche Revolutionen

In Libyen und den Golfstaaten Bahrain, Jemen, Syrien und Saudi-Arabien fordern Demonstranten von ihren autoritären Herrschern umfassende demokratische Reformen – oder gleich den Rücktritt. Die Proteste in Libyen haben sich zum Bürgerkrieg ausgeweitet, UN und NATO haben die Rebellen unterstützt, bis das Gaddafi-Regime schließlich gestürzt wurde. (...) In Ägypten und Tunesien haben sich die Machthaber dem Druck der Demonstranten gebeugt. In Tunesien gibt es den ersten demokratisch gewählten Präsidenten – aber auch ihm steht die Bevölkerung nicht kritiklos gegenüber. In Ägypten *(bleibt die Frage)*, ob der Militärrat seine bisherige Macht einfach so abgeben wird. (...) Die Ursachen *(der Proteste)* sind von Land zu Land ebenso verschieden wie die sozialen, kulturellen, ethnischen und politischen Strukturen.

Franziska Kelch: Arabische Revolutionen; Zeit Online 24.2.2012; in: http://blog.zeit.de (Zugriff: 21.3.2012)

M 3 Die Revolution der Frauen in Ägypten

Die ägyptische Filmemacherin Nadia Kamel über die Protestdemonstrationen, März 2011:

Die Haltung der ägyptischen Bevölkerung war beispielhaft, wunderbar. Alle sind auf die Straße gegangen und die DemonstrantInnen waren so weise, gewaltfrei und entschlossen zu bleiben. (...)

Mehr und mehr hat sich die Bewegung ausdifferenziert und bestand aus DemonstrantInnen aller sozialer Schichten – und vor allem aus enorm vielen Frauen. Viele sind ohne ihren Ehemann gekommen. Es waren Frauen aller Art: Verschleierte, Verarmte, Laizistische, Intellektuelle. Sie haben sich in die Protestbewegung auf bisher unvorstellbare Weise eingebracht, sie waren unaufhörlich laut und ermüdeten nie.

Nadia Kamel: Die Revolution der Frauen in Ägypten, graswurzelrevolution (GWR) 357, März 2011; in: http://www.graswurzel.net/357/aegypten1.shtml (Zugriff: 22.3.2012)

M 4 Sind Ägyptens Frauen die Verliererinnen?

Ein Jahr nach dem Sturz von Hosni Mubarak ist klar: Im nachrevolutionären Ägypten sind die Frauen die großen Verlierer. (...) Höchstens ein Dutzend weibliche Abgeordnete hat es in die neue 498-köpfige Volksvertretung geschafft. Die unter Hos-

ni Mubarak eingeführte Zwölfprozent-Frauenquote wurde vom Obersten Militärrat gestrichen.
Die Parteien waren lediglich verpflichtet, auf ihren Kandidatenlisten mindestens eine Frau zu nominieren – als Alibi sozusagen. Die extrem konservativen Salafisten weigerten sich sogar, ihre Kandidatin auf Wahlplakaten überhaupt abzubilden. (...)
Auch in der 100-köpfigen verfassunggebenden Versammlung, die sich Ende Februar aus den Reihen des neu gewählten Parlaments rekrutieren soll, werden Frauen damit praktisch nicht vertreten sein.

Martin Gehlen: Ägyptens Frauen – die großen Verliererinnen; Zeit Online 14.1.2012; in: http://www.zeit.de (Zugriff: 21.3.2012)

M 5 „Zur Demokratie gehört der Machtwechsel"

Der Publizist Rafael Seligman nach einem Jahr Arabische Revolution, Februar 2012:
Anzunehmen, die neuen autoritären, religiösen Kräfte in Arabien würden das Feld den Befürwortern der Menschenrechte und der bürgerlichen Freiheiten überlassen, ist naiv – obgleich zweifellos Bürgerrechtler zu den Initiatoren des Aufstandes gehörten. (...)
Die entscheidenden Oppositionskräfte gegen die von West und Ost gehätschelten Militär-, Partei- und Geheimdienstdiktaturen waren Islamisten. In Ägypten und Nordafrika die sunnitischen Moslembrüder. Sie gewannen die Unterstützung der Bevölkerungsmehrheit, weil die herrschenden Diktaturen korrupt waren, sich wenig um die Bildung, die Gesundheit, kurz, die Lebensumstände der Menschen kümmerten. Diese Aufgaben übernahmen die Islamisten, die ihr soziales Netzwerk mit religiöser Indoktrination verbanden.
Die Islamisten waren Trittbrettfahrer der Arabellion. Doch als der Sturz der Diktaturen vollzogen war, gelang es ihnen allenthalben, bei Wahlen die Stimmenmehrheit zu erringen. In Ägypten etwa 70 Prozent. Aber Siege in demokratischen Wahlen verheißen nicht automatisch demokratische Gesinnung. (...)
Doch zur Demokratie gehört der Machtwechsel. Und hier sind Zweifel bei den Islamisten angebracht. Der Islam kennt keine Trennung von Staat und Religion. Alle Religionen sind per se *(an sich)* intolerant. Denn religiöse Bücher scheren sich nicht um demokratische Werte. Äußerungen von Islamisten deuten auf eine Kriegsbereitschaft gegen Israel hin.

Rafael Seligman: Arabische Revolutionen, Vorwärts v. 11.2.2012; in: http://www.vorwaerts.de (Zugriff: 22.3.2012)

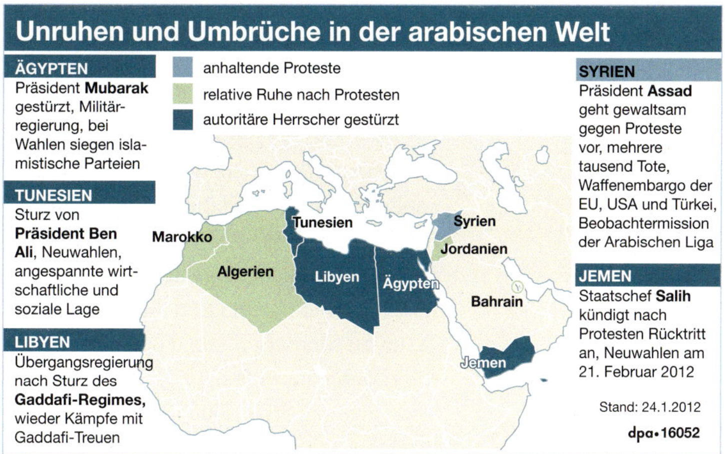

M 6 Die Arabischen Revolutionen – ein Überblick

1 Bildet fünf Arbeitsgruppen. Jede Gruppe nimmt sich ein Land (s. M 6) vor, recherchiert zu den dortigen revolutionären Entwicklungen (M 2, M 6) und trägt die Ergebnisse in der Klasse vor.

2 Diskutiert in der Klasse: Worin unterscheiden sich die Vorgänge in den einzelnen Ländern, worin gleichen sie sich?

3 Beschreibt die Rolle der Frauen in der ägyptischen Protestbewegung (M 1, M 3, M 4). Welche Probleme sind aufgetreten?

4 Besprecht, ob religiöse Einflüsse die weitere Entwicklung behindern können. Was kann dies für die Ausgestaltung von Verfassungen bedeuten (M 4, M 5)?

5 Arbeitet heraus, welche Gefahr Rafael Seligman für Israel sieht (M 5). Besprecht mögliche Folgen für den Nahostkonflikt.

Warum Krieg?

Krieg – der „Vater aller Dinge"?

Von Heraklit, einem griechischen Philosophen, der vor rund 2500 Jahren lebte, ist folgende Aussage überliefert: „Der Krieg ist der Vater aller Dinge und der König aller. Die einen macht er zu Göttern, die anderen zu Menschen, die einen zu Sklaven, die anderen zu Freien."

Von jugendlichen Flüchtlingen aus Kolumbien, einem Land in Südamerika, wurde im Jahr 2002 in einem Aufruf geschrieben: „Wir weigern uns, den Krieg als tägliches Brot anzunehmen. Wir wollen keine Kriegsreden mehr hören. Willkommen alle, die mit uns diesen Traum feiern wollen. Der Traum vom Frieden beginnt in unserem Miteinander."

Kriege gab es zu allen Zeiten der menschlichen Geschichte. Antike Großreiche wie das Römische Imperium entstanden oft aus organisierten Raubzügen. Sie zwangen die eroberten Gebiete, Tribut zu zahlen, und versklavten die Bevölkerung. Mit der Entstehung von Nationalstaaten im 16. Jahrhundert konnten es sich die Herrscher leisten, ständige Heere von Berufssoldaten zu bezahlen. Immer modernere Waffen wurden erfunden, die Armeen wuchsen – und mit ihnen die Zahl der Kriegsopfer. Diese Entwicklung gipfelte im 20. Jahrhundert in zwei Weltkriegen mit bisher noch nie gesehenen Materialschlachten, die einen verwüsteten Kontinent hinterließen und 60 Millionen Menschen das Leben kosteten.

M 1 Ursachen für Kriege

Webcode:
PE613585 170

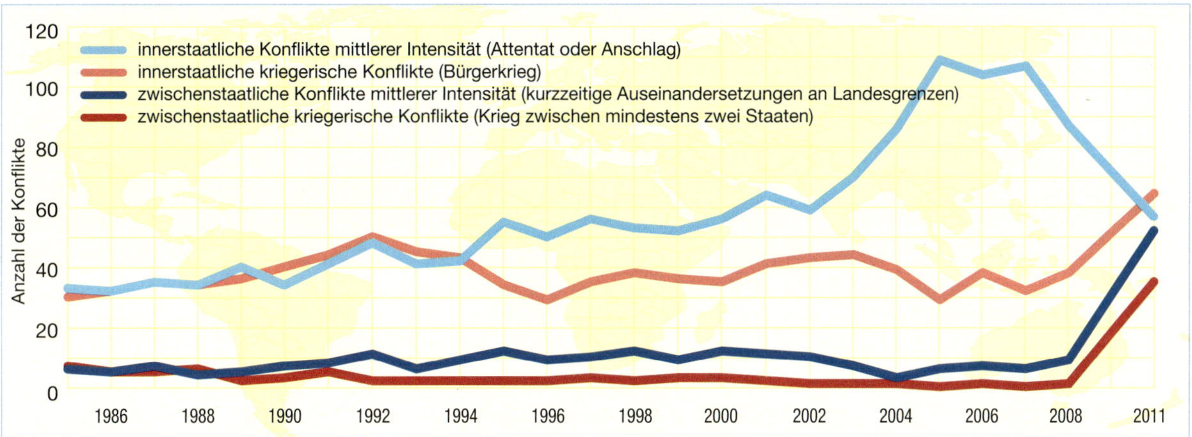

M 2 Entwicklung gewaltsamer politischer Konflikte. *Schwank, et al.: CONIS-Konfliktdaten, Heidelberg*

M 3 25 Kriege in einem Jahr

Erstmals seit sechs Jahren wurden 2011 wieder mehr Kriege und bewaffnete Konflikte geführt als im Jahr zuvor. Die Gesamtzahl erhöhte sich um drei auf nunmehr 36 und auch die Zahl der Kriege stieg um zwei auf 25. Als beendet sind insgesamt drei kriegerische Konflikte zu betrachten. Umgekehrt eskalierten *(entstanden)* 2011 sechs Kriege und bewaffnete Konflikte neu.

Insgesamt stand das Jahr 2011 vor allem im Zeichen der Proteste in den meisten arabischen Staaten, die häufig als „Arabischer Frühling" bezeichnet wurden. *(siehe S. 168/169)* Allerdings resultierten daraus bislang lediglich zwei kriegerische Konflikte, nämlich in Libyen und im Jemen. In vielen anderen Staaten der Region wurde Gewalt im Wesentlichen einseitig durch Polizei und Militär angewandt. Vor allem in Syrien, aber auch in Ägypten, lag dabei die Zahl der Todesopfer höher, als dies 2011 in vielen Kriegen oder bewaffneten Konflikten der Fall war.

Wolfgang Schreiber: Kriege und bewaffnete Konflikte 2011; in: http://www.ag-friedensforschung.de (Zugriff: 19.3.2012)

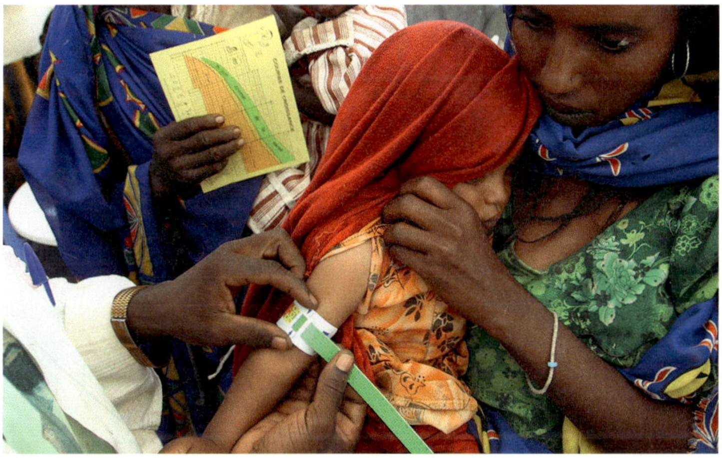

M 4 Kinder sind häufig Opfer in Kriegen, hier sudanesische Flüchtlinge im Tschad, Januar 2009

1 Nenne Ursachen von Kriegen (M 1). Unterscheide Kriege zwischen Staaten und Kriege innerhalb von Staaten.

2 Werte die Abbildung M 2 aus und erkläre die verschiedenen Konfliktformen.

3 Vergleiche die Aussagen von M 2 mit den im Text M 3 dargestellten Entwicklungen. Notiere in Stichworten.

4 Verfolge die Berichterstattung in den Medien und ordne die dargestellten Beispiele den Konfliktarten zu.

5 Informiere dich darüber, wie Kinder in Kriegen zu Opfern werden und wie man ihnen helfen kann (zum Beispiel auf der Internetseite www.unicef.de/botschaft/kk_denk.html).

Die Vereinten Nationen – Weltfrieden als Aufgabe

M1 Fahne der UNO

Vom Völkerbund zur UNO

Im Jahr 2005 feierte die Organisation der Vereinten Nationen (United Nations Organization, UNO) ihr 60-jähriges Bestehen. Als die UNO am 24. Juni 1945 ins Leben gerufen wurde, war dies eine Antwort auf die Schrecken des Zweiten Weltkrieges und das Versagen des Völkerbundes. Noch vor dem Ende des Zweiten Weltkrieges einigten sich die USA und die Sowjetunion darauf, eine Organisation zur Aufrechterhaltung des Weltfriedens zu schaffen. Die Vereinten Nationen sollten die Zusammenarbeit aller Länder fördern und über die Einhaltung des Friedens wachen. Bewaffnete Konflikte durften nun auch mit militärischen Zwangsmaßnahmen beendet werden.

Bemühungen um den Weltfrieden

Nach dem Ersten Weltkrieg versuchte die Pariser Friedenskonferenz im Frühjahr 1919 auf Drängen der USA eine Einrichtung zu schaffen, die weltweit für die Erhaltung des Friedens sorgen sollte. Mit dem **Völkerbund** wollten die Siegermächte unter Führung der USA eine Weltfriedensordnung schaffen. Konflikte zwischen Staaten sollten nun durch eine internationale Einrichtung in einem geordneten Verfahren beigelegt werden. Der Völkerbund war jedoch von Anfang an schwach, denn er hatte außer wirtschaftlichen Maßnahmen keine wirklichen Machtmittel. Beim Ausbruch des Zweiten Weltkrieges hat der Völkerbund keine bedeutsame Rolle mehr gespielt.

M2 „Non Violence“. Bronzeskulptur des schwedischen Künstlers Carl Frederik Reuterswärd vor dem UN-Sitz in New York

1 Beschreibe die Zielsetzung der UNO (M3, Text).

2 Beurteile die Möglichkeiten der UNO, in Konflikte einzugreifen (M3, Artikel 41 und Artikel 42).

M3 Gründungserklärung der UNO vom 26. Juni 1945

(…) Die Vereinten Nationen setzen sich folgende Ziele:

1. den Weltfrieden und die internationale Sicherheit zu wahren und zu diesem Zweck wirksame Maßnahmen zu treffen, um (…) Angriffshandlungen und andere Friedensbrüche zu unterdrücken und internationale Streitigkeiten (…) durch friedliche Mittel nach den Grundsätzen der Gerechtigkeit und des Völkerrechts zu bereinigen oder beizulegen,
2. freundschaftliche, auf der Achtung vor dem Grundsatz der Gleichberechtigung und Selbstbestimmung der Völker beruhende Beziehungen zwischen den Nationen zu entwickeln (…),
3. eine internationale Zusammenarbeit herbeizuführen, um internationale Probleme wirtschaftlicher, sozialer, kultureller und humanitärer Art zu lösen und die Achtung vor den Menschenrechten und Grundfreiheiten für alle ohne Unterschied der Rasse, des Geschlechts, der Sprache oder der Religion zu fördern. (…)

Artikel 41
Der Sicherheitsrat kann beschließen, welche Maßnahmen – unter Ausschluss von Waffengewalt – zu ergreifen sind, um seinen Beschlüssen Wirksamkeit zu verleihen. (…) Sie können die vollständige oder teilweise Unterbrechung der Wirtschaftsbeziehungen, des Eisenbahn-, See- und Luftverkehrs (…) beschließen.

Artikel 42
Ist der Sicherheitsrat der Auffassung, dass die in Artikel 41 vorgesehenen Maßnahmen (…) sich als unzulänglich erwiesen haben, so kann er mit Luft-, See- oder Landstreitkräften die zur Wahrung oder Wiederherstellung des Weltfriedens und der internationalen Sicherheit erforderlichen Maßnahmen durchführen. (…)

Webcode:
PE643585-173

M4 UN-Gebäude in New York

Wie funktioniert die UNO?

M 1 Die UN-Vollversammlung in New York

M 2 UN-Generalsekretär Ban Ki Moon

Unterschiedliche Vorstellungen über die UNO

Die Vorstellungen über eine neue Weltfriedensordnung waren bei der Gründung der UNO recht unterschiedlich. Deswegen verständigte man sich darauf, dass die USA, die Sowjetunion, Großbritannien, Frankreich und China in der wichtigsten Einrichtung der UNO, dem Sicherheitsrat, ein Vetorecht erhielten. Jedes Mitglied im Sicherheitsrat hat das Recht, durch einen Einspruch einen Beschluss zu verhindern. Entscheidungen können also im Sicherheitsrat nur einstimmig gefasst werden. Zudem wurde beschlossen, dass diese fünf Staaten ständige Mitglieder des Sicherheitsrates sein sollten. Nach Auflösung der Sowjetunion hat nun Russland einen ständigen Sitz im Sicherheitsrat. Neben den fünf genannten ständigen Mitgliedern gehören zum Sicherheitsrat zehn weitere, nichtständige Mitglieder, die alle zwei Jahre von der Generalversammlung gewählt werden: fünf aus Afrika und Asien, je zwei aus Lateinamerika und der Gruppe der westeuropäischen und sonstigen Staaten, ein osteuropäisches Land.

Die Generalversammlung ist das organisatorische Zentrum der UNO. Sie tritt einmal im Jahr in New York zur Beschlussfassung über die wichtigsten Fragen der Weltpolitik zusammen. Alle Mitgliedsstaaten der UNO sind in der Generalversammlung nach dem Prinzip „Ein Staat – eine Stimme" gleichberechtigt vertreten.

Die UNO – eine Weltorganisation

Momentan gehören der UNO 194 Staaten an – praktisch alle Staaten der Erde. Der Vatikan und Palästina besitzen den Status eines Beobachters bei den Vereinten Nationen und sind somit Nichtmitgliedstaaten ohne Stimmrecht.

Eine der Lehren, welche die Siegermächte aus dem Zweiten Weltkrieg gezogen hatten, war die Einsicht, dass der Weltfriede nicht nur durch Kriege, sondern auch durch Armut und Elend bedroht wird. Sonderorganisationen widmen sich daher den Problemen der Entwicklungsländer, z. B. die WHO (Weltgesundheitsorganisation), die Infektionskrankheiten und Seuchen in der Welt ausrotten will, oder die FAO (Ernährungsorganisation). Mehr als 16 000 Menschen arbeiten heute für UN-Einrichtungen. Der Haushalt der UNO im Jahr 2010/2011 betrug 5,2 Milliarden US-$.

1 Erkläre den Begriff Vetorecht. Überlege, welche Vor- und welche Nachteile mit diesem Recht verbunden sein können.

2 Schreibe zu den im Autorentext genannten Einrichtungen der UNO jeweils eine kurze Definition (Autorentext, M 4).

3 Spielt das UN-Spiel (M 3).

Bildet Gruppen und versucht, die nachstehenden Fragen mithilfe von M4 zu beantworten. Notiert Kürzel und Bedeutung. Für jede richtige Lösung gibt es einen Punkt (Lösung siehe S. 224).

Wer ist zuständig?

1. Flüchtlinge müssen versorgt werden.
2. Absprachen zu weltweiten Gesundheitsfragen.
3. Einsatz von Friedenstruppen.
4. Anklagen von Kriegsverbrechern.
5. Übersicht über die Welternährung.
6. Ideenaustausch zur industriellen Entwicklung.
7. Entwicklungshelfereinsatz.
8. Asiatische Staaten verhandeln über Wirtschaftsfragen.
9. Der Generalsekrektär wird gewählt.
10. Umweltfragen sollen gelöst werden.
11. Sorge für Kinder in aller Welt.
12. Forschungen zur landwirtschaftlichen Entwicklung.
13. Weltweite Wirtschafts- und Sozialfragen.
14. Frauenförderung.
15. Menschenrechtsfragen.
16. Fragen des internationalen Postwesens.
17. Welthandelsprobleme.
18. Waffenverminderung in aller Welt.
19. Schule und Erziehung in aller Welt.
20. Atomenergiefragen.

M3 Das UN-Spiel

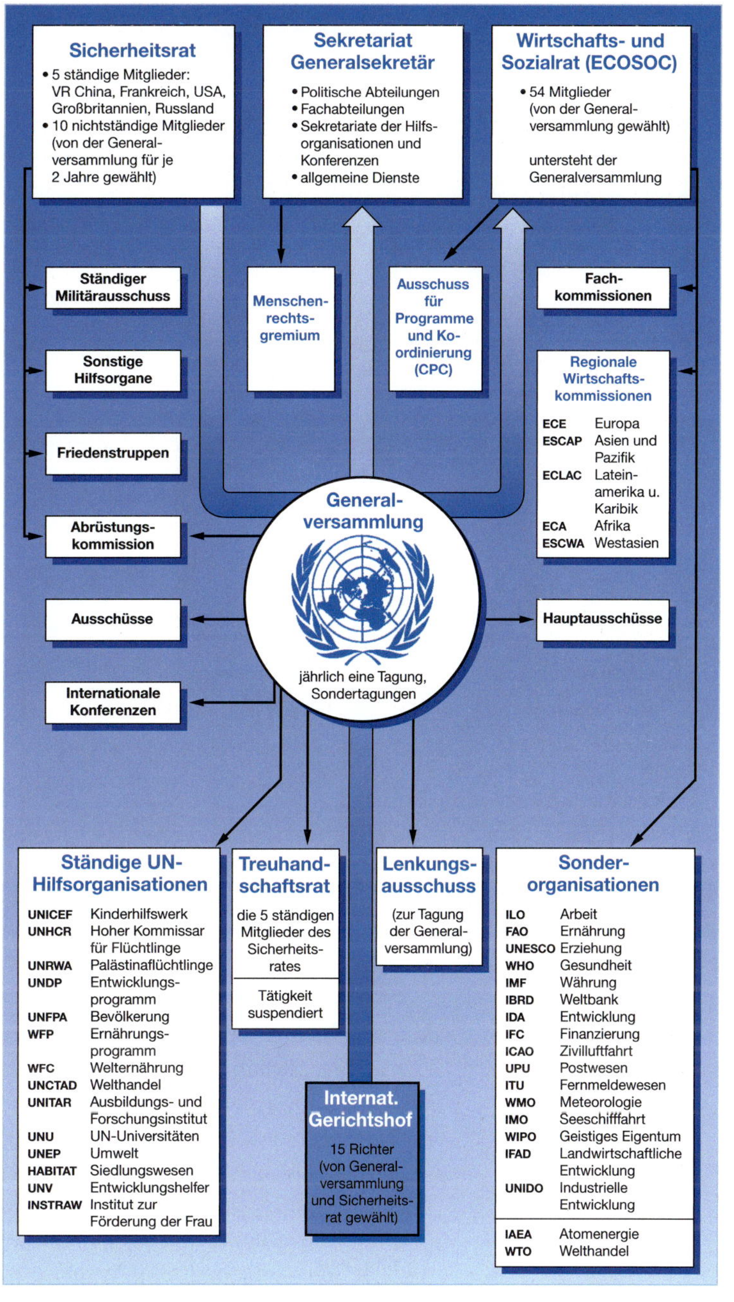

M4 Organisation der UNO

Weitere Hinweise findest du im Internet:

Webcode: PE643585-175

Frieden schaffen – ohne Waffen?

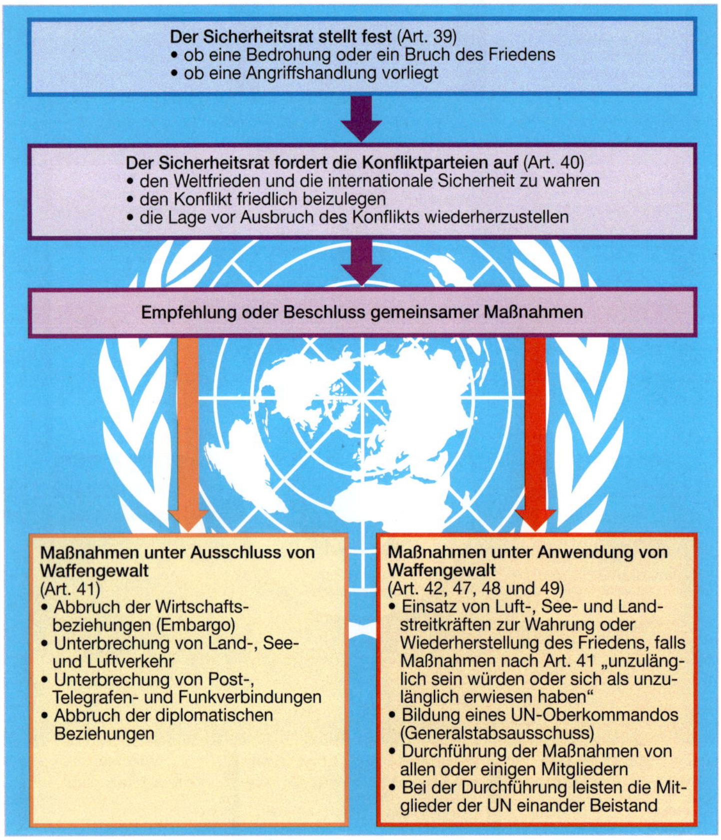

M 1 **Was kann der Sicherheitsrat entscheiden?**

M 2 **Blauhelmtruppen**

Zur Friedenssicherung eingesetzte multinationale Beobachtergruppen oder Truppenkontingente der Vereinten Nationen, wegen ihrer blauen Helme auch als UN-Blauhelme bezeichnet. Beobachtergruppen bestehen aus unbewaffneten Soldaten, die z. B. die Einhaltung von Waffenstillstandsvereinbarungen kontrollieren oder eine Pufferzone zwischen den Konfliktparteien bilden. Von den beteiligten Truppenverbänden wird strikte Neutralität erwartet. Sie dürfen, außer zur Selbstverteidigung, keine Gewalt anwenden. 1988 wurde den UN-Friedenstruppen der Friedensnobelpreis verliehen.

www.wissen.de (Zugriff: 23.11.2005)

UN-Charta

Mit ihrem Beitritt zur UNO haben 193 Staaten ihren Willen bekundet, gemeinsam an der Sicherung des Weltfriedens zu arbeiten. Die **UN-Charta** verpflichtet die Unterzeichnerstaaten, jede Androhung oder Anwendung von Gewalt gegen andere Staaten zu unterlassen. Wenn Staaten dennoch gegen die UN-Charta verstoßen und den Frieden gebrochen haben, kann der UN-Sicherheitsrat Maßnahmen zur Konfliktbewältigung ergreifen. Dabei gilt es zu unterscheiden zwischen

- friedenssichernden Maßnahmen sowie
- militärischen und nichtmilitärischen Zwangsmaßnahmen.

Als letzte und äußerste Maßnahme zur Konfliktbewältigung kann der Sicherheitsrat den Einsatz von Luft-, See- oder Landstreitkräften beschließen. Nach der UN-Charta sind alle Mitgliedsstaaten verpflichtet, auf Ersuchen des Sicherheitsrates Streitkräfte zur Verfügung zu stellen und das Durchmarschrecht zu gewähren.
In der Praxis überlässt der Sicherheitsrat die Ausführung der beschlossenen militärischen Maßnahmen den Mitgliedern der UNO, die sich dazu bereit erklären. So beteiligten sich 1950 bis 1953 fünfzehn Staaten, um Frieden zu stiften im Krieg zwischen Nord- und Südkorea. Im Jahr 1991 waren es dreizehn Staaten, die im ersten Golfkrieg die Eigenständigkeit Kuweits gegenüber dem Irak durchsetzten. Das Oberkommando über die Truppen hatten dabei jeweils die USA.
Die Organisation und Zusammensetzung des UNO-Sicherheitsrates wird häufig kritisiert. Demzufolge machten die ständigen Mitglieder (USA, China, Russland, Frankreich, Großbritannien) in der Vergangenheit oftmals Gebrauch von ihrem Vetorecht, um Sanktionen gegen befreundete Staaten oder sich selbst zu verhindern.

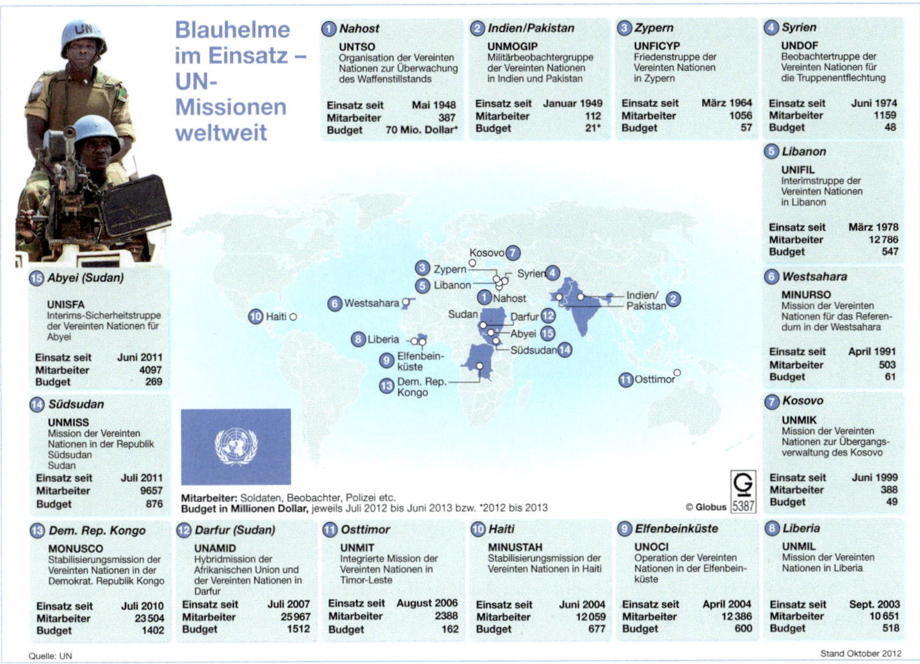

M3 UN-Einsätze

Unerfüllte Hoffnung auf Frieden?

Die UN-Charta erlaubt somit, dass militärische Maßnahmen der Völkergemeinschaft gegen einen Angreifer legitim (erlaubt) sind.

Während der Zeit des Kalten Krieges zwischen Ost und West (1949–1989) wurden viele notwendige Friedensinitiativen der UNO durch die Uneinigkeit der USA und der Sowjetunion verhindert. Bis 1990 machten die USA und die Sowjetunion mehr als 200-mal von ihrem Vetorecht im Sicherheitsrat Gebrauch. In vielen kriegerischen Konflikten konnte die UNO nur Friedenstruppen, die Blauhelmtruppen, schicken, um die Kampfhandlungen zu beobachten oder Waffenstillstands- und Friedensverträge zu überwachen. Zwischen 1948 und 1987 gab es insgesamt 13 solcher Beobachtungs- und Friedensmissionen. Ihre Zahl nahm sprunghaft zu, als mit dem Ende des Ost-West-Konflikts die UNO neuen Handlungsspielraum gewann.

M4 Sitzung des UN-Sicherheitsrates

1 Ordne die Maßnahmen, die der UNO zur Konfliktbewältigung zur Verfügung stehen, in einer Tabelle. Unterscheide dabei zwischen friedenssichernden Maßnahmen, militärischen Zwangsmaßnahmen und nichtmilitärischen Zwangsmaßnahmen (M 1, M 2, Text).

2 Erkläre den Anstieg von UN-Einsätzen nach Beendigung des Ost-West-Konflikts (Text, M 3).

3 Informiere dich über ausgewählte und aktuelle UN-Einsätze (z. B. USA–Irak, Libanon) und berichte in der Klasse (M 3, Internet).

Weltmacht EU?

M 1 **links: Besuch des damaligen Hohen Vertreters für die Gemeinsame Außen- und Sicherheitspolitik der EU (GASP), Javier Solana, bei Soldaten der humanitären EUFOR-Mission im Tschad, 7.5.2008; rechts: Deutscher Polizist bei der Schulung einer Polizeieinheit in Afghanistan, 18.6.2008**

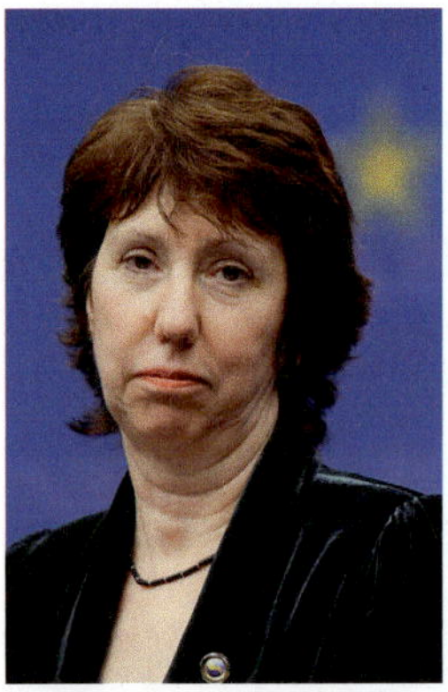

Catherine Ashton, Hohe Vertreterin der EU für Außen- und Sicherheitspolitik (seit 2009)

M2 Gemeinsame Außenpolitik

Tätigkeitsbereiche der Europäischen Union: Außen- und Sicherheitspolitik

Die Europäische Union ist bei der Gestaltung einer gemeinsamen Außen- und Sicherheitspolitik im Laufe der Jahre weniger schnell vorangekommen als bei der Schaffung des gemeinsamen Marktes und der gemeinsamen Währung. In den vergangenen 15 Jahren hat die EU neue Anstrengungen unternommen, um ihre Rolle in der Außen- und Sicherheitspolitik ihrer Bedeutung als Handels- und Wirtschaftsmacht anzugleichen.

Der Grundsatz einer **Gemeinsamen Außen- und Sicherheitspolitik (GASP)** wurde 1992 im Vertrag von Maastricht vereinbart. Ziel war, dass die EU nicht nur als Partner der USA in der NATO handeln konnte, sondern ein eigenständiges außen- und sicherheitspolitisches Gewicht darstellen wird. Im Balkankrieg, der kurz darauf im ehemaligen Jugoslawien ausbrach, zeigte sich jedoch, dass die EU außen- und sicherheitspolitisch kaum etwas erreichte. Man schuf deshalb das Amt des Hohen Vertreters für die Außen- und Sicherheitspolitik, der seitdem neben der Außenkommissarin die außen- und sicherheitspolitischen Positionen der EU international vertritt. Die Aufgaben und Befugnisse des Hohen Vertreters wurden durch den neuen Vertrag von Lissabon, auf den sich die Regierungen der Mitgliedstaaten im Dezember 2007 einigten, gestärkt.

Als Teil der GASP rief die Union darüber hinaus eine Europäische Sicherheits- und Verteidigungspolitik (ESVP) ins Leben, die vorbehaltlich entsprechender Beschlüsse auch die Schaffung einer gemeinsamen Verteidigungsstruktur ermöglicht. Im Dezember 2003 nahmen die europäischen Staats- und Regierungschefs eine Europäische Sicherheitsstrategie an und verständigten sich über ihren Grundauftrag. Der Kampf gegen den Terror, eine Strategie für den Nahen Osten und eine umfassende Politik für Bosnien und Herzegowina wurden als vorrangige Aktionsbereiche festgelegt.

Vielleicht ist es passend, dass die ersten ESVP-Missionen im ehemaligen Jugoslawien stattfanden, dem Schauplatz früherer Frustrationen. Die EU verfügt über eine 500 Mann starke Polizeitruppe in Bosnien-Herzegowina, die sich auf die Ausbildung der Offiziere vor Ort gemäß den europäischen Normen und Praktiken widmet. Seit 2005 hat die EU Befehlsgewalt über die militärisch geführte EUFOR-Truppe in Bosnien-Herzegowina. Im Mai 2007 beschloss die EU, eine Polizeitruppe für drei Jahre nach Afghanistan zu schicken.

http://europa.eu/pol/cfsp/overview_de.htm (Zugriff: 2.6.2008, gekürzt und vereinfacht)

Ziele der Sicherheitspolitik

Die EU mit ihren 27 Mitgliedsstaaten und fast 480 Millionen Einwohnern, die ein Viertel des Bruttosozialprodukts weltweit erwirtschaften, stellt weltpolitisch eine wichtige Macht dar. Dem soll die 2003 erarbeitete neue Sicherheitsstrategie Rechnung tragen. Während die Europäische Sicherheitsstrategie sich früher vorrangig auf militärische Aspekte im Rahmen der NATO und als Verbündeter der USA beschränkte, verfolgt die EU heute einen ganzheitlichen Ansatz. Dabei spielt auch die Bekämpfung von Armut und Unterernährung eine wichtige Rolle. Folgende Gesichtspunkte werden besonders betont:

- Die EU bekennt sich zu ihrer **Verantwortung** für die globale Sicherheit. Sie befürwortet ein kooperatives Handeln in multilateralen Strukturen auf der Basis der UN-Charta.
- Die Bedrohungen der internationalen Sicherheit sind das Resultat von **Globalisierungsprozessen**, wobei Armut und schlechte Staatsführung eine besondere Rolle spielen.
- Die Stärke der EU liegt in der Kombination ziviler **Aufbauhilfe** und – wenn nötig – militärischer Intervention.
- Die EU will die Zusammenarbeit mit allen Staaten im Rahmen der UNO. Sie betont die enge Zusammenarbeit mit den USA und Kanada in der **NATO**. Zudem strebt sie strategische Partnerschaften mit den wichtigsten Mächten der Welt an (z. B. Russland, VR China, Kanada).
- Schwerpunkte der europäischen Sicherheitspolitik bilden die unmittelbaren **Nachbarn** der EU: die westlichen Balkanstaaten, die europäischen GUS-Länder, die nordafrikanischen und nahöstlichen Mittelmeerstaaten.
- Die EU will **stabilisierend** über ihre Grenzen hinaus wirken und diese damit zugleich sicherer machen.

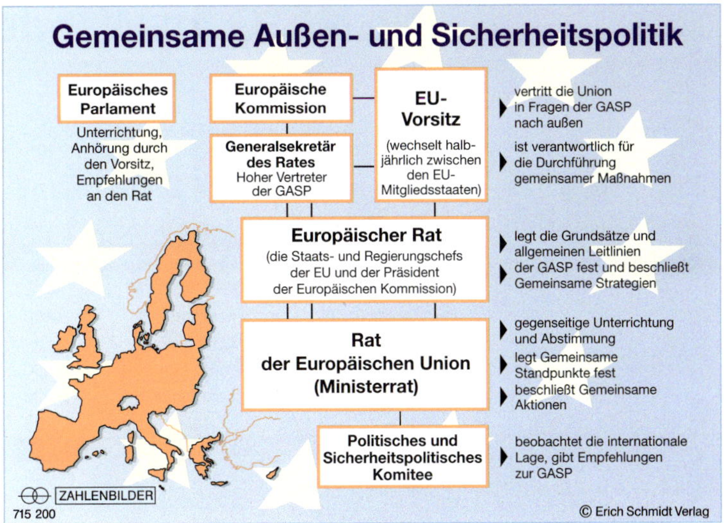

M3 Die Außen- und Sicherheitspolitik der EU

Die Europäische Politik militarisiert sich zusehends, um im Gerangel der Großmächte auf dem und um den Weltmarkt auch auf diesem Gebiet mitreden zu können. Die Europäische Sicherheitsstrategie (ESS) ist dazu der Leitfaden. Die Militärausgaben in der EU – und auch in der Bundesrepublik – steigen wieder deutlich an. Gleichzeitig nehmen die Waffenexporte aus den großen EU-Ländern zu. Sie tragen zur Verschärfung der Konflikte in vielen Ländern bei, in denen die EU oder ihre Mitgliedsstaaten dann in „Friedensmissionen" militärisch intervenieren. Ein Schwerpunkt wird (zukünftig) auch der Ausbau der so genannten „zivil"-militärischen Strukturen der EU sein. Die Vermischung ziviler und militärischer Komponenten ist hochproblematisch. Ganz wesentlich ist auch die weitere Herausbildung der European Gendarmerie Forces. Diese European Gendarmerie Forces ist militarisierte Polizei. Sie als zivile Komponente zu bezeichnen, ist irreführend.

http://www.attac.de/eu-ag/neu/readarticle.php?article_id=48 (Zugriff: 2.6.2008)

M4 Militarisierung der EU?

1 Erläutere, welche Ziele die Gemeinsame Außen- und Sicherheitspolitik der EU verfolgt.

2 Arbeite heraus, welche Aufgabe dabei dem Hohen Vertreter der GASP zukommt (M2).

3 Fasse zusammen, welche Kritik Friedensgruppen wie attac an der Europäischen Sicherheitsstrategie äußern (M4).

Die NATO im Wandel der Zeit

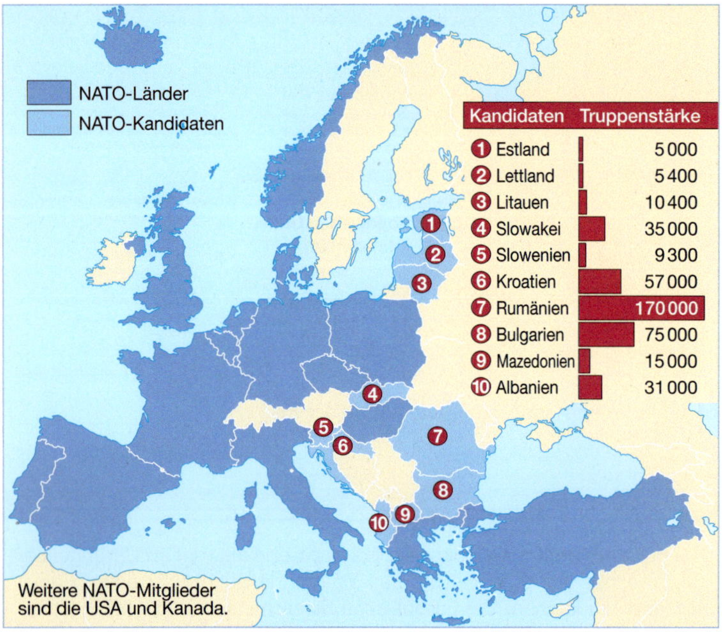

M 1

NATO-Flagge

Veränderte NATO

Als die NATO 1949 gegründet wurde, hatte sie eine völlig andere Aufgabe als im 21. Jahrhundert. Damals sollte sie ein Gegengewicht gegen die Sowjetunion und die Staaten des Warschauer Paktes bilden. Im Kalten Krieg hatte die NATO hier eine wichtige Bündnisfunktion. Im Artikel 5 des Nordatlantikvertrages war festgehalten, dass im Falle eines Angriffes auf einen der Mitgliedsstaaten alle anderen Nationen Beistand leisten sollten.

Nach dem Ende des Kalten Krieges hat sich die NATO zu einem international agierenden Bündnis entwickelt und beinhaltet mittlerweile auch einige Staaten des früheren Warschauer Paktes als Mitglieder. Im April 2009 konnte sie ihr 60-jähriges Bestehen feiern.

Zur Umstrukturierung und Anpassung an neue Kriegsformen im 21. Jahrhundert gehören auch eigene kleinere, mobile Einsatztruppen, der sog. NATO Response Force.

M 2 Nordatlantikvertrag vom 4. April 1949

Als wichtigste Vertragsgrundlage gilt der Nordatlantikvertrag. Das Herzstück des Vertrages ist hierbei Artikel 5.

Artikel 5. Die Parteien vereinbaren, dass ein bewaffneter Angriff gegen eine oder mehrere von ihnen in Europa oder Nordamerika als ein Angriff gegen sie alle angesehen wird; sie vereinbaren daher, dass im Falle eines solchen bewaffneten Angriffs jede von ihnen in Ausübung des in Artikel 51 der Satzung der Vereinten Nationen anerkannten Rechts der individuellen oder kollektiven Selbstverteidigung der Partei oder den Parteien, die angegriffen werden, Beistand leistet, indem jede von ihnen unverzüglich für sich und im Zusammenwirken mit den anderen Parteien die Maßnahmen, einschließlich der Anwendung von Waffengewalt, trifft, die sie für erforderlich erachtet, um die Sicherheit des nordatlantischen Gebiets wiederherzustellen und zu erhalten. Von jedem bewaffneten Angriff und allen daraufhin getroffenen Gegenmaßnahmen ist unverzüglich dem Sicherheitsrat Mitteilung zu machen. Die Maßnahmen sind einzustellen, sobald der Sicherheitsrat diejenigen Schritte unternommen hat, die notwendig sind, um den internationalen Frieden und die internationale Sicherheit wiederherzustellen und zu erhalten.

Aus: http://www.nato.int/docu/other/de/treaty-de.htm, abgerufen am 16.10.09

Afghanistan – Ein Land auf der Suche nach Frieden

Seit 2001 sind internationale Truppen in Afghanistan stationiert. Nach den Anschlägen auf das World Trade Center am

11.9.2001 wurde Osama Bin Laden als Drahtzieher der Anschläge ausgemacht. Dieser sollte – so wurde vermutet – sich in Afghanistan versteckt halten und dort von den Taliban, einer radikalen Organisation, unterstützt werden. Die von den US-Amerikanern durchgeführten Angriffe brachten nicht den gewünschten Erfolg. Osama Bin Laden ist bis heute (Stand Mai 2009) nicht gefunden worden.
Nach der Bombardierung des Landes machte sich die internationale Staatengemeinschaft an den Wiederaufbau des Landes. Seit 2004 gibt es eine demokratisch gewählte afghanische Regierung. Projekte zur Förderung der Bildung, insbesondere der Wiederaufbau von Schulen und andere Hilfsprojekte unterstützen die Rückkehr des Landes zur Normalität.
Hierbei übernimmt die ISAF das Oberkommando der Sicherheits- und Aufbaumission. Die Aufstellung erfolgte mit Genehmigung der UNO. Das Mandat für die Beteiligung deutscher Soldaten am ISAF-Einsatz wurde am 22. Dezember 2001 erteilt und wird jährlich erneuert.
Immer wieder müssen die Truppen Verletzte und Todesopfer durch Selbstmordattentate und Anschläge hinnehmen. Problematisch ist vor allem der nach wie vor große Opiumanbau in Afghanistan, dessen Erträge für viele Bauern oft die einzige Überlebenschance darstellen. Eine weitere Belastung ist die große Vielfalt an teils verfeindeten ethnischen Gruppen im Land, die große Armut und der Einfluss der radikal-islamischen Taliban, die sich gegen die ausländischen Truppen stellen.

Aktives Engagement - Moderne Verteidigung

Seit 2010 gibt es für die NATO ein neues strategisches Konzept, welches traditionelle und neue Aufgaben bündelt. Der Fokus liegt auf drei Kernbereichen – kollektive Verteidigung, internationales Krisenmanagement (auch außerhalb des Bündnisgebietes) und kooperative Sicherheit (Zusammenspiel mit EU, UNO, NGOs). Darüber hinaus kam es zu einer weitreichenden Neuordnung der Kommando- und Organisationsstrukturen und zur Gründung der „NATO Response Force“, einer schnellen Eingreiftruppe mit hoch spezialisierten Soldaten aus verschiedenen nationalen Armeen.

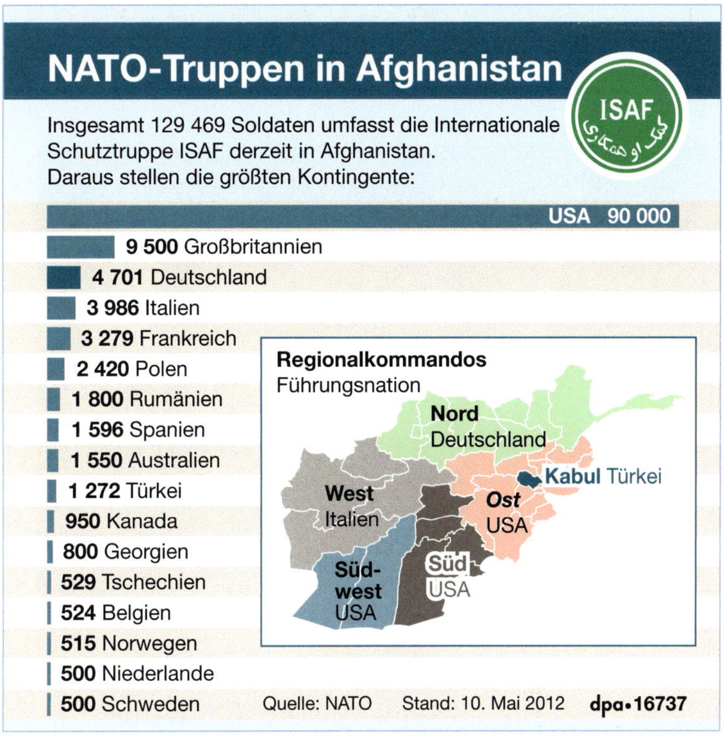

M3 ISAF-Truppen und Regionalkommandos (Stand Mai 2012)

Webcode: PE643585-181

1 Schreibt alle NATO-Mitgliedsstaaten heraus (M 1).

2 Erläutert, wie sich die NATO nach dem Ende des Kalten Krieges gewandelt hat. (Text, M 2)

3 Informiert euch über den ISAF-Einsatz in Afghanistan in den Medien.

4 Beschreibt die Probleme der NATO bei der Sicherung des Friedens in Afghanistan.

Neue Rolle der Bundeswehr

M 1 **Junge Wehrpflichtige treten nach ihrer Einberufung den Dienst an**

Lehren aus der Geschichte

Bei ihrer Staatsgründung 1949 besaß die Bundesrepublik Deutschland keine Armee. Nach dem Zweiten Weltkrieg konnten viele Menschen sich gar nicht mehr vorstellen, dass es jemals wieder deutsche Soldaten geben könnte. Doch mit dem Aufbau der feindlichen Militärbündnisse im Kalten Krieg wurden in der Bundesrepublik wie in der DDR neue Armeen aufgebaut.

Die neue Armee, die Bundeswehr, sollte eine demokratische Armee sein. Sie sollte aus einem neuen Typ von Soldaten bestehen: Die militärische Ausbildung und Einsatzbereitschaft sollte kombiniert sein mit staatsbürgerlichem Verantwortungsbewusstsein. Entsprechend hatte die politische Bildung der „**Staatsbürger in Uniform**" zumindest im Konzept einen hohen Stellenwert. Mit dem Wehrbeauftragten wurde eine Instanz eingerichtet – als Anlaufstation bei Verstößen gegen die neuen demokratischen Grundsätze. Die **allgemeine Wehrpflicht** sollte die enge Verbindung zwischen Armee und Bevölkerung sicherstellen. Das **Recht auf Kriegsdienstverweigerung** aus Gewissensgründen war bereits durch die Verfassung garantiert. Für die Verweigerer wurde ein **ziviler Ersatzdienst** eingerichtet. 1957 rückten die ersten Wehrpflichtigen ein. Ihr **Grundwehrdienst** dauerte damals 12 Monate.

Frauen können seit 2001 – nach einem Urteil des Europäischen Gerichtshofes (EuGH) – auf freiwilliger Basis Dienst mit der Waffe leisten.

Veränderte Verpflichtungen

Bis 1990 war es die Aufgabe der Bundeswehr, im Rahmen der NATO die Bundesrepublik zu verteidigen bzw. NATO-Partnern im Falle eines Angriffs Beistand zu leisten. Mit dem Zerfall des Ostblocks und der deutschen Einheit 1990 gab es keine territoriale Bedrohung Deutschlands mehr. Sollte Deutschland nun nicht – wie andere souveräne Staaten auch – Verpflichtungen im Rahmen der zahlreicher werdenden UN-Einsätze wahrnehmen? Darüber entbrannte ein innenpolitischer Streit. Als die Bundesregierung beschloss, dass die Bundeswehr sich am UN-Einsatz in Somalia 1992–1994 mit humanitärer und technischer Hilfe beteiligt, zogen die Kritiker vor das Bundesverfassungsgericht. Mit dessen Urteil vom 12. Juli 1994 wurde klargestellt, dass **Bundeswehreinsätze aufgrund internationaler Verpflichtungen** (UNO, NATO, EU) verfassungsgemäß sind – aber nur bei vorheriger Zustimmung des Bundestags.

In der Hauptsache waren damit die Kritiker unterlegen, doch die Stellung des Bundestags wurde mit der Entscheidung gestärkt. Seither anstehende Auslandseinsätze der Bundeswehr (M 3) wurden vom Bundestag meist mit großer Mehrheit beschlossen.

Die Strukturreform

Die Bundeswehr wandelt sich von einer Territorialarmee (Verteidigung des eigenen Landes) zur **Krisenreaktionsstreitmacht** (globale Einsatzziele mit wechselnden Aufgaben). Zur effektiven Bewältigung der neuen Aufgaben wurde die Bundeswehr in drei Bereiche gegliedert:

1. Eingreifkräfte für militärische Einsätze zur Sicherung oder Wiederherstellung des Friedens (ca. 35 000 Soldaten).
2. Stabilisierungskräfte für die Friedenssicherung (ca. 70 000 Soldaten).
3. Unterstützungskräfte für Versorgung und Nachschub (ca. 137 000). Ihre Aufgabe ist außerdem die Aufrechterhaltung des Grundbetriebes im Inland.

Am 15. Dezember 2010 wurde durch das Bundeskabinett eine Aussetzung der Wehrpflicht zum 1. Juli 2011 beschlossen. Seit dem 1. März 2011 werden Wehrpflichtige nicht mehr gegen ihren Willen zum Dienst verpflichtet. Es besteht seitdem die Möglichkeit einen Freiwilligen Wehrdienst als Wehrdienstart für Mannschaften mit einer Dauer von 6 bis 23 Monaten zu leisten. Parallel zur Wehrreform sind weitere Strukturreformen innerhalb der Bundeswehr beschlossen, etwa die Reduzierung von Standorten und Verschlankung der Verwaltung. Das Ziel ist die Verkleinerung des Personalumfangs auf etwa 185 000 Soldaten.

M2 Neue Aufgaben der Bundeswehr

Die Bundeswehr ist gefordert bei der Evakuierung deutscher Staatsbürger aus Notlagen und bei humanitären Einsätzen. Gemeinsam mit Streitkräften befreundeter Nationen und Partnern beteiligt sie sich an friedenserhaltenden, stabilisierenden und friedenserzwingenden Operationen. Durch diese Einsätze trägt die Bundeswehr dazu bei, gewaltsame Konflikte zu verhindern oder zu beenden. Sie wirkt durch Stabilisierung und Abschreckung gegen die Verschärfung von Krisen und Konflikten und ermöglicht die Konsolidierung von Friedensprozessen. Hinzu kommen Einsätze im Kampf gegen den internationalen Terrorismus, auch als Beiträge zur Unterstützung von Bündnispartnern.

(Auszug aus den Verteidigungspolitischen Richtlinien)

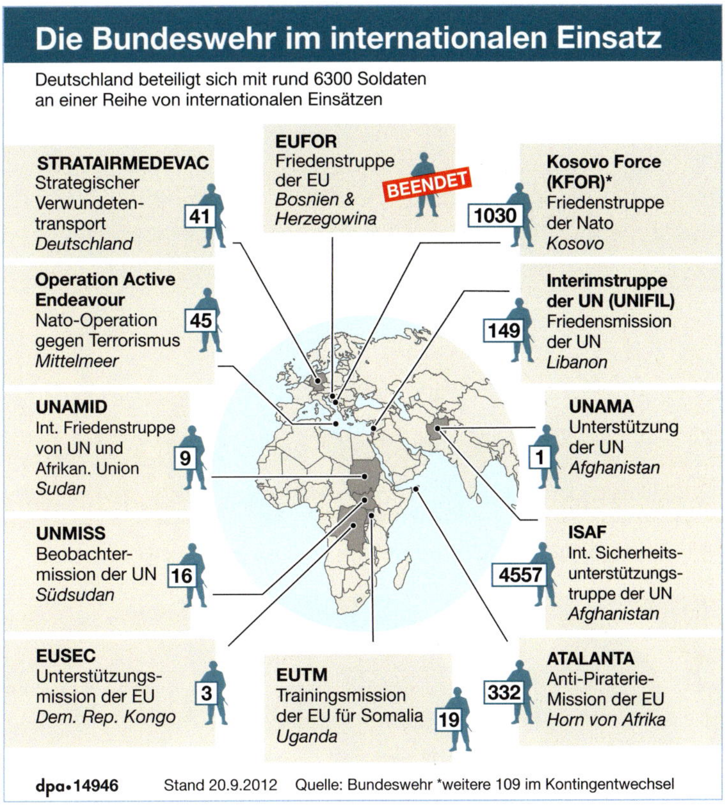

M3 Auslandseinsätze der Bundeswehr

1 Erläutert, wie sich die Aufgaben der Bundeswehr in den letzten Jahren verändert haben.

2 Beschreibt, welche neue Aufgaben die Bundeswehr hat.

3 Informiert euch im Internet über aktuelle Bundeswehreinsätze (www.bundeswehr.de).

4 Deutschland ist ein vollwertiger Teil der internationalen Gemeinschaft. Trotzdem wird die historische Vergangenheit noch immer herangezogen, um deutsche Soldaten nicht in bestimmte Gefahrengebiete zu entsenden. Diskutiert in der Klasse, inwieweit ihr dieses Vorgehen für gerechtfertigt haltet.

Globaler Terrorismus

M 1 Am 11. September 2001 wurde New York für immer gezeichnet

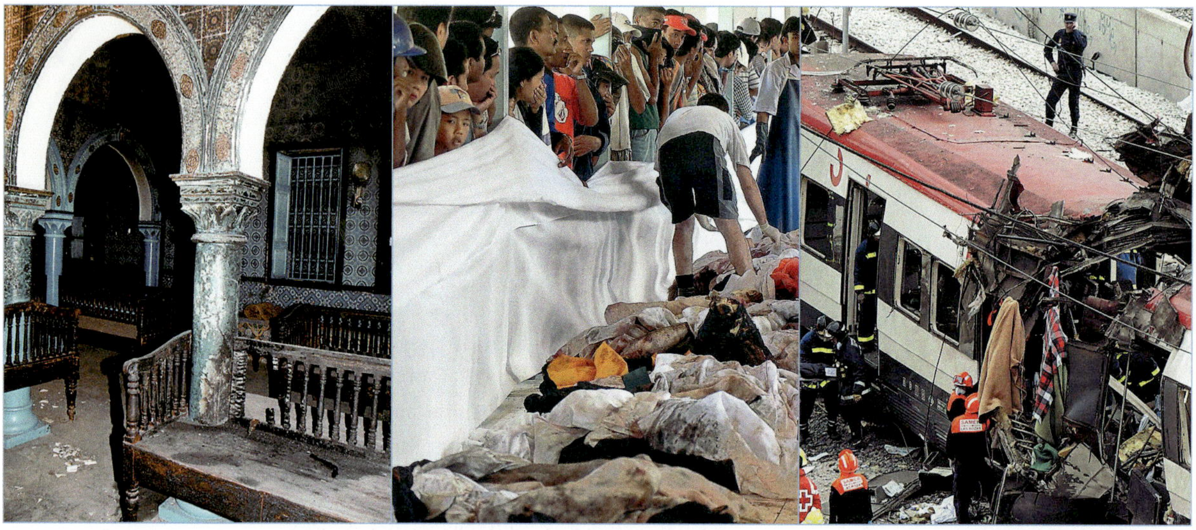

M 2 Weitere Anschläge des Terrornetzwerkes Al Qaida (von links nach rechts): 11.4.2002: Synagoge in Djerba (Tunesien). 12.10.2002: Auf der Ferieninsel Bali sterben 202 Menschen durch einen Anschlag der Al-Qaida-nahen Organisation Jemaah Islamiya. Am 11.3.2004 starben 191 Menschen bei einem Anschlag auf den Madrider Bahnhof Atocha.

Terrorismus in neuer Dimension

Die Anschläge auf das World Trade Center in New York und das Pentagon in Washington waren der Höhepunkt einer neuen Form des Terrorismus im ausgehenden 20. und beginnenden 21. Jahrhundert. Sie forderten Tausende von Opfern und verursachten einen kaum messbaren wirtschaftlichen Schaden. Die Urheber waren 19 Attentäter des radikal-islamischen Terrornetzwerkes Al Qaida („Basis“) unter Führung des saudischen Millionärs Osama Bin Laden. Der UN-Sicherheitsrat stufte die Terroranschläge als Gefahr für den Weltfrieden und die internationale Sicherheit ein.

U. Schneckener: Globaler Terrorismus, in: Informationen zur politischen Bildung 3/2003, S. 53–56

M3 Globaler Terror

Kai Hirschmann vom Institut für Sicherheitspolitik in Essen spricht von „globalem Terrorismus", wenn mindestens eine von vier Bedingungen zutrifft:

1. Die Zielsetzungen und Begründungen der Terroristen für ihre Anschläge beziehen sich nicht auf eine begrenzte Region, sondern sind global angelegt.
2. Der Aktionsraum der Terroristen ist nicht auf eine bestimmte Region beschränkt, sondern sie operieren global.
3. Die Mitglieder der Terrorgruppen stammen aus vielen Ländern, sodass mit der Ausweitung ihrer Aktivitäten in diesem Umfeld gerechnet werden muss.
4. Es handelt sich um eine weltweite „Idee in den Köpfen" (Ideologie), wie im Fall „Al Qaidas".

P. Brokemper u. a.: Geschichte Real 3. Berlin, 2005, S. 219

M4 Eine Religion wird verantwortlich gemacht

Die Tatsache, dass die Attentäter von New York Moslems waren und ihre Tat mit ihrem Glauben, dem Islam, zu rechtfertigen versuchten, erhärtete bei vielen Menschen weltweit die Überzeugung, dass der Islam eine Gewalt verherrlichende Religion sei. Massentötungen, wie sie bei Terroranschlägen häufig die Folge sind, werden jedoch weder vom Koran noch von der Scharia (islamische Gesetzgebung) gebilligt oder gar verlangt. Im Gegenteil: Die „Muru'a", die Mannesehre, verbietet es ausdrücklich, Schwächere wie Kinder, Frauen oder alte Menschen anzugreifen.
„Selbstmordattentäter haben keine Ahnung von ihrer Religion, sie wissen nicht, dass sie eine Todsünde begehen", urteilt der Islamexperte Bernard Lewis in einem Zeitungsartikel.

Das Parlament, 22.12.2003

M5 In Bagdad marschieren Freiwillige für Selbstmordaktionen im Heiligen Krieg gegen Israel – mit Sprengstoffgürteln am Körper

M6 Die dunkle Seite der Religion

Der eine Gott, an den Juden, Christen, Muslime glauben, *(kann)* zwar die Menschen zu größter Menschlichkeit bringen, in seiner Eifersucht auf die fremden Götter aber auch zu größter Grausamkeit. (...)
Am 11. September offenbarte sich die grausame, gewalttätige, unheimliche Seite der Religion, zum Entsetzen der Europäer und Nordamerikaner. (...)
Da war er auf einmal, der Islam. (...) Plötzlich war er sichtbar, grell beleuchtet vom Feuerschein der explodierenden Flugzeuge – mit seinen strengen Regeln und der Vermischung von Religion und Politik. Mit den kriegerischen Passagen im Koran und dem mittelalterlichen Rechtssystem der Scharia, der theologischen Starre, der Ideologie der islamischen Weltgemeinschaft, vereint im Hass auf den Westen.

Matthias Drobrinski: Die dunkle Seite der Religion, Süddeutsche Zeitung v. 31.8.2011; in: http://www.sueddeutsche.de (Zugriff: 19.3.2012)

1 Schlagt in einem Lexikon den Begriff „Terrorismus" nach und stellt fest, worin sich diese Definition von der in M3 unterscheidet.

2 Diskutiert: Kann einer Religion die Verantwortung für die Terroranschläge gegeben werden (M4 bis M6)?

Antworten auf den Terrorismus

M 1 **Soldat einer amerikanischen Spezialeinheit im Afghanistan-Krieg auf der Suche nach Kämpfern der Terrororganisation Al Qaida. Aufgenommen am 1. Januar 2002 durch ein Nachtsichtgerät.**

M 2 UN-Beschluss gegen Terrorismus

Der Sicherheitsrat (...) (verurteilt) in Anerkennung des naturgegebenen Rechts zur individuellen und kollektiven Selbstverteidigung im Einklang mit der Charta, (...) unmissverständlich mit allem Nachdruck die grauenhaften Terroranschläge am 11. September 2001 in New York (...) und betrachtet diese Handlungen, wie alle internationalen terroristischen Handlungen, als Bedrohung des Weltfriedens. (...)

Der Sicherheitsrat (...) fordert alle Staaten dringend zur Zusammenarbeit auf, um die Täter, Organisatoren und Förderer dieser Terroranschläge vor Gericht zu stellen, und betont, dass diejenigen, die den Tätern, Organisatoren und Förderern dieser Handlungen geholfen, sie unterstützt oder ihnen Unterschlupf gewährt haben, zur Verantwortung gezogen werden.

Resolution 1368 des UN-Sicherheitsrats vom 12. September 2001

Terrorismus als Bedrohung der internationalen Gemeinschaft

Der UN-Sicherheitsrat rief nach dem Anschlag im September 2001 in zwei Resolutionen zum Kampf gegen den Terrorismus als Bedrohung von Frieden und Sicherheit auf. Die NATO erklärte den Bündnisfall, d. h., sie sah die Terrorangriffe als kriegerische Aktion gegen die USA an und war zur gemeinsamen Verteidigung bereit.

Der wichtigste Stützpunkt des Terrornetzwerks Al Qaida war das von radikalen Islamisten, den Taliban, regierte Afghanistan. Da diese sich weigerten, Bin Laden auszuliefern, stürzten die USA in einer Militäraktion das Talibanregime. Eine Übergangsregierung, in der alle afghanischen politischen Gruppen mit Ausnahme der Taliban vertreten sind, betreibt seit 2002 den Wiederaufbau des durch Bürgerkrieg und Luftkrieg zerstörten Afghanistan. Dabei wird sie durch zahlreiche Staaten und eine internationale Schutztruppe mit deutscher Beteiligung unterstützt.

Das Terrornetzwerk Al Qaida

Im Mai 2011 erschossen US-Soldaten Bin Laden bei der Erstürmung seines Anwesens in Pakistan. In mindestens 20 Staaten wurden weitere mutmaßliche Al-Qaida-Mitglieder inhaftiert. Allein auf dem kubanischen US-Stützpunkt Guantanamo saßen 2004 rund 600 Verdächtige ein. Wegen des starken Verfolgungsdrucks und der Ausdünnung der Leitungsebene wandelte sich der Aufbau von Al Qaida. Nun handelt die Organisation in Form selbstständiger Einheiten weiter, die kaum noch zentral gesteuert werden und die über neue Stützpunkte in verschiedenen Ländern verfügen (u. a. im Jemen, am Horn von Afrika, Ägypten).

Uneinigkeit beim Irak-Krieg

Während die Weltgemeinschaft die USA gegen Afghanistan und Al Qaida einmütig unterstützte, war der Sicherheitsrat in der Frage eines Krieges gegen den Irak uneinig.

Die USA und Großbritannien befürworteten einen Krieg, da der Irak Massenvernichtungswaffen (ABC-Waffen) besitze und in die Anschläge vom 11. September verwickelt gewesen sei. Die übrigen Länder im Sicherheitsrat, besonders Frankreich und Deutschland, sahen die Begründung der USA für einen Präventivkrieg als nicht stichhaltig an und verweigerten die Unterstützung.

Daraufhin besetzten die USA und Großbritannien in einem kurzen Krieg den Irak allein und setzten die Regierung des Diktators Saddam Hussein im April 2003 ab. Beide Länder begannen die Verwaltung und den Wiederaufbau des Landes zu übernehmen. Massenvernichtungsmittel wurden nicht gefunden, und eine Verbindung des Saddam-Regimes zu Al Qaida konnte nicht nachgewiesen werden. Ende 2011 haben alle US-Truppen den Irak verlassen.

M 3 Sturz eines Denkmals Saddam Husseins in Bagdad

US-Präsident: Demokratie mit Waffengewalt durchsetzen

Im Irak helfen wir dem seit langem leidenden Volk, eine ehrbare und demokratische Gesellschaft im Herzen des Nahen Ostens aufzubauen. Gemeinsam wandeln wir einen Ort der Folterkammern und Massengräber um in eine Nation der Gesetze und freien Institutionen. Dieses Unternehmen ist schwierig und kostspielig – aber es ist unseres Landes würdig und von entscheidender Bedeutung für unsere Sicherheit.

Der Nahe Osten wird entweder ein Ort von Fortschritt und Frieden werden, oder er wird ein Exporteur von Gewalt und Terror, der weitere Menschenleben in Amerika und anderen freien Staaten fordert. Der Triumph von Demokratie und Toleranz im Irak, in Afghanistan und darüber hinaus wäre ein schwerer Rückschlag für den internationalen Terrorismus.

G. W. Bush, Rede des ehemaligen amerikanischen Präsidenten, 7. 9. 2003

Friedensforscher: „Demokratieexport“ als Friedensbedrohung

Die kritische Lage im Irak liefert radikalen Kräften im Lande, aber auch über dessen Grenzen hinaus, willkommene Vorwände, um jeglichem Widerstand gegen die Staaten der Besatzer – und sei es durch Terror – den Anstrich der „Legitimität“ zu geben. (…) Die bittere Schlussfolgerung vor allem aus dem Irak-Krieg ist, dass er nicht nur für die Terroreindämmung ineffizient ist, sondern inzwischen selbst zu einer Friedensbedrohung geworden ist.

Hans-Joachim Gießmann, Friedensgutachten 2004

CDU-Vorsitzende: Zumindest Menschenrechte durchsetzen

Einen Standard an Menschenrechten und Stabilität gegen Bedrohung durchzusetzen kann durchaus ein Ziel militärischen Eingreifens sein. Aber den eigentlichen Aufbau einer Gesellschaftsordnung kann man nicht – oder nur sehr schwer – fremdbestimmen. Das muss aus den jeweiligen Gesellschaften selbst kommen.

Angela Merkel in einem Interview für DIE ZEIT am 6. 5. 2004
Alle Zitate aus: Was heißt hier Demokratie? Hg. von der Bundeszentrale für politische Bildung, Bonn 2005, S. 31

M 4 Krieg für Demokratie?

1 Erkläre die UN-Resolution (M 2). Welche Bedeutung misst sie dem Terrorismus zu?

2 Begründe, warum Maßnahmen gegen den Terrorismus nur mit großem Aufwand zum Erfolg führen können.

3 Krieg für Demokratie und gegen Terror? Nimm Stellung zu den Äußerungen in M 4.

Der Klimawandel und seine Folgen

Absturz im Atlantik

Hat der Klimawandel Auswirkungen auf das Flugwetter?

03. Juni 2009 – Hat der Klimawandel Auswirkungen auf das Flugwetter? Die Fachleute hielten sich bedeckt, als der Luftfahrt-Presse-Club in Frankfurt diese Spekulation zum Thema machte. So sagte der Meteorologe Uwe Wesp, die Wirbelstürme über Kontinenten und Meeren seien „bisher" alles in allem so geblieben, wie man sie kenne. Allein Beobachtungen auf lange Sicht könnten neue Erkenntnisse bringen. Die Zahl der Tropenstürme etwa variiere von Jahr zu Jahr. Leichte Abweichungen vom Gewohnten dürften nicht sogleich als vom Menschen verursacht interpretiert werden.

Nach Wesp lässt sich immerhin so viel sagen, dass tropische Stürme wegen einer Erwärmung der Meere an Intensität zunehmen könnten. Ebenso scheine es, als seien die Landgewitter wuchtiger geworden; es gebe mehr Tornados als früher. Lufthansa-Flugkapitän Rüdiger von Lutzau resümierte, „noch" scheine es beim Flugwetter keine besorgniserregenden Veränderungen zu geben. Für den am Frankfurter Flughafen bei der Information der Besatzungen tätigen Dispatcher Matthias Schmidt sind die Ozeane die wechselhaften Wetterküchen schlechthin, die Windbänder über den Kontinenten seien stabiler. Jeder Flug benötige zur Vorbereitung eine Fülle von Wetternachrichten – „eine dicke Tüte voll". Dann aber seien die Vorhersagen präzise, sodass die Flugzeit meist auf die Minute berechnet werden könne.

M 1 FAZ.NET, *5.6.2009, http://www.faz.net*

UN: Kleine Inseln spüren Klimawandel schon jetzt

New York (dpa) – Während alle Welt noch über den Klimawandel redet, bekommen kleine Inselstaaten seine Folgen bereits deutlich zu spüren. „Für unsere Leute ist das Problem wirklich überraschend", sagte Marlene Moser, die UN-Botschafterin von Nauru, einem Inselreich im Pazifik, dem flächenmäßig kleinsten Staat weltweit, vor der UN-Vollversammlung in New York. Laut Moser müssen mehr und mehr Inselbewohner Haus und Hof wegen des steigenden Meeresspiegels zurücklassen und sich auf dem Festland ein neues Leben aufbauen.

M 2 Die Welt, *4.6.2009, http://newsticker.welt.de/?module=dpa&id=21432052*

M 3 Klimaforscher Jürgen Kropp: „Am Klimawandel gibt es keinen Zweifel"

Potsdam/Münster – In Bonn diskutieren derzeit Delegierte aus 190 Staaten über einen Nachfolge-Vertrag für das Kyoto-Protokoll. Doch trotz aller alarmierender Studien verstummen die Zweifel am Klimawandel nicht. Darüber sprach unser Redaktionsmitglied Martin Ellerich mit Jürgen Kropp vom Potsdam-Institut für Klimaforschung, das die Bundesregierung berät.

Wieso sollen wir Ihren Klimaprognosen glauben – die Wettervorhersage trifft auch nicht immer ein?

Kropp: (...) Aufgrund physikalischen Wissens und von Messdaten können wir projizieren, wie die Entwicklung sein wird. Dies ist jedoch nicht gleichbedeutend damit, dass wir das Wetter für den 1. Januar 2050 in Münster vorhersagen können, denn Klima ist eine Mittelung des Wetters über einen gewissen Zeitraum und eine Region. Im Übrigen ist die Quelle der Unsicherheit in den Klimaprojektionen nicht so sehr das physikalische Wissen, sondern vor allem unsere Unkenntnis darüber, wie sich die Menschheit in den nächsten 100 Jahren verhalten und entwickeln wird.

Kritiker sagen: Klimaveränderungen hat es gegeben, seit es die Welt gibt.

Kropp: Das ist richtig. Aber wir müssen schon den Zeitrahmen beachten: Der natürliche Klimawandel vollzieht sich in

Jahrmillionen; der vom Menschen verursachte unvergleichlich schneller. Der natürliche Klimawandel wird zudem von Faktoren kontrolliert, die der Mensch selbst nicht beeinflussen kann – zum Beispiel Schwankungen der Erdachse oder Vulkanismus. Heute ist der Mensch ein relevanter Klimafaktor; er hat die Konzentration von Treibhausgasen wie Kohlendioxid in der Atmosphäre binnen 150 Jahren um etwa 35 Prozent erhöht. Wenn wir dies nicht stoppen, führt das zu einem Temperaturanstieg von bis zu sechs Grad. Das wäre dann eine Änderung, die zehn- bis 15-mal schneller wäre als die am Ende der letzten Eiszeit vor 13 000 Jahren. Die Frage ist, ob die Menschheit und unsere Umwelt gegen die Folgen gewappnet sind.

(...) Man hört immer mal wieder Vorwürfe wie: Klimaforscher wollten nur erneuerbare Energien oder den Emissionshandel fördern.

Kropp: (lacht) Das sind Verschwörungstheorien. Dann müssten sich ja alle Klimaforscher weltweit abgesprochen haben. Wer die Konkurrenz im Wissenschaftsbetrieb kennt, weiß, dass dies eine unmögliche Vorstellung ist. Da wird sehr genau hingeschaut, was andere Kollegen tun, und im Zweifelsfall nachgerechnet. Niemand unter den ernst zu nehmenden Wissenschaftlern will sich dem Spott anderer Kollegen aussetzen.

Es gibt keinen Zweifel am menschengemachten Klimawandel?

Kropp: Es gibt keine Zweifel – im Gegenteil: Wir sehen heute Veränderungen, die wir offensichtlich unterschätzt haben: Das grönländische Eisschelf schmilzt doppelt so schnell ab, wie wir es noch vor einigen Jahren angenommen haben, und der Temperaturanstieg schreitet immer schneller voran. Wir müssen uns damit auseinandersetzen und Lösungen für die Zukunft erarbeiten. Dies ist alternativlos.

Westfälische Nachrichten, 2.6.2009, http://www.westfaelische-nachrichten.de

Klimarettung als neue Utopie

Die Idee der Klimarettung wird als eine große Erzählung des beginnenden 21. Jahrhunderts in die Geschichte eingehen. Spätestens seit dem Fall der Mauer mangelt es der Politik des Westens an einer mitreißenden Idee, gleichsam einer neuen Utopie. (...) Der negativen Utopie der Klimakatastrophe soll mit einer gemeinsamen Anstrengung, nämlich dem Projekt der Weltrettung begegnet werden.

Und die Klima-Politik hat sich längst von ihrem eigentlichen Gegenstand, dem Klima gelöst. Bei den internationalen Klimaverhandlungen geht es im wesentlichen um ökonomische Verteilungskämpfe: innerhalb Europas, zwischen Europa und USA, zwischen den westlichen Industrieländern und den aufstrebenden Schwellenländern wie China und Indien. Eine Kausalkette zwischen dem, was da verhandelt wird, und der Welttemperatur ist vielfach nicht mehr nachvollziehbar. So wurde Russland im Rahmen des Kyoto-Protokolls für den Zusammenbruch seiner Industrie mit vielen Milliarden Tonnen von Kohlendioxid-Emissionsgutschriften belohnt. Die will es nun an europäische Länder verkaufen, die ihre Einsparverpflichtungen nur so einhalten können. Die Russen verkaufen den Europäern also nicht nur ihr Gas, sondern auch die Erlaubnis es zu verbrennen. Faktisch wird nicht weniger Kohlendioxid produziert, aber auf dem Papier stimmt die Rechnung. Der neue Wirtschaftsblock um China und Indien hat erkannt, dass sich mit dem schlechten Gewissen der alten Industrieländer hervorragend Kasse machen lässt. Europa und Amerika sollen jetzt unter dem Banner des Klimaschutzes die Modernisierung ihrer schärfsten Weltmarkt-Konkurrenten finanzieren.

Ob das alles überhaupt auf einem soliden wissenschaftlichen Fundament steht, interessiert im Prinzip niemanden mehr. Lediglich die Wissenschaft beginnt sich Sorgen um ihre Reputation zu machen. Eine alte Meteorologen-Weisheit lautet: „Kaum glaubst du einen Trend festmachen zu können, dreht er sich um." Möglicherweise wird das auch diesmal so sein. Die Welttemperatur steigt nun seit fast zehn Jahren nicht mehr an und weigert sich den Prognosen zu folgen.

M 4 Dirk Maxeiner: Klimaschutz als Sinnstiftung. www.bpb.de *(Zugriff: 8.12.2012)*

1 Berichte mithilfe von M 1 bis M 3 über die bereits spürbaren Folgen des Klimawandels.

2 Sammelt Beiträge zum Thema Klimawandel aus den Medien und tragt sie in der Klasse zusammen. Beachtet dabei die Kritikpunkte des Autors in M 4.

Klimaschutz als globale Herausforderung

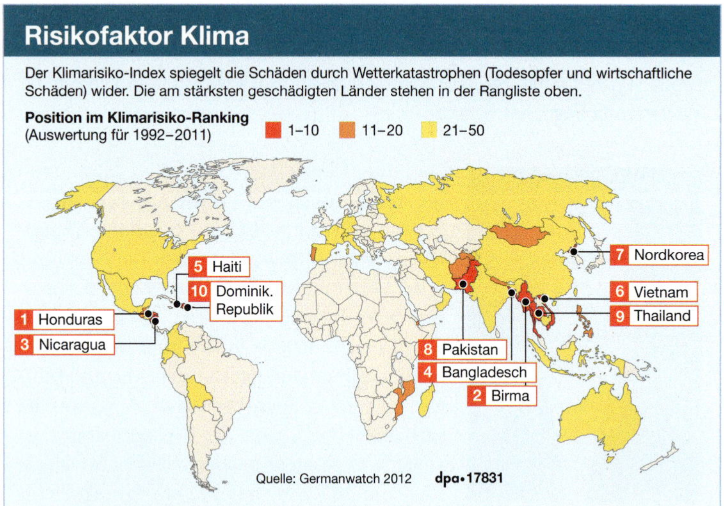

M 1 Klimarisiko-Index

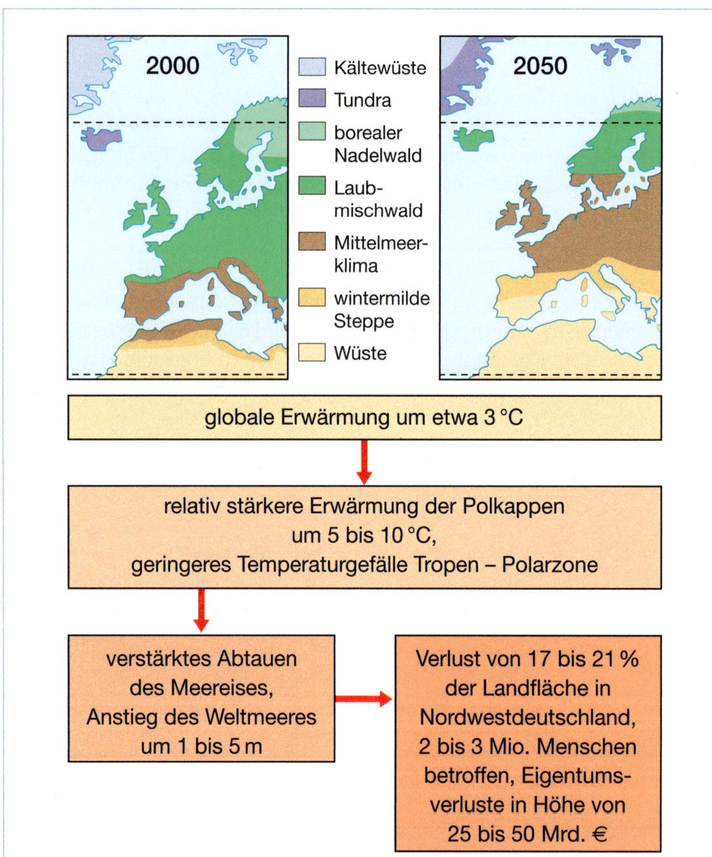

M 2 Mögliche Folgen der globalen Erwärmung

Stehen die Zeichen auf Sturm?

Wetterextreme nehmen an Anzahl und Intensität zu, verheerende Hurrikans und „Jahrhunderthochwasser“ häufen sich, Hitzewellen führen zu Dürre und Ernteausfällen. Selbst die Versicherungen schlagen mittlerweile Alarm und die Branche ruft dringend zu Klimaschutzmaßnahmen auf. Das Deutsche Institut für Wirtschaftsforschung hat im Jahr 2005 abgeschätzt, dass durch den Klimawandel verursachte Naturkatastrophen bis zum Jahr 2050 Schäden in Höhe von bis zu 200 Billionen US-Dollar verursachen werden. Auch viele Wissenschaftler sind sich darüber einig, dass sich das Klima auf der Erde durch den Treibhauseffekt seit einigen Jahrzehnten ändert und mit der globalen Erwärmung eine Verschiebung der Klimazonen zu erwarten ist.

Weltklimakonferenzen

Der so genannte Treibhauseffekt gilt als ein typisches globales Umweltproblem, das ohne internationale Abstimmung nicht zu lösen ist. Nur internationale Abkommen, an die viele Staaten gebunden sind, können den Ausstoß an Treibhausgasen wirkungsvoll senken. Seit den 1970er-Jahren finden Weltklimakonferenzen statt. Aber erst 1997 verständigten sich die Industrieländer in Kyoto (Japan), die sechs wichtigsten Treibhausgase bis 2012 um weltweit 5,2 % zu vermindern. Vereinbart wurde, dass das Abkommen von Kyoto 90 Tage nach dem Beitritt von mindestens 55 Industriestaaten in Kraft tritt, die für einen bestimmten Anteil – mindestens 55 % – an den weltweiten Emissionen verantwortlich sein müssen. Den entscheidenden Schritt dafür machte im Herbst 2004 die russische Regierung: Mit ihrem Beitritt ebnete sie den Weg für das In-

Kraft-Treten des Protokolls am 16. Februar 2005. Insgesamt sind dem Protokoll inzwischen mehr als 30 Staaten beigetreten, nicht allerdings die USA.

M 3 Viel heiße Luft aus Doha

Auf dem Klimagipfel wurde ein dünner Kompromiss beschlossen, für mehr fehlte der politische Wille. So wird der Durchbruch nie gelingen.

Der Gipfel von Doha hat offenbar 248 Bäume gerettet, weil während der Verhandlungen weniger Papier ausgedruckt wurde als sonst auf Klimagipfeln üblich. (...) Böse Zungen werden fragen, ob das alles ist, was dieser Gipfel bewegt hat. Tatsächlich ist in Doha in zähen Verhandlungen nur ein dünner Kompromiss für das Klima zustande gekommen. Es gab ein wenig Geld für die Entwicklungsländer, die klare Anerkennung, dass künftig über den Umgang mit Klimaschäden gesprochen werden muss, und die Verlängerung des Kyoto-Protokolls. Zudem einigten sich die Delegierten auf einen Prozess, der die Welt in den kommenden drei Jahren zu einem umfassenden, globalen Klimaabkommen führen soll (...) Man könnte auch sagen: Vor allem sind neue Prozesse angestoßen und konkrete Einigungen in die Zukunft verschoben worden. Gemessen an dem, was nötig wäre, um die Erderwärmung wirksam zu bekämpfen, ist das deprimierend wenig.

Das Abschlussdokument von Doha lässt nicht erkennen, dass die Unterzeichner besondere Ambitionen hätten, ihre Emissionen künftig in größerem Ausmaß zu senken. Zwar haben die verbleibenden Kyoto-Mitglieder angekündigt, in den kommenden Jahren ihre Emissionsziele prüfen zu wollen – aber diese Formulierung muss in der Praxis gar nichts bedeuten. Zudem ist es vor allem Polen, Russland und anderen ehemaligen Ostblockstaaten gelungen, ihre ungenutzten Emissionsrechte in die zweite Kyoto-Periode zu retten. Damit wird der bislang einzige verpflichtende Vertrag zur Minderung von Treibhausgasen noch löchriger, als er ohnehin schon ist – und niemand kann garantieren, dass wir uns in drei Jahren nicht immer noch über die „heiße Luft" streiten und darüber, ob sie in das ab 2020 gültige Abkommen überführt werden darf.

Alexandra Endres, ZEIT Online vom 8.12.2012; in http://www.zeit.de (Zugriff: 13.12.2012)

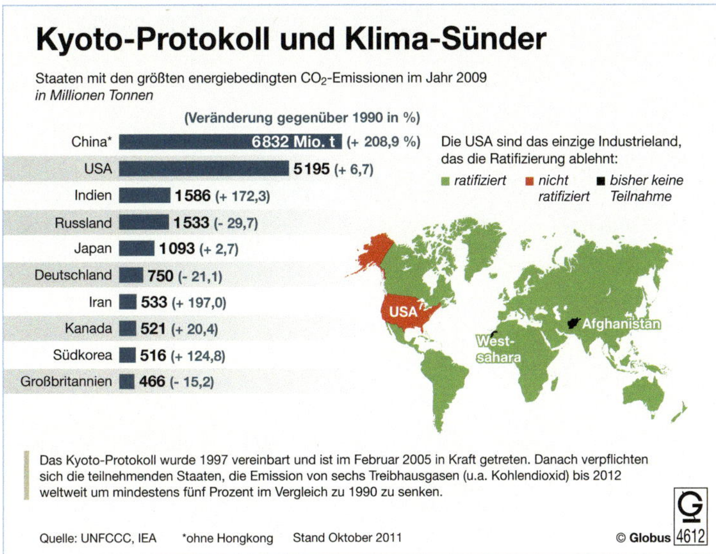

M 4 Die größten „Klimasünder"

1 Beschreibe M 2 und nenne Folgen dieser Entwicklung.

2 Besprecht in der Klasse: Welche Maßnahmen sind angesichts dieser Entwicklung denkbar (global, national, lokal)?

3 Warum wurde das 1997 beschlossene Kyoto-Protokoll erst im Jahr 2005 wirksam? Erkläre mithilfe des Textes.

4 Vergleicht die Ergebnisse der Doha-Konferenz (M 3) mit denen der Durban-Konferenz aus dem Jahre 2011. Beurteilt, ob die Ergebnisse der Konferenzen als Erfolg im Kampf gegen die Klimaerwärmung zu werten sind. Begründet.

5 Recherchiert im Internet, warum sich China, Indien und die USA dem Kyoto-Protokoll nicht anschließen. Untersucht M 4 und arbeitet heraus, wie die einzelnen Staaten im Kampf gegen den Kohlendioxid-Ausstoß vorangekommen sind. Nennt die Haupthindernisse für ein erfolgreiches Vorgehen.

Krieg um Wasser?

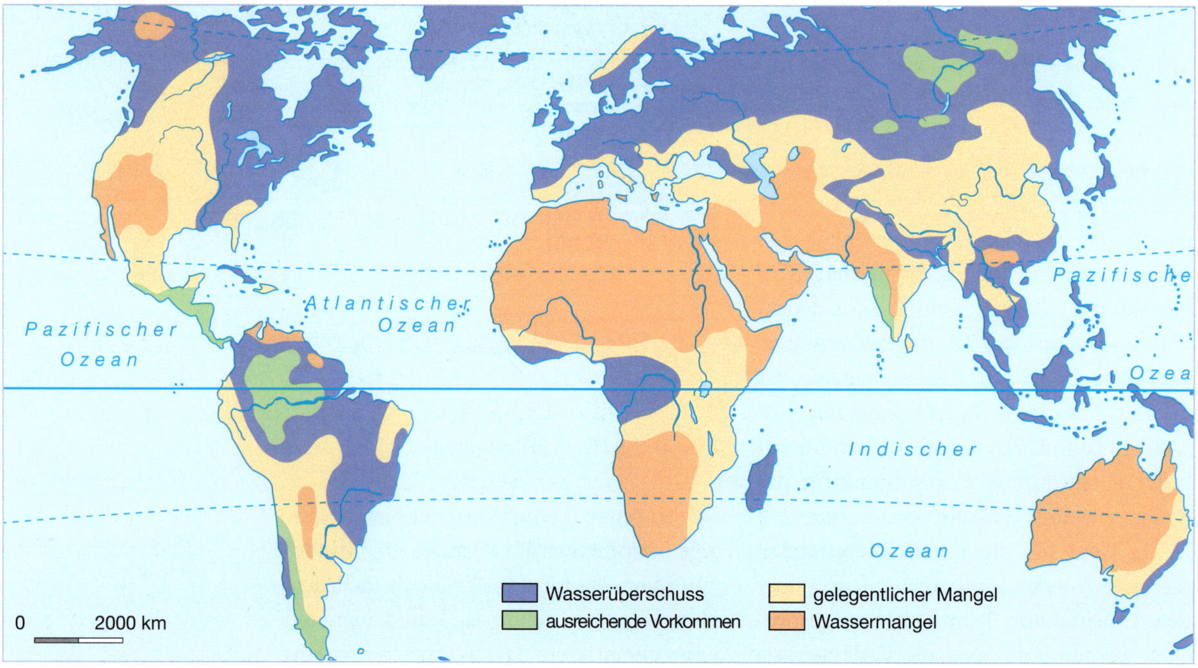

M 1 Trinkwasserverteilung auf der Erde

Kämpfe um Afrikas kostbarsten Schatz: Wasser

Kriege der Zukunft werden nicht um Öl geführt, vermuten Friedensforscher, sondern um Wasser.Kenia erlebt dies schon heute. Dort kämpfen Gikuyu und Massai um den Zugang zu Trinkwasser.

Der Ort des jüngsten Massakers liegt im kenianischen Rift Valley, dem ostafrikanischen Grabenbruch. Die Massai-Nomaden begreifen sich als Krieger, ihre Gegner sind die Siedler vom Stamm der Gikuyu, und ihr Ziel ist der Zugang zu Wasser. Es ist ihre Lebensgrundlage. Allein im Februar 2005 starben mehr als vierzig Menschen im Rift Valley im Kampf um Wasser. Es ist ein Kampf wandernder Nomaden gegen festansässige Siedler. Er entzündete sich an einer elektrischen Wasserpumpe.

Der im Kern auch ethnische Konflikt schwelt seit Jahrzehnten.Vom alten Regime unter Präsident Daniel Moi waren die Auseinandersetzungen bereits in den 1990er-Jahren angestachelt worden. Damals wurden Menschen aus Regionen vertrieben, die nicht traditionell zu den dort siedelnden Stämmen gehörten. Und bereits damals versuchten die Massai, die Gikuyu zu vertreiben. Und immer wieder kam es zu Kämpfen. Reiche Gikuyu-Farmer hatten Mitte Januar 2005 mit Genehmigung der Regierung den Fluss Kedong zur Bewässerung ihrer Farmen angezapft. Der Flusslauf versorgt die meisten Dörfer im Siedlungsgebiet der Massai mit Wasser. Diese Dörfer liegen abseits der Hauptstraße, abgeschnitten von jeder anderen Versorgung. Nur zu den Pumpstationen der Farmen der Gikuyus liefert eine rund 15 km lange Stromleitung Elektrizität.

Die Gikuyu-Farmer und der Direktor des Elektrizitätswerks unterhalten gute Beziehungen. Korruption ist in Kenia erfahrener Alltag. Die Gikuyu-Siedler wiederum behaupten, die Pumpen seien nur ein Vorwand. In Wahrheit würden die Massai sie von ihrem Land vertreiben wollen. Eine Argumentation, die die Geschichte auf ihrer Seite hat. Schon in der Kolonialzeit hatten weiße Siedler den Massai ihr Land abgehandelt, für 99 Jahre, die inzwischen abgelaufen sind. Viele Massai fordern seit 2004 nun in ganz Kenia ihr Land zurück. Die weißen Farmer hatten allerdings gepachtetes Land nach der Unabhängigkeit Kenias 1963 an die Gikuyu verkauft. Die Gikuyu berufen sich auf diese Kaufverträge. Der Hass zwischen den beiden Volksgruppen sitzt nun nach zahlreichen Übergriffen tief.

Welt am Sonntag vom 27.2.2005, S. 10

M 2 Zeitungsartikel

Das Jahr 2003 wurde von den Vereinten Nationen zum „Jahr des Wassers“ erklärt. Der Generaldirektor der UNESCO mahnte, dass Mitte unseres Jahrhunderts im schlimmsten Fall sieben, im „besten“ zwei Milliarden Menschen mit Wasserknappheit zu kämpfen hätten. Die Politik habe das Problem immer noch nicht durchgreifend angepackt.

Ein Kind in den Industrienationen verbrauche 30- bis 50-mal so viel wie ein Kind in den Entwicklungsländern. In den kommenden 20 Jahren stehe pro Kopf im Durchschnitt ein Drittel weniger Wasser zur Verfügung. Zusätzlich verschlechtere sich die Wasserqualität. Täglich sterben nach seinen Informationen rund 6000 Menschen – vor allem Kinder unter fünf Jahren – an Durchfallerkrankungen. Auch werde der Klimawandel zu einer weiteren Verknappung des Wassers beitragen.

Zunehmend wird **Trinkwasser** offenbar auch zu einem Wirtschaftsobjekt. Die Weltbank schätzt, dass schon im Jahre 2020 das Geschäft mit dem „blauen Gold“ 40 Prozent des Volumens vom Erdölhandel erreichen könne.

Als problematisch wird vor diesem Hintergrund die Tatsache eingeschätzt, dass der „Wassermarkt“ privatwirtschaftlich und damit profitorientiert sei. Kritiker befürchten, dass damit das grundlegendste aller Nahrungsmittel mehr und mehr unter finanziellen Aspekten zu betrachten sei: Nur wer über die nötigen Geldmittel verfüge, hätte Zugang zum Trinkwasser.

Nach Angaben der Gesellschaft für bedrohte Völker wird im Sudan schon heute ein Krieg um Wasser geführt, in den rund 2,9 Millionen Südsudanesen verstrickt seien. Ägypten wolle sich einen möglichst großen Anteil am Nilwasser sichern und sei aus diesem Grunde nicht ohne weiteres an einem Frieden mit seinem Nachbarland interessiert.

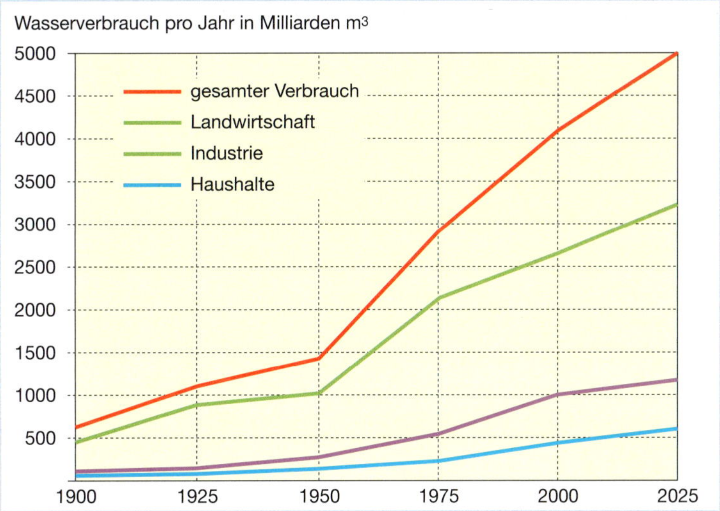

M 3 Steigerung des weltweiten Wasserverbrauchs

Wassermangel: Von einem „chronischen Wassermangel" spricht man, wenn weniger als 1000 Kubikmeter Wasser pro Kopf und Jahr zur Verfügung stehen.
Wasserumleitungen: Ein Staat, der näher an der Quelle eines Flusses liegt („Oberlieger"), leitet über einen Kanal Wasser ab, sodass für die Staaten, die unterhalb liegen („Unterlieger"), nicht mehr genügend Wasser übrig bleibt.
Wasserverschmutzung: Ein Oberlieger leitet verschmutzte Abwässer in einen Fluss und die Unterlieger müssen unter den ökologischen Folgen leiden.
Wasserstau: Ein Oberlieger baut einen Staudamm zur Energieerzeugung, wodurch die Unterlieger keine ausreichende Menge Wasser mehr erhalten.

M 4 Ursachen für Wasserkonflikte

Webcode: PE643585-193

1 Erläutere mithilfe von M 1: Wo befinden sich die Regionen starken Wassermangels, wo ist das Angebot groß?

2 a Nenne die verschiedenen Gründe, die im Beispiel M 2 zu gewaltsamen Ausschreitungen führten.
  b Kläre, welche Bedeutung dem Wasser in diesem Konflikt zukam?

3 Benennt mithilfe des Autorentextes und M 3 Faktoren, die den Konflikt um Wasser in Zukunft noch verstärken könnten.

4 Sammelt gemeinsam Lösungsmöglichkeiten und diskutiert sie in der Klasse.

Internationale Sicherheit

Eine Arbeitsgruppe aus Vertretern der UNO, der Weltbank, der Organisation für wirtschaftliche Zusammenarbeit und Entwicklung (OECD) und mehreren nichtstaatlichen Organisationen erarbeitete im Jahr 2001 eine Liste von Zielen zur Umsetzung der Vorgaben der UN-Millenniumerklärung. Diese acht Ziele für das Jahr 2015 wurden als Millennium-Entwicklungsziele (englisch: Millennium Development Goals, MDGs) bekannt:

Ziel 1: Bekämpfung von extremer Armut und Hunger
Wann ist ein Mensch extrem arm? Wer die Armut bekämpfen will, muss wissen, wogegen er antritt. Die UNO definiert: Als extrem arm gilt, wer weniger als den Gegenwert eines US-Dollars pro Tag zum (Über-)Leben zur Verfügung hat.

Ziel 2: Primarschulbildung für alle
Bildung ist ein Schlüssel für eine gerechtere Welt. Wer Wissen hat, wer lesen, schreiben und rechnen kann, wer sich informieren kann, ist weniger auf andere angewiesen, weniger anfällig für Ausbeutung und kann Gelegenheiten nutzen, sich selbst aus der Armut zu befreien.

Ziel 3: Gleichstellung der Geschlechter / Stärkung der Rolle der Frauen
Für Frauen ist Bildung besonders wichtig. Denn Bildung macht selbstbewusst. Und selbstbewusste Frauen bilden leichter Netzwerke und begehren schneller gegen ungerechte Situationen auf.

Ziel 4: Senkung der Kindersterblichkeit
Tick, tack, tot. Tick, tack, tot. Tick, tack, tot: Alle drei Sekunden stirbt ein Kind. Die Todesursache ist oft eine vermeidbare Krankheit, die durch mangelhaften Impfschutz, verschmutztes Wasser oder unhygienische Lebensbedingungen hervorgerufen wird.

Ziel 5: Verbesserung der Gesundheitsversorgung der Mütter
In den Entwicklungsländern stirbt eine von 48 Frauen bei der Entbindung. Die schockierende Quote hängt auch damit zusammen, dass Frauen dort oft viel zu früh – etwa im Alter von 12 bis 14 Jahren – verheiratet werden.

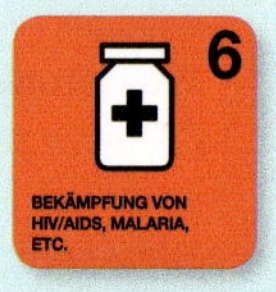

Ziel 6: Bekämpfung von HIV/AIDS, Malaria und anderen schweren Krankheiten
Allein Malaria tötet in Subsahara-Afrika alle 30 Sekunden ein Kind. Nimmt man weitere Krankheiten hinzu, wird die Statistik noch schockierender.

Ziel 7: Ökologische Nachhaltigkeit
Im Kampf ums Überleben und beim Aufbau einer blühenden Wirtschaft ist die Umwelt scheinbar nur im Weg. Ein fataler Trugschluss.

Ziel 8: Aufbau einer globalen Partnerschaft für Entwicklung
Was ist Entwicklungshilfe: milde Gabe, Schaffung neuer Absatzmärkte oder Mittel zur Armutsbekämpfung? Ziel 8 überträgt den Industrie- und Entwicklungsländern die gemeinsame Verantwortung für den „Global Deal“ der Armutsbekämpfung.

M 1 Millenniumziele

Um die Erreichung [der Millenniumziele] messbar zu machen, legten die Verfasserinnen und Verfasser der Erklärung 18 Unterpunkte und 48 Indikatoren sowie 1990 als Basis- und 2015 als Zieljahr fest. Es ist also möglich, die Erreichung der Ziele zu beobachten – und einzufordern. Die Ziele 1 bis 7 nehmen die Entwicklungsländer in die Pflicht: Sie müssen ihre – oftmals gar nicht so knappen – finanziellen Mittel für die Armen einsetzen, die Korruption bekämpfen, Gleichberechtigung und demokratische Prozesse fördern.
Ziel 8 verpflichtet die Industrieländer dazu, ihre wirtschaftliche Machtstellung für eine Gleichberechtigung aller Länder zu gebrauchen.
Das bedeutet: Mehr Geld für eine qualitativ bessere Entwicklungshilfe, wirksamer Schuldenerlass, die Unterstützung von Regierungen, die die Armut in ihrem Entwicklungsland aktiv bekämpfen. Und es erfordert den Abbau von Handelshemmnissen, damit arme Länder eine echte Chance auf dem Weltmarkt haben.

http://www.millenniumcampaign.de

M2 Indikatoren der Millenniumziele

M3 NATO und Bundeswehr im Ausland.
Karikaturen: Stuttmann

Berlin schlägt Reform des UN-Sicherheitsrats vor

Deutschland unternimmt einen neuen Vorstoß, um einen ständigen Sitz im UN-Sicherheitsrat zu erlangen und setzt sich für eine Erweiterung des Gremiums ein.
(...) Bereits im Sommer 2005 hatte Deutschland gemeinsam mit Brasilien, Indien und Japan versucht, eine Reform durchzusetzen, fand letztlich aber keine Mehrheit. Im vergangenen Jahr beschloss die Generalversammlung, dass bis zum Herbst 2008 neue Verhandlungen beginnen sollten. Deutschland hat sich nun zusammen mit einer kleinen Gruppe von Staaten, die verschiedene Regionen und Interessen vertreten, um einen neuen Reformentwurf bemüht.
Einer der Gründe für das deutsche Engagement ist schlicht. „Die Zeit arbeitet gegen uns", sagt Matussek. „Es gibt eine wachsende Meinung bei den UN, wonach der Rat nur um bevölkerungsreiche Länder des Südens wachsen sollte, wie etwa Indien oder Brasilien."
Europa gilt mit zwei Veto-Mächten ohnehin schon als überrepräsentiert. „Auch für uns Deutsche sprechen aber gute Argumente", sagt der deutsche Botschafter, etwa die hohen UN-Beiträge, die Beteiligung an Friedenseinsätzen oder der gute internationale Ruf als Vermittler.

SZ vom 22.03.2008, Nicolas Richter

M4 Deutscher Sitz im UN-Sicherheitsrat?

Sachwissen und Analysekompetenz

1 a Benenne die verschiedenen Schritte der Konfliktanalyse.
b Erkläre, mit welchen Zielsetzungen eine Konfliktanalyse die historische Ebene mit berücksichtigt.

Analyse-, Urteils- und Handlungskompetenz

2 a Erläutere den Unterschied zwischen „Sicherheitsrat" und „Generalversammlung".
b Finde Gründe, warum Deutschland um einen Platz im Sicherheitsrat bemüht ist, und nenne die vorgebrachten Argumente. (M4)
c Tragt mithilfe des Internets weitere Argumente für, aber auch gegen einen deutschen Sitz im Sicherheitsrat zusammen. Diskutiert die Frage anschließend in der Klasse.

3 Teilt eure Klasse in acht Gruppen ein.
a Wählt jeweils ein Millenniumziel aus M1 und informiert euch darüber auf der Internetseite www.un-kampagne.de.
b Wählt geeignete Arbeitsformen (z.B. Gruppenpuzzle) aus, um eure Ergebnisse den anderen Gruppen zu präsentieren.
c Informiert euch auch über die Enwicklung der Bemühungen. Angaben dazu findet ihr beispielsweise in dem interaktiven Atlas der Weltbank (http://devdata.worldbank.org/atlas-mdg).

4 Beschreibt, analysiert und interpretiert die Karikaturen (M3).

Lexikon

Agenda 2010 ist ein Konzept zur Reform des deutschen Sozialsystems und des Arbeitsmarktes, welches zwischen 2003 und 2005 von der aus SPD und Bündnis 90/Die Grünen gebildeten Bundesregierung umgesetzt wurde. Die Reformen betreffen die Bereiche Arbeitsmarkt, Bildungspolitik, Sozialversicherung und Familienpolitik. Neben positiven Effekten, wie dem Rückgang der Arbeitslosigkeit, werfen Kritiker (z. B. Gewerkschaften und Sozialverbände) dem Konzept zu starke Einschnitte in den Sozialstaat vor, welche zu einer erhöhten Armut führen.

amnesty international (abgekürzt: ai; engl. amnesty: Begnadigung). Der Startschuss für die Menschenrechtsorganisation war der 28. Mai 1961. An diesem Tag veröffentlichte der Rechtsanwalt Peter Benenson einen Zeitungsartikel, in dem die Situation politisch Gefangener dargestellt wurde. Viele Menschen waren entsetzt über das, was sie in dem Artikel „The Forgotten Prisoners" („Die vergessenen Gefangenen") lasen. Sie schrieben Briefe an die Regierung und baten, sich für die politisch Gefangenen einzusetzen. Bereits zwei Monate später schlossen sich auch in Deutschland Menschen zusammen und nahmen ihre Arbeit als Mitglieder für ai auf. Heute hat die Organisation über zwei Millionen Mitglieder und ist in mehr als 150 Ländern vertreten. Amnesty international setzt sich aber nicht nur für Gefangene ein. Die Hauptforderung ist, dass in jedem Land und in jeder Situation die Menschenrechte eingehalten werden. Dazu gehören zum Beispiel das Recht auf freie Meinungsäußerung, faire Gerichtsverhandlungen und körperliche und geistige Unversehrtheit. Die Erfahrung hat ai gelehrt, dass man am meisten Erfolg hat, wenn man die Bürgerinnen und Bürger über Notsituationen und Verletzungen der Menschenrechte informiert. Aus diesem Grund startet die Organisation jährlich viele Aktionen und Kampagnen. Informationen zu Aktionen und Kampagnen unter: www.amnesty.de (Stand Januar 2013)

AMNESTY INTERNATIONAL

Arbeitslosenquote ist die wichtigste Kennzahl zur Darstellung des Ausmaßes der Arbeitslosigkeit. Sie bestimmt den prozentualen Anteil der registrierten Arbeitslosen an der Gesamtzahl der zivilen Erwerbspersonen (Arbeiter, Angestellte, Beamte, Selbstständige, registrierte Arbeitslose, Auszubildende). In Deutschland sind registrierte Arbeitslose Arbeitssuchende zwischen 15 und 65 Jahren, die sich beim Arbeitsamt gemeldet haben und der Arbeitsvermittlung zur Verfügung stehen.

Aufschwung kennzeichnet eine Wirtschaftsphase, in der sich die wirtschaftliche Lage eines Landes verbessert. Merkmale sind: die wachsende Produktion, der Anstieg der Beschäftigung, die Schaffung neuer Arbeitsplätze und eine erhöhte Kaufkraft.
→ **Konjunktur**

Ausschuss bezeichnet eine gewählte Arbeitsgruppe, die bestimmte Vorarbeiten erledigt, über Aufgaben berät und Vorschläge entwirft. Die Ausschüsse des Deutschen Bundestages überarbeiten z. B. Gesetzentwürfe, bereiten Gesetzesvorlagen vor oder erarbeiten Kompromisse zwischen den Parteien.

autoritärer Staat/autoritäres System. Wenn ein Mensch sich allen anderen überlegen fühlt, wenn er weder Kritik noch Widerspruch zulässt, bezeichnet man ihn als autoritär. Übertragen auf einen Staat würde das bedeuten: Eine Herrschaft, eine Regierung, die autoritär handelt, hindert Parteien oder Gruppen daran, demokratisch im Staat mitzuwirken. Eine autoritäre Herrschaft lässt keine anderen Meinungen zu und verhindert, dass Zeitungen, Fernsehen und andere Medien kritisch berichten können. Dies ist zum Beispiel in einer Diktatur oder in einem Staat der Fall, in dem nur eine einzige Partei, Gruppe oder Familie das Sagen hat und die Opposition verfolgt wird.

Bruttoinlandsprodukt kennzeichnet die wirtschaftliche Leistungsfähigkeit eines Landes. Zur Bestimmung des Bruttoinlandsprodukt (BIP) rechnet man den Wert der Dienstleistungen und der Sachgüter, die in einem Land innerhalb eines Jahres erbracht oder produziert werden, zusammen. Sachgüter (→ **Güter**), wie zum Beispiel Autos, Waschmaschinen, Bücher, sind Produkte, die hergestellt werden und einen bestimmten Wert haben. Als Dienstleistungen bezeichnet man die Arbeit von Verkäufern, Friseuren, Ärzten oder Bankangestellten sowie die Leistungen der Polizisten, der Beamten in den Stadtverwaltungen oder der Lehrer. Alle diese verschiedenen Tätigkeiten lassen sich mit Geld bewerten und zu einer Summe zusammenrechnen.

Bundesbehörde. Behörde, die mit dem Vollzug von Bundesangelegenheiten betraut ist. Es gibt oberste Bundesbehörden (Bundesministerien, Bundesrechnungshof) und ihnen als Zentralstellen für das gesamte Bundesgebiet nachgeordnete Bundesoberbehörden (z. B. Bundesamt für Verfassungsschutz, Bundesverwaltungsamt, Bundeskartellamt).

Bundeshaushalt (Staatshaushalt). Der Bundeshaushalt umfasst alle Einnahmen (z. B. Steuern) und Ausgaben (z. B. Personalkosten) eines Staates (oder einer Stadt, Gemeinde, eines Bundeslandes). Damit der Staat sich über das Geld, das er einnimmt und ausgeben wird, ein klares Bild machen kann, erstellt er einen Haushaltsplan. Man vergleicht dann die Einnahmen mit den Ausgaben und stellt fest, welche neuen Pläne (Investitionen) mit dem vorhandenen Geld verwirklicht werden können. Der Staatshaushalt muss in Deutschland vom Parlament, dem Bundestag, genehmigt werden.

Bundesversammlung ist die größte parlamentarische Versammlung der Bundesrepublik Deutschland. Ihre einzige Aufgabe besteht darin, den/die Bundespräsidenten/-in zu wählen. Die

Versammlung tritt alle fünf Jahre im Reichstagsgebäude zusammen, es sei denn, die Amtszeit des Bundespräsidenten endet vorzeitig. Die Bundesversammlung besteht aus allen Bundestagsabgeordneten und der gleichen Anzahl von Mitgliedern, die von den Landtagen gewählt werden.

Chancengleichheit. Vor dem Gesetz sind alle Bürger und Bürgerinnen gleich. Das gilt auch für die Chancen und das Recht auf freie Entfaltung der Persönlichkeit. Unabhängig vom Geschlecht, der Hautfarbe, der Religion oder davon, ob jemand aus einer armen oder reichen Familie stammt, sollen alle Bürger die gleichen Chancen bekommen, nach ihren persönlichen Fähigkeiten gefördert zu werden, um so möglichst viel aus ihrem Leben zu machen. Kinder und Jugendliche sollen deshalb in der Schule und der Ausbildung die gleichen Bildungsmöglichkeiten erhalten, um später einen Beruf zu finden.

Erster Weltkrieg. Der Erste Weltkrieg dauerte von 1914 bis 1918. Deutschland hatte große Schuld an seinem Ausbruch. Auf der einen Seite kämpften Deutschland, Österreich-Ungarn, die Türkei und später Bulgarien, auf der anderen Seite waren es vor allem Frankreich, Großbritannien, Russland, Serbien, Griechenland, Rumänien, Italien, die USA und Japan. Über zehn Millionen Menschen sind im Krieg gestorben. Ausgelöst wurde dieser große Krieg durch die Ermordung des österreichischen Thronfolgers im serbischen Sarajevo am 28. Juni 1914. Die tieferen Ursachen dieses Weltkrieges aber waren lange andauernde Streitigkeiten zwischen den großen europäischen Mächten um die Vorherrschaft in der Welt. Deutschland und seine Verbündeten verloren den Ersten Weltkrieg. Die Siegermächte haben im Versailler Vertrag festgeschrieben, welche Folgen das für Deutschland hatte. Die Monarchie im Deutschen Reich wurde abgeschafft, der Kaiser musste das Land verlassen. Grenzgebiete im Osten und im Westen Deutschlands gingen an die Nachbarländer. Außerdem musste Deutschland seine Armee auf 100 000 Soldaten verringern und an die Sieger hohe Schadensersatzleistungen bezahlen.

Ethnische Gruppen. „Ethnie“ ist ein griechisches Wort und bezeichnet eine Gruppe von Menschen, die die gleiche Kultur verbindet.

Europäische Verfassung. Der „Vertrag über eine Verfassung für Europa“ wurde von den Staats- und Regierungschefs der 25 EU-Staaten am 18. 6. 2004 in Brüssel angenommen. Er sollte dazu beitragen, dass die stark vergrößerte Union handlungsfähiger und transparenter wird. Nicht alles, was in der Verfassung steht, ist neu. Die EU wurde in mehreren Etappen errichtet und gründet auf verschiedenen Verträgen. Sie wurden in die Verfassung eingearbeitet und zusammengefasst. Künftig sollte es nur noch eine Europäische Union geben, in der die „Europäischen Gemeinschaften“ und die (alte) EU aufgehen. Die Verfassung hätte zunächst von allen Mitgliedsstaaten ratifiziert werden müssen (durch Zustimmung des Parlaments und/oder Referendum). Dieser Prozess erlitt durch die Ablehnung der EU-Verfassung bei Volksabstimmungen in Frankreich am 29. Mai 2005 und in den Niederlanden am 1. Juni 2005 einen schweren Rückschlag und wurde kurz danach auch in den anderen Ländern eingestellt. Die Staats- und Regierungschefs der EU riefen daraufhin eine Reflexionsphase aus, um über das weitere Vorgehen zu entscheiden. Auf dem Europäischen Rat vom 21./22. Juni 2007 beschlossen sie schließlich, die eingangs genannten EU-Verträge lediglich zu verändern, statt sie durch eine Verfassung zu ersetzen. Mit dem → **Vertrag von Lissabon** wurden diese Änderungen in die bestehenden EU Verträge eingearbeitet. Im Dezember 2010 trat er in Kraft.

Erwerbsarbeit. Diejenige Form der Arbeit, mit der Geld verdient werden soll. Gegensatz: Haus- und Familienarbeit, ehrenamtliche Arbeit, Hobbyarbeit.

Existenz (lat.; Bestehen) bezeichnet das Vorhandensein eines Dinges oder allgemein das menschliche Dasein. In der Umgangssprache wird der Begriff auch für die wirtschaftliche Lebensgrundlage eines Menschen benutzt. Um seine Existenz zu sichern, braucht der Mensch ein Mindestmaß an materiellen Gütern. → **Bedürfnisse**

Föderalismus. Von Lat.: foedus = Bund; eine Zusammenfassung mehrerer Staaten unter einer gemeinsamen Regierung, wobei den einzelnen Mitgliedern weitgehend die Selbstverwaltung gelassen wird.

Fraktion/Fraktionszwang. Übersetzt aus dem Französischen bedeutet das Wort „Bruchteil“. Im Deutschen bezeichnet der Begriff eine Gruppe von Menschen mit ähnlichen politischen Ansichten, die sich freiwillig in einem gewählten Parlament zusammengeschlossen haben. Meistens gehören die Mitglieder einer Fraktion derselben Partei an. Im Deutschen Bundestag bilden die in ihm vertretenen Parteien jeweils eine Fraktion, die CDU/CSU bildet eine gemeinsame Fraktion. Von „Fraktionszwang“ spricht man, wenn auf die Mitglieder einer Fraktion Druck ausgeübt wird, damit alle bei einer Abstimmung einheitlich abstimmen.

Freihandelsabkommen. Wenn Staaten untereinander ihre wirtschaftlichen Beziehungen verbessern wollen, können sie ein so genanntes Freihandelsabkommen vereinbaren. Ein solches Abkommen garantiert (z. B. durch Zollfreiheit) freien Handel zwischen Staaten und ermöglicht somit eine Steigerung des Außenhandels. Schließen sich mehrere Staaten zusammen, spricht man von einer Freihandelszone. Beispiele hierfür sind: NAFTA (Nordamerikanisches Freihandelsabkommen), EFTA (Europäische Freihandelsassoziation), Mercosur (gemeinsamer Markt Südamerikas).

Genfer Flüchtlingskonvention. Die Genfer Flüchtlingskonvention wurde am 28.7.1951 auf einer UN-Sonderkonferenz in Genf verabschiedet und trat am 22.4.1954 in kraft. Ergänzt wurde sie am 31.1.1967 durch das „Protokoll über die Rechtsstellung der Flüchtlinge“, das am 4.10.1967 in kraft trat. Der Konvention und dem Protokoll sind jeweils 144 Staaten beigetreten. 141 Staaten sind beiden beigetreten. Die Konvention legt fest, wer Flüchtling ist, welchen rechtlichen Schutz, welche Hilfe und welche sozialen Rechte sie oder er von den Unterzeichnerstaaten erhalten soll. Sie definiert aber auch die Pflichten, die ein Flüchtling dem Gastland gegenüber erfüllen muss. Zudem schließt sie bestimmte Gruppen – etwa Kriegsverbrecher – vom Flüchtlingsstatus aus.

Globalisierung kennzeichnet die Entstehung weltweiter Märkte für Waren, Kapital und Dienstleistungen sowie die damit verbundene internationale Verflechtung der Volkswirtschaften. Hauptakteure der Globalisierung sind multinationale (in vielen Staaten tätige) Unternehmen. Der Globalisierungsprozess wird durch neue Technologien im Kommunikations-, Informations- (weltweite Datennetze, Satellitenkommunikation) und Transportwesen (computergestützte Logistik) sowie neue Organisationsformen der Produktionsprozesse vorangetrieben. Diese Neuerungen ermöglichen es den Unternehmen, die → **Standortvorteile** weltweiter Produktionsstätten zu nutzen, statt an nationalen Standorten zu produzieren. Der Prozess der Globalisierung erhöht damit entscheidend den Wettbewerbsdruck zwischen den einzelnen Unternehmen und Ländern. Darüber hinaus hat er erhebliche Auswirkungen auf die Stabilität und Sicherheit der Arbeitsplätze.

Golfkrieg(e). Insgesamt werden drei Golfkriege unterschieden: Erster Golfkrieg, Krieg zwischen Iran und Irak von 1980 bis 1988; Zweiter Golfkrieg, Krieg zwischen Irak und einer US-geführten Militärkoalition 1990/91; Dritter Golfkrieg, Krieg zwischen Irak und einer US-geführten Militärkoalition 2003. Während des letzten Golfkriegs (Irak-Krieg) kam es nach der Invasion des Iraks durch die amerikanischen Streitkräfte und ihre Verbündeten zum Sturz des Diktators Saddam Hussein.

Grundrechte sind die in den Verfassungen der jeweiligen Staaten aufgelisteten staatlich garantierten Freiheitsrechte des Individuums gegenüber der Staatsmacht. In Deutschland werden die Grundrechte in Abschnitt I des Grundgesetzes allen anderen grundgesetzlichen Regelungen vorangestellt. Die Grundrechte leiten sich von den → **Menschenrechten** her und sind für die Gesetzgebung, die vollziehende Gewalt sowie die Rechtsprechung bindend. Die Artikel 1–7, 10, 13, 14, 16 a, 17 des Grundgesetzes (GG) verweisen direkt auf die Menschenrechte, während Artikel 8, 9, 11, 12, 16 ausschließlich auf deutsche Staatsbürger bezogen sind.

Hartz-Gesetze. Gesetze, die im Sommer 2002 beschlossen wurden und auf den Vorschlägen einer Kommission um den ehemaligen VW-Manager Peter Hartz beruhen. Hartz I und II schreiben die Einrichtung von Personal-Service-Agenturen zur Unterstützung der Arbeitsämter, die Förderung von Mini-Jobs und Ich-AGs sowie die Verschärfung von Regeln über die Zumutbarkeit angebotener Arbeit vor. Hartz III beinhaltete den Umbau der Arbeitsverwaltung zur Bundesagentur für Arbeit und Hartz IV die Zusammenlegung von Arbeitslosenhilfe und Sozialhilfe zum neuen Arbeitslosengeld II. Durch die Reform soll das Nebeneinander der Ämter beendet und Arbeitssuchende effektiver betreut werden.

Hurrikan bezeichnet einen tropischen Wirbelsturm, der mindestens Orkanstärke (Windstärke 12 = 118 km/h) hat und, im Gegensatz zu Taifunen oder Zyklonen, auf der nördlichen Hemisphäre (Erdhalbkugel) entstanden ist. Das Wort kommt ursprünglich aus den Maya-Sprachen und bedeutet „Gott des Windes". Durch die hohen Windgeschwindigkeiten, die Wellen und schwere Niederschläge sowie eine Ausdehnung von mehreren Kilometern können Hurrikane Tausende von Quadratkilometern verwüsten.

Satellitenbild Hurrikan Mitch in der Karibik, 1998

Ideologisch. Auf eine Weltanschauung oder ein System von Wertvorstellungen bezogen,

Internationaler Währungsfonds (IWF). Der IWF wurde 1944 im Rahmen der Währungs- und Finanzkonferenz der Vereinten Nationen (UN) in Bretton Woods/USA gegründet, zusammen mit seiner Schwesterorganisation, der → **Weltbank**. In der Rolle als Sonderorganisation der Vereinten Nationen besteht seine wichtigste Aufgabe in der Förderung des (ausgewogenen) Welthandels auf der Grundlage zwischenstaatlicher Kooperation. Eine weitere Aufgaben ist die Förderung der internationalen Zusammenarbeit in der Währungspolitik, um weltweit stabile Währungsbeziehungen zu erreichen. Neben der geldpolitischen Überwachung und Stabilisierung der Wechselkurse bemüht sich der IWF um die Beseitigung von Devisen- und anderen Handelsbeschränkungen. Darüber hinaus kann der IWF im Falle negativer Zahlungsbilanzen auch Kredite an einzelne Länder gewähren. Zusammen mit der Europäischen Kommission und der Europäischen Zentralbank (EZB) bildet der IWF die sogenannte „Troika", welche regelmäßig die Sparbemühungen Griechenlands im Zuge der europäischen Staatsschuldenkrise überwacht – als Bedingung für entsprechende Hilfszahlungen.

ISAF (**I**nternational **S**ecurity **A**ssistance **F**orce), „Internationale Sicherheitsunterstützungstruppe"; durch Beschluss des UN-Sicherheitsrates vom 20. 12. 2001 aufgestellte internationale Friedenstruppe zur Unterstützung der afghanischen Regierung bei der Aufrechterhaltung der Sicherheit und der Wahrung der Menschenrechte.

Kalter Krieg. Bezeichnung für den nach 1945 ausgebrochenen Konflikt zwischen den beiden Großmächten USA (mit NATO-Staaten) und der Sowjetunion (mit Warschauer Pakt-Staaten). Da beide Mächtegruppen über Atomwaffen verfügten (seit 1950) und damit die Möglichkeit bestand, sich gegenseitig auszulöschen, blieb der Konflikt „kalt", d. h., beide Mächtegruppen vermieden den offenen Krieg. Der Kalte Krieg stabilisierte die Teilung der Welt in zwei Einflussbereiche. Mit dem Zusammenbruch der Sowjetunion 1990 endete der Kalte Krieg. An seine Stelle trat eine nicht immer konfliktfreie Zusammenarbeit der Großmächte.

Koalition. Der Begriff bezeichnet ein Bündnis unabhängiger Partner oder Parteien, das sich für einen bestimmten Zweck zusammengefunden hat. Meist wird ein solches Koalitionsbündnis nur für eine bestimmte Zeit vereinbart, wenn zum Beispiel Parteien alleine nicht genügend Stimmen haben, um regieren zu können. Ein solches Regierungsbündnis, das eine breite Mehrheit im Parlament hat, schafft es leichter, Gesetze durchzusetzen.

Konjunktur. Als Konjunktur bezeichnet man die Wechsellagen in der wirtschaftlichen Entwicklung. Sie lässt sich messen mit bestimmten Konjunkturindikatoren wie Aufträgen, Produktion, Umsatz, Beschäftigung, Preisen und Zinsen. Anhand dieser Indikatoren lässt sich ein stetes Auf und Ab der wirtschaftlichen Aktivitäten feststellen. Diese Schwankungen folgen aufeinander wie Wellen. Das nennt man Konjunkturzyklus. Ein Konjunkturzyklus umfasst die Phasen Aufschwung, Hochkonjunktur (Boom), Abschwung, Rezession und Tiefstand (Depression).

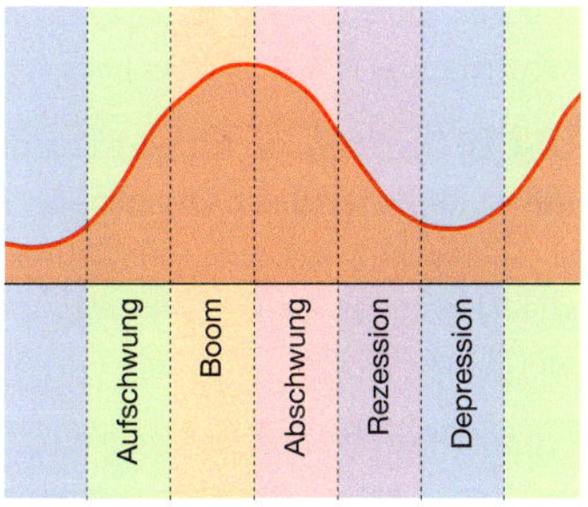

Konjukturkurve

Konsens. Wenn eure Klasse auf einem Schulfest ein Theaterstück aufführen möchte, müsst ihr euch erst einmal einigen, welches Stück ihr wählt. Die einen wünschen sich vielleicht ein lustiges Stück, also eine Komödie, die anderen möchten lieber einen Krimi. Ihr werdet wahrscheinlich im gemeinsamen Gespräch abwägen, welche Vor- und Nachteile die Komödie bietet und diese mit den Vor- und Nachteilen eines Krimis vergleichen. Wenn ihr anschließend zu einer Entscheidung kommt, die allen oder zumindest den meisten gefällt, habt ihr einen Konsens geschaffen. Wörtlich bedeutet Konsens „gemeinsame Meinung". Auch im politischen und im geschäftlichen Leben muss oft nach einem Konsens gesucht werden. Das ist zum Beispiel immer dann der Fall, wenn sich Parteien mit unterschiedlichen Meinungen bzw. Interessen bemühen, zu einer gemeinsamen Entscheidung zu kommen.

konstruktives Misstrauensvotum. Wenn die Mehrzahl der Abgeordneten im Parlament der Meinung ist, dass die Regierung, ihr Chef oder einzelne Minister ihre Arbeit nicht gut oder nicht richtig machen, kann die Volksvertretung dem Regierungschef das Vertrauen entziehen. Dies kann die Mehrheit der Abgeordneten durch eine Abstimmung entscheiden. Das Parlament spricht dann in einem Votum (lat. Urteil, Stimme) das Misstrauen aus. Die ganze Regierung oder einzelne Mitglieder müssen in einem solchen Fall zurücktreten. In Deutschland ist im Grundgesetz in Artikel 67 nur das so genannte konstruktive („konstruktiv", also „aufbauend") Misstrauensvotum vorgesehen. So ist es nicht möglich, den Regierungschef einfach abzuwählen. Es muss gleichzeitig auch ein neuer Bundeskanzler gewählt werden, der dann eine neue Regierung bildet.

Korruption. Lateinisch für Bestechlichkeit, Verderbtheit oder Verfall. Spricht man von Korruption, bedeutet es, dass jemand seine berufliche Stellung oder sein öffentliches Amt dazu missbraucht, um sich einen Vorteil zu verschaffen und dabei andere zu schädigen. Das ist verboten.

Langzeitarbeitslose. Form der Arbeitslosigkeit, bei der ein Arbeitssuchender ein Jahr oder länger ohne Beschäftigung ist. Die Wiederbeschäftigung dieses Personenkreises ist u. a. wegen des Verlustes an beruflicher Qualifikation mit zunehmender Dauer der Arbeitslosigkeit besonders schwierig.

Legislaturperiode. Zeitraum zwischen zwei Wahlen, in welcher die Abgeordneten ihr Mandat wahrnehmen.

Liberalisierung. Rücknahme oder Abschwächung bisher bestehender gesetzlicher Regelungen oder anderweitiger Verordnungen und Verhaltensvorschriften.

Marshallplan. Wiederaufbauprogramm der USA für die europäische Wirtschaft nach dem Zweiten Weltkrieg. Die Hilfsleistungen der USA bestanden nicht nur aus Krediten, sondern auch aus Waren, Rohstoffen und Lebensmitteln. Zwischen 1948 und 1952 wurden von den USA insgesamt rund 12,4 Milliarden Dollar bereitgestellt, davon 1,5 Milliarden Dollar für Westdeutschland.

Massenvernichtungsmittel, auch „Massenvernichtungswaffen". Der Begriff fasst bestimmte militärische Waffen oder Kampfstoffe zusammen, die beim Einsatz, ungeachtet ob es sich um militärische oder zivile Personen handelt, eine große Zahl an Opfern bewirkt. Als die USA 1945 im Krieg gegen Japan über Hiroshima zum ersten Mal in der Geschichte der Menschheit eine Atombombe abwarfen, starben innerhalb von wenigen Stunden fast 200 000 Menschen. Massenvernichtungswaffen werden auch ABC-Waffen genannt. Das „A" steht für Atomwaffen. Das „B" steht für bakteriologische Waffen. Schlimme Krankheitserreger (Bakterien) können von Flugzeugen oder Raketen aus versprüht werden. Die Menschen, die damit in Berührung kommen, erkranken an Pest, Cholera, Typhus, Milzbrand und anderen schrecklichen Seuchen. Das „C" steht für chemische Waffen. Granaten, Raketen oder Flugzeuge werden mit chemischen Mitteln, zum Beispiel mit Nervengasen, ausgerüstet, die dann versprüht werden. Viele Menschen werden dadurch getötet oder lebensgefährlich verletzt. Die UNO ist seit Jahren bemüht, die Länder, die im Besitz dieser Massenvernichtungswaffen sind, durch Verhandlungen, Verträge und Konventionen dazu zu bringen, diese nicht einzusetzen oder sie wieder zu vernichten.

Median-Einkommen. Bezogen auf das Einkommen bezeichnet der Begriff Median den Mittelwert. Man kann daher auch vom Durchschnittseinkommen sprechen. Das rechnerische Mittel der Einkommen ist die Summe aller Einkommen geteilt durch die Zahl der Personen.

Menschenrechte sind die angeborenen unveräußerlichen Rechte eines jeden Menschen. Sie sind überstaatlich, d. h. höher gestellt als die Rechte des Staates. Sie können daher auch nicht vom Staat verliehen, sondern nur anerkannt werden. Die Menschenrechte wurden von den Vereinten Nationen (→ **UNO**) im Jahr 1948 aufgeschrieben und gehen auf die Erklärung der Bürger- und Menschenrechte während der Französischen Revolution 1789 zurück. Viele Staaten, auch Deutschland, haben diese Rechte in ihrer Verfassung als → **Grundrechte** festgeschrieben. Dazu gehören zum Beispiel das Recht auf Leben, auf Freiheit und körperliche Unversehrtheit. Dies heißt, dass niemand gefoltert werden darf. Jeder hat auch das Recht, seine Meinung frei zu sagen, ohne dafür bestraft zu werden. Jeder Mensch soll außerdem glauben können, was er will, und darf keine Nachteile wegen seiner Religion erfahren. Das Wahlrecht bestimmt, dass die Menschen in demokratischen Wahlen regelmäßig wählen dürfen; das Recht auf Bildung besagt, dass alle Menschen etwas lernen dürfen, und das Recht auf Eigentum stellt sicher, dass jeder etwas als sein Eigentum besitzen darf. In vielen Ländern der Welt werden die Menschenrechte von der Staatsmacht missachtet, was zeigt, dass die Anerkennung der Menschenrechte keineswegs selbstverständlich ist und jeder aufpassen muss, dass der Staat diese Rechte achtet.

NATO (englisch „North Atlantic Treaty Organization", heißt auf Deutsch „Nordatlantikpakt"). Die NATO ist ein politisch-militärisches Bündnis, das wenige Jahre nach dem Zweiten Weltkrieg im April 1949 von den USA, Kanada und zehn europäischen Staaten gegründet wurde. Bei der Gründung des Paktes gab es ein wichtiges Ziel: Die kommunistischen Staaten sollten davon abgehalten werden, gegen die westlichen Staaten Krieg zu führen. Sie hatten sich 1955 unter der Führung der damaligen Sowjetunion im so genannten „Warschauer Pakt" zusammengeschlossen. Nach dem Ende des Warschauer Paktes 1991 änderten sich die Ziele der NATO. Der Einsatz für Frieden und Freiheit ist nun das wichtigste Ziel. Außerdem haben sich die NATO-Mitglieder verpflichtet, sich im Falle einer militärischen Bedrohung gegenseitig zu helfen. Mit den ehemaligen Mitgliedern des Warschauer Paktes wurde 1994 ein Vertrag „Partnerschaft für den Frieden" geschlossen. Immer mehr europäische Staaten, die früher dem Warschauer Pakt angehörten, sind mittlerweile Mitglieder der NATO geworden. Momentan zählt die NATO 28 Mitgliedstaaten (Stand Januar 2013).

NATO-Hauptsitz in Brüssel

NGO (englisch „**N**on **G**overnmental **O**rganization" heißt auf Deutsch Nichtregierungsorganisation). Der Begriff bezeichnet nichtstaatliche Organisationen, die nicht auf Gewinn gerichtet und von staatlichen Stellen weder organisiert noch abhängig handeln. In NGOs schließen sich Menschen zusammen, die ein gemeinsames Interesse verfolgen. Sie engagieren sich zum Beispiel in Sportvereinen, Tierschutzvereinen oder Bürgerinitiativen. Das Ziel ist es, ihre Anliegen bekannt zu machen und darauf hinzuwirken, dass sich bestimmte Dinge in der Gesellschaft oder in der Politik verändern. Ein Beispiel hierfür sind kirchliche Organisationen wie Misereor oder der Evangelische Entwicklungsdienst, die vor allem in der Entwicklungshilfe eine wichtige Rolle spielen. Auch die Gewerkschaften oder die Arbeitgeberverbände kann man als NGOs bezeichnen.

OECD. Organisation für wirtschaftliche Zusammenarbeit und Entwicklung (englisch Organization for Economic Co-operation and Development), eine Internationale Organisation mit 34 Mitgliedstaaten, die sich Demokratie und Marktwirtschaft verpflichtet fühlen.

Opposition. Wenn euch nicht passt, was Eltern, Lehrer oder die meisten eurer Mitschüler sagen und wollen, dann seid ihr in der Opposition. Das Wort kommt aus dem Lateinischen und bedeutet, im Widerspruch zur Mehrheit zu stehen. In der Politik heißt das, dass Parteien im Deutschen Bundestag, die nicht zu den Regierungsparteien gehören, sich in der so genannten parlamentarischen Opposition befinden. Sie sind ein wichtiger Teil in der Demokratie, weil sie darauf achten, dass die Gesetze eingehalten werden.

Parlament. (Franz.: parler = reden) Volksvertretung, die aus einer oder zwei Kammern (z. B. Großbritannien: Ober- und Unterhaus) bestehen kann.

Präventivkrieg, ein militärischer Angriff, der einem objektiv drohenden (oder auch nur vermuteten) Angriff des Gegners zuvorkommen soll.

Protektionismus bezeichnet den Schutz inländischer Produzenten vor ausländischer Konkurrenz mithilfe von Verboten, mengenmäßigen Beschränkungen, Zöllen oder Auflagen. Der Protektionismus steht im Gegensatz zum Freihandel.

Rechtsstaat. Staat, in dem die Gesetzgebung an die verfassungsmäßige Ordnung, die vollziehende Gewalt und die Rechtsprechung an Gesetz und Recht gebunden sind (s. Grundgesetz Art. 20. Abs. 3).

Reform. Umgestaltung, Veränderung oder Neuordnung mit dem Ziel, eine Verbesserung der Zustände zu erzielen. Oft sollen Reformen zu einer Senkung der Kosten und einer besseren Übersichtlichkeit führen. Beispiele: Gesundheits-, Steuerreform.

Reformvertrag von Lissabon. Mit der Vergrößerung der EU auf 25 und jetzt 27 Staaten wurde der politische Entscheidungsprozess, der in vielen Bereichen Einstimmigkeit vorsieht, immer schwieriger. Nach dem Scheitern einer neuen Europäischen Verfassung, die in allen Staaten der EU gelten sollte, wurde in einem Vertrag in Lissabon 2007 ein weiterer Versuch unternommen, die Entscheidungsabläufe in der EU zu modernisieren. Bis auf Irland stimmten alle EU-Staaten diesem Vertrag zu. Im Oktober 2009 wurde der Vertrag in Irland aber in einer zweiten Volksabstimmung mit großer Mehrheit angenommen. Am 1. Dezember 2009 trat der Vertrag in Kraft. Das bedeutet eine wesentliche Verbesserung der komplizierten Verfahren im Europa der 27 Mitgliederländer:

- Ab 2014 können Entscheidungen im Ministerrat nach dem Mehrheitsprinzip gefasst werden. Ein Beschluss gilt, wenn 55 % der Staaten zustimmen, diese Mehrheit muss 65 % der EU-Bevölkerung vertreten.
- Der Europäische Rat wird für zweieinhalb Jahre von einem Ratspräsidenten geleitet. Gewählt wurde der belgische Ministerpräsident Herman Van Rompuy.
- Ein für fünf Jahre bestellter Hoher Vertreter für Außen- und Sicherheitspolitik (Außenminister) leitet die Außenpolitik der EU. Gewählt wurde die britische Politikerin Catherine Ashton.
- Bei der Gesetzgebung der EU wirkt das EU-Parlament grundsätzlich in allen Fragen mit.
- Ein Land kann die EU verlassen, wenn es dies will.

Repressiver Staat (→ **autoritärer Staat**)

Rezession. Wenn sich die wirtschaftliche Lage eines Landes verschlechtert, die Konjunkturkurve also nach unten geht, befindet es sich im Abschwung. Als Folge dieser Rezession (des Rückgangs) können Unternehmen weniger produzieren und müssen Mitarbeiter entlassen. Dadurch steigt die Zahl derjenigen, die vom Staat unterstützt werden müssen. Durch Konjunkturpolitik versucht die Regierung die Wirtschaft wieder anzukurbeln. So senkt sie beispielsweise die Steuern, um mehr Leute zum Kaufen anzuregen. → **Konjunktur**

Sicherheitsrat der Vereinten Nationen → UN-Sicherheitsrat

Solidarität kommt aus dem Lateinisch-Französischen und bedeutet das Zusammengehörigkeitsgefühl von Individuen oder Gruppen in einem Sozialgefüge (auch von Staaten in internationalen Bündnissen). Solidarität äußert sich in gegenseitiger Hilfe und Unterstützung.

sozial. Der Begriff leitet sich vom lateinischen Wort „socius" ab und bedeutet „die Gemeinschaft/Gesellschaft betreffend", „gemeinnützig" oder „wohltätig".

Staatsform bezeichnet die politische Organisation eines Staates, die sich nach der Stellung des Staatsoberhaupts richtet. In der Gegenwart unterscheidet man zwischen den Staatsformen der Republik, der Monarchie und der Diktatur, wobei diese nach dem jeweiligen Regierungssystem weiter differenziert werden können.

Subsidiarität Ein grundlegendes Prinzip, nach dem ein Problem nach Möglichkeit auf der niedrigsten Ebene und mit dem geringsten Aufwand bearbeitet wird, der zu einer sinnvollen Lösung erforderlich ist.

Taliban, radikal-islamische Gruppierung der sunnitischen Glaubensrichtung. Die Taliban sind zumeist Schüler der traditionellen islamischen Schulen beiderseits der afghanisch-pakistanischen Grenze. Die Talibanmilizen beteiligten sich seit 1994 mit Unterstützung Pakistans und Saudi-Arabiens (z. T. auch der USA) am afghanischen Bürgerkrieg und beherrschten bald den größten Teil des Landes. 1996 wurde Kabul eingenommen. Die Taliban proklamierten das Islamische Emirat Afghanistan und setzten eine fundamentalistische islamische Ordnung durch, in der die Frauen unter strenger Kontrolle standen und in der der Alltag auch in den Städten an den Regeln des paschtunischen Dorflebens orientiert war. Die Zusammenarbeit der Taliban mit dem islamischen Extremisten Osama Bin Laden führte nach den Anschlägen auf das World Trade Center und das Pentagon 2001 zum militärischen Eingreifen der USA in Afghanistan. Durch diese Intervention konnte die Talibanherrschaft in dem zentralasiatischen Land im November 2001 beendet werden. Die Talibanmilizen konnten jedoch in der Folgezeit im afghanisch-pakistanischen Grenzgebiet – auch durch die Unterstützung der paschtunischen Landbevölkerung – an Schlagkraft zurückgewinnen und seit 2003 in Ost- und Südafghanistan militärische Aktionen durchführen. Damit wurde der staatliche Neuaufbau Afghanistans zunehmend gefährdet.

Treibhauseffekt. Ähnlich einem Gewächshaus, wo das Glas die Sonnenstrahlung hineinlässt, aber die Wärmestrahlung am Entweichen hindert, wirkt der Treibhauseffekt in der Erdatmosphäre. Die Sonne schickt kurzwellige Strahlung auf die Erde. Dort angekommen wird sie in Wärme umgewandelt und als langwellige Strahlung reflektiert. Ein Teil dringt durch die Atmosphäre wieder ins All. Der andere Teil der Wärmestrahlung wird reflektiert und auf die Erdoberfläche zurückgeworfen. Denn die Erde besitzt eine natürliche „Schutzglocke" – die Atmosphäre. Insbesondere Kohlendioxid (CO_2) sorgt dafür, dass die langwellige Wärmestrahlung nicht austreten kann. Der natürliche Treibhauseffekt sorgt dafür, dass es auf der Erde im Durchschnitt 15 Grad warm ist, ansonsten wären es minus 18 Grad. Seit der Industrialisierung wird der Treibhauseffekt durch Abgase verstärkt. Hauptgrund für den durch den Menschen verursachten Treibhauseffekt, ist der Anstieg von Treibhausgasen. Für rund 50 Prozent des Effekts wird Kohlendioxid (CO_2) verantwortlich gemacht. Es entsteht bei der Verbrennung von fossilen Brennstoffen wie Kohle, Öl oder Gas, beim Autofahren und in Kraftwerken. Die Folgen des verstärkten Treibhauseffektes sind nicht genau vorhersehbar. Viele Klimaforscher machen ihn aber für den weltweiten Temperaturanstieg verantwortlich. Die Experten rechnen bis zum Jahr 2100 mit einem Anstieg von bis zu 6 Grad Celsius. Dies hätte eine Verschiebung aller Klimazonen zur Folge. Außerdem könnten die Polkappen schmelzen, wodurch der Meeresspiegel ansteigen würde und tief liegende Küstenregionen überfluten würden. Bereits heute gibt es Anzeichen einer Klimaveränderung: zunehmende Wolkenbildung, der Anstieg des Meeresspiegels um 10 bis 25 Zentimeter innerhalb der letzten 100 Jahre, das Schmelzen der Alpengletscher und häufiger auftretende Naturkatastrophen wie Wirbelstürme oder Dürreperioden.

UNESCO. Die „United Nations Educational Scientific and Cultural Organization" (Organisation der Vereinten Nationen für Erziehung, Wissenschaft und Kultur) ist eine Sonderorganisation der Vereinten Nationen (→ **UNO**) und wurde 1945 gegründet. Diese weltweite Organisation, zu der 191 Staaten gehören, hat ihren Sitz in Paris. Die Aufgabe der UNESCO ist es insbesondere, Kindern und Erwachsenen, die nicht lesen und schreiben können, zu einer Schulausbildung zu verhelfen, weshalb vor allem Entwicklungsländer unterstützt werden. Daneben hilft die UNESCO auch Ländern, die Katastrophen wie Überschwemmungen oder Erdbeben erlitten haben, beim Wiederaufbau und verfasst die Liste des Welterbes. Diese setzt sich aus Weltkultur- und Weltnaturerbe zusammen und umfasst 878 Denkmäler in 145 Ländern. In Hessen gehören dazu das Kloster Lorsch mit seiner Torhalle, der Obergermanisch-Raetische Limes und die Grube Messel.

UN-Millenniumerklärung beinhaltet die gemeinsame Strategie von 189 Mitgliedsstaaten der → **UNO** zur globalen Entwicklung. Die in New York im Jahr 2000 verabschiedete Millenniumserklärung definiert acht wesentliche Entwicklungsziele: weltweite Bekämpfung von Hunger und Armut, Grundschulbildung für alle, Förderung der Gleichstellung der Geschlechter und Stärkung der Rolle der Frau, Senkung der Kindersterblichkeit, Verbesserung der Gesundheit von Müttern, Bekämpfung von HIV/AIDS, Malaria und anderen Krankheiten, Sicherung der ökologischen Nachhaltigkeit, Aufbau einer weltweiten Entwicklungspartnerschaft. Diese Verpflichtungen richten sich vor allem an die Regierungen, aber auch auf kommunaler Ebene werden entsprechende Maßnahmen verfolgt.

UNHCR. Ein Großteil der Hilfe für Flüchtlinge wird vom UNHCR organisiert, dem „United Nations High Commissioner for Refugees" (Hoher Flüchtlingskommissar der Vereinten Nationen). Das UNHCR ist eine Sonderorganisation der Vereinten Nationen, die 1951 gegründet wurde. Die erste Aufgabe vom UNHCR bestand ab 1951 darin, etwa einer Million größtenteils europäischer Zivilisten zu helfen, die wegen des Zweiten Weltkrieges ihre Heimat verlassen mussten. Ab den 1950er-Jahren wurde die Flüchtlingskrise zu einem globalen Problem. Sie erreichte Afrika und später Asien, und kehrte dann nach Europa zurück. Auf dem Höhepunkt der Krise, Mitte der 1990er-Jahre, half UNHCR 27 Millionen Menschen in einem einzigen Jahr. Insgesamt hat UNHCR seit seiner Gründung dazu beigetragen, dass 50 Millionen Flüchtlinge ein neues Leben beginnen konnten.

UNO. Die United Nations Organization (Vereinte Nationen) mit Sitz in New York wurde nach dem Zweiten Weltkrieg am 26. Juni 1945 gegründet. Heute sind fast alle Staaten der Erde in der UNO. Die Ziele der UNO sind: die Erhaltung des Weltfriedens und der internationalen Sicherheit, die freundschaftliche Zusammenarbeit der Mitglieder sowie der Schutz der Menschenrechte. Daher versucht die UNO zu vermitteln, wenn es Probleme zwischen Staaten gibt, um einen Krieg zu verhindern. Zu den Hauptorganen der UNO zählen die Generalversammlung aller Mitglieder, der Generalsekretär, welcher die UNO nach außen hin repräsentiert, der Wirtschafts- und Sozialrat sowie der Internationale Gerichtshof in Den Haag. Eines der wichtigen Gremien ist der → **UN-Sicherheitsrat**. Zur Bewältigung der verschiedenen Teilaufgaben wurden Unterorganisationen der UNO, wie das Weltkinderhilfswerk UNICEF oder die → **UNESCO**, gegründet. Daneben dienen die UN-Friedenstruppen, umgangssprachlich Blauhelmsoldaten, zur Sicherung des Friedens in verschiedenen Konfliktregionen der Welt.

UN-Sicherheitsrat. Der Sicherheitsrat der Vereinten Nationen mit Sitz in New York hat 15 Mitglieder, wobei die USA, Russland, China, Frankreich und Großbritannien als ständige Mitglieder vertreten sind. Alle anderen Länder gehören nur zeitweise zum Sicherheitsrat. Der Rat verabschiedet Resolutionen (Beschlüsse), die meist eindeutige Forderungen enthalten, mit denen Streitigkeiten zwischen Ländern beigelegt werden sollen. Die ständigen Mitglieder haben dabei ein Vetorecht, können also Einspruch gegen die Beschlüsse einlegen. Außerdem gibt der Rat Empfehlungen zur friedlichen Beilegung von Streitigkeiten, verhängt Zwangsmaßnahmen wie Sanktionen oder Boykotte und beschließt die Entsendung von Friedenstruppen in Krisenregionen.

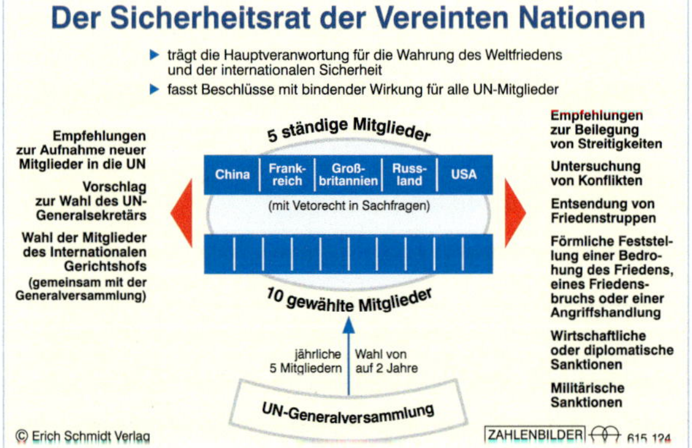

Zusammensetzung und Aufgaben des Sicherheitsrates

Alle Maßnahmen des Sicherheitsrates dienen der Wahrung des Weltfriedens und der internationalen Sicherheit.

Verfassung. In seiner Verfassung legt ein Staat fest, nach welchen Regeln er organisiert wird und wie das Zusammenleben der Menschen funktionieren soll. Die Verfassung beschreibt das politische System, nachdem das Land regiert werden soll. Es wird festgelegt, was die Regierung darf, was sie nicht darf, welche Macht die Polizei, die Streitkräfte oder andere Staatsorgane haben. Vor allem aber ist festgeschrieben, welche Grundrechte den einzelnen Menschen zustehen, damit sie frei und ohne staatlichen Zwang leben und arbeiten können. In Deutschland wird die Verfassung Grundgesetz genannt.

Verfassungsschutzbericht. Jährliche Veröffentlichung des Bundesamts für Verfassungsschutz (BfV) und des Bundesministeriums des Inneren (BMI) über verfassungswidrige Bestrebungen. Die Zusammenstellung unterteilt sich in rechts- und linksextremistische Bestrebungen, sicherheitsgefährdende extremistische und fundamentalistische Aktionen von Ausländern, Spionageaktivitäten, die Arbeit ausländischer Nachrichtendienste und die Dokumentation der Ausbreitung von Sekten wie Scientology.

Wahllokale sind öffentliche Orte, meist eine Schule oder das Rathaus, in welchen die Wahl stattfindet. Im Wahllokal befinden sich die Kabinen für die geheime Abstimmung und die Wahlurne, in welche die Stimmzettel eingeworfen werden. Die Wahlhelfer und -beobachter zählen am Ende der Wahl diese Zettel aus, um das Ergebnis zu bestimmen.

Wehrbeauftragter. Wenn sich eine Soldatin oder ein Soldat der Bundeswehr sich schlecht behandelt und in seinen Rechten beeinträchtigt fühlt, kann sie oder er sich an den Wehrbeauftragten des Deutschen Bundestages wenden. Die Einrichtung des Wehrbeauftragten ist speziell zum Schutz der Grundrechte der Soldaten da. Die Frau oder der Mann, die dieses Amt ausübt, wird für fünf Jahre vom Parlament gewählt und soll als Ansprechpartner für die Soldaten stets zur Verfügung stehen. Man könnte sagen, unsere Volksvertretung übt auf diese Weise auch eine Kontrolle über die Bundeswehr aus, denn der Wehrbeauftragte untersucht alle Beschwerden und sonstigen Fälle, die ihm vorgetragen werden. Er stellt sie in einem jährlichen Bericht dem Deutschen Bundestag vor. Der Artikel 45b unserer Verfassung ist die Grundlage für diese Arbeit.

Weltbank (Bank für Wiederaufbau und Entwicklung) ist eine Sonderorganisation der UNO. Sie wurde am 27. Dezember 1945 mit dem Ziel gegründet, den Wiederaufbau von zerstörten Städten, Brücken und Straßen nach dem Zweiten Weltkrieg zu unterstützen. Heute fördert sie die wirtschaftliche Entwicklung in vielen Staaten der Erde und bekämpft die Armut in der Welt. Sie vergibt an arme Länder Kredite, mit denen zum Beispiel Straßen oder Kraftwerke gebaut werden, und sie berät Regierungen.

Welthandelsorganisation (WTO, engl. – World Trade Organization). Sonderorganisation der → **UNO** zur Gewährleistung eines freien Welthandels, gegründet am 15. April 1994 in Marrakesch (Marokko). Sie hat ihren Sitz in Genf. Wie auch die Weltbank und der Internationale Währungsfond soll die WTO die internationalen Handelsbeziehungen innerhalb verbindlicher Regelungen organisieren und überwachen, die weltweite wirtschaftliche Zusammenarbeit erleichtern sowie bei Handelskonflikten für eine effektive Streitschlichtung sorgen. Durch den Abbau von Zöllen und Handelshemmnissen sowie die Gleichbehandlung der Länder sollen die Handelsbeziehungen möglichst frei (liberal) und einfach gestaltet werden, der Lebensstandard und das Realeinkommen in den Mitgliedsstaaten erhöht sowie Vollbeschäftigung erreicht und gesichert werden.

Zweiter Weltkrieg. Der Zweite Weltkrieg dauerte von 1939 bis 1945. Er begann am 1. September 1939, als deutsche Truppen das benachbarte Polen überfielen. Die Nationalsozialisten, die in Deutschland unter der Führung des Diktators Adolf Hitler 1933 die Macht erlangt hatten, wollten ganz Europa ihrer Macht unterwerfen. Sie wollten die Bestimmungen des Versailler Friedensvertrages, der nach dem Ersten Weltkrieg die Macht Deutschlands begrenzte, nicht mehr akzeptieren. Polen war das erste Land, das von den deutschen Truppen besetzt wurde. Deutschland war mit Italien und Japan verbündet (man nannte sie die „Achsenmächte"). Die Gegner der Achse waren vor allem Großbritannien, Frankreich, die Sowjetunion und die USA. Insgesamt waren an diesem weltweit geführten Krieg 27 Nationen beteiligt. In Europa waren fast alle Länder von dem Kriegsgeschehen direkt betroffen. Zunächst gelang es den deutschen Truppen, die meisten europäischen Länder zu erobern. Mit der Niederlage bei Stalingrad in Russland im Februar 1943 zeichnete sich ab, dass Deutschland diesen von ihm begonnenen Krieg nicht gewinnen konnte. Im Jahr 1941 traten die USA in den Krieg gegen Deutschland ein. Zusammen mit den anderen Verbündeten (Alliierten) befreiten sie die Gebiete, die von den deutschen Armeen besetzt worden waren. Die deutschen Truppen wurden besiegt. Hitler beging am 30. April 1945 in Berlin Selbstmord. Deutschland kapitulierte (gab auf) und am 9. Mai 1945 trat ein Waffenstillstand in Kraft. Der Zweite Weltkrieg endete jedoch erst mit der Kapitulation Japans Anfang September 1945. Dem waren amerikanische Atombombenabwürfe auf die japanischen Großstädte Hiroshima und Nagasaki vorausgegangen. Insgesamt hat der Zweite Weltkrieg über 60 Millionen Tote gefordert. Mehr als 6 Millionen Juden sind von den Deutschen aufgrund der verbrecherischen Rassentheorie ermordet worden, auch andere Minderheiten, zum Beispiel Sinti und Roma, sind verfolgt und getötet worden.

Arbeitstechniken

Cluster erstellen

1. Schreibt in die Mitte eines leeren Blattes das Wort, zu dem ihr Ideen sammeln wollt. Kreist das Wort ein.
2. Schreibt nun die Wörter rund um das Wort auf, die euch genau jetzt in den Sinn kommen.
3. Verbindet die neuen Wörter durch Striche mit dem Kernwort.
4. Ihr könnt so viele Wörter aufschreiben, wie euch in ungefähr 5 bis 10 Minuten einfallen.

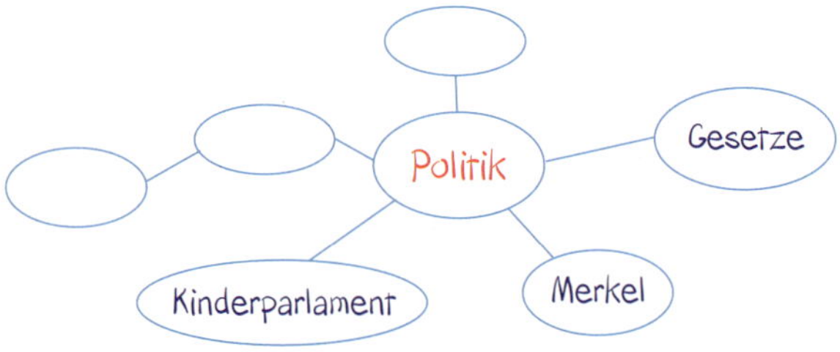

Mit dem Internet arbeiten

Eine gute Möglichkeit, Informationen zu beschaffen, bietet das Internet. Allerdings solltet ihr folgende Hinweise bei der Arbeit mit dem Internet beachten.

Internetrecherche

Zunächst solltest du prüfen, ob die Internetrecherche sinnvoll ist. Sie kann sinnvoll sein, wenn
- ihr schnell Informationen benötigt,
- ihr aktuelles Datenmaterial sucht,
- ihr Material benötigt, über das die örtlichen Bibliotheken nicht oder nicht so schnell verfügen können,
- ihr vielleicht noch nicht genau wisst, welche Informationen es zu einem Thema gibt.

Aber Achtung: Heruntergeladene Inhalte solltet ihr nicht ungeprüft gelten lassen.

Wie finde ich was im Internet?

Am einfachsten ist es, wenn man die Adresse kennt. Sehr häufig wird inzwischen in Zeitungen, Zeitschriften und im Fernsehen die Internetadresse angegeben – sie beginnt mit „www". Achtet darauf, die Adresse genau anzugeben – vor allem die Punkte. Manche Adressen sind naheliegend: www.nordrhein-westfalen.de

Viele Adressen sind hingegen unbekannt. Sie müssen über „Suchmaschinen" herausgefunden werden. Wichtige Suchmaschinen sind: www.google.de, www.metager.de, www.Yahoo.de, www.altavista.com Und die bekanntesten Suchmaschinen für Kinder

findet ihr unter: www.blindekuh.de oder www.kiddysearch.de

Mit Online-Lexika umgehen

Um erste Informationen zu einem Thema zu bekommen und eventuell noch ein paar Links zu erhalten, könnt ihr auch Online-Lexika verwenden. Hierbei müsst ihr unterscheiden zwischen zwei Arten von Lexika. Zum einen gibt es Lexika, deren Inhalt von einer abgegrenzten Expertengruppe zusammengetragen und geprüft wurde. Diese Experten stehen mit ihrem Namen für die Richtigkeit und Ausgewogenheit (d. h. keine einseitige Darstellung) der Angaben. Ein solches Lexikon findet ihr beispielsweise auf www.hanisauland.de oder bei der Bundeszentrale für politische Bildung (www.bpb.de).

Eine andere Art der Online-Lexika sind solche, zu denen jeder etwas beitragen kann. Der Vorteil: Diese Lexika wachsen schnell und enthalten viele Begriffe. Es wächst aber auch die Gefahr, dass die Informationen nicht richtig oder einseitig dargestellt sein könnten. Zwar überprüfen sich die freiwilligen Schreiber auch untereinander wie beispielsweise bei www.wikipedia.de –ihr findet diese Überprüfung, wenn ihr auf den Reiter „Diskussion" (M 1) klickt. Jedoch gilt gerade hier, dass die Informationen nicht ungeprüft übernommen werden dürfen.

M 1 Ausschnitt der Internetseite Wikipedia

Ein Interview durchführen

Arbeitsschritte für das Interview im Rathaus

1. Beratet in Gruppen darüber, wie man den Besuch im Bürgermeisteramt vereinbaren kann (z.B. über die Vorbereitung des Telefonats mit der Amtsleiterin oder dem Amtsleiter, über die Beschaffung von Informationen über das Rathaus oder den Weg zum Rathaus).

2. In einem weiteren Schritt sammelt jeder Fragen, die an die Oberbürgermeisterin oder den Oberbürgermeister (oder eine andere Person, die euch Auskunft geben kann) gestellt werden sollen.

3. Alle Fragen werden nach Schwerpunkten sortiert:
   - Fragen zur Person
   - Fragen zur beruflichen Laufbahn
   - Fragen zur Bürgermeisterwahl usw.

   Findet weitere Themengebiete und sucht Fragen dazu.

4. Bereitet das Interview vor.
   Einigt euch auf eine Fragestellerin oder einen Fragesteller. Besprecht die technische Vorgehensweise (Rekorder mit Mikrofon) und den Ablauf.

M2 Ein Interview mit der Oberbürgermeisterin

M3 Beispiel für Themenbereiche und Fragen:

a) Aktuelle Lage der Gemeinde
Muss die Gemeinde sparen? Wenn ja, wo würden Sie sparen?
b) Aktuelle Bauvorhaben
Warum wird das Kaufhaus in der City abgerissen?
c) Voraussetzungen für das Amt
Muss man einer Partei angehören, um Bürgermeisterin zu werden?
d) Arbeit des Gemeinderats
Wie oft kommt der Gemeinderat zusammen?

M1 So – besser nicht! Interviewversuch zum Thema Energieverbrauch der Schule

Karikaturen auswerten

Karikaturen sind bewusst übertriebene Darstellungen zu politischen und gesellschaftlichen Problemen. Der Zeichner (Karikaturist) spitzt ein Problem zu, übertreibt oder untertreibt es. Oft kommentiert er es mit spitzen Bemerkungen. Wichtig ist es zu erkennen, was mit der Karikatur kritisiert wird.

Zur Auswertung einer Karikatur bieten sich die folgenden vier Schritte an:

1. Was sehe ich? Was fällt an der Zeichnung besonders auf?
2. Welches Problem ist dargestellt?
3. Was will der Karikaturist damit erreichen?
4. Was ist deine Meinung zur Aussage der Karikatur?

Beispiel einer Karikaturenauswertung

Was sehe ich? Was fällt an der Zeichnung besonders auf? Die obere Karikatur zeigt im Vordergrund zwei Krankenschwestern, die in einem Raum einen älteren schwergewichtigen Mann aus dem Bett heben und sich dabei sehr anstrengen müssen, was man am Gesichtsausdruck und an den Schweißtropfen erkennt. Der Mann spricht aus: „… so was ist doch Männerarbeit!“ und blickt dabei aus dem Fenster. Durch das Fenster sind zwei Frauen zu sehen, die auf einem Gerüst einer handwerklichen Tätigkeit nachgehen, dies zeigen der Hammer, die Helme und die Holzlatte.

Welches Problem ist dargestellt? Es geht in der Karikatur um häufige Vorurteile über Frauen in der Berufswelt und über typische Frauenberufe und Männerberufe.

Was will der Karikaturist erreichen? Der Karikaturist will verdeutlichen, dass Frauen in typischen Frauenberufen (z. B. Pflegeberufe) oft körperlich sehr schwer arbeiten. Wenn sie aber typische Männerberufe (z. B. im Handwerk) ausüben, werden sie vielfach mit dem Vorurteil konfrontiert, dass sie dafür zu schwach seien. Die Karikatur soll zum Nachdenken darüber anregen.

Was ist deine Meinung zur Aussage der Karikatur? Hier schreibst du deine persönliche Meinung. Wie siehst du das Problem? Stimmst du dem Karikaturisten zu? Welche eigenen Erfahrungen kannst du anführen?

Lernplakate erstellen

Das Lernplakat dient der Ergebnissicherung. Mit einem Lernplakat kann man wichtige Lernergebnisse zusammenfassen und veranschaulichen, das, was man sich unbedingt merken will und anderen mitteilen möchte. Lernplakate können gut in Gruppen entworfen werden:

1. Die Teilnehmer legen den Inhalt des Lernplakates fest.
2. Sie verständigen sich über die Botschaft, die ihr Plakat vermitteln soll.
3. Sie sammeln Ideen über einen interessanten Spruch und die Überschriften.

Für die Fertigstellung werden Plakatkarton und dicke Filzstifte benötigt.

- Für kurze Sprüche ist Hochformat besser geeignet als Querformat.
- Format, Bild und Text müssen gut zusammenwirken.
- Die Botschaft des Plakats muss auf weite Entfernung lesbar sein.

Eine Mindmap anfertigen

Eine Mindmap (=Gedankenkarte) anfertigen ist eine Arbeitstechnik, um ein Thema zu strukturieren und Zusammenhänge aufzuzeigen.
Gehe dazu folgendermaßen vor:

1. Verwende ein Blatt im Querformat.
2. Schreibe das Thema in die Mitte des Blattes und hebe es durch einen Kreis hervor.
3. Sammle alle Ideen, die dir zum Thema einfallen, zunächst auf einem „Schmierzettel".
4. Welche dieser Ideen sind besonders wichtig? Notiere die wichtigsten Hauptideen in Druckbuchstaben auf Linien (= Zweigen), die direkt vom Thema weggehen. Verwende dabei möglichst nur Stichwörter (Schlüsselbegriffe) oder kurze Formulierungen.
5. Füge für Unterpunkte eines Hauptastes weitere Nebenzweige ein.
6. Gestalte deine Mindmap durch Symbole, kleine Zeichnungen, Farben, unterschiedliche Schrift.

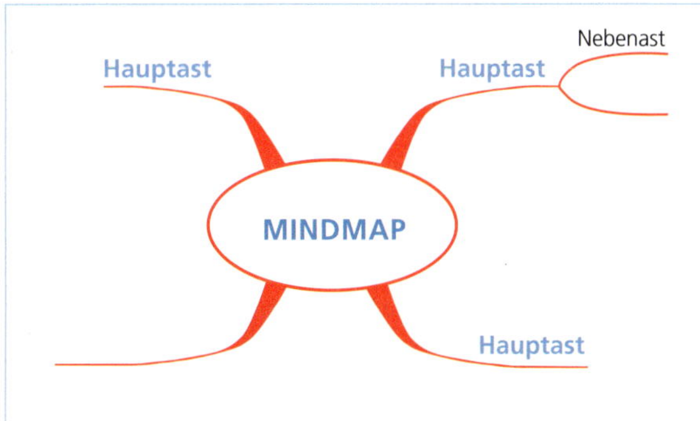

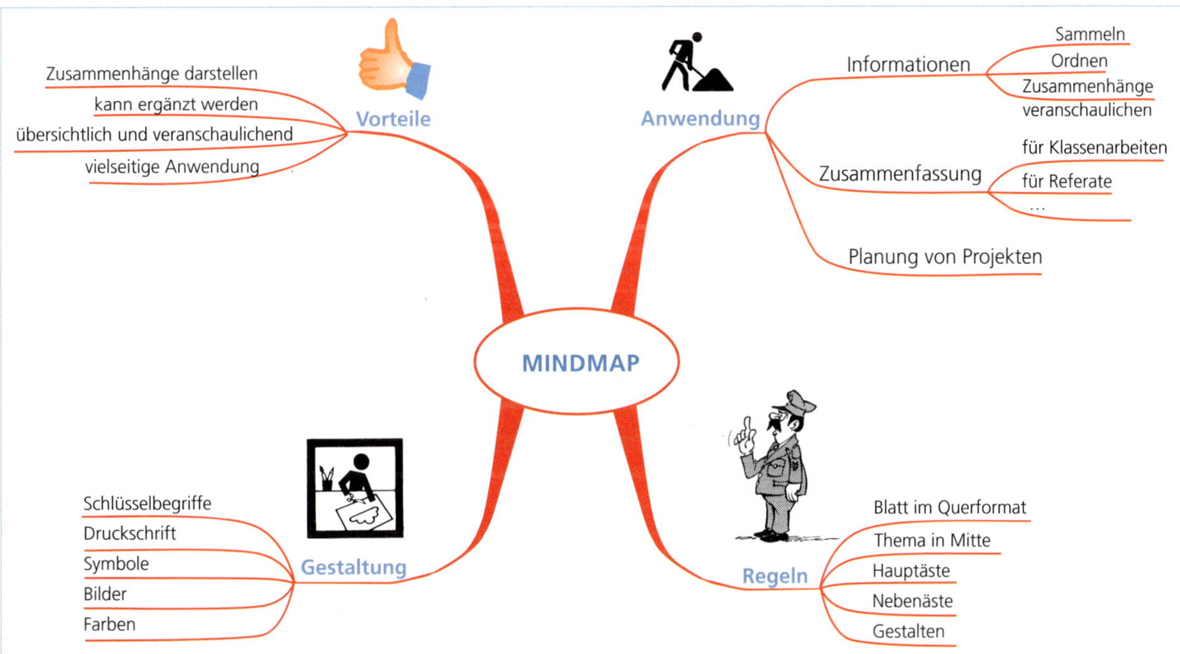

Schaubilder auswerten

Diagramme und Schaubilder begegnen uns täglich in Zeitungen und Zeitschriften, im Fernsehen und in Schulbüchern. Durch sie werden Zahlenangaben zeichnerisch dargestellt, damit zeitliche Entwicklungen, Zusammenhänge oder Vergleiche einfacher ersichtlich werden. Die folgenden Arbeitsschritte sind eine Hilfe bei der Auswertung von Diagrammen und Schaubildern.

Bedeutung von Prozentangaben

Sehr oft werden in Diagrammen auch Prozentangaben verwendet. Der Begriff Prozent stammt aus dem Italienischen (pro cento: von Hundert). **Prozentangaben** bedeuten nichts anderes als **Hundertstel**. Es gilt z. B.:
100 % sind die Gesamtheit.

50 % sind $\frac{50}{100} = \frac{1}{2}$, also die Hälfte.

25 % sind $\frac{25}{100} = \frac{1}{4}$, also ein Viertel.

In Diagrammen und Schaubildern werden Prozentangaben manchmal auch sprachlich umschrieben.

Es heißt z. B. *„Von 100 Befragten haben 17 …“*, diese Umschreibung bedeutet das Gleiche wie *„17 % der Befragten haben …“*.

Waren bei einer Frage mehrere Antworten gleichzeitig möglich (Mehrfachantworten), dann ist die Summe in Prozentangaben größer als 100 %.

1. Was wird dargestellt?
   - Wie heißt das Thema?
   - Sind alle Begriffe klar? Schlage unbekannte Begriffe in einem Lexikon nach oder frage nach.
   - Um welche Diagrammart handelt es sich?
   - Ist ein bestimmter Zeitraum oder Zeitpunkt dargestellt? Auf welche Region beziehen sich die Angaben?
   - Woher kommen die Informationen?
2. Was ist die Hauptaussage des Schaubildes?
   - Häufig sind zeitliche Entwicklungen ersichtlich. Kann man diese Entwicklungen näher beschreiben?
   - Welche Vergleiche der Zahlenangaben sind möglich? (Gibt es besonders große und besonders kleine Werte? Fallen bestimmte Werte besonders auf?)
   - Fasse die Hauptaussage in eigenen Worten zusammen.
3. Wie bewertest du das Schaubild?
   - Sind die Angaben des Schaubildes noch aktuell?
   - Gibt es Fehler oder Widersprüche?
   - Was meinst du zur Hauptaussage des Schaubildes?

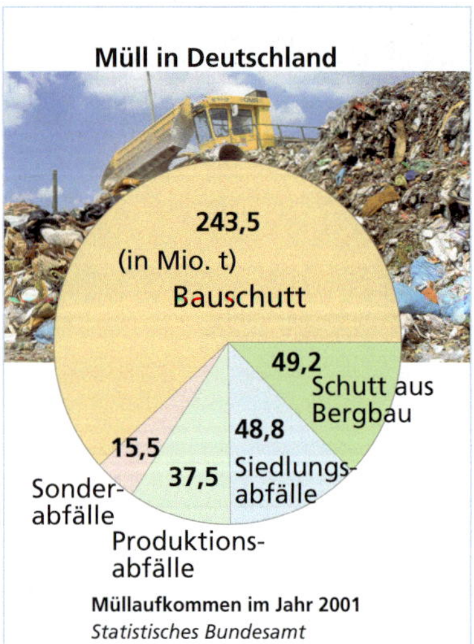

M 1 Kreisdiagramm

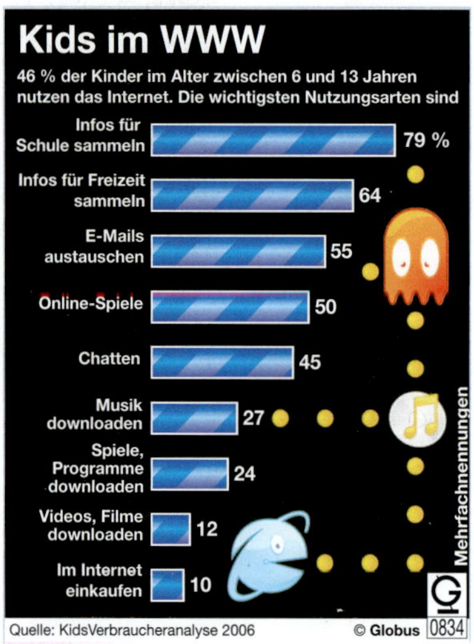

M 2 Balkendiagramm

M 3 Säulendiagramm

Werbung auswerten

Zur Auswertung von Werbeanzeigen und Werbespots bieten sich die folgenden Fragestellungen an:

A Leitfragen zur Auswertung von Werbeanzeigen

1. Welches Produkt wird beworben?
2. Welche Zielgruppe soll die Anzeige ansprechen?
3. Welche Informationen liefert die Werbung?
4. Welche Tricks der Werbemacher sind erkennbar?
   - a Wie wird Aufmerksamkeit erreicht?
   - b Welche Bedürfnisse werden angesprochen?
   - c Welche Farben werden verwendet?
   - d Was fällt am Bild/an den Bildern auf?
   - e Welchen Unterhaltungswert hat die Werbung?
   - f Welche sprachlichen Kunstgriffe fallen auf?
   - g Was fällt außerdem noch besonders auf?
5. Was ist deine Meinung zu dieser Anzeige? Hier schreibst du deine persönliche Meinung. Wie gefällt dir die Werbung? Fühlst du dich von der Werbung angesprochen oder nicht? Begründe.

B Leitfragen zur Auswertung von Werbespots

1. Welches Produkt wird beworben?
2. Welche Zielgruppe soll der Spot ansprechen?
3. Welche Informationen liefert der Werbespot?
4. Welche Tricks der Werbemacher sind erkennbar?
   - a Wie wird Aufmerksamkeit und Spannung erreicht? (Erzählt der Werbespot eine Geschichte? Welchen Unterhaltungswert hat der Spot? Wie schnell wechseln die Bildeinstellungen? …)
   - b Welche Personen (Prominente, „Experten“, Comicfiguren) kommen vor? Was verkörpern sie?
   - c Welche Bedürfnisse, Wünsche und Gefühle werden angesprochen? Welche Stimmung wird durch Musik, Bildmotive und Farben erreicht?
   - d Wird gesprochen, geschrieben oder gesungen?
   - e Was fällt außerdem noch besonders auf?
5. Was ist deine Meinung zu diesem Werbespot?

Tipps:

- Es ist sinnvoll, den Werbespot mehrmals anzusehen und Beobachter für bestimmte Fragen einzuteilen.
- Viele Werbespots sind auch im Internet bei den jeweiligen Unternehmen oder z. B. unter www.kress.de und www.gwa.de zu finden.

Ein Argumentationsposter gestalten

Ein Argumentationsposter ist ein Hilfsmittel, mit dem ihre eine Argumentation, also eine Beweisführung zu einem bestimmten Thema entwickeln, systematisieren und vortragen könnt. Es sollte möglichst nur knappe Formulierungen oder Stichworte enthalten.

1. Die ersten Aussagen beschreiben die Situation, wie sie ist: IST.
2. Die nächsten Aussagen beziehen sich darauf, wie die Situation sein soll: SOLL.
3. In dem dritten Kasten wird begründet, warum das Soll notwendig ist: WARUM?
4. Im vierten Kasten wird eine Forderung formuliert, die kurz und knapp ausdrückt, was jetzt zu tun ist: APPELL

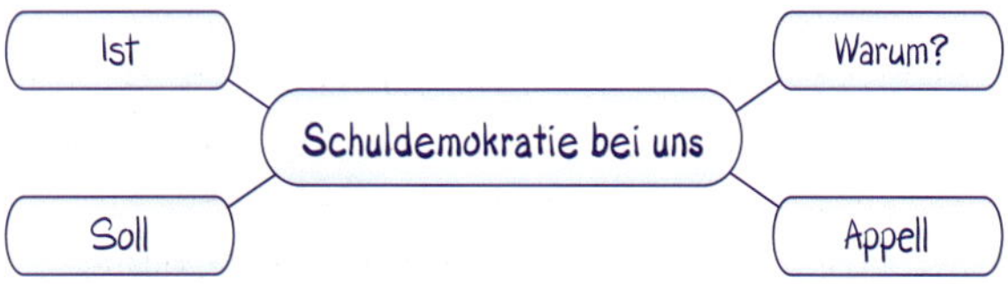

KARIKA-Tour unternehmen

Mit der Arbeitstechnik KARIKA-Tour könnt ihr euch mithilfe unterschiedlicher Karikaturen einen Überblick über verschiedene Auslegungen eines Gesamtthemas verschaffen. Dazu werden mehrere Karikaturen an den Wandseiten des Kursraumes aufgehängt und in Kleingruppen betrachtet:

- Wie sieht der Karikaturist das Thema?
- Auf welches Problem macht er aufmerksam?
- Welcher Zusammenhang besteht zwischen den einzelnen Karikaturen?

Nach etwa 2 bis 3 Minuten wechseln die Gruppen auf ein Signal des Lehrers im Uhrzeigersinn zur nächsten Karikatur. Diese wird unter der gleichen Fragestellung betrachtet. So geht es weiter, bis der Rundgang abgeschlossen ist. Dann werden die Bilder abgehängt.
Der Lehrer lässt nun jede Gruppe eine Karikatur ziehen. Mithilfe der Leitfragen (→ AT: **Karikaturen** auswerten) bespricht jede Gruppe ausführlich „ihre“ Karikatur. In einer Tabelle können Stichworte zu den Fragen eingetragen werden, um anschließend im Plenum verglichen zu werden.

Einen Kurzvortrag halten

Ein Kurzvortrag ist eine Form der Präsentation, bei der Informationen zu einem Thema recherchiert, angemessen aufgearbeitet und vermittelt werden. Die grundsätzliche Gliederung eines Vortrages gestaltet sich nach dem Prinzip: Einleitung – Hauptteil – Schluss. Neben inhaltlichen Schwerpunkten spielen äußere Faktoren, wie Mimik, Gestik und Körpersprache sowie die unterstützende Visualisierung, eine wesentliche Rolle bei der Gestaltung eines Vortrages.

Zur Vorbereitung und Durchführung eines Kurzvortrages bieten sich folgende Schritte an:

1. Das Thema/Problem erfassen, um Klarheit über den Gegenstand und das Ziel des Vortrages zu erlangen.
2. Informationen recherchieren, sammeln und ordnen: Mithilfe der Literaturrecherche, einer → **Expertenbefragung** oder durch Beobachtungen werden verschiedene Aspekte des Themas beleuchtet. Aus der Fülle der Informationen werden Schwerpunkte festgelegt und das vorhandene Material danach sortiert.
3. Aufgrund der Schwerpunkte wird eine Vortragsgliederung entwickelt. Dabei können Baumdiagramme oder → **Mind-Maps** helfen.
4. Zur visuellen Unterstützung der inhaltlichen Aussagen muss verschiedenes Anschauungsmaterial eingesetzt werden. Dafür bieten sich Diagramme, Tabellen oder Bilder an. Außerdem sollte die Form der Informationsdarbietung bedacht werden. Beispielsweise ist eine Powerpoint-Präsentation oder eine Unterstützung durch Folien sinnvoll.
5. Ein Stichwortzettel, der als Wegweiser und Gedankenstütze dient, enthält die wichtigsten Angaben und Fakten des Vortrages. Er sollte übersichtlich gestaltet, gut lesbar und auf das Wesentlichste beschränkt sein.
6. Zentrale Aussagen des Vortrages werden in einem Handout zusammengefasst und für die Mitschüler vervielfältigt.
7. Damit die Umsetzung des Vortrages gelingt und man sich sicherer fühlt, empfiehlt es sich alles der Familie oder Freunden vorzutragen.

8. Mithilfe des Stichwortzettels und der Anschauungsbeispiele werden die Erkenntnisse weitgehend frei vorgetragen, wobei Blickkontakt mit möglichst vielen Zuhörern gehalten werden sollte. Für einen leichteren Zugang der Zuhörer zum Thema, bietet sich die Vorstellung der Gliederung zu Beginn des Vortrages an. Nach dem Vortrag können die Zuhörer Rückfragen stellen, um Begriffe und Sachverhalte präzisieren zu können.

Eine Pro-und-Kontra-Tabelle erstellen

Die Pro-und-Kontra-Tabelle ist eine Form der Stoffsammlung für eine freie Erörterung. Dabei werden Für- und Wider-Argumente in tabellarischer Form aufgelistet und einander gegenübergestellt. Bei der Ausformulierung der Argumente werden diese begründet und mit Beispielen belegt. Sie können dabei leicht mit dem Gegenargument in Beziehung gesetzt und verglichen werden. Die schriftliche Gegenüberstellung von Pro- und Kontra-Argumenten folgt der Gliederung: Einleitung – Hauptteil – Schluss.

Beispiel: Sollte man das Rauchen in Gaststätten verbieten?

Pro	Kontra
Rauchen ist ungesund und kann Krebs verursachen	die Freiheit des Einzelnen wird eingeschränkt
Nichtraucher rauchen passiv mit, was sehr schädlich ist	Gastwirte befürchten weniger Gäste
Gesundheitskosten können gespart werden	Staat nimmt eine Menge Tabaksteuern ein
Jugendliche sehen keine schlechten Beispiele	Einhaltung schwer kontrollierbar

Textquellen analysieren, interpretieren und auswerten

Die Quellenanalyse ist eine Rekonstruktion und Deutung von historischen Abläufen. Nach der Erschließung und Interpretation der Quellen entsteht eine erzählende Konstruktion der Vergangenheit.

1. Analyse und Interpretation:
   Formale Kennzeichen: Textart, Verfasser (Stellung, Augenzeuge), Ort, Zeit, Adressat, historischer Kontext
   Inhaltliche Merkmale: Thema, Inhaltsangabe, Aufbau/Gliederung und Gedankenführung, Kernaussagen, Thesen, Argumente, Folgerungen, Schlüsselbegriffe, sprachliche Besonderheiten (z. B. Metaphern, Vergleiche, …), Absicht des Verfassers = Erfassen der Aussageabsicht

2. Wertung und Kritik:
   kritische Reflexion, Logik der Aussagen, Überprüfung des Erkenntniswertes, Quellenwert, Position bewerten, eigene Position einnehmen = Inhaltsbewertung

Eine Wandzeitung erstellen

Mit einer Wandzeitung könnt ihr Ideen, Vorschläge und Ergebnisse eurer Erarbeitung präsentieren. Die Arbeitsergebnisse werden so in geordneter Form den Mitschülern dargeboten. Die Wandzeitung könnt ihr im weiteren Unterricht wieder mit einbeziehen oder als Gedächtnishilfe benutzen. Bei der Gestaltung eurer Wandzeitung solltet ihr immer davon ausgehen, dass eure Mitschüler oder andere Leser noch nie etwas von dem Thema gehört haben. Die Umsetzung sollte daher so einfach und deutlich wie möglich sein.

- Zur Umsetzung eurer Wandzeitung benötigt ihr große Papierbögen (z. B. Tapetenreste) sowie Bilder, Diagramme, Texte (aus Zeitungen oder selbst verfasste) und Zitate zum Thema.
- Diese Informationen solltet ihr übersichtlich gegliedert auf der Papierfläche anordnen. Beachtet dabei, dass eine Wandzeitung aus der Ferne betrachtet wird und Lesbarkeit sowie Übersichtlichkeit wichtig sind.
- Um eure Präsentation noch deutlicher zu gestalten, könnt ihr Farben, verschiedene Schriftarten oder Pfeile zur Hervorhebung eingesetzen.

Arbeitsformen

Blitzlicht

Dabei gibt jedes Gruppenmitglied ein kurzes Statement zu einem Thema ab, wodurch das gesamte Meinungsspektrum deutlich wird. Auf eine Frage oder einen vorgegebenen Satzanfang äußern sich alle nacheinander in der Reihenfolge der Sitzordnung. Die Aussage sollte dabei möglichst kurz zusammengefasst werden.

Brainstorming in Einzel- und Gruppenarbeit

Brainstorming heißt übersetzt Gedankensturm. Es funktioniert folgendermaßen:

1. In Einzelarbeit sammelt jeder möglichst viele, auch ausgefallene oder „verrückte" Ideen. Zur späteren Auswertung bietet es sich an, jeden Gedanken auf ein eigenes Blatt oder Karteikärtchen zu schreiben.

2. Bildet anschließend Gruppen mit höchstens fünf Teilnehmern. Stellt euch innerhalb der Gruppe eure Ideen vor – bestimmt fallen euch dabei weitere Ideen ein, oder ihr könnt vorhandene Ideen zu neuen verbinden. Beachtet: Eine Bewertung ist streng verboten.

Expertenbefragung

Die Expertenbefragung folgt den Regeln der Arbeitstechnik →Ein **Interview** führen. Experten für ein bestimmtes Sachgebiet werden nach den Schritten zu verschiedenen Aspekten eines Themas befragt. Im Anschluss an das Interview müssen die erhaltenen Informationen kritisch ausgewertet werden, da Experten oft nur ihre eigene Meinung wiedergeben können und somit nicht zwangsläufig rechthaben müssen.

Gruppenhitliste

So erstellt ihr eine Gruppenhitliste:

1. Jeder schreibt auf seinen persönlichen Wahlzettel den für ihn wichtigsten Begriff zu einem Thema. (Ihr könnt auch mit mehreren Begriffen arbeiten.)
2. Vergleicht in der Gruppe. Erstellt eine Hitliste der am häufigsten genannten Begriffe.
3. Ihr könnt jetzt auch eine Klassenhitliste oder eine Schulhitliste erstellen.

Gruppenpuzzle

Diese Arbeitsform bietet sich an, wenn ihr in einer Gruppe ein Thema bearbeiten wollt, das verschiedene Gesichtspunkte hat. Nachdem ihr das Thema und die Unterthemen (Gesichtspunkte) benannt habt, geht ihr so vor:

1. Setzt euch in Stammgruppen je nach Anzahl der Unterthemen zusammen, in diesem Beispiel vier.

Entscheidet euch in der Gruppe, welches der Unterthemen euch am meisten interessiert. Teilt euch entsprechend der Themen auf.

2. Jede Gruppe hat einen zukünfigen Experten für jedes Thema benannt. Die Experten setzen sich nun in den Expertengruppen zusammen. Hier eignen sie sich die Informationen über das Thema an. Anschließend diskutieren sie, wie sie das bearbeitete Thema am besten erläutern können. Hierzu können kleine Skizzen, Mindmaps etc. angefertigt werden.

3. In der dritten Runde kehren die Experten wieder in ihre Stammgruppen zurück. Jeder Experte erläutert nun sein Spezialthema und klärt Rückfragen.

4. Sind die Stammgruppen fertig, kann das Hauptthema im Plenum diskutiert werden.

Ideenkarussell

Mit einem Ideenkarussell könnt ihr viele Gedanken zu einem Thema in der Gruppe sammeln. Geht dabei wie folgt vor:

1. Schreibt angefangene Sätze zum Thema an die Tafel.

   Ohne Autos werden wir...
   Energie gewinnen wir dann aus...
   Wenn es kalt wird, werden wir...

2. Schreibt weitere Satzanfänge hinzu.
3. Ergänzt sie, sodass vollständige Sätze entstehen. Wenn schon Ergänzungen da sind, lest diese, bevor ihr selbst schreibt.
4. Sprecht über die entstandenen Sätze.

Kartenabfrage

1. Bestimmt in der Klasse ein Thema, zu dem ihr eine Kartenabfrage durchführen wollt. Schreibt das Thema groß in die Mitte der Tafel.
2. Teilt euch in Gruppen zu etwa vier Schülern ein. Schreibt eure Gedanken auf Karten auf. Immer nur ein Gedanke pro Karte – schreibt groß und deutlich!
3. Wählt ein Moderatorenteam (2 bis 3 Schüler). Dieses Team sammelt nach etwa 5 bis 10 Minuten die Karten ein und heftet sie an die Tafel.
4. Sortiert nun gemeinsam die Karten. Findet Doppelungen und legt die Karten nach Unterthemen zusammen, denen ihr Überschriften gebt.
5. Mit dem Ergebnis könnt ihr nun weiterarbeiten: Ihr könnt zum Beispiel die einzelnen Themen in Gruppen genauer untersuchen.

Kugellager oder Karussellgespräch

Das Kugellagergespräch dient der Aktivierung aller Mitglieder einer Gruppe und dem Meinungsaustausch. Jeweils zwei Schüler kommen miteinander ins Gespräch, wobei die Diskussionspartner etwa alle fünf Minuten wechseln. Zur Durchführung eines Kugellagergespräches benötigt ihr eine gerade Zahl von Teilnehmern.

1. Alle Teilnehmer setzen sich in einem inneren und einem äußeren Kreis gegenüber.
2. Die Partner tauschen sich über das vereinbarte Thema zirka fünf Minuten aus.
3. Auf ein Signal des Spielleiters hin rutschen alle Schüler des Innenkreises im Uhrzeigersinn zwei Plätze weiter, sodass jeder einen neuen Gesprächspartner erhält.

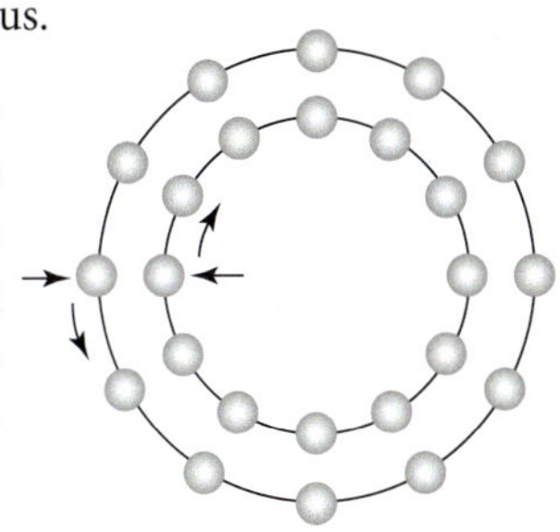

4. Nach Ablauf weiterer fünf Minuten, in denen sich die Partner über eigene und zuvor erhaltene Informationen austauschen, unterbricht der Spielleiter erneut. Nun rutscht der Außenkreis entgegen dem Uhrzeigersinn zwei Plätze weiter und es beginnt ein erneuter Gedankenaustausch …

Lernzirkel

Beim Lernzirkel findet ihr an vorbereiteten Plätzen verschiedene Materialien, die ihr selbstständig, d. h. ohne die Hilfe des Lehrers, bearbeiten sollt. Es steht euch frei, in welcher Reihenfolge ihr die Stationen bearbeitet und wie viel Zeit ihr für eine Aufgabe benötigt. Beachtet dabei aber, dass ihr mit der vom Lehrer vorgegebenen Gesamtzeit auskommen müsst. Ziel des Lernzirkels ist es, dass ihr trainiert, selbstständig zu arbeiten und unterschiedliche Aufgaben allein zu bewältigen.

Pro-und-Kontra-Diskussion

Eine Diskussion oder eine Erörterung ist ein Gespräch zwischen zwei oder mehreren Partnern. Eure verschiedenen Positionen stehen einander gegenüber und müssen durch passende Argumente begründet werden. Folgende Punkte gilt es zu beachten:

- Genaues Zuhören, Wiedergeben und Kommentieren der Aussagen eines Gesprächspartners.
- Der Austausch von Argumenten soll den Gesprächspartner von der anderen Meinung überzeugen und die strittige Frage bzw. das Problem lösen.
- Die Einigung geschieht häufig durch einen Kompromiss, den beide Gesprächsgruppen anerkennen.
- Für eine gute Diskussion müsst ihr die Regeln der Gesprachsführung beachten (höflich sein, andere Meinungen zulassen, Ausreden lassen, …).

Zur Durchführung einer Diskussion solltet ihr folgende Schritte beachten:

1. Legt eine strittige Frage oder ein Problem, welches verschiedene Meinungen bietet, fest.
2. Bildet Gruppen für die beiden verschiedenen Ansichten. Eine Gruppe vertritt die Pro-Seite, die andere die Kontra-Seite.
3. Sammelt Informationen und Argumente für eure Positionen. Je nach Thema bieten sich dafür verschiedene Wege an: z.B → **Interview**, → **Pro-Kontra-Tabelle**, → **Internetrecherche**
4. Ordnet und systematisiert eure Argumente. Dafür bietet sich an: → **Argumentationsposter**, → **Mindmap**
5. Führt die Diskussion in der Klasse durch. Vielleicht visualisiert ihr die Argumente noch einmal an der Tafel. Am Ende der Diskussion sollte es zu einer Einigung kommen.

Ein Quiz gestalten

Das Quiz ist eine spielerische Möglichkeit, Wissen abzufragen oder selbstständig zu vertiefen. Bei der Entwicklung eines eigenen Quiz könnt ihr euch von verschiedenen Fernsehshows anregen lassen.

Zur Gestaltung eines eigenen Wissens-Quiz könnt ihr folgendermaßen vorgehen:

1. Teilt die Klasse in Kleingruppen (3–5 Schüler) ein.
2. In Einzelarbeit sammelt jeder Ideen, Fragen oder Antworten zum Thema.
3. Alle Ideen werden in der Gruppe gesammelt und verglichen.
4. Anschließend werden Fragekärtchen mit vier Antwortmöglichkeiten angefertigt. Eine der Antworten muss korrekt, die anderen sollten überzeugend, aber falsch sein. Die korrekte Antwort kann markiert werden.

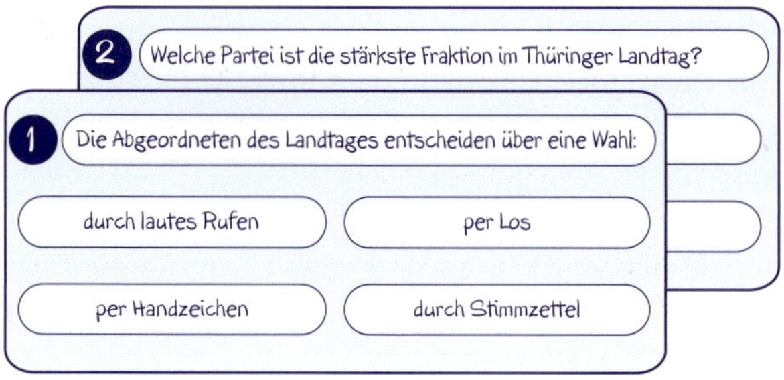

Spielregeln:
- Die Klasse wird in zwei Gruppen geteilt.
- Ein Moderator stellt die Fragen und entscheidet über die Richtigkeit der Lösungen.
- Je ein Schüler der Gruppe kommt nach vorn und bekommt die Frage vorgelesen. Derjenige, der die Antwort als Erster weiß, hebt die Hand.
- Für eine richtige Antwort bekommt die Gruppe einen Punkt.
- Die Gruppe mit den meisten Punkten hat gewonnen.

Rollenspiel

Jeder spielt in seinem Leben viele verschiedene Rollen, oft ohne es zu merken: die Rolle als Schüler, Tochter, Bruder, Kumpel, … Hinter allen diesen Rollen steht eine Person, die auf ihre Umgebung unterschiedlich reagiert. Das Rollenspiel bietet die Möglichkeit, sich in Situationen „hineinzuversetzen“, in Rollen „hineinzuschlüpfen“, um dabei zu verdeutlichen, wie Menschen in bestimmten Augenblicken denken, fühlen und handeln. Auch typische Streitsituationen können mit einem Rollenspiel aufgegriffen werden.

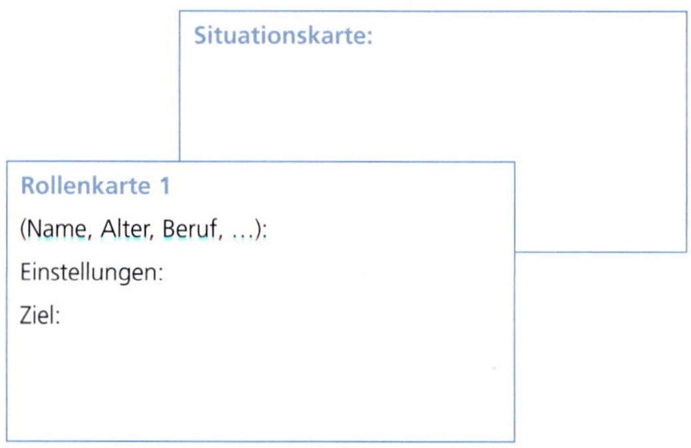

Zur Vorbereitung, Durchführung und Auswertung eines Rollenspiels solltet ihr folgendermaßen vorgehen:

1. Um welches Problem geht es? Was soll mit dem Rollenspiel geklärt werden? Welche Rollen gibt es? Wo findet die Handlung statt? Auf einer Situationskarte wird die Ausgangslage beschrieben.
2. Auf Rollenkarten werden die jeweiligen Rollen näher bestimmt. Sie werden als „Drehbuch“ an die einzelnen Spieler verteilt. Hier wird festgelegt: Welche Einstellungen werden vertreten? Welche Ziele will der Einzelne erreichen? Wie soll er auftreten? Die Rollen werden verteilt.
3. Für jeden Spieler sind mehrere Beobachter zuständig. Sie untersuchen folgende Punkte: Hat sich der Spieler an seine Rolle gehalten und diese verständlich dargestellt? Haben seine Argumente überzeugt? Hat der Spieler laut und deutlich gesprochen?

Selbstarbeit/Einzelarbeit

Bei der Selbstarbeit sollt ihr selbstständig, das heißt ohne die Hilfe des Lehrers oder des Banknachbarn, eine Aufgabe bzw. ein Thema bearbeiten. Das Tempo der Bearbeitung sowie verschiedene Schwerpunkte innerhalb der Aufgabe könnt ihr zwar selbst bestimmen, aber oft gibt der Lehrer euch eine Gesamtzeit für die Arbeit vor. Es kann sein, dass ihr die Ergbnisse eurer Arbeit den anderen Schülern vorstellen sollt. → AT: **Kurzvortrag halten**

Stummes Schreibgespräch

Für ein stummes Schreibgespräch benötigt ihr folgende Materialien:
Schere, Kreppband, Filz- oder Wachsmalstifte, Wandtapeten (von großen Papierrollen, Resttapeten oder Kartonpapier).
Je nach Gruppengröße werden auf mindestens zwei zusammengestellten Tischen zwei Wandtapeten in der Breite eines Tisches aneinandergelegt und mit Kreppband befestigt. Die Stühle werden beiseitegestellt.
Nun wird in großer Schrift auf jede Tapete eine Aufgabe oder eine Frage geschrieben.
Auf ein vereinbartes Zeichen wird für etwa 10 Minuten nicht mehr gesprochen. Ihr könnt euch während dieser Zeit nur noch schriftlich mitteilen.
Bis zu 15 Personen verteilen sich gleichmäßig um die Tischgruppe. Während der ganzen Zeit geht ihr langsam um die Tische und entscheidet selbst, wann, wie viel und

wo ihr etwas hinschreiben wollt. Wie in einem normalen Gespräch wird es möglich sein, viel zu schreiben oder erst einmal zu sehen, was die anderen schreiben. Ihr könnt Meinungen und Argumente hinschreiben, Beiträge von anderen kommentieren, sie bestärken oder ihnen widersprechen. Meinungsäußerungen anderer dürfen aber nicht durchgestrichen oder verändert werden.

Zielscheibe

Ihr könnt mit einer Zielscheibe ein Meinungsbild in der Klasse bildlich darstellen und anschließend besprechen.

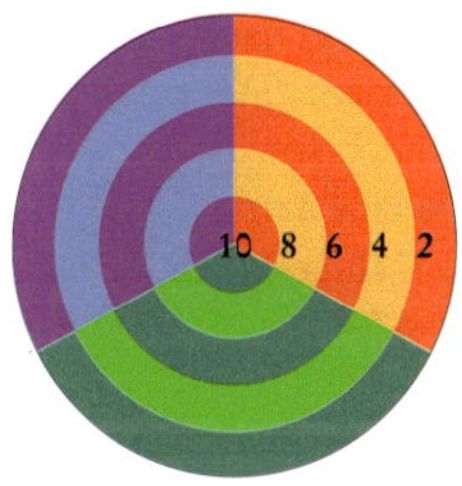

1. Beschriftet eine Zielschreibe an der Tafel mit verschiedenen Meinungsfragen. Zum Beispiel: Sind Schulnoten nötig? Sollen Schüler die Unterrichtsthemen bestimmen? usw.
2. Nun gibt jeder mit einer Markierung (nah in der Mitte = hohe Zustimmung, weit außen = Ablehung) seine Stimme ab.
3. Betrachtet und besprecht gemeinsam das Ergebnis.

Aus dem Grundgesetz der Bundesrepublik Deutschland

Artikel 1

(1) Die Würde des Menschen ist unantastbar. Sie zu achten und zu schützen ist Verpflichtung aller staatlichen Gewalt.
(2) Das Deutsche Volk bekennt sich darum zu unverletzlichen und unveräußerlichen Menschenrechten als Grundlage jeder menschlichen Gemeinschaft, des Friedens und der Gerechtigkeit in der Welt.
(3) Die nachfolgenden Grundrechte binden Gesetzgebung, vollziehende Gewalt und Rechtsprechung als unmittelbar geltendes Recht.

Artikel 2

(1) Jeder hat das Recht auf die freie Entfaltung seiner Persönlichkeit, soweit er nicht die Rechte anderer verletzt und nicht gegen die verfassungsmäßige Ordnung oder das Sittengesetz verstößt.
(2) Jeder hat das Recht auf Leben und körperliche Unversehrtheit. Die Freiheit der Person ist unverletzlich. In diese Rechte darf nur auf Grund eines Gesetzes eingegriffen werden.

Artikel 3

(1) Alle Menschen sind vor dem Gesetz gleich.
(2) Männer und Frauen sind gleichberechtigt. Der Staat fördert die tatsächliche Durchsetzung der Gleichberechtigung von Frauen und Männern und wirkt auf die Beseitigung bestehender Nachteile hin.
(3) Niemand darf wegen seines Geschlechtes, seiner Abstammung, seiner Rasse, seiner Sprache, seiner Heimat und Herkunft, seines Glaubens, seiner religiösen oder politischen Anschauungen benachteiligt oder bevorzugt werden. Niemand darf wegen seiner Behinderung benachteiligt werden.

Artikel 4

(1) Die Freiheit des Glaubens, des Gewissens und die Freiheit des religiösen und weltanschaulichen Bekenntnisses sind unverletzlich.
(2) Die ungestörte Religionsausübung wird gewährleistet.
(3) Niemand darf gegen sein Gewissen zum Kriegsdienst mit der Waffe gezwungen werden. (…)

Artikel 5

(1) Jeder hat das Recht, seine Meinung in Wort, Schrift und Bild frei zu äußern und zu verbreiten und sich aus allgemein zugänglichen Quellen ungehindert zu unterrichten. Die Pressefreiheit und die Freiheit der Berichterstattung durch Rundfunk und Film werden gewährleistet. Eine Zensur findet nicht statt. (…)
(3) Kunst und Wissenschaft, Forschung und Lehre sind frei. Die Freiheit der Lehre entbindet nicht von der Treue zur Verfassung.

Artikel 6

(1) Ehe und Familie stehen unter dem besonderen Schutze der staatlichen Ordnung.
(2) Pflege und Erziehung der Kinder sind das natürliche Recht der Eltern und die zuvörderst ihnen obliegende Pflicht. Über ihre Betätigung wacht die staatliche Gemeinschaft. (…)

Artikel 7

(1) Das gesamte Schulwesen steht unter der Aufsicht des Staates.
(2) Die Erziehungsberechtigten haben das Recht, über die Teilnahme des Kindes am Religionsunterricht zu bestimmen. (…)

Artikel 8

(1) Alle Deutschen haben das Recht, sich ohne Anmeldung oder Erlaubnis friedlich und ohne Waffen zu versammeln.
(2) Für Versammlungen unter freiem Himmel kann dieses Recht durch Gesetz (…) beschränkt werden.

Artikel 9

(1) Alle Deutschen haben das Recht, Vereine und Gesellschaften zu bilden.
(2) Vereinigungen, deren Zwecke oder deren Tätigkeit den Strafgesetzen zuwiderlaufen oder die sich gegen die verfassungsmäßige Ordnung oder gegen den Gedanken der Völkerverständigung richten, sind verboten. (…)

Artikel 10

(1) Das Briefgeheimnis sowie das Post- und Fernmeldegeheimnis sind unverletzlich.
(2) Beschränkungen dürfen nur auf Grund eines Gesetzes angeordnet werden. (…)

Artikel 11

(1) Alle Deutschen genießen Freizügigkeit im ganzen Bundesgebiet. (…)

Artikel 12

(1) Alle Deutschen haben das Recht, Beruf, Arbeitsplatz und Ausbildungsstätte frei zu wählen. Die Berufsausübung kann durch Gesetz (…) geregelt werden.
(2) Niemand darf zu einer bestimmten Arbeit gezwungen werden, außer im Rahmen einer herkömmlichen allgemeinen, für alle gleichen öffentlichen Dienstleistungspflicht.
(3) Zwangsarbeit ist nur bei einer gerichtlich angeordneten Freiheitsentziehung zulässig.

Artikel 12a *

(1) Männer können vom vollendeten achtzehnten Lebensjahr an zum Dienst in den Streitkräften, im Bundesgrenzschutz oder in einem Zivilschutzverband verpflichtet werden.
(2) Wer aus Gewissensgründen den Kriegsdienst mit der Waffe verweigert, kann zu einem Ersatzdienst verpflichtet werden. (…)

* Die Wehrpflicht wurde auf Beschluss der Bundesregierung zum 1. Juli 2011 ausgesetzt.

Art 13
(1) Die Wohnung ist unverletzlich.
(2) Durchsuchungen dürfen nur durch den Richter, bei Gefahr im Verzuge auch durch die in den Gesetzen vorgesehenen anderen Organe angeordnet und nur in der dort vorgeschriebenen Form durchgeführt werden. (...)

Artikel 14
(1) Das Eigentum und das Erbrecht werden gewährleistet. Inhalt und Schranken werden durch die Gesetze bestimmt.
(2) Eigentum verpflichtet. Sein Gebrauch soll zugleich dem Wohle der Allgemeinheit dienen.
(3) Eine Enteignung ist nur zum Wohle der Allgemeinheit zulässig. (...)

Artikel 15
Grund und Boden, Naturschätze und Produktionsmittel können zum Zwecke der Vergesellschaftung durch ein Gesetz, das Art und Ausmaß der Entschädigung regelt, in Gemeineigentum (...) überführt werden. (...)

Artikel 16
(1) Die deutsche Staatsangehörigkeit darf nicht entzogen werden. (...)
(2) Kein Deutscher darf an das Ausland ausgeliefert werden. (...)

Artikel 16a
(1) Politisch Verfolgte genießen Asylrecht.
(2) Auf Absatz 1 kann sich nicht berufen, wer aus einem Mitgliedstaat der Europäischen Gemeinschaften oder aus einem anderen Drittstaat einreist, in dem die Anwendung des Abkommens über die Rechtsstellung der Flüchtlinge und der Konvention zum Schutze der Menschenrechte und Grundfreiheiten sichergestellt ist. (...)

Artikel 17
Jedermann hat das Recht, sich einzeln oder in Gemeinschaft mit anderen schriftlich mit Bitten oder Beschwerden an die zuständigen Stellen und an die Volksvertretung zu wenden.

Artikel 18
Wer die Freiheit der Meinungsäußerung, insbesondere die Pressefreiheit (Artikel 5 Abs. 1), die Lehrfreiheit (Artikel 5 Abs. 3), die Versammlungsfreiheit (Artikel 8), die Vereinigungsfreiheit (Artikel 9), das Brief-, Post- und Fernmeldegeheimnis (Artikel 10), das Eigentum (Artikel 14) oder das Asylrecht (Artikel 16a) zum Kampfe gegen die freiheitliche demokratische Grundordnung missbraucht, verwirkt diese Grundrechte. Die Verwirkung und ihr Ausmaß werden durch das Bundesverfassungsgericht ausgesprochen.

Artikel 19
(2) In keinem Falle darf ein Grundrecht in seinem Wesensgehalt angetastet werden.

Artikel 20
(1) Die Bundesrepublik Deutschland ist ein demokratischer und sozialer Bundesstaat.
(2) Alle Staatsgewalt geht vom Volke aus. Sie wird vom Volke in Wahlen und Abstimmungen und durch besondere Organe der Gesetzgebung, der vollziehenden Gewalt und der Rechtsprechung ausgeübt.
(3) Die Gesetzgebung ist an die verfassungsmäßige Ordnung, die vollziehende Gewalt und die Rechtsprechung sind an Gesetz und Recht gebunden.
(4) Gegen jeden, der es unternimmt, diese Ordnung zu beseitigen, haben alle Deutschen das Recht zum Widerstand, wenn andere Abhilfe nicht möglich ist.

Artikel 20a
Der Staat schützt auch in Verantwortung für die künftigen Generationen die natürlichen Lebensgrundlagen und die Tiere im Rahmen der verfassungsmäßigen Ordnung durch die Gesetzgebung und nach Maßgabe von Gesetz und Recht durch die vollziehende Gewalt und die Rechtsprechung.

Artikel 21
(1) Die Parteien wirken bei der politischen Willensbildung des Volkes mit. Ihre Gründung ist frei. Ihre innere Ordnung muss demokratischen Grundsätzen entsprechen. Sie müssen über die Herkunft und Verwendung ihrer Mittel sowie über ihr Vermögen öffentlich Rechenschaft geben.
(2) Parteien, die nach ihren Zielen oder nach dem Verhalten ihrer Anhänger darauf ausgehen, die freiheitliche demokratische Grundordnung zu beeinträchtigen oder zu beseitigen oder den Bestand der Bundesrepublik Deutschland zu gefährden, sind verfassungswidrig. Über die Frage der Verfassungswidrigkeit entscheidet das Bundesverfassungsgericht.

Artikel 22
(1) Die Hauptstadt der Bundesrepublik Deutschland ist Berlin. Die Repräsentation des Gesamtstaates in der Hauptstadt ist Aufgabe des Bundes. Das Nähere wird durch Bundesgesetz geregelt.
(2) Die Bundesflagge ist schwarz-rot-gold.

Artikel 23
(1) Zur Verwirklichung eines vereinten Europas wirkt die Bundesrepublik Deutschland bei der Entwicklung der Europäischen Union mit, die demokratischen, rechtsstaatlichen, sozialen und föderativen Grundsätzen und dem Grundsatz der Subsidiarität verpflichtet ist und einen diesem Grundgesetz im wesentlichen vergleichbaren Grundrechtsschutz gewährleistet. Der Bund kann hierzu durch Gesetz mit Zustimmung des Bundesrates Hoheitsrechte übertragen. (...)
(1a) Der Bundestag und der Bundesrat haben das Recht, wegen Verstoßes eines Gesetzgebungsakts der Europäischen Union gegen das Subsidiaritätsprinzip vor dem Gerichtshof der Europäischen Union Klage zu erheben. Der Bundestag ist hierzu auf Antrag eines Viertels seiner Mitglieder verpflichtet. (...)
(2) In Angelegenheiten der Europäischen Union wirken der Bundestag und durch den Bundesrat die Länder mit. Die Bundesregierung hat den Bundestag und den Bundesrat umfassend und zum frühestmöglichen Zeitpunkt zu unterrichten.
(3) Die Bundesregierung gibt dem Bundestag Gelegenheit zur Stellungnahme

vor ihrer Mitwirkung an Rechtsetzungsakten der Europäischen Union. Die Bundesregierung berücksichtigt die Stellungnahmen des Bundestages bei den Verhandlungen. Das Nähere regelt ein Gesetz.
(4) Der Bundesrat ist an der Willensbildung des Bundes zu beteiligen, soweit er an einer entsprechenden innerstaatlichen Maßnahme mitzuwirken hätte oder soweit die Länder innerstaatlich zuständig wären.
(5) Soweit in einem Bereich ausschließlicher Zuständigkeiten des Bundes Interessen der Länder berührt sind oder soweit im übrigen der Bund das Recht zur Gesetzgebung hat, berücksichtigt die Bundesregierung die Stellungnahme des Bundesrates. Wenn im Schwerpunkt Gesetzgebungsbefugnisse der Länder, die Einrichtung ihrer Behörden oder ihre Verwaltungsverfahren betroffen sind, ist bei der Willensbildung des Bundes insoweit die Auffassung des Bundesrates maßgeblich zu berücksichtigen; dabei ist die gesamtstaatliche Verantwortung des Bundes zu wahren. In Angelegenheiten, die zu Ausgabenerhöhungen oder Einnahmeminderungen für den Bund führen können, ist die Zustimmung der Bundesregierung erforderlich.
(6) Wenn im Schwerpunkt ausschließliche Gesetzgebungsbefugnisse der Länder auf den Gebieten der schulischen Bildung, der Kultur oder des Rundfunks betroffen sind, wird die Wahrnehmung der Rechte, die der Bundesrepublik Deutschland als Mitgliedstaat der Europäischen Union zustehen, vom Bund auf einen vom Bundesrat benannten Vertreter der Länder übertragen. Die Wahrnehmung der Rechte erfolgt unter Beteiligung und in Abstimmung mit der Bundesregierung; dabei ist die gesamtstaatliche Verantwortung des Bundes zu wahren. (...)

Artikel 24

(1) Der Bund kann durch Gesetz Hoheitsrechte auf zwischenstaatliche Einrichtungen übertragen.
(1a) Soweit die Länder für die Ausübung der staatlichen Befugnisse und die Erfüllung der staatlichen Aufgaben zuständig sind, können sie mit Zustimmung der Bundesregierung Hoheitsrechte auf grenznachbarschaftliche Einrichtungen übertragen.
(2) Der Bund kann sich zur Wahrung des Friedens einem System gegenseitiger kollektiver Sicherheit einordnen; er wird hierbei in die Beschränkungen seiner Hoheitsrechte einwilligen, die eine friedliche und dauerhafte Ordnung in Europa und zwischen den Völkern der Welt herbeiführen und sichern.
(3) Zur Regelung zwischenstaatlicher Streitigkeiten wird der Bund Vereinbarungen über eine allgemeine, umfassende, obligatorische, internationale Schiedsgerichtsbarkeit beitreten.

Artikel 25

Die allgemeinen Regeln des Völkerrechtes sind Bestandteil des Bundesrechtes. Sie gehen den Gesetzen vor und erzeugen Rechte und Pflichten unmittelbar für die Bewohner des Bundesgebietes.

Artikel 26

(1) Handlungen, die geeignet sind und in der Absicht vorgenommen werden, das friedliche Zusammenleben der Völker zu stören, insbesondere die Führung eines Angriffskrieges vorzubereiten, sind verfassungswidrig. Sie sind unter Strafe zu stellen.
(2) Zur Kriegführung bestimmte Waffen dürfen nur mit Genehmigung der Bundesregierung hergestellt, befördert und in Verkehr gebracht werden. Das Nähere regelt ein Bundesgesetz.

Artikel 27

Alle deutschen Kauffahrteischiffe bilden eine einheitliche Handelsflotte.

Artikel 28

(1) Die verfassungsmäßige Ordnung in den Ländern muss den Grundsätzen des republikanischen, demokratischen und sozialen Rechtsstaates im Sinne dieses Grundgesetzes entsprechen. In den Ländern, Kreisen und Gemeinden muss das Volk eine Vertretung haben, die aus allgemeinen, unmittelbaren, freien, gleichen und geheimen Wahlen hervorgegangen ist. Bei Wahlen in Kreisen und Gemeinden sind auch Personen, die die Staatsangehörigkeit eines Mitgliedstaates der Europäischen Gemeinschaft besitzen, nach Maßgabe von Recht der Europäischen Gemeinschaft wahlberechtigt und wählbar. In Gemeinden kann an die Stelle einer gewählten Körperschaft die Gemeindeversammlung treten.
(2) Den Gemeinden muss das Recht gewährleistet sein, alle Angelegenheiten der örtlichen Gemeinschaft im Rahmen der Gesetze in eigener Verantwortung zu regeln. Auch die Gemeindeverbände haben im Rahmen ihres gesetzlichen Aufgabenbereiches nach Maßgabe der Gesetze das Recht der Selbstverwaltung. Die Gewährleistung der Selbstverwaltung umfasst auch die Grundlagen der finanziellen Eigenverantwortung; zu diesen Grundlagen gehört eine den Gemeinden mit Hebesatzrecht zustehende wirtschaftskraftbezogene Steuerquelle. (...)

Artikel 29

(1) Das Bundesgebiet kann neu gegliedert werden, um zu gewährleisten, dass die Länder nach Größe und Leistungsfähigkeit die ihnen obliegenden Aufgaben wirksam erfüllen können. Dabei sind die landsmannschaftliche Verbundenheit, die geschichtlichen und kulturellen Zusammenhänge, die wirtschaftliche Zweckmäßigkeit sowie die Erfordernisse der Raumordnung und der Landesplanung zu berücksichtigen.
(2) Maßnahmen zur Neugliederung des Bundesgebietes ergehen durch Bundesgesetz, das der Bestätigung durch Volksentscheid bedarf. Die betroffenen Länder sind zu hören. (...)

Artikel 31

Bundesrecht bricht Landesrecht.

Artikel 32

(1) Die Pflege der Beziehungen zu auswärtigen Staaten ist Sache des Bundes.
(2) Vor dem Abschlusse eines Vertrages, der die besonderen Verhältnisse eines Landes berührt, ist das Land rechtzeitig zu hören.
(3) Soweit die Länder für die Gesetzgebung zuständig sind, können sie mit Zustimmung der Bundesregierung mit auswärtigen Staaten Verträge abschließen.

Artikel 33

(1) Jeder Deutsche hat in jedem Lande die gleichen staatsbürgerlichen Rechte und Pflichten.
(2) Jeder Deutsche hat nach seiner Eignung, Befähigung und fachlichen Leistung gleichen Zugang zu jedem öffentlichen Amte.
(3) Der Genuss bürgerlicher und staatsbürgerlicher Rechte, die Zulassung zu öffentlichen Ämtern sowie die im öffentlichen Dienste erworbenen Rechte sind unabhängig von dem religiösen Bekenntnis. Niemandem darf aus seiner Zugehörigkeit oder Nichtzugehörigkeit zu einem Bekenntnisse oder einer Weltanschauung ein Nachteil erwachsen.
(4) Die Ausübung hoheitsrechtlicher Befugnisse ist als ständige Aufgabe in der Regel Angehörigen des öffentlichen Dienstes zu übertragen, die in einem öffentlich-rechtlichen Dienst- und Treueverhältnis stehen.
(5) Das Recht des öffentlichen Dienstes ist unter Berücksichtigung der hergebrachten Grundsätze des Berufsbeamtentums zu regeln und fortzuentwickeln.

Artikel 34

Verletzt jemand in Ausübung eines ihm anvertrauten öffentlichen Amtes die ihm einem Dritten gegenüber obliegende Amtspflicht, so trifft die Verantwortlichkeit grundsätzlich den Staat oder die Körperschaft, in deren Dienst er steht. Bei Vorsatz oder grober Fahrlässigkeit bleibt der Rückgriff vorbehalten. Für den Anspruch auf Schadensersatz und für den Rückgriff darf der ordentliche Rechtsweg nicht ausgeschlossen werden.

Artikel 35

(1) Alle Behörden des Bundes und der Länder leisten sich gegenseitig Rechts- und Amtshilfe.
(2) Zur Aufrechterhaltung oder Wiederherstellung der öffentlichen Sicherheit oder Ordnung kann ein Land in Fällen von besonderer Bedeutung Kräfte und Einrichtungen des Bundesgrenzschutzes zur Unterstützung seiner Polizei anfordern, wenn die Polizei ohne diese Unterstützung eine Aufgabe nicht oder nur unter erheblichen Schwierigkeiten erfüllen könnte. Zur Hilfe bei einer Naturkatastrophe oder bei einem besonders schweren Unglücksfall kann ein Land Polizeikräfte anderer Länder, Kräfte und Einrichtungen anderer Verwaltungen sowie des Bundesgrenzschutzes und der Streitkräfte anfordern.
(...)

Artikel 36

(1) Bei den obersten Bundesbehörden sind Beamte aus allen Ländern in angemessenem Verhältnis zu verwenden. Die bei den übrigen Bundesbehörden beschäftigten Personen sollen in der Regel aus dem Lande genommen werden, in dem sie tätig sind. (...)

Artikel 37

(1) Wenn ein Land die ihm nach dem Grundgesetze oder einem anderen Bundesgesetze obliegenden Bundespflichten nicht erfüllt, kann die Bundesregierung mit Zustimmung des Bundesrates die notwendigen Maßnahmen treffen, um das Land im Wege des Bundeszwanges zur Erfüllung seiner Pflichten anzuhalten.
(2) Zur Durchführung des Bundeszwanges hat die Bundesregierung oder ihr Beauftragter das Weisungsrecht gegenüber allen Ländern und ihren Behörden.

Artikel 38

(1) Die Abgeordneten des Deutschen Bundestages werden in allgemeiner, unmittelbarer, freier, gleicher und geheimer Wahl gewählt. Sie sind Vertreter des ganzen Volkes, an Aufträge und Weisungen nicht gebunden und nur ihrem Gewissen unterworfen.
(2) Wahlberechtigt ist, wer das achtzehnte Lebensjahr vollendet hat; wählbar ist, wer das Alter erreicht hat, mit dem die Volljährigkeit eintritt. (...)

Artikel 39

(1) Der Bundestag wird vorbehaltlich der nachfolgenden Bestimmungen auf vier Jahre gewählt. Seine Wahlperiode endet mit dem Zusammentritt eines neuen Bundestages. Die Neuwahl findet frühestens sechsundvierzig, spätestens achtundvierzig Monate nach Beginn der Wahlperiode statt. Im Falle einer Auflösung des Bundestages findet die Neuwahl innerhalb von sechzig Tagen statt.
(2) Der Bundestag tritt spätestens am dreißigsten Tage nach der Wahl zusammen.
(3) Der Bundestag bestimmt den Schluss und den Wiederbeginn seiner Sitzungen. Der Präsident des Bundestages kann ihn früher einberufen. Er ist hierzu verpflichtet, wenn ein Drittel der Mitglieder, der Bundespräsident oder der Bundeskanzler es verlangen.

Artikel 40

(1) Der Bundestag wählt seinen Präsidenten, dessen Stellvertreter und die Schriftführer. Er gibt sich eine Geschäftsordnung.
(2) Der Präsident übt das Hausrecht und die Polizeigewalt im Gebäude des Bundestages aus. Ohne seine Genehmigung darf in den Räumen des Bundestages keine Durchsuchung oder Beschlagnahme stattfinden.

Artikel 41

(1) Die Wahlprüfung ist Sache des Bundestages. Er entscheidet auch, ob ein Abgeordneter des Bundestages die Mitgliedschaft verloren hat.
(2) Gegen die Entscheidung des Bundestages ist die Beschwerde an das Bundesverfassungsgericht zulässig. (...)

Artikel 42

(1) Der Bundestag verhandelt öffentlich. Auf Antrag eines Zehntels seiner Mitglieder oder auf Antrag der Bundesregierung kann mit Zweidrittelmehrheit die Öffentlichkeit ausgeschlossen werden. Über den Antrag wird in nichtöffentlicher Sitzung entschieden.
(2) Zu einem Beschlusse des Bundestages ist die Mehrheit der abgegebenen Stimmen erforderlich, soweit dieses Grundgesetz nichts anderes bestimmt. Für die vom Bundestage vorzunehmenden Wahlen kann die Geschäftsordnung Ausnahmen zulassen.

(...)

A

B

C

D

E

F

G

Bildquellen

Umschlagbild: Henning Lüders, Berlin; 8/9: picture-alliance/Alexander Stein/JOKER; 9 l.: picture-alliance/dpa/© dpa/Boris Roessler, r.o.: picture-alliance/dpa/© dpa-Fotoreport/Wolfgang Kumm, r.u.: picture-alliance/dpa/© dpa/Rainer Jensen; 10 M1: picture-alliance/dpa/© dpa-Report/dpa DENA; 11 M2: picture-alliance/Eibner-Pressefoto; 13 M3: ullstein bild – Rufenach; 14 M1: Annette Pflügner, M2: mauritius images/Kuchlbauer, M3: picture-alliance/dpa/© dpa-Report/Peter Endig; 16 M1: picture-alliance/ZB/Peter Endig; 20 M1: Gerhard Mester, M2: Thomas Plaßmann, M3: picture-alliance/dieKLEINERT.de/... Schwarwel, M4: Thomas Plaßmann; 21 M6: © saver/images.de; 23 M3: picture-alliance/ZB/Patrick Pleul; 24 M1: © Bettmann/CORBIS; 25 M4: JVA Adelsheim; 27 M3: picture-alliance/dpa/Polfoto Finn Frandsen; 28 M2: Landeszentrale für politische Bildung Baden-Württemberg; 29 M7: Elke Spanner/Spiegel Online; 30 M1 (1): picture-alliance/dpa/© dpa/Andreas Gebert, M1 (2): picture-alliance/dpa/epa, M1 (3): picture-alliance/ZB/Peter Endig, M1 (4): picture-alliance/dpa/Johannes Eisele; 31 M1 (5): picture.alliance/dpa/dpaweb/Roland Weihrauch, M1 (6): VISUM/Sven Döring; 32 M2: Holger Appenzeller, Stuttgart; 33 M5: picture-alliance/dpa/© dpa/Friso Gentsch, M6: picture-alliance/ZB/© dpa/Jens Wolf; 34 M1: Bundesbildstelle, Berlin, M2: picture-alliance/dpa/Keystone, M3: picture-alliance/dpa-Zentralbild/Universität Jena; 35 M5: Henning Lüders, Berlin; 36 M1: © Markus; 37 M5: picture-alliance/ZB/© dpa – Report/Martin Schutt; 38 M1: picture-alliance/dpa/© dpa/Martin Schutt, M2: Bundesamt für Verfassungsschutz; 40 M1: picture-alliance/dpa/Martin Schutt; 42 M2: Gerhard Mester; 43 M3: Ministerium für Inneres und Kommunales des Landes Nordrhein-Westfalen, Peter Schaaff, Düsseldorf; 44/45: picture-alliance/ZB/Peer Grimm; 44 u.r.: picture-alliance/dpa/© dpa/Maurizio Gambarini; 45 l.o.: picture-alliance/dpa/© dpa, l.u.: picture-alliance/dpa/© dpa, u.r.: picture-alliance/ZB/© dpa-Report/Martin Schutt; 46 o.l.a.: Bundesbildstelle/Hans Christian Plambeck, o.l.i.: picture-alliance/dpa, o.m.: vario-press/Ulrich Baumgarten, o.r.: picture-alliance/dpa, m.r.: © Weinberg Clark/The Image Bank, u.: picture-alliance/dpa/© dpa-Bildarchiv; 47 M3: picture-alliance/Mary Evans Picture Library; 48 M1 A: picture-alliance/dpa/© dpa/Patrick Pleul, M1 B: picture-alliance/dpa/© dpa-Report/Hendrik Schmidt, M1 C: picture-alliance/dpa/© dpa /DB ARD; 49 M2 A: Annette Müller, Berlin, M2 B: picture-alliance/dpa/© dpa, M2 C: Annette Müller, Berlin, M2 D: picture-alliance/dpa/Matthias Hiekel; 52 M1: Bundesbildstelle/Hans Christian Plambeck; 53 M4: Gerhard Mester; 54 M3: picture-alliance/dpa/© dpa; 56 M1: picture-alliance/dpa/© dpa/Nerad Filip; 57 M3: Gerhard Mester; 61 M3: picture- alliance/dpa/© dpa/Uli Deck, M4: picture-alliance/dpa/© dpa/Maurizio Gambarini; 62 M2: Heiko Sakurai; 63 M4: © Jupp Wolter (Künstler), Haus der Geschichte, Bonn; 64 M1: picture- alliance/dpa/© dpa/Rainer Jensen; 65 M2 o.: picture-alliance/dpa/© dpa-Report/Alina Novopashina, M2 u.: picture-alliance/ZB/© dpa-Report/Karlheinz Schindler, M3: Gerhard Mester; 66 M1: picture-alliance/dpa Themendienst/Jens Schierenbeck; 68 M1: picture-alliance/dpa/© dpa/Martin Schutt; 71 M4: Klaus Stuttmann; 72 M1: Luis Murschetz, M2/M3: Thomas Plaßmann, M4: Burkhard Mohr, M5: Walter Hanel; 73 M6: Horst Haitzinger, M7: Wolfgang Horsch, M8: Karl-Heinz Schoenfeld, M9: Ameli Glienke-Holtfreter, Berlin; 74 M1 l.: CORBIS, M1 r.: plainpicture/Simon M.; 76 RS: picture-alliance/akg-images; 77 M3 o.l.: © Don Bayley – istock, M3 o.r.: picture-alliance/Sven Simon, M3 u.l.: Peter Wirtz, Dormagen, M3 u.r.: KNA-Bild; 78 M1: Matthias Hamel, Berlin; 81 M2 o.: picture-alliance/dpa/Frank Leonhardt, M2 u.: picture-alliance/ZB/Jens Kalaene; 82 M1: Erich Rauschenbach, M2 l.: Christoph Berten, Berlin, M2 r.: Christoph Berten, Berlin; 84 M1: picture-alliance/dpa-Report/Waltraud Grubitzsch; 85 M3: Gerhard Mester, M5: Focus Verlag, Gießen; 86 M1: CARO/Meyerbroeker, M2: picture-alliance/dpa/dpaweb/Arne Dedert, M3: Walter Hanel; 88 M1: picture-alliance/KPA/Aquila; 92 o.l.: Thomas Schulz, Berlin; 95 M4: F.A.Z. Electronic Media GmbH/Foto: Rainer Wohlfahrt; 96: © Europäische Kommission – Bildarchiv; 97 o.m./u.m.: Stern/Picture Press, o.r./u.l.: Spiegel Verlag, Hamburg; 98 M1: Henning Lüders, Berlin; 101 M4: Münchner Stadtmuseum, Sammlung Graphik/Plakat/Gemälde; 103 M2 o.l.: picture- alliance/dpa/© dpa-Fotoreport, M2 o.r.: © Council of the EU, M2 m.: Europäischer Gerichtshof, Luxembourg, M2 u.: Europäische Kommission – Bildarchiv; 104 M1: picture- alliance/dpa/dpaweb/Adam Berry, M2: Europäisches Parlament/Architecture Studio Europe/SERS; 106 M1: images.de Digital Foto GmbH/Schulten, M3: picture-alliance/dpa/© dpa/ Vit Simanek; 107 o.r.: Corel Library; 108 M1: Gerhard Mester; 114 M1 l.: picture-alliance/dpa/dpaweb/Patrick Seeger, M1 r.: picture-alliance/dpa/dpaweb/Stephanie Pilick; 118 M1: picture- alliance/dpa/© dpa/Arno Burgi; 122 M1: picture-alliance/dpa/© dpa/Francesco Malavolta, M2: Amt für humanitäre Hilfe der Europäischen Kommission (ECHO); 123 M4: picture-alliance/dpa-Fotoreport/epa AFP; 124 M1 Elke Häußler, Neuenstein; 127 M4: Pepsch Gottscheber, M5: Burkhard Mohr, M7: The Economist; 128/129: picture-alliance/dpa, o.l.: picture-alliance/dpa/© dpa-Report; 129 o.: picture-alliance/Photoshot, u.l.: picture-alliance/ZB/© dpa/Jens Kalaene, u.m.: picture-alliance/landov/AGUNG KUNCAHYA B., u.r.: picture-alliance/Bildagentur Huber; 131 M3: picture-alliance/dpa/© dpa/Youtube; 133 M3: picture-alliance/dpa/© dpa; 134 M1: © by-studio – Fotolia.com; 135 M3: Ellen Rudyk; 140 M1: picture-alliance/dpa/Jörg Schierenbeck, M2: Wulf Schmidt-Wulffen, Hannover; 143 M4: Duden Paetec GmbH; 144 M1 (4): picture-alliance/dpa; 146 M1 o.r.: UNICEF, M1 o.l.: Gemeinsam für Afrika e.V., M1 u.: Brot für die Welt, RS: MISEREOR; 150 M2: © UNHCR/G.M.B.Akash/June 2006; 153 M2/M3/M5: Gerhard Mester, M4: Horst Haitzinger; 154 M1 o.: picture-alliance/dpa/© dpa/Rolf Vennenbernd, M1 u.: ddp images/AP/Rajanish Kakade; 156 M1: picture alliance/landov/HICHEM BORNI, M2: ullstein bild – Reuter, HG: picture-alliance/dpa; 157 M3: picture-alliance/dpa/dpa-Bildarchiv/epa Waldrin Xhemaj, M4: picture-alliance/dpa/dpa-Fotoreport/epa afp Banaras Khan; 158 M1 o.l.: Avenue Images/Indes Stock/CLEO Freelance, M1 o.m.: Avenue Images/Index Stock/Koontz Jerry, M1 o.r.: Avenue Images/Index Stock/Kaiser Henryk, M1 u.l./u.m.:Elisabeth Köster, Bonn, M1 u.r.: Avenue Images/Index Stock/HIRB; 159 M2: picture-alliance/dpa-Fotoreport/AFP Nackstrand; 160 M2: picture-alliance/dpa/© dpa; 161 M5: Fritz Behrendt; 162 M1: ullstein bild – AP, M2: picture-alliance/landov/ABED RAHIM KHATIB; 163 M6: picture-alliance/landov/bloomberg, M7: picture-alliance/dpa- Report/EPA; 164 M2/M3: Klaus Stuttmann, Berlin; 166/167 HG: © Chr. Offenberg – Fotolia.com; 167 M2: Burkhard Mohr; 168 M1: picture alliance/landov/NAAMAN OMAR; 171 M4: picture-alliance/Ton Koene; 172 M1: © ben_photos – Fotolia.com, M2: Non Violence, Carl Fredrik Reuterswärd, © VG Bild-Kunst, Bonn 2013; 173 M4: picture-alliance/abaca/Luiz Rampelotto; 174 M1: picture-alliance/dpa/© dpa-Report, M2: picture-alliance/dpa/dpa-Report/epa Justin Lane; 177 M4: Bundesministerium für Verteidigung; 178 M1 l.: Council of the European Union, M1 r.: Council of the European Union, RS: picture-alliance/dpa/© dpa/epa belga Dirk Waem; 182 M1: picture-alliance/dpaweb/©dpa; 184 M1 l.: © Steve Sands/New York Newswire/CORBIS, M1 r.: © Neville Elders/CORBIS, M2 l.: ullstein bild – AP, M2 m.: picture-alliance/dpa/© dpa-Fotoreport/epa afp Budhi, M2 r.: ullstein bild – ddp; 185 M5: Reuters AG, Berlin; 186 M1: picture-alliance/dpa; 187 M3: AP Associated Press, Frankfurt/M.; 188 M1: © Reuters/CORBIS, M3: Jürgen Kropp, © Westfälische Nachrichten; 189 M4: picture-alliance/dpa/© dpa/Horst Galuschka; 195 M3: Klaus Stuttmann, Berlin; 198: NOAA, Washington D.C; 200: picture-alliance/landov/WU WEI; 204: Copyright by Wikimedia; 205 M1: Helga Bachmann/Greenpeace, M2: Edgar Reinert, Reutlingen; 206: Arco Images; 209: picture-alliance/dpa/© dpa – Fotoreport/Saatchi_&_Saatchi.

Illustration: Daniel Hoesch, Matthias Pflügner, Dorothee Wolters.

Grafiken und Karten: Dr. Volkhard Binder, Peter Kast, Annett Küchler.

Nicht in allen Fällen war es uns möglich, die Rechteinhaber der Abbildungen ausfindig zu machen. Für eventuell entstandene Fehler oder Auslassungen bitten wir um Verständnis. Berechtigte Ansprüche werden selbstverständlich im Rahmen der üblichen Vereinbarungen abgegolten.

Lösung zu Seite 175:

1. UNHCR; 2. WHO; 3. Sicherheitsrat; 4. Internationaler Gerichtshof in Den Haag; 5. WFC, WFP oder FAO; 6. UNIDO; 7. UNV; 8. ECAP; 9. Generalversammlung; 10. UNEP; 11. UNICEF; 12. IFAS; 13. ECOSOC; 14. INSTRAW; 15. Menschenrechtsgremien oder/und Sekretariat; 16. UPU; 17. UNCTAD oder WTO; 18. Abrüstungskommission des Sicherheitsrates; 19, UNESCO; 20. IAEA